Bernd U. Schipper/Georg Plasger (Hg.)

Apokalyptik und kein Ende?

Mit 5 Abbildungen

Vandenhoeck & Ruprecht

Biblisch-theologische Schwerpunkte
BAND 29

Bibliografische Information der Deutschen Nationalbibliothek

Die Deutsche Nationalbibliothek verzeichnet diese Publikation in der Deutschen Nationalbibliografie; detaillierte bibliografische Daten sind im Internet über http://dnb.d-nb.de abrufbar.

ISBN 987-3-525-61594-2

© 2007 Vandenhoeck & Ruprecht GmbH & Co. KG, Göttingen /
www.v-r.de
Alle Rechte vorbehalten. Das Werk und seine Teile sind urheberrechtlich geschützt. Jede Verwertung in anderen als den gesetzlich zugelassenen Fällen bedarf der vorherigen schriftlichen Einwilligung des Verlages. Hinweis zu § 52a UrhG: Weder das Werk noch seine Teile dürfen ohne vorherige schriftliche Einwilligung des Verlages öffentlich zugänglich gemacht werden. Dies gilt auch bei einer entsprechenden Nutzung für Lehr- und Unterrichtszwecke.
Printed in Germany.
Druck und Bindung: Hubert & Co., Göttingen

Gedruckt auf alterungsbeständigem Papier.

V&R

Inhalt

Apokalyptik und kein Ende? Zur Anlage dieses Bandes 7

Endzeitszenarien im Alten Orient. Die Anfänge
  apokalyptischen Denkens
  BERND U. SCHIPPER 11

Daniel und Henoch – Apokalyptik im antiken Judentum
  KLAUS KOCH 31

Zwischen Trost und Drohung – Apokalyptik
  im Neuen Testament
  BERND KOLLMANN 51

Apokalyptische Strömungen in der Reformationszeit
  VOLKER LEPPIN 75

Apocalypse now – Endzeitvorstellungen im Pietismus
  MANFRED JAKUBOWSKI-TIESSEN 93

Apokalyptisches Mittelalter. Das Dritte Reich –
  des Geistes/der Gewalt
  CHRISTOPH AUFFARTH 117

Zwei Reiche. Apokalyptik in biblisch-theologischer
  Perspektive
  ERNSTPETER MAURER 131

Recht und Grenze apokalyptischer Rede.
  Eschatologie und Apokalyptik in systematisch-
  theologischer Perspektive
  GEORG PLASGER 151

Der neue Mensch. Zur Renaissance der Apokalyptik
   in der aktuellen biomedizinethischen Debatte
   MARCO HOFHEINZ 169

Bibelhermeneutik und politische Geschichte. Eine kurze
   Auseinandersetzung mit der apokalyptischen Schrift-
   auslegung christlicher Fundamentalisten
   HEINZ-GÜNTHER STOBBE 191

Chiliastische Hoffnungen und apokalyptische Ängste.
   Das abendländische Erbe im neuen Jahrtausend
   WALTER SPARN 207

Endzeitszenarien in der Literatur. Apokalyptik als
   Zivilisationskritik
   HEINZ-PETER PREUSSER 229

„Siehe, ich mache alles neu?" Apokalyptik und
   sozialer Wandel
   ALEXANDER-KENNETH NAGEL 253

Außenpolitik auf heilsgeschichtlichem Schauplatz:
   Die USA im Nahostkonflikt
   HANS G. KIPPENBERG 273

Literatur 297

Autorenverzeichnis 301

Apokalyptik und kein Ende?

Zur Anlage dieses Bandes

Die Apokalyptik ist in aller Munde. Ob beim Millenniumswechsel oder nach den Ereignissen des 11. September 2001 – die Rede von der Apokalypse erfreut sich einer erstaunlichen Popularität. Dabei verbindet man mit dem Begriff nicht mehr nur religiöse Sektierer oder Gruppierungen, die am Rande der Gesellschaft stehen, sondern vielmehr ein Geschehen, das sogar die Politik bestimmen kann. Die Rede vom Weltende ist gesellschaftsfähig geworden und spätestens seit *Nine Eleven* nicht mehr allein Sache von Hollywood und Filmen wie *Apocalypse Now* oder *The Day after Tomorrow*. Unter ‚Apokalyptik' wird dabei in der Regel ein grauenvolles Szenario verstanden, das menschliches Ermessen übersteigt. So sind die Begriffe ‚Apokalyptik' und ‚Apokalypse' heutzutage gleichbedeutend mit ‚Weltuntergang' und einer endgültigen und alles vernichtenden Katastrophe. Der Literaturwissenschaftler Klaus Vondung hat angesichts dessen von der „kupierten Apokalypse" gesprochen, denn im Unterschied zum antiken Verständnis, wie es sich im Judentum der hellenistischen Zeit oder im frühen Christentum findet, ist bei den modernen Apokalypsen mit dem Weltuntergang alles vorbei.

In der Antike weisen apokalyptische Szenarien in der Regel einen Dreischritt auf. Der grauenvolle Weltuntergang ist dabei nur das Durchgangsstadium für das zukünftige, göttliche Reich, das die bestehende Welt ersetzt. Antike Apokalypsen haben – so könnte man etwas pointiert formulieren – immer ein ‚happy end'. Sie erwarten zwar den Untergang der bestehenden Welt, die als gottfern und verloren gilt, aber am Ende der Zeit steht ein goldenes Zeitalter, ein Reich jenseits der Katastrophe. Das bekannteste Sinnbild dafür ist die Vorstellung vom Himmlischen Jerusalem, wie es im letzten Buch der Bibel, der Apokalypse des

Johannes, in Kapitel 21 beschrieben ist. Aus einem als transzendent gedachten Bereich kommt nach dem Ende dieser Welt die himmlische Stadt herab.

Diese Form der Apokalyptik, die sich in Texten wie der Offenbarung des Johannes oder in den Visionen des Daniel- und des Henochbuches findet, hat sich im Laufe der Geschichte grundlegend gewandelt. Es kommt nach und nach zu einer Veränderung der Vorstellung vom zukünftigen Reich bis hin zu jener modernen Form der Apokalypse, bei der nur noch der Weltuntergang als solcher gedacht wird. So sehr sich jedoch die einzelnen Ausprägungen apokalyptischen Denkens unterscheiden, es gibt ein Kontinuum. Denn ganz gleich ob im Mittelalter oder im Pietismus der frühen Neuzeit – endzeitliche Szenarien entwickeln ihre Kraft in bestimmten gesellschaftlichen Situationen. Es scheint, als ob Apokalypsen besonders gerne dazu verwendet werden, die Welt zu deuten und zu einem bestimmten Verhalten anzuleiten. Sie werden von einer Gesellschaft hervorgebracht, um als Steuerungsmechanismus wieder auf diese zurückzuwirken. Sie reagieren auf Krisensituationen und wollen dazu anleiten, diese zu bewältigen, sei es im stillen Erdulden der Situation oder durch gezielte Aktionen. Dies gilt für die Antike und in besonderer Weise für die Gegenwart. So findet sich eine Vielzahl von Erscheinungsweisen neuzeitlicher Apokalyptik in Film, in der Literatur, im Internet oder auch in der Politik, die bei aller Verschiedenheit darin übereinstimmen, dass sie eine klare Pragmatik aufweisen. Es geht ihnen um eine Gesellschaftskritik oder auch um die Legitimierung des eigenen Handelns. Manchem wurde dies erst nach den Ereignissen des 11. September 2001 bewusst. Die Apokalyptik wurde zum Gegenstand politischer Rede und in konkrete Handlungsvorgaben umgesetzt. Und was zunächst wie der berühmte Griff in die Mottenkiste politischer Rhetorik aussah, hatte bei genauerem Hinsehen doch System. Apokalyptische Sprache bedient sich des Motivinventars der christlich-jüdischen Tradition und verbindet dies mit einer klaren Pragmatik. Denn dort, wo vom Ende der Welt die Rede ist, wird nicht mehr diskutiert, sondern gehandelt.

So spiegelt mindestens eine Form der Apokalyptik in der Gegenwart die normative Rede der Apokalypsen vergangener Zeiten wider. Ein Weltuntergangsszenario wird zunächst beschrieben, um dann mit geeigneten Mitteln überwunden zu werden. Zeigt sich hier, dass apokalyptisches Denken nicht nur die Semantik, sondern auch die Pragmatik politischer Rede bestimmen kann, so wirkt die Apokalyptik in der Moderne noch auf einer anderen Ebene. Walter H. Sparn hat auf die Doppelstruktur von „chiliastischen Hoffnungen" und „apokalyptischen Ängsten" aufmerksam gemacht. Er bringt damit einen Sachverhalt zum Ausdruck, der seit der Aufklärung und dem Zeitalter der Industrialisierung das Denken und Handeln prägt. Auf der einen Seite der Glaube an den, wie Gotthold Wilhelm Leibniz es formulierte, „unablässigen Fortschritt des Menschengeschlechts", auf der anderen Seite die Erkenntnis, dass solche Hoffnung nicht trägt. Die Moderne ist wesentlich geprägt vom „Besser, Schneller, Weiter", und es scheint mindestens genauso charakteristisch für sie zu sein, dass diesem Glauben an den unablässigen Fortschritt des Menschengeschlechts die Erkenntnis gegenübersteht, dass gerade dieses misslingt. So ist der ursprüngliche Dualismus apokalyptischen Denkens von der jetzigen verderbten Welt und dem zukünftigen, heilvollen Reich Gottes zu einer innerweltlichen Kategorie geworden. Der Jetztzustand wird von den einen als „goldenes Zeitalter" gedeutet, bei dem es der Mensch selbst in der Hand hat, die nächste Stufe auf dem Weg zur Vollkommenheit zu erklimmen, und von den anderen als Reich der Gottesferne, bei dem der Mensch sich seiner Beschränkung nicht bewusst ist. An diesem Punkt setzt die theologische Rede ein. So konvergieren in diesem Band zwei Zugänge zum Thema, die einen unterschiedlichen Blick auf das Phänomen der Apokalyptik werfen. Ein Großteil der Beiträge geht auf eine Vortragsreihe zurück, die im Rahmen eines interdisziplinären Projektes an der Universität Bremen durchgeführt wurde. Religionswissenschaftler, Historiker, Literaturwissenschaftler und Historiker fragten nach der Funktion apokalyptischer Endzeitszenarien in Geschichte und Gegenwart. Dabei wurde vom Alten Orient über die Bibel, das Mittelalter und die frühe Neuzeit ein Bogen bis zur Gegenwart geschlagen, bei dem Erscheinungs- und Funktionsweisen apokalyptischer Szenarien analysiert wurden. Diesem kulturwissenschaftlich orientierten Ansatz wurden Beiträge gegenübergestellt, die nun nicht von einer Außen-, sondern ganz bewusst von einer christlich geprägten Innenperspektive das

Phänomen Apokalyptik deuten. Sie gehen zurück auf eine Vortragsreihe in Siegen, in der ein spezifisch theologischer Ansatz im Vordergrund stand. Beide Herangehensweisen wurden in diesem Band ganz bewusst miteinander verbunden, können sie doch gerade in der Kombination dazu verhelfen, das Phänomen der Weltuntergangsszenarien in der Moderne besser zu greifen – und zwar über die klassischen Fachdisziplinen hinaus. Denn die Apokalyptik hat sich aus Kirche und Theologie herausbewegt und ist zu einer Deutungs- und Denkkategorie der modernen Welt geworden; Hans Magnus Enzensberger hat sie einmal als „unser ideologisches Handgepäck" bezeichnet. Mag man auch von Säkularisierung und postmoderner Gesellschaft sprechen; die Denkkategorien, die sich in der Gegenwart finden, entstammen – selbst da, wo sie im vermeintlich ‚säkularen' Bereich begegnen – zumeist der christlich-jüdischen Tradition. Es sind geprägte Denk- und Redeformen, die auch jenseits von Theologie und Kirche ihre Wirkung beibehalten haben. So zeigt sich gerade am Beispiel der Apokalyptik die Bedeutung von Religion in der Gegenwart. Apokalyptische Szenarien sind Spiegel eines Veränderungsprozesses in der Gesellschaft, sie reflektieren eine Krisensituation und bilden einen Referenzrahmen zur Orientierung in der modernen Welt. Dabei ist das Gegenüber von unheilvoller Welt und göttlichem Reich zu einer innerweltlichen Kategorie geworden, bei der das Erhoffte vom Menschen selbst realisiert werden kann. Gerade dies jedoch stellt eine Herausforderung an die Theologie dar, der sie sich – nimmt sie ihre Aufgabe ernst – nicht verweigern sollte. So bietet dieser Band ganz bewusst eine Vielzahl an Positionen, die zum Weiterdenken über ein Phänomen anregen wollen, das immer die Gegenwart prägen wird.

Dass dieser Band in der vorliegenden Form erscheinen konnte, ist dem Engagement des Verlages Vandenhoeck & Ruprecht, namentlich seinem theologischen Lektor Herrn Jörg Persch, zu verdanken. Für das Lesen der Korrekturen danken wir Herrn Dipl-Theol. Dominik Becker.

Bremen und Siegen im September 2006

Bernd U. Schipper   Georg Plasger

Bernd U. Schipper

Endzeitszenarien im Alten Orient

Die Anfänge apokalyptischen Denkens

Wenn man sich mit der Geschichte der Apokalyptik befasst, dann rücken zwangsläufig die biblischen Texte in den Mittelpunkt. Die Offenbarung des Johannes aus dem Neuen Testament oder das Danielbuch aus dem Alten Testament gehören zu den bekanntesten Bibeltexten überhaupt. Sie haben eine Wirkung entfaltet, die über das Mittelalter bis in die Neuzeit reicht. Dabei wird jedoch gerne übersehen, dass diese Texte wiederum selbst in einer Tradition stehen. Sie speisen sich aus der kulturellen Welt der damaligen Zeit, sie binden Vorstellungen ein, die sich auch in anderer Literatur finden, und stehen damit in einem Traditionsstrom, der den Rahmen des biblischen Kanons deutlich übersteigt. Es war kein Geringerer als Johann Gottfried Herder, der dies als einer der ersten sah. Er machte in seinen *Erläuterungen zum neuen Testament aus einer neugeöffneten morgenländischen Quelle* aus dem Jahr 1775 auf die ‚Awesta', die heilige Schrift der Zoroastrier, aufmerksam und bereitete damit einer Forschung den Weg, die sich zunehmend religionsgeschichtlichen Fragestellungen zuwandte.[1] In der Folge wurden andere Texte hinzugezogen, wie das äthiopische Henochbuch oder die sibyllinischen Orakel.[2] Mit der Entdeckung der altorientalischen Kulturen im 19. Jh. rückte jedoch noch anderes Textmaterial in den Mittelpunkt. Denn während man mit Texten wie dem Henochbuch oder den sibyllinischen Orakeln allenfalls in den Be-

---

[1] Vgl. J.M. Schmidt, Die jüdische Apokalyptik, Neukirchen-Vluyn 1969, 17.
[2] Einen guten Überblick bietet K. Koch, Einleitung zur Apokalyptik [1982], in: ders., Vor der Wende der Zeiten, Gesammelte Aufsätze 3, Neukirchen-Vluyn 1996, 110f.

ginn des 1. Jahrtausends v.Chr. gelangt,³ datiert jene Literatur in weitaus ältere Zeit. Es ist die literarische Hinterlassenschaft des Alten Ägypten und des Zweistromlandes. Durch die Entdeckung der Keilschrift und die Entzifferung der Hieroglyphen wurde ein ganz neuer Horizont eröffnet. Während bis dahin die biblische Literatur, speziell die des Alten Testaments, zumeist als etwas spezifisch Israelitisches und Eigenständiges gesehen wurde, erschien diese nun in einem anderen Licht. Die Bibel war nicht im luftleeren Raum entstanden, sondern in einem kulturellen Kontext, der sich durch eine Vielfalt religiöser Vorstellungen auszeichnete und in dem die Traditionsströme ‚quer' verliefen.⁴ So hat die Forschung der letzten 120 Jahre deutlich gezeigt, dass im Alten Testament sowohl die mesopotamische als auch die ägyptische Literatur aufgegriffen wurde, und speziell auf dem Feld der Schöpfungsvorstellungen steht das alte Israel seinen altorientalischen Nachbarn nahe.⁵ Ob dies das babylonische Weltschöpfungsepos *Enuma Elisch* ist, das mit dem ersten Schöpfungsbericht (Gen 1,1–2,4a) in Verbindung gebracht werden kann, oder der große Sonnengesang des Echnaton, der gemeinhin mit Psalm 104 verbunden wird – es zeigt sich deutlich, dass Israel an der altorientalischen Welt partizipierte und dabei im Austausch mit den Vorstellungen der Umwelt das jeweils Eigene entwickelte.

Dies trifft so auch auf die Apokalyptik zu. Bücher wie die Offenbarung des Johannes oder das Danielbuch müssen gelesen werden vor dem Hintergrund der Literatur ihrer Umwelt, sei es die griechisch-römische Antike für die Apokalypse des Johannes

---

³ Durch die in Qumran gefundenen aramäischen Fragmente des äthiopischen Henochbuches ist es möglich, dieses mittlerweile bis ins 3. Jh. v.Chr. zu datieren, vgl. dazu F. Garcia Martinez/E.T.C. Tigchelaar, The Books of Enoch (1 Enoch) and the Aramaic Fragments from Qumran, in: RQ 14 (1989/90), 141–146.

⁴ Die Bedeutung dieser Entdeckung lässt sich gut am sogenannten ‚Babel-Bibel-Streit' (1902) veranschaulichen, bei dem – äußerst kontrovers – über das Verhältnis des Alten Testaments zur Literatur des Alten Orients gestritten wurde und sich sogar der damalige deutsche Kaiser, Wilhelm II., genötigt sah, einzugreifen; vgl. R.G. Lehmann, Friedrich Delitzsch und der Babel-Bibel-Streit (OBO 133), Fribourg/Göttingen 1994; vgl. zu Kaiser Wilhelm II. a.a.O., 211ff.

⁵ Ein guter Überblick findet sich bei O. Keel/S. Schroer, Schöpfung, Neukirchen-Vluyn 2002; vgl. zu Psalm 104 a.a.O., 163–166.

oder das Zeitalter des Hellenismus für das Danielbuch.[6] Da Klaus Koch in seinem Beitrag am Beispiel des Henochbuches auf das direkte literarische Umfeld des Danielbuches im Antiken Judentum eingeht, kann an dieser Stelle der Bogen weiter gespannt werden. Denn es wird sich zeigen, dass über Texte, die nahezu zeitgleich zum Danielbuch im ptolemäischen Ägypten entstanden sind, die Wurzeln apokalyptischen Denkens weiter zurückverfolgt werden können. So liefern diese Texte den Beweis für einen Zusammenhang, der für apokalyptisches Denken zentral ist: die Verbindung von Weltanfang und Weltende, von der Schöpfung und dem drohenden Untergang.

Die folgenden Ausführungen gliedern sich in drei Teile. Im ersten soll etwas über die Grundlagen der Rede vom Weltende gesagt werden, das sogenannte ‚altorientalische Weltbild'. Im zweiten Teil steht die Krise dieses Weltbildes im Mittelpunkt, und im dritten möchte ich mich befassen mit der Frage nach den Faktoren, die zur Entstehung apokalyptischen Denkens führten.

1. Das altorientalische Weltbild

Die Vorstellung vom Ende der Welt ist wesentlich verbunden mit der Idee von ihrem Anfang. Schöpfung und Chaos, die Ordnung der Welt und der drohende Untergang – das sind im Alten Orient zwei Seiten einer Medaille. Bereits in den Schöpfungsmythen der alten Sumerer und damit im 3. Jahrtausend v. Chr. wurden diese beiden Seiten erstmals explizit formuliert. Die Schöpfung der Welt vollzieht sich im Kampf gegen die Mächte des Chaos. Weltschöpfung ist keine friedliche Angelegenheit, wie wir sie aus dem ersten Buch der Bibel, dem 1. Buch Mose, kennen, wo Gott durch das Wort erschafft und alles – wie es im Text heißt – „sehr gut" war. Die Erschaffung der Welt ist vielmehr eine Auseinandersetzung zwischen den guten und den bösen Kräften. Wobei die Begriffe ‚gut' und ‚böse' den Kern der Sache ei-

---

[6] Vgl. dazu K. Berger, Hellenistisch-heidnische Prodigien und die Vorzeichen in der jüdischen und christlichen Apokalyptik (ANRW II), Berlin/New York 1980, 1428–1469.

gentlich nicht so recht treffen. Denn es handelt sich um göttliche Mächte, die für die beiden Seiten der Welt stehen und die, personifiziert in einer Götterwelt, mit- und gegeneinander agieren. Auf der einen Seite sind dies die Götter der Ordnung, jene Gottheiten, welche den Bestand der Welt und ihre Wohlgeordnetheit garantieren. Auf der anderen Seite sind es die Götter des Chaos, und damit jene Gottheiten, welche die lebensbedrohlichen und gefährdenden Mächte symbolisieren, die Mächte, die Mensch und Tier bedrohen. Das Meer konnte im Alten Orient solch eine Gottheit sein, die Wüste als lebensfeindlicher Raum wurde mit einem Gott verbunden, so wie auch Regen und Fruchtbarkeit nicht einfach auf die Natur zurückgeführt werden, sondern auf das Handeln von Göttern.[7] So heißt es in einem Lied aus dem alten Sumer:[8]

Enki, Herr allen wahren Wortes, dich will ich immerdar preisen!

Dein Vater, An, der König, der den Samen hat ausgehen lassen, der die Menschen auf die Erde gesetzt hat,

er hat dir die göttlichen Kräfte von Himmel und Erde in Obhut gegeben, er hat dich zu ihrem Fürsten erhöht.

Dass du dem Tigris und Euphrat den reinen Mund öffnest, sie mit Wonne füllst,

dass du die schwere Regenwolke Wasser des Überflusses spenden, sie über alle Fluren regnen lässt,

dass du die Getreidegöttin das Haupt in der Saatfurche stolz erheben, würzige Kräuter in der Steppe sprießen lässt, dass du in Obstpflanzung und Garten die Stecklinge wie zu Wäldern hoch wachsen lässt.

Was sich in diesen Worten zeigt, ist ein bestimmtes Weltbild. Die Vorstellung von der Welt und den sie bestimmenden Gesetzen war religiös determiniert. Dies bedeutete, dass die Kräfte, die dem Menschen begegnen, mit dem Handeln von Göttern verbunden werden. Das Besondere an den altorientalischen Kulturen ist, dass nicht nur die lebensfördernden Kräfte mit Gottheiten gleichgesetzt werden, sondern auch die lebensbedrohlichen. Denn die-

---

[7] Zu den numinosen Aspekten von Meer, Regen und Erde vgl. O. Keel/S. Schroer, Schöpfung, 37–91.

[8] Zitiert nach M. Eliade, Die Schöpfungsmythen, Zürich 1964, 108f.

sem positiven, lebenserhaltenden Handeln standen jene Mächte und Gewalten gegenüber, welche das Leben der Menschen gefährden, die Kräfte des Chaos.[9]

Die Darstellung auf einem Rollsiegel aus Mesopotamien (ca. 3300–2900 v.Chr.)[10] zeigt einen nackten Mann, der mit seiner Lanze eine kalbende Kuh gegen einen aufgerichteten Löwen verteidigt. Der Lebensraum des Menschen muss gegen die Natur und ihre Gefahren verteidigt werden – und zwar permanent. So zeichnet sich das altorientalische Weltbild nicht nur durch das Gegenüber von ‚Schöpfung' und ‚Chaos' im Sinne von ‚Ordnung' und ‚Unordnung' aus, sondern auch durch die Grundeinsicht, dass der Lebensraum des Menschen permanent gefährdet ist.[11] Die Welt wurde nicht *einmal* geschaffen, sondern muss immer wieder in ihrem Bestand erhalten werden. Denn die Mächte des Chaos, die Gewalten, welche das Leben und die Existenz der Menschen gefährdeten, existierten weiter – so wie es die Darstellung zum Ausdruck bringt. Es geht nicht um ein einmaliges Geschehen, sondern um einen dauerhaften Prozess.

Bereits hier zeigt sich ein Aspekt, der für den Alten Orient fundamental ist – das zyklushafte Denken. Der Lauf der Welt ist keine einmalige Angelegenheit, sondern vollzieht sich immer wieder. Wir werden sehen, dass die spätere Apokalyptik genau mit dieser Vorstellung eines zyklischen Weltlaufes bricht.

---

[9] Vgl. M. Bauks, Die Welt am Anfang (WMANT 74), Neukirchen-Vluyn 1997, 243f.
[10] Das Bild ist O. Keel/S. Schroer, Schöpfung, 39 (Abb. 1), entnommen.
[11] Vgl. E. Blumenthal, Weltlauf und Weltende bei den alten Ägyptern, in: A. Jones (Hg.), Weltende, Wiesbaden 1999, 113–145, 119f.

Die Grundfrage der altorientalischen Religionen lautete: Wie kann der Lauf der Welt garantiert werden? Im Rahmen eines religiös bestimmten Weltbildes liegt die Antwort auf der Hand: durch das Handeln der Götter. Es muss darum gehen, die Gottheiten, d.h. jene Kräfte, welche die Ordnung garantieren und das Chaos eindämmen, auch weiterhin den Menschen gewogen zu halten. Und das geschieht auf zwei Wegen: durch Kulte und Riten und durch den König.

Der Kult, der ‚Gottesdienst', bei dem der Gottheit geopfert wurde, war zentral, und zwar im Sinne eines Aktes zur Welterhaltung. Die Rituale und Kulte der altorientalischen Religionen bekommen vor diesem Hintergrund eine klare Funktion. Sie sind auf das Weltbild bezogen, sie dienen dem Erhalt der bestehenden Welt und sind – will man es pointiert formulieren – letztlich Steuerungsmechanismen für den Bestand des Weltlaufes.[12] Denn wenn den Göttern nicht geopfert wird und sie sich womöglich von der Welt abwenden, dann bricht das Chaos aus – bzw., um es genauer zu sagen, *bricht* in die geordnete Welt *ein*. Das Chaos, die nicht-geordnete Welt, ist mit der Schöpfung nicht ein für allemal überwunden, sondern diese Welt besteht fort als ein lebensfeindlicher und bedrohlicher Bereich. Im ersten Schöpfungsbericht findet sich diese Vorstellung noch hinter der Formulierung von der ‚Feste', die Gott „zwischen den Wassern" gemacht hat (Gen 1,6). Diese – wie es im hebräischen Text heißt – „gehämmerte" Feste[13] grenzt den geordneten, geschaffenen Bereich vom ungeordneten, chaotischen ab. Eine bildliche Umsetzung dieser Vorstellung durch den Schweizer Alttestamentler Othmar Keel gibt dies sehr anschaulich wieder:[14]

---

[12] Dazu B.U. Schipper, Vom Pharao zum Tempel – Transferprozesse im ptolemäischen Ägypten, in: G. Ahn/R. Langer/J. Snoek (Hg.), Ritualtransfer (im Druck für 2007).

[13] Vgl. zur Wortbedeutung und dem religionsgeschichtlichen Material H. Seebass, Genesis I. Urgeschichte (1,1–11,26), Neukirchen-Vluyn 1996, 68.

[14] Vgl. O. Keel/S. Schroer, Schöpfung, 107 (Abb. 85). Vgl. auch B. Janowski, Art. ‚Weltbild', in: RGG[4], Bd. 8, 1409–1414, 1409 (Abb. 1), mit Beschreibung der einzelnen Elemente.

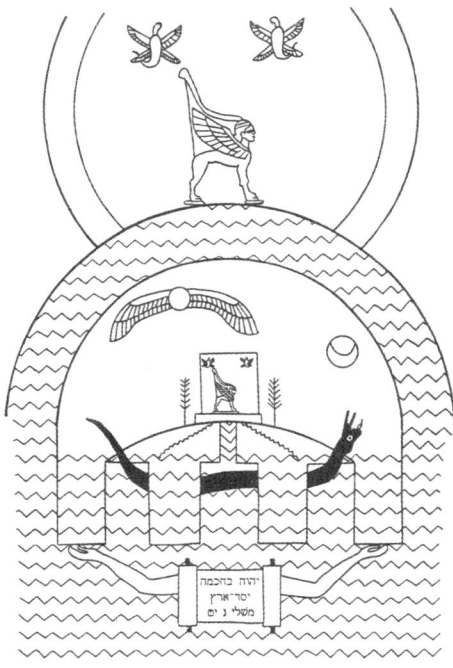

Die Arme des Gottes JHWH tragen den ganzen Kosmos mit Himmel und Erde. Dabei gehen die Arme hier aus einer Torarolle hervor. Den geoffenbarten Willen des alttestamentlichen Gottes und sein Gesetz gilt es zu befolgen. Wenn die apokalyptischen Texte späterer Zeit neben dem angekündigten Weltuntergang vor allem ein bestimmtes Verhalten einfordern, so basiert diese Vorstellung letztlich auf diesem Weltbild. Die Welt wird von Gott getragen, und wenn sich dieser von der Welt abwendet, womöglich, weil die Menschen seinen Willen nicht befolgt haben, so bricht alles zusammen. Die Geschichte, in der dieses erzählt wird, findet sich nicht weit vom ersten Schöpfungsbericht entfernt. Es ist der Bericht von der Sintflut in Gen 6,7–9,17. Gott wendet sich von der Welt ab, die Schleusen des Himmels öffnen sich und die Urflut, das Chaoswasser strömt auf die Erde. Im Rahmen der biblischen Geschichte gehören die Erschaffung der Welt und die Geschichte von der Sintflut wesentlich zusammen;

nicht umsonst sind sie Teil ein und desselben Literaturwerkes, der sogenannten Priesterschrift, deren Verfasser gerade am Kult und dem Heiligtum interessiert waren.[15]

Außerhalb Israels war die Sicherung der Welt noch mit einer zweiten Größe verbunden – dem König. Der König steht der Gesellschaft und dem Staat vor, und er ist zugleich der oberste Kultvollzieher, denn allein er bewegt sich auf Augenhöhe zu den Göttern. Der Grund hierfür findet sich wiederum in den Schöpfungsmythen. So gibt es in Ägypten eine Reihe von Texten, die letztlich nur vordergründig über die Erschaffung der Welt berichten. De facto geht es ihnen um die Klarstellung, wer die Gesellschaftspyramide des Staates anführt. Der Heidelberger Ägyptologe Jan Assmann hat für die ägyptischen Texte den Begriff der ‚Kratogonien' eingeführt.[16] Es geht um die Etablierung von Herrschaft, denn der Pharao ist qua Amt göttlicher Natur. Er ist die irdische Verkörperung des Horus, bevor er im Jenseits nach seinem Tod mit Osiris eins wird. Indem er selbst ein Gott ist, kann er den Göttern auch begegnen, mit ihnen agieren und sie „gnädig stimmen", wie es in ägyptischen Texten heißt.[17] Der König als direkter Nachkomme der Götter erhält herausragende Bedeutung – und zwar nicht nur für das Gemeinwesen selbst, den Staat, sondern auch für den Bestand der Welt: Ein Text aus dem Alten Ägypten bringt dies in eindrucksvollen Worten zum Ausdruck. Darin heißt es:[18]

(§ 2) Preist den König (Zugehörig-zur-Maat-des-Re), er möge ewig leben in eurem Innersten. Vereinigt euch mit seiner Majestät in euren Herzen. […] Er ist Re, durch dessen Strahlen man zu sehen pflegt. Er ist der, der die beiden Länder mehr erleuchtet als die Sonnenscheibe. (§ 3) Sein heißer Atem brennt mehr als die Flamme des Feuers. […] (§ 5) Er ist Chnum für jeden Leib, Erzeuger, der die Menschheit entstehen ließ. Er ist

---

[15] Vgl. dazu B. Janowski, Tempel und Schöpfung, in: Jahrbuch biblische Theologie 5 (Schöpfung und Neuschöpfung), Neukirchen-Vluyn 1990, 37–69.
[16] Vgl. J. Assmann, Rezeption und Auslegung in Ägypten, in: R.G. Kratz/T. Krüger (Hg.), Rezeption und Auslegung im Alten Testament und in seinem Umfeld (OBO 153), Fribourg/Göttingen 1997, 125–139, 129.
[17] Vgl. zum Belegspektrum des Wortes ḥtp A. Erman/H. Grapow, Wörterbuch der Aegyptischen Sprache, Bd. III, Leipzig 1926/1931, 185f.
[18] Zitiert nach B.U. Schipper, Von der Lehre des Sehetep-jb-Re zur Loyalistischen Lehre, in: Zeitschrift für ägyptische Sprache und Altertumskunde 127 (1998), 161–179, 164.

Bastet, die die beiden Länder schützt. Der, der ihn preist, wird einer sein, den sein Arm schützt. Er ist Sachmet gegen den, der (seinen) Befehl übertritt. Der, den er haßt, wird im Elend sein.

Die besondere Stellung des Königs im ägyptischen Weltbild wird im Text überdeutlich. Dabei veranschaulicht die Gleichsetzung mit der katzengestaltigen Göttin Bastet, welche die beiden Landesteile Ägyptens, Ober- und Unterägypten, schützt, und der löwenköpfigen Göttin Sachmet die göttliche Qualität des Königs. Er kann in seinem Handeln wie die genannten Gottheiten agieren. „Der, der ihn preist, wird einer sein, den sein Arm schützt", so heißt es im Text, und man könnte ergänzen, und der, der ihn verachtet, wird von seinem Arm zertrümmert – so wie es in dem bekannten altägyptischen Ritual des ‚Erschlagens der Feinde' beispielhaft dargestellt ist.[19]

Wenn der König die Feinde oder den Repräsentanten eines fremden Volkes erschlägt, dann tötet er nicht einfach einen

---

[19] Vgl. zur Bedeutung dieses Rituals S. Schoske, Das Erschlagen der Feinde, Diss. phil., Heidelberg 1982, 15–22. Die Abbildung ist entnommen: O. Keel, Die Welt der altorientalischen Bildsymbolik und das Alte Testament, Zürich u.a. ²1977, 103 (Abb. 398).

Feind, sondern dies stellt zugleich den Sieg der Ordnung gegen das Chaos dar. Der König ist der Garant der Ordnung, er sichert mit seinem Handeln den Lauf der Welt. Insofern mussten die Pharaonen ihre Kriege gewinnen, und selbst wenn dies in der Realität einmal nicht so war, so reden die ägyptischen Texte doch immer von einem Erfolg – getreu dem Motto „Pharao siegt immer"[20].

Auf den ersten Blick mag so ein Weltbild recht einfach erscheinen. Auf der einen Seite der ägyptische Staat als Sinnbild für die geschaffene Welt, auf der anderen die Fremdvölker als Verkörperung des Chaos und damit der Kräfte, die die Ordnung gefährden. Diese Vorstellung atmet jedoch – und das ist das Besondere – bereits jenen Dualismus, der für die spätere Apokalyptik so zentral ist. Auch wenn Schöpfung und Chaos so noch nichts mit dem apokalyptischen Denken des 2. Jahrhunderts v. Chr. zu tun haben, so bilden sie doch den traditionsgeschichtlichen Hintergrund, vor dem die Apokalyptik zu lesen ist.[21] Zugleich bringt diese, am Alten Ägypten veranschaulichte Vorstellung zum Ausdruck, dass endzeitliche Szenarien immer mit Weltdeutungsvorgängen einhergehen. Sie speisen sich aus einem bestimmten Weltbild und vertreten letztlich einen spezifischen, interpretierenden Blickwinkel. Dies wird deutlich, wenn man sich einen Text betrachtet, der als einer der ältesten Texte überhaupt so etwas wie ein apokalyptisches Szenario entwirft, die sogenannte ‚Prophezeiung des Neferti'.[22] Denn dieser Text steht für die sogenannte ‚Krise des altorientalischen Weltbildes'.

---

[20] Vgl. zu den Grundlagen der ägyptischen Königsideologie R. Gundlach, Der Pharao und sein Staat, Darmstadt 1998, 11–23.
[21] Vgl. dazu schon H. Gunkel, Schöpfung und Chaos in Urzeit und Endzeit, Göttingen 1895.
[22] M.W. hat dies als erster der Altertumswissenschafter R. Reitzenstein erkannt: Ein Stück hellenistischer Kleinliteratur (NGWG.PH, Heft 4), Göttingen 1904, 309–332.

2. Die Krise des altorientalischen Weltbildes

Die Prophezeiung des Neferti aus dem Beginn des 2. Jahrtausends v. Chr.[23] erzählt von einem ägyptischen Priester namens Neferti. Dieser lebte am Königshof und sagte die Zukunft an. Er weissagte eine Zeit des Unheils und eine Zeit des Heils: Erstere ist bestimmt durch chaotische Zustände, Zustände, in denen die Schöpfung aufgehoben zu sein scheint. „Was geschaffen wurde, wird sein, als wäre es nie geschaffen", so heißt es im Text, und es wird betont: „Re (der Sonnengott) wird von neuem beginnen müssen, das Land zu erschaffen."[24] In der Folge werden chaotische Zustände in Natur und Menschenleben geschildert:

(24) Die Sonne ist verhüllt (25) und scheint nicht, damit die Menschen sehen [...] (26) Die Ströme Ägyptens sind leer. Man (27) kann die Gewässer zu Fuß durchschreiten und muss nach Wasser suchen, damit die Schiffe es befahren können. (46) Das Land geht zugrunde, wenn [man] Gesetz[e] erlässt, die immer wieder durch die Taten verletzt werden, so dass man ohne Handhabe ist.

Der Text schildert ein soziales Chaos mit Bruderkampf, Mord und Totschlag sowie eine kosmische Katastrophe mit dem Ausbleiben der lebenswichtigen Sonne und des nicht weniger wichtigen Wassers. All dies wird im Text sehr ausführlich geschildert, während die Darstellung der Heilszeit recht knapp gehalten ist. Es reicht ein allgemeiner Hinweis:

(61) Freut euch, oh seine Zeitgenossen! (...) Schert euch zum Bösen, (ihr), die (ihr) an Auflehnung denkt! (63) Wurde doch euer Mund bereits aus Furcht vor ihm zum Schweigen gebracht. Die Asiaten werden durch seine Klinge fallen, die (64) Libyer werden durch sein Feuer fallen, die Aufrührer durch sein Wüten, die Rebellen durch (65) seine Autorität, denn die Uräusschlange an seiner Stirn beruhigt die Empörer (für) ihn.

Die Rede von der Uräusschlange und vom Schlagen der Asiaten verdeutlicht, um wen es geht. Ein neuer König tritt auf und die

---

[23] Der Text datiert in die 12. Dynastie. Vgl. dazu G. Burkard/H.J. Thissen, Einführung in die altägyptische Literaturgeschichte I, Münster/Hamburg/London 2003, 136.
[24] Übersetzung anhand der Textausgabe von W. Helck, Die Prophezeiung des Nfr.tj (KÄT 2), Wiesbaden 1970. Auf philologische Einzelheiten wird an dieser Stelle verzichtet.

Welt ist wieder in Ordnung. „Die Ma`at tritt wieder an ihren Platz zurück, die Isfet (die Lüge/das Chaos) ist beseitigt". So heißt es knapp und lapidar in Zeile 68f des Textes. Der König tritt auf, eine neue Herrschaft wird installiert und die Ordnung gilt wieder. Während zuvor der Zustand als so aussichtslos beschrieben wurde, dass der Sonnengott Re die Welt von neuem wird erschaffen müssen, ist das Chaos mit der Ankunft des Königs nun überwunden. Er setzt die Ordnung wieder ein – hier mit dem für die ägyptische Kultur zentralen Begriff der ‚Ma`at' bezeichnet[25] – und das Chaos, die widernatürlichen Kräfte sind wieder in ihre Schranken verwiesen.

Dieser Text, die Propheziung des Neferti, ist geradezu ein Paradebeispiel für die Vorstellung vom König als demjenigen, der den Lauf der Welt garantiert und mit seiner Thronbesteigung die chaotischen Kräfte überwindet.[26] Und er ist zugleich ein einziges Plädoyer für das Königtum. Es geht darum, den ägyptischen Staat, so wie er ist, zu erhalten. Das endzeitliche Szenario dient nicht etwa dazu, die Ordnung zu verändern oder eine Revolution durchzuführen – es hat vielmehr die Funktion, die alte Zentralgewalt neu zu legitimieren. Dies wird im Text daran erkennbar, dass der neue König, der kommt und das Chaos überwindet, mit Namen genannt wird. „Es wird aber ein König aus dem Süden kommen" heißt es in Zeile 58, „sein Name wird Ameni, der Triumphierende, lauten." Der König, auf den hier angespielt wird, ist Amenemhet I., der Begründer der 12. Dynastie und damit einer neuen Zentralgewalt in Ägypten.[27] Vorausgegangen war eine Zeit, in der es keinen König gab, eine Zeit, die in den ägyptischen Texten als Zeit des Chaos bezeichnet wird. Die ägyptologische Forschung hat sich oftmals von dem Bild, das die Texte entwerfen, leiten lassen. Die sogenannte erste Zwischenzeit, d.h. die Zeit nach dem Alten Reich, nach der Periode der ägyptischen Kultur, in der die Pyramiden gebaut wurden und Ägypten eine erste Phase der Blüte erlebte, diese Zeit wurde als chaotisch angesehen, eine Zeit ohne Zentralgewalt, das Land in

---

[25] Vgl. dazu J. Assmann, Ma`at, München 1990, 35–39.
[26] Vgl. E. Blumenthal, Weltlauf und Weltende, 133.
[27] Vgl. zu den historischen Abläufen die klassische Darstellung von E. Otto, Ägypten, Stuttgart 1953, 124ff, und den Überblick bei T. Schneider, Lexikon der Pharaonen, München ²1996, 72–74.

Aufruhr, soziales Chaos – ganz so, wie es die Texte darstellen. Erst neuere archäologische Forschungen haben dazu verholfen, die historischen Sachverhalte selbst zur Kenntnis zu nehmen, und zwar ohne die Brille der Texte. Und was sich da zeigt, ist äußerst interessant. Denn es lässt sich anhand der Funde nicht etwa ein Chaos oder soziale Unruhe nachweisen, sondern vielmehr eine Verschiebung der Macht im Land.[28] Die regionalen Eliten, die Gouverneure und Fürsten der einzelnen Provinzen kamen zu Macht und lösten sich von der schwachen Zentralgewalt. Der König in seiner Hauptstadt war demgegenüber machtlos, die lokalen Machtzentren mit ihren eigenen Kultorten waren selbständig. Mit anderen Worten: die Rede vom sozialen Chaos, die Formulierung in den Texten jener Zeit, dass das Land in Aufruhr war, diese Rede gilt nur, wenn man den Blickwinkel der Hauptstadt und der Beamtenschaft wählt.

(47) Ich will dir zeigen, wie der Herr trauert, während der Pöbel zufrieden ist (48). Der Nichtstuer hat sich die Taschen gefüllt, der Arbeitende ist leer ausgegangen.

Es zeigt sich deutlich, dass der Text einen sozialen Wandel widerspiegelt. Die Situation ist nicht das blanke Chaos, sondern eine Veränderung des sozialen Systems, ein Wandel, bei dem die Beamtenschaft der Hauptstadt ihre Privilegien verloren hatte und die lokalen Kultzentren, die bis dahin eher durch die Hauptstadt marginalisiert wurden, nun über eigene Macht verfügten. Ein Satz wie „Der Mittellose wird Besitztümer anhäufen, während der Vornehme stehlen muss, um existieren zu können" (56f) macht zugleich den Blickwinkel deutlich, von dem aus dieses Szenario beschrieben wurde: Es sind diejenigen, die vorher Privilegien hatten, die Oberschicht. Von der Warte der Beamtenschaft der Hauptstadt aus, ist es ein Verfall der Ordnung, wenn auf einmal andere soziale Gruppen Machtbefugnisse erhalten, die vorher allein dem König und der Zentralgewalt zustanden. Vom Blickwinkel der lokalen Eliten aus ist dies jedoch – so

---

[28] Vgl. dazu S.J. Seidlmayer, The First Intermediate Period, in: I. Shaw (Hg.), The Oxford History of Ancient Egypt, Oxford 2000, 118–147, und ders.: Wirtschaftliche und gesellschaftliche Entwicklung im Übergang vom Alten zum Mittleren Reich, in: J. Assmann/G. Burkard/V. Davies (Hg), Problems and Priorities in Egyptian Archeology, London/New York 1987, 175–217.

könnte man formulieren – kein Chaosszenario, sondern ein Segen. Es zeigt sich hier deutlich, dass das, was Heil und Unheil ist, letztlich eine Frage der Definition ist. Zugespitzt formuliert: Das endzeitliche Szenario ist nur für die einen eine Bedrohung, für die anderen kann es der angestrebte Zustand sein.

Im vorliegenden Text gewinnt diese Aussage dadurch Bedeutung, dass der Text aus der Zeit stammt, als der neue Herrscher bereits an der Macht war. Zwar gibt sich der Text im Gewande einer alten Zukunftsweissagung, aber er datiert in die Zeit des neuen Königs.[29] Vor diesem Hintergrund wird die Funktion des Textes deutlich. Es geht seinem Verfasser nicht um die Beschreibung realer Verhältnisse, sondern um deren Bewertung. Die Rede von Unheil und Heil soll dazu verhelfen, das neue Königtum als Heilszustand und die Zeit davor, die 1. Zwischenzeit, als einen illegitimen Zustand, als Chaos auszuweisen. Das Schema von Heils- und Unheilszeit wird hier zu einem Modell der Weltdeutung mit einer klaren Pragmatik. Es geht um die Wiederherstellung des alten Zustandes und die Überwindung einer sozialen Umwälzung, die sich in der 1. Zwischenzeit vollzogen hat.

Inwiefern aber trägt dies nun etwas aus für die Frage nach den Anfängen apokalyptischen Denkens? Wenn man die zentralen bisher dargelegten Aspekte noch einmal kurz zusammenfassen will, so muss zweierlei festgehalten werden.

1) Weltuntergangsszenarien im Alten Orient speisen sich aus dem altorientalischen Weltbild. Dieses funktioniert durch das Gegenüber von Schöpfung und Chaos, bei dem der Bestand der Welt durch das Handeln der Götter gesichert wird. Diese gilt es zufrieden zu stellen, sei es durch den Kult oder durch das Agieren des Königs, der im Alten Ägypten als derjenige auftreten kann, der das Leben gibt und die Ordnung garantiert.

2) Diese Lehre von der Welt und der Bedeutung des Königs war offenbar geeignet, auf bestimmte historische Situationen angewendet zu werden. Und zwar mit einer klaren Funktion, wie es die Prophezeiung des Neferti verdeutlicht. Dabei kann das Schema von Unheilszeit und Heilszeit, wie es in der Lehre von der Erschaffung der Welt und der Bedeutung des Königs angelegt

---

[29] Vgl. dazu oben Anm. 23.

ist, zu einer Art hermeneutischem Schlüssel werden, um die Welt zu deuten. Im vorliegenden Fall ist es eine Zeit des sozialen Wandels und des Umbruchs einer Gesellschaft, die von einem bestimmten Blickwinkel her interpretiert wird und mit einem klaren Vorzeichen versehen wird. Wenn man die weitere Geschichte der Apokalyptik betrachtet, dann zeigt sich genau dieses Phänomen. Das Gegenüber zweier Zeiten wird zu einer Deutungskategorie mit einer klaren Bestimmung dessen, was als ‚Heil' und was als ‚Unheil' gilt. Allerdings tritt im Laufe der Entwicklung eine zentrale Veränderung ein – die Ersetzung des zyklischen Weltbildes durch das lineare.

3. Die Anfänge der Apokalyptik

Mit dem Einfluss des Hellenismus auf die altorientalischen Kulturen kommt es auch zu einem Wandel im Denken. Die Vorstellung vom Weltlauf, der sich im Zyklus vollzieht und bei dem, wie es der Religionshistoriker Erik Hornung bezeichnete, die „Geschichte als Fest" zelebriert werden kann,[30] wird ersetzt durch ein lineares Verständnis von Zeit und Geschichte. Dabei zeigt sich eine Veränderung der Tradition hin zu einer echten Zukunftsansage; es kommt zu einer ‚Eschatologisierung' kulturspezifischer Vorgaben.

Die alttestamentliche Forschung hat seit der Entdeckung der anfangs genannten Schriften immer wieder die Frage der religionsgeschichtlichen Einflüsse auf die antik-jüdische Apokalyptik diskutiert. Von einem religionsgeschichtlichen Blickwinkel aus wird man nicht nur von direkten Einflüssen, sondern auch von einem kulturübergreifenden Phänomen sprechen. Dabei spielen verschiedenen Faktoren ineinander, seien es politische, soziale oder theologische. So tritt zur Ausbreitung des Hellenismus und den damit verbundenen politischen Veränderungen[31] ein theolo-

---

[30] Vgl. E. Hornung, Geschichte als Fest, Darmstadt 1966. Eine Darstellung der Grundgedanken des längst vergriffenen Bandes findet sich bei E. Hornung, Geist der Pharaonenzeit, Düsseldorf/Zürich 1999, Kap. 147–163.
[31] Vgl. zu den politischen Abläufen G. Hölbl, A History of the Ptolemaic Empire, London/New York ²2001.

gisches Thema hinzu. Denn sowohl in der Umwelt Israels wie auch im antiken Judentum wird die Frage nach dem Handeln Gottes zentral. Die sogenannte ‚Krise der Weisheit', die Frage nach der Gültigkeit des Zusammenhangs von Tun und Ergehen, findet sich sowohl in der nachexilischen Weisheitsliteratur des alten Israel als auch in den Weisheitslehren der ägyptischen Spätzeit. Der Ägyptologe Hellmut Brunner hat vom „freien Willen Gottes" gesprochen, der sich in den ägyptischen Texten zeigt.[32] Charakteristischerweise findet sich dieser Gedanke der Gottheit, die sich in ihrem Handeln von der Welt entfernt hat und mit den klassischen Steuerungsmechanismen wie Kult und Königtum nicht mehr zu greifen ist, auch in einer Gruppe von Texten, die immer wieder mit der Apokalyptik in Verbindung gebracht wurden: die sogenannten politischen Prophezeiungen aus dem ptolemäischen Ägypten.[33] Diese Texte aus dem 3. und 2. Jh. v.Chr. dokumentieren für Ägypten den genannten Übergang von einem zyklischen Weltbild zu einem linearen Zeitverständnis. Erstmals in der ägyptischen Tradition überhaupt finden sich ‚echte' Zukunftsansagen.[34] Dabei ist das Besondere, dass die Texte, es handelt sich um das sogenannte Töpferorakel und die Prophezeiung des Lammes des Bokchoris, deutlich an die ägyptische Tradition anknüpfen. So weisen das Töpferorakel als auch das ‚Lamm des Bokchoris' den gleichen Aufbau auf wie die Prophezeiung des Neferti.[35] Dies reicht neben der Anlage des Textes – eine Rahmenerzählung mit Unheils- und Heilsweissagung – bis in einzelne Formulierungen hinein. Das soziale Chaos, die Unregelmäßigkeiten in der Natur bis hin zur kosmischen Katastrophe – all dies findet sich in den Texten des ptolemäischen Ägypten. Und ganz ähnlich wie in der Prophezeiung des Neferti wird in der des Lammes des Bokchoris die Heilszeit nicht en detail geschildert, sondern mit dem summarischen Satz angekün-

---

[32] H. Brunner, Der freie Wille Gottes in der ägyptischen Weisheit, in: ders., Das hörende Herz (OBO 80), Fribourg/Göttingen 1988, 85–102.
[33] Eine aktuelle Zusammenstellung und Diskussion der Texte findet sich bei A. Blasius/B.U. Schipper (Hg.), Apokalyptik und Ägypten (Orientalia Analecta Lovaniensis 107), Leuven u.a. 2002.
[34] Vgl. E. Blumenthal, Weltlauf und Weltende, 135.
[35] Vgl. L. Koenen, Die Apologie des Töpfers an König Amenophis oder das Töpferorakel, in: A. Blasius/B.U. Schipper (Hg.), Apokalyptik und Ägypten, 139–187, 172f.

det: „Die Wahrheit wird ans Licht kommen, die Lüge wird zugrunde gehen, Recht und Ordnung werden in Ägypten herrschen" (II, 22f).[36]

Es zeigt sich deutlich das Anknüpfen an ältere Texte, verbunden mit einer charakteristischen Veränderung. So wird der Akzent nun auf die Zukunft gelegt. Die Ereignisse werden, wie es in der Prophezeiung des Lammes heißt, erst in „900 Jahren" eintreten, wenn das Lamm selbst als König herrscht. Es zeigt sich – und dies ist der zweite entscheidende Punkt – eine entpersonalisierte Zukunftshoffnung, bei der nun nicht mehr ein neuer ‚irdischer' König erwartet wird, sondern das Lamm (die Gottheit?)[37] selbst die Herrschaft übernimmt.

Wenn man an diesem Punkt nun von den ägyptischen Texten zu den alttestamentlichen übergeht, so zeigt sich dort ein ganz ähnliches Phänomen. Ein Text wie Daniel 7, der seit Beginn der Apokalyptikforschung geradezu als Referenztext apokalyptischen Gedankenguts gilt, speist sich einerseits auch aus älterer Tradition, geht jedoch hinsichtlich der Radikalität der Zukunftsaussage deutlich über diese hinaus. Die Abfolge von vier Reichen bietet eine Deutung der Weltgeschichte, bei der in der Charakterisierung der einzelnen Tiere ältere Elemente aufgegriffen werden. Ob dies die Schilderung der Mischwesen in Dan 7,3–8 ist oder die Vierzahl – es zeigt sich bei der antik-jüdischen Apokalyptik ein Anknüpfen an ältere, zumeist prophetische Traditionen.[38] Damit verbunden ist weisheitliches Gedankengut. Die Apokalyptik antwortet gleichsam in post-prophetischer Sprache auf ein theologisches Problem der Weisheit.[39] Sie reflektiert dabei eine Situation, in der die Lebenswirklichkeit den bisherigen religiösen Welterklärungsmodellen widersprach. Der Zusammenhang von Tun und Ergehen, die Verbindung zwischen dem,

---

[36] Zitiert nach der Übersetzung des demotischen Textes durch H.J. Thissen, Das Lamm des Bokchoris, in: A. Blasius/B.U. Schipper (Hg.), Apokalyptik und Ägypten, 113–138, 118.

[37] Zum Problem der Deutung des Tieres vgl. H.J. Thissen, Das Lamm des Bokchoris, 122.

[38] Vgl. S. Niditch, The Symbolic Vision in Biblical Traditions (HSM 30), Chico 1980.

[39] Vgl. dazu D. Michel, Weisheit und Apokalyptik, in: A.S. van der Woude (Hg.), The Book of Daniel in the Light of New Findings (BEThL 106), Leuven 1993, 413–434, 433.

was der Mensch tut und wie Gott handelt, wurde so nicht mehr gesehen. Es brauchte andere Erklärungsmodelle, um das Handeln Gottes zu deuten. Eines davon bietet die Apokalyptik. Wenn in Daniel 7 davon die Rede ist, dass das grauenvolle Tier, das aus dem Meer steigt, letztlich doch durch göttliches Handeln vernichtet wird, dann kommt darin eine religiöse Konzeption zum Ausdruck, die besagt: Der Gott, an den ihr glaubt, hat die Welt in seiner Hand. Nur dass dieses Handeln derzeit nicht recht erkennbar ist, denn Gott agiert auf einer Ebene hinter der aktuellen, erlebten Geschichte; Klaus Koch hat für dieses Konzept den Begriff der „Metahistorie" eingeführt.[40] Letztlich speist sich eine solche theologische Konzeption aus konkreter Welterfahrung. Es ist bezeichnend, dass sowohl Dan 7 als auch das ‚Lamm des Bokchoris' auf die politischen Ereignisse Bezug nehmen und sich in beiden Texten eine Anspielung auf Antiochos IV. findet.[41] Die Religionspolitik des Seleukidenherrschers war offenbar für Ägypten wie das Jerusalem des 2. Jh. v.Chr. gleichermaßen bedrohlich. Insofern liegt es nahe, die Entstehung apokalyptischen Denkens vor allem mit den politischen Ereignissen in Verbindung zu bringen.[42]

4. Zusammenfassung

Der knappe Blick in die Religionsgeschichte des Alten Orients hat gezeigt, dass die Anfänge der Rede vom Ende weit vor das Danielbuch und das Antike Judentum zurückreichen. Sie finden sich schon um 1900 v.Chr. im Alten Ägypten. Dabei wird aber zugleich deutlich, dass diese Endzeitszenarien einem Weltbild verpflichtet sind, das Anfang und Ende eng zusammen denkt. Das Ende der Welt ist immer gegenwärtig, da die Mächte des

---

[40] Vgl. K. Koch, Die Reiche der Welt und der kommende Menschensohn, Neukirchen-Vluyn 1995, 172.
[41] Im ‚Lamm des Bokchoris' wird er als „der Meder" bezeichnet, in Dan 7 als „kleines Horn", vgl. dazu B.U. Schipper, Tradition und Innovation, in: J. Brokoff/ B.U. Schipper (Hg.), Apokalyptik in Antike und Aufklärung (Studien zu Judentum und Christentum), Paderborn u.a. 2004, 45–75, 70.
[42] Vgl. dazu auch den Beitrag von K. Koch in diesem Band.

Chaos nicht mit der Schöpfung ein für allemal überwunden sind, sondern lediglich in ihre Schranken verwiesen wurden. Sie sind präsent, wenn auch in einem eigenen Raum, der von der geschaffenen Welt getrennt ist. Im Rahmen eines solchen Weltbildes wird das permanente Welt erhaltende Handeln wichtig. Dieses wurde in den altorientalischen Kulturen mit dem Kult und dem König verbunden. Diese Vorstellung, wie sie am anschaulichsten im Alten Ägypten zu finden ist, wurde mit der Zeit grundlegend verändert. Das Königtum verlor an Bedeutung und an die Stelle eines zyklischen Weltbildes trat das lineare Verständnis von Zeit und Geschichte. Der dritte Aspekt, der bei der Ausbildung apokalyptischer Szenarien von Bedeutung war, ist das zunehmende Auseinanderklaffen von Welterfahrung und den klassischen Weltdeutungen. Aufgrund der politischen Situation – konkret der Religionspolitik Antiochos IV. – entstand eine Situation, in der die klassischen Welterklärungsmodelle versagten. Es kam zur Eschatologisierung älterer Traditionen, sei es der Prophetie in Israel oder von Texten wie der Prophezeiung des Neferti in Ägypten.[43] Diese Eschatologisierung ging mit einer Radikalisierung einher. So finden sich in den apokalyptischen Texten des antiken Judentums viele Bezüge zur Prophetie, die Grundausrichtung ist jedoch deutlich anders. Es wird ein Gegenüber zweier Welten gedacht, einer bestehenden, die als negativ und gottlos bestimmt wird, und einer zukünftigen, die als göttlich gilt. Diese Antithese speist sich – wie zu sehen war – letztlich aus dem Gegenüber von Schöpfung und Chaos in den altorientalischen Texten. Es geht um einen Dualismus zweier Welten, die im Alten Orient freilich noch nicht in eine zeitliche Abfolge gebracht wurden, sondern parallel zueinander bestanden. In der Apokalyptik wird dieses Gegenüber von Schöpfung und Chaos zu einem starren Dualismus ausgeformt, wie er beispielsweise in der Zweiäonenlehre des 4. Esrabuches paradigmatisch gegriffen werden kann.[44] So ist es ein zentrales Merkmal apokalyptischer Texte, das in ihnen die Abfolge zweier Weltzeitalter, des beste-

---

[43] Auf das Problem der sogenannten ‚protoapokalyptischen Texte' kann hier nicht eingegangen werden, vgl. dazu S.L. Cook, Prophecy and Apocalypticism, Minneapolis 1995.
[44] Vgl. dazu K. Koch, Wende der Zeiten, 209–214.

henden und des zukünftigen, gedacht wird, bei der das eigentliche ‚apokalyptische' Szenario lediglich die Funktion hat, diese Welt radikal zu beenden, um den Boden zu bereiten für die zukünftige, göttliche Welt. Dieses radikale Gegenüber ist jedoch immer rückgebunden an eine spezifische Weltsicht. Wie schon bei der Prophezeiung des Neferti zeigt sich auch bei den apokalyptischen Texten des 2. Jh. v.Chr., dass das, was als ‚Unheil' oder ‚Heil' gilt, vom jeweiligen Blickwinkel abhängt. So ist beispielsweise im Orakel des Töpfers die Befreiung der Sklaven ein Zeichen der Chaoszeit, während diese gerade in den antikjüdischen Apokalypsen zum Charakteristikum der Heilszeit wird. Trotz dieser unterschiedlichen Ausprägungen apokalyptischen Denkens sind die verschiedenen apokalyptischen Texte doch durch einen Gedanken miteinander verbunden. Sie erheben mit ihrer jeweiligen Weltdeutung einen exklusiven und normativen Anspruch, bei dem es – ganz wie bei den Schöpfungstexten – kein Entweder-oder gibt, sondern nur ein Gegenüber von heilvollem und unheilvollem Zustand.

Wenn man die weitere Geschichte der Apokalyptik betrachtet, dann zeigt sich, wie dieser exklusive Anspruch apokalyptischer Rede zu einem Wesensmerkmal apokalyptischen Denkens wird, ohne das kein endzeitliches Szenario auskommt. So scheinen apokalyptische Szenarien letztlich ein äußerst probates Mittel zur Beschreibung und Deutung der Welt zu sein – wobei deren Überwindung oder mindestens Veränderung immer mitgedacht ist.

Klaus Koch

Daniel und Henoch – Apokalyptik im antiken Judentum

In unserer Gesellschaft wächst die Sorge um die kollektive und individuelle Zukunft. Angesichts von Stichworten wie Arbeitslosigkeit, Globalisierung und atomarer Bedrohung verbreitet sich ein pessimistisches Weltbild, das bei nicht wenigen Zeitgenossen die Angst vor Entwicklungen weckt, die ein *apokalyptisches* Ausmaß anzunehmen scheinen. *Apokalyptisch* kennzeichnet dann eine angstbesetzte Untergangsstimmung, die jede rationale Futurologie als kurzschlüssig erscheinen lässt. Damit unterscheidet sich der moderne Begriff der Apokalyptik jedoch fundamental vom antiken. Das Wort ist aus der christlichen Bibel in die westlichen Sprachen übernommen worden, vor allem im Anschluss an das letzte Buch der Heiligen Schrift, die Offenbarung des Johannes. Im griechischen Urtext lautet dessen Überschrift *apokalypsis Iēsou Christi*. Das griechische Wort *apokalypsis* bedeutet Enthüllung von etwas Verborgenem, „Entbergung" lebenswichtiger Geheimnisse über die Hintergründe gegenwärtigen Daseins und zukünftiger Entwicklung. Das geschieht nach biblischer Ansicht durch eine von Gott bewirkte Inspiration mittels Vision und Audition eines auserwählten menschlichen Vermittlers. Er hat seine geheime Erfahrung in bestimmten Fällen in einem Buch schriftlich niederzulegen und auf diese Weise zu verbreiten. Das geschieht häufig nicht als einlinige sachliche Mitteilung, sondern verschlüsselt in eine symbolreiche Sprache. Dies gibt dem Inhalt einen gewissen schwebenden Charakter, der mehrere Deutungen offen lässt. In der neutestamentlichen Johannes-Offenbarung findet sich jedoch neben der Ankündigung entsetzlicher Katastrophen (Offb 6) auch die eines ewigen heilvollen und gerechten Reiches Gottes (Offb 21). Keine einzige spätisraelitische oder urchristliche Apokalypse endet mit einer universalen Katastrophe. Trotz aller möglichen Dezimierung von Mensch und Natur werden dereinst auferstandene Menschen auf einer erneuerten Erde ungestört leben können.

Die Schöpfung der Welt und Erschaffung der Menschheit war für die Apokalypsen in der Bibel und ihrem Umkreis nicht ein einmaliger, längst vergangener Akt der Urzeit, sondern der Beginn einer Entwicklung, die in der Gegenwart keineswegs schon zu Ende ist. Auch ein Jüngster Tag, die Chiffre für die fällige Rechenschaftsablegung aller Individuen nach ihrem Tod, geschieht nicht als eine Art von göttlichem „Knopfdruck" zu einem willkürlichen Zeitpunkt, sondern kennzeichnet die „Ernte" einer dafür reif gewordenen Entwicklung, vor allem aber eröffnet er den Zugang zu einer künftig mit ihrem Gott versöhnten Menschheit auf einer erneuerten Erde.

Was hier als christliche Apokalyptik artikuliert wird, geht zurück auf eine ältere hebräische oder aramäische Literaturgattung. Sie hatte schon ein halbes Jahrtausend früher begonnen. Eine größere Verbreitung erlangte sie, nachdem ab 334 v.Chr. die Heere Alexanders des Großen und seiner griechischen Diadochen sowie später römische Kaiser das Land Palästina erobert hatten. Die Fremdherrschaft wurde als brutale Ausbeutung einschließlich religiöser Unterdrückung von den Israeliten erlebt. Die Sehnsucht nach Befreiung wurde übergroß, was die neutestamtlichen Jesuserzählungen abspiegeln, und der Bedarf an apokalyptischen Deutungen nahm entsprechend zu.

Aus der um die Zeitenwende entstandenen Literatur greife ich zwei einflussreiche Beispiele heraus, einmal das von Juden wie Christen als Heilige Schrift aufgenommene Buch Daniel, zum andern das 1. (oder äthiopische) Henochbuch, das von Sondergruppen hochgeschätzt war – z.B. der Gemeinschaft von Qumran am Toten Meer, wo nach dem Zweiten Weltkrieg Aufsehen erregenden Textfunde gemacht wurden –, das aber in der Bibel der Großkirchen keine Aufnahme gefunden hat.

1. Apokalyptik als Literatur politischen und religiösen Widerstandes um die Zeitenwende

Erst mit Beginn des hellenistischen Zeitalters (in Palästina von 332 bis 63 v.Chr.) tauchen im späten Israel wie anderen Kulturen des Nahen Ostens apokalyptische Schriften auf. Der makedonisch-griechische König Alexander der Große hatte mit seiner Armee in einem atemberaubenden Siegeslauf den Vorderen Orient bis hin nach Afghanistan erobert. Bei einem Feldzug nach Ägypten erreichte er auch Jerusalem und machte Judäa zu einer seiner Provinzen. Die griechische Unterwerfung dieser Völker wurde mit brutaler Härte durchgeführt. Den Judäern, obwohl sie schon vorher seit Jahrhunderten durch asiatische Großmächte unterjocht worden waren, erschien die griechische Machtpolitik weit schlimmer als die der Vorgänger. Das Buch Daniel veranschaulicht dieses Herrschaftssystem als ein gräuliches Untier (7,6f):

> Es hatte große Zähne aus Eisen. Es zermalmte alles; was übrig blieb, zertrat es mit den Füßen. Es war völlig verschieden von den früheren Tieren (den babylonischen und persischen Großkönigen).

Ein Grund für die negative Einschätzung war die Politik der Seleukiden, der nunmehr griechischen Beherrscher von Syrien und Palästina, ihrem heterogenen Reich eine Staatsreligion mit griechischer Königsideologie aufzuzwingen, um die politische Einheit zu wahren. Wie es nach gewaltsamen Invasionen zu geschehen pflegt, fanden sich in den unterworfenen Völkerschaften bald Kollaborateure, die ihren Vorteil durch Kooperation mit der Großmacht zu erreichen suchten. In Jerusalem gehörten dazu seit 175 v.Chr. ausgerechnet die Hohepriester. Sie errichteten nicht nur ein Gymnasium und ein Stadion nach griechischem Vorbild, sondern ließen den seit alters am Tempel verehrten Gott Jahwä nunmehr als Zeus Olympios anrufen, mit entsprechenden Änderungen im Ritus. Doch in den unteren Priesterklassen und ihren Laienanhängern formierte sich ein entschiedener Widerstand, der zum Aufstand der Makkabäer führte.[1] Für einen solchen Partisa-

---

[1] Siehe die Erzählungen des ins Alten Testament aufgenommenen 1. und 2. Makkabäerbuchs (in evangelischen Ausgaben unter „Apokryphen").

nenkampf waren damals nicht alle zu begeistern, die der alten Religion anhingen und den Hellenismus verabscheuten. Sie richten ihre Hoffnung auf die Worte der Apokalypsen, von denen nun mehrere erscheinen, und deren Botschaft von Befreiung, die Gott auf unerwartetem, aber „legalem" Wege durchführen wird. Die Verfasser sind Männer, die der Schreiberzunft angehören und sich durch eine von Gott gewirkte Eingebung – wohl im Zusammenhang einer meditativen Praktik – zur metahistorischen Erkenntnis wesentlicher Faktoren der gegenwärtigen Stunde und der nächsten Zukunft berufen fühlen, also zur *apokalypsis*, zur Enthüllung einer „sittlichen" Weltordnung im Lauf der Geschichte. Wem solche Offenbarung zuteil wird, hat sie den Zeitgenossen zu vermitteln – und sie zu passivem Widerstand aufzurütteln. Anders als den Propheten im alten Israel ist es diesen Männern verwehrt, ihre Botschaft öffentlich, etwa vor den Toren des Tempels, zu verkünden. So greifen sie zu Feder und Papyrus. Den eigenen Namen geben sie nicht preis, sondern legen sich den eines berühmten Gottesmannes der Geschichte zu. So entstehen pseudonyme Apokalypsen des Mose, des Elija, aber auch des Daniel und Henoch, von denen gleich die Rede sein wird. Die Konstellationen ihrer Gegenwart und daraus abgeleitete künftige Entwicklungen schildern sie nicht mit klaren Namen und Begriffen, sondern in Gleichnisreden, die damals ein gelehrter Leser leicht durchschaute, wenn sie auch oft dem modernen Leser rätselhaft bleiben.

Was ihren Inhalt betrifft, so sparen diese Schriften nicht an Ausmalungen von Unheilsszenarien für Gegenwart und Zukunft. Sie fordern zum Widerstand gegen hebräisch-griechischen Synkretismus als verderblichen Götzendienst auf und zur Bereitschaft, dafür Verfolgung und Leiden in Kauf zunehmen. Doch sie enden durchweg mit dem Ausblick auf eine lichte Zukunft, die alles bisher Dagewesene übertreffen wird, auf eine von Grund auf erneuerte gerechte Gesellschaft, die in einem neuen Äon im Einklang mit ihrem Gott für immer Dauer haben wird.

2. Weltende als Ziel der Universalgeschichte im Buch Daniel

Unter den 39 Büchern des Alten Testaments ist Daniel die einzige Apokalypse, wenngleich schon in älteren Prophetenbüchern Ansätze zu einer apokalyptischen Weltsicht erkennbar werden. Von den anderen Texten in diesem Teil der Bibel unterscheidet sich Daniel dadurch, das es nur zu einer Hälfte hebräisch, zur andern aber aramäisch abgefasst wurde, ein Zeichen für relativ späte Entstehung. Aramäisch war in den letzten Jahrhunderten vor der Zeitenwende für die meisten Judäer zur Umgangssprache geworden (so dann auch für Jesus). Das Danielbuch war während des Makkabäeraufstands 167–164 v.Chr. entstanden. Sein Thema ist die unausweichlich gewordene Konfrontation zwischen Religion und Staat, verbunden mit dem Appell, notfalls um des Gewissens willen der Staatsmacht den Gehorsam zu versagen.[2] Dies wird in den ersten sechs Kapiteln verdeutlicht am Geschick eines jungen Judäers namens Daniel und seiner drei Freunde. Nachdem der babylonische Großkönig Nebukadnezzar im Jahr 587/6 v.Chr. Jerusalem erobert hatte, hat er einige tausend Judäer nach Babylonien deportieren lassen, darunter auch Daniel und drei Freunde. Neben Visionen und Deutungen (Kap. 2) enthält der erste Teil des Danielbuches vor allem Erzählungen über ihr Geschick. Sie illustrieren an konkreten Beispielen den Hang jeder Großmacht zu ideologischer Hybris und Machtmissbrauch, ebenso die Notwendigkeit der ihrem Gott getreuen Menschen, gegen entsprechende staatliche Anordnungen Widerstand zu leisten, selbst wenn das eigene Leben gefährdet wird. Dies wird veranschaulicht an den bekannten Geschichten von den drei jungen Männern im Feuerofen (Kap. 3) oder von Daniel in der Löwengrube (Kap. 6). Beide Erzählungen geben Legenden wieder, die mit den historischen Königen Nebukadnezzar und Dareios nur wenig gemein haben. Durch eine alles normale Geschehen über-

---

[2] Zur Literargeschichte und den historischen Bezügen siehe meine Darstellungen: Das Buch Daniel (Erträge der Forschung 144), Darmstadt 1980; Die Reiche der Welt und der kommende Menschensohn. Studien zum Danielbuch, Gesammelte Aufsätze 2, Neukirchen-Vluyn 1995; und den Artikel J.J. Collins, Daniel/Danielbuch in: RGG[4], Bd. 2, 556–559.

steigernde Schilderung wollen sie einschärfen, dass der einzig wahre Gott Menschen nicht im Stich lässt, die sich trotz Unterdrückung ihrer Religion zu ihm halten. Beide Erzählungen werden später metaphorisch interpretiert und auf die postmortale Bewahrung der Gläubigen vor dem Verderben in eine Feuerhölle bezogen. Das hat in späteren Zeiten die Bereitschaft von Juden und Christen zu allfälligem Martyrium unterstützt.

Weit größer aber als die Nachwirkungen dieser Legenden war diejenige der *Visionen*, die im Buch beschrieben werden. Sie werden auf Traumgesichte des babylonischen Königs, die durch Daniel entziffert werden, oder Gesichte von Daniel selbst zurückgeführt. Die erste dieser Visionen erzählt von einem Traum Nebukadnezars (Kap. 2). Er hatte einen Koloss aus vier Metallen auf tönernen Füßen und seinen Einsturz durch einen heranrollenden Felsbrocken geschaut. Daniel erklärt das als Symbol einer Weltgeschichte mit vier aufeinander folgenden Großmächten mit totalitärem Anspruch, als Gold, Silber, Erz und Bronze, und ihrem jeweiligen Sturz. Das beginnt mit Nebukadnezzar selbst und seinem Staat als goldenes Haupt. Die anderen folgen von oben nach unten mit einem Abstieg des Wertes des Metalls (= der moralischen Qualität), wie durch eine Zunahme militärischer Macht.

Die Deutung des Traums, wie sie Daniel in den Mund gelegt wird, verweist auf eine tatsächliche Sukzession von Supermächten im uns bekannten Altertum. Das erste Reich wird durch Nebukadnezzar (II.) als goldenes Haupt repräsentiert; in der Tat stellte um die Mitte des ersten Jahrtausends v.Chr. Mesopotamien mit dem neubabylonischen Reich (in der Nachfolge des assyrischen) die bedeutendste politische und militärische Macht der Zeit dar. Sie wurde dann vom iranischen Hochland her erst durch die Meder – hier ein silberner Oberkörper –, dann die Perser – dem bronzenen Unterleib – abgelöst. Die Perser haben bekanntlich ihr Imperium bis nach Griechenland ausgedehnt, bis sie dann in der berühmten Schlacht von Marathon 490 v.Chr. eine gewaltige Niederlage erlebten. Die eisernen Beine, die Griechen, haben später im Gegenschlag ab 334 v.Chr. unter Alexander dem Großen und seinen Nachfolgern das Perserreich erobert und Herrschaft und Kultur der Hellenen bis nach Nordindien ausgedehnt. Diese Zeit ihrer Vorherrschaft galt bei der Abfassung des Danielbuchs noch als letzte Supermacht, die es auf Erden geben könne.

Als das Buch um die Zeit Jesu in einen biblischen Kanon eingegliedert wurde, waren inzwischen die Römer beherrschend auf der Bühne der Weltgeschichte aufgetreten und verstanden sich als die Erben des Alexanderreichs, deshalb gewinnen jüdische und christliche Leser nun die Überzeugung, dass mit der vierten, eisernen und letzten Weltmacht nur die römische von Daniel gemeint sein konnte.

Was in der Vision durch den Koloss aus vier Metallen symbolisiert wurde, entsprach in jedem Fall einer tatsächlichen Machtsukzession im Bereich des Mittelmeeres und des Nahen Ostens. Jeder damalige Leser hat begriffen, dass er innerhalb der vierten dieser Epoche lebte. Daniel macht deutlich, dass der Wechsel der Vorherrschaft vom Schöpfer gewollt war. Die Herrscher hatten sich aber weitgehend zu Hybris und Zwangsherrschaft verleiten lassen; ihre Reiche brachen deshalb nacheinander zusammen, und das vierte wird das letzte seiner Art sein. Doch der Visionär sieht schließlich (Kap. 2) einen geheimnisvollen Stein auf den Metallkoloss zurollen und ihn beim Aufprall zermalmen. An dessen Stelle wächst der Stein an und erfüllt schließlich die ganze Erde. Er bedeutet, wie Daniel erklärt, ein künftiges und endgültig bleibendes Reich Gottes auf Erden. Mit ihm wird sich ewige Gerechtigkeit in der menschlichen Gesellschaft durchsetzen, wie eine spätere Stelle verheißen wird (9,24).

Die Epochenfolge von vier Supermächten und dem sie beendenden eschatologischen Umbruch wird in einem anderen Visionsbericht wieder aufgenommen, der diesmal die dominierenden Völker theriomorph, als tierische Fabelwesen, veranschaulicht (Kap. 7):

Die vier Winde des Himmels wühlten das große Meer auf. Da stiegen aus dem Meer (der Völker) vier große Tiere herauf; jedes hatte eine andere Gestalt.

Das erste war einem Löwen ähnlich, hatte jedoch Adlerflügel. Während ich es betrachtete, wurden ihm die Flügel ausgerissen;

es wurde vom Boden emporgehoben und wie ein Mensch auf zwei Füße gestellt, und es wurde ihm ein menschliches Herz gegeben.

Dann erschien ein zweites Tier. Es glich einem Bären und war nach einer Seite hin aufgerichtet.

Es hielt drei Rippen zwischen seinen Zähnen, und man ermunterte es: Auf, friss noch mehr Fleisch!

Danach sah ich ein andres Tier. Es glich einem Panther, hatte aber auf dem Rücken vier Flügel wie die Flügel eines Vogels;

auch hatte das Tier vier Köpfe; ihm wurde die Macht eines Herrschers verliehen.

Danach sah ich in meinen nächtlichen Visionen ein viertes Tier. Es war furchtbar und schrecklich anzusehen und sehr stark; es hatte große Zähne aus Eisen.

Es fraß und zermalmte alles, und was übrig blieb, zertrat es mit den Füßen.

Von den anderen Tieren war es völlig verschieden. Auch hatte es zehn Hörner ...

Danach wird eine Gerichtsszene geschildert, in der Gott, umgeben von Zehntausenden von Engeln, diesen tierischen Mächten für immer die Macht nimmt. Was danach kommen wird, ist eine wahrhaft menschliche Gesellschaft, repräsentiert durch einen „Menschensohn", der mit den Wolken des Himmels kam:

Ihm wurde Herrschaft, Würde und Königtum gegeben.

Alle Völker, Nationen und Sprachen werden ihm dienen.

Seine Herrschaft ist eine ewige, unvergängliche Herrschaft. Sein Reich geht niemals unter.

Die Tiersymbolik charakterisiert die Art der Herrschaft der vier geschichtlichen Reiche, sie regieren nicht wahrhaft menschenwürdig. Doch es gibt die Verheißung eines Umschwungs durch einen Menschensohn, der eine globale, mit sich und ihrem Gott einige Gesellschaft heraufführen wird.

Andere Kapitel des Danielbuches setzen während der vier Epochen voraus, dass ein *Volk des Bundes,* d.h. eine Gemeinschaft von Menschen, die sich (primär) aus Israel rekrutiert, ihrem Gott die Treue hält und dadurch mit der Regierung in Konflikt gerät, selbst wenn den Bekennern als Strafe der feurige Ofen oder die Löwengrube droht. Gott wird für ihr ewiges Leben mit einer Auferstehung am Ende der Weltgeschichte sorgen. Eine politische Vormachtstellung erreichen sie unter den Bedingungen gegenwärtiger Weltverhältnisse nicht. Für je eine Epoche ist ein Staat mit fremder Religion von Gott legitimiert, aber angehalten, jenen die Freiheit der Religionsausübung zu gewährleisten. Insofern bereitet diese Art von Apokalyptik einer fundamentalen Unterscheidung von Religion und Politik die Bahn (woraus später das Nebeneinander von Staat und Kirche wird); eine Intention, die dann Jesus durch sein berühmtes Wort aufnehmen wird: „Gebt dem Kaiser, was des Kaisers ist, Gott aber, was Gottes ist" (Mt. 22,21).

Die beiden zentralen Danielkapitel 2 und 7 lassen erkennen, dass es damals der Apokalyptik nicht primär um die Ansage von globalen Katastrophen und einem Weltuntergang gegangen ist. Nachgedacht wird vielmehr über die Menschheitsgeschichte und das sich hinter ihr abzeichnende Gefälle im Blick auf Herrschaft, Solidarität und Gottesverhältnis. Dazu gehört eine Tendenz zu wachsender Konzentration politischer Macht, aber auch zu wachsenden Konflikten zwischen Politik und Religion. Nichtsdestoweniger wird die Überzeugung festgehalten, dass die Weltgeschichte auf eine positive Wende zuläuft, bei der die Gegensätze zwischen Politik und Religion durch den Einfluss eines exemplarischen Menschen – das meint der Urtext mit dem Begriff, der deutsch mit Menschensohn wiedergegeben wird – überwunden werden. Eine der Gottesgegenwart bewusste Menschheit wird dadurch zu Aufrichtung einer ewigen Gerechtigkeit gelangen.

Die Danielvisionen haben eine breite Wirkungsgeschichte entfaltet, auf die an dieser Stelle nicht ausführlich eingegangen werden kann. Nur soviel sei gesagt, dass das Geschichtsbild mit den vier Reichen entscheidend zum *Selbstverständnis des christlich gewordenen Europa* beigetragen hat. Die Deutung des für die Leser im Mittelpunkt stehenden vierten zeitgenössischen Reiches als des römischen hatte vor allem seit der Zeit, nachdem römische Kaiser sich und ihre Reich zum Christentum bekehrt hatten, die Folge, dass dieses Römerreich als einziger Staat auf Erden durch einen biblischen Propheten als vom Schöpfer gewollt und ausgezeichnet verstanden wurde. Nachdem das Alte Rom in den Stürmen der Völkerwanderung untergegangen war, hat es der

Papst Leo III. im Jahr 800 als seine Aufgabe gesehen, für Kontinuität zu sorgen; so weihte er den Frankenkönig Karl, der später „der Große" genannt wurde, zum Kaiser eines von Gott laut der Heiligen Schrift ausgezeichneten Reiches. Fast ein Jahrtausend lang haben danach Karls Nachfolger als Kaiser ein Heiliges Römisches Reich Deutscher Nation in der Mitte Europas, der „res publica Christiana", repräsentiert und regiert und damit bis zur Zeit Napoleons einen höheren Rang besessen als andere europäische König. Ohne Legitimierung durch die Danielvisionen hätte es dieses Römische Reich und das sich daran anknüpfende europäische Sendungsbewusstsein nicht gegeben.[3]

So viel zum Danielbuch. Als Apokalypse bietet es zwar einen Ausblick auf schwere Auseinandersetzungen bis zum künftigen Zusammenbruch aller politischen Systeme auf Erden. Doch sie werden als Durchgangsstufe begriffen zu einem nachfolgenden wirklichen Reich Gottes, das am Ende von Zeit und Welt die Auferstehung und ein ewiges Leben für Rechtschaffene und Gläubige heraufführt. Das positive Ziel wird nicht im Detail ausgemalt, bleibt aber unverkennbar. Die im Buch offengelegte „Enthüllung" erklärt das Gefälle von Zeit und Geschichte aus gegenwärtigen und vergangenen Konstellationen. Das erfolgt, um den Leser anzuleiten, sich seines Ortes in dieser Geschichte bewusst zu werden und von da aus seine persönliche Verantwortung wahrzunehmen.

---

[3] Zur Rezeptionsgeschichte: K. Koch, Europa, Rom und der Kaiser vor dem Hintergrund von zwei Jahrtausenden Rezeption des Buches Daniel (Berichte aus den Sitzungen der Joachim Jungius-Gesellschaft der Wissenschaften e.V., 15,1), Göttingen 1997; M. Delgado/K. Koch/E. Marsch (Hg.), Europa, Tausendjähriges Reich und Neue Welt. Zwei Jahrtausende Geschichte und Utopie in der Rezeption des Danielbuches, Freiburg (Schweiz)/Stuttgart 2003. Ein zweiter, wirkungsgeschichtlich bedeutender Aspekt ist der Zeitrahmen für Geschichte und Zukunft, der sich im Danielbuch, speziell in Dan 9,24–27, findet. Die Zahlen werden hernach zum Anreiz für Berechnungen eines Datums des Weltendes, wie sie in fundamentalistischen Kreisen bis heute beliebt sind.

3. Das Gefälle der Weltgeschichte zwischen Urzeit und Endzeit nach dem ersten Henochbuch

Die umfangreichste Apokalypse aus dem vorchristlichen Juda ist das erste oder äthiopische Henochbuch; es ist in die jüdischen und christlichen Standardübersetzungen der Bibel nicht aufgenommen worden, wenn auch das Neue Testament darauf verweist (Judas 14; Hebr 11,5).

Nach dem ersten Buch der Bibel (Gen 5, 22–24) war Henoch nach der Entstehung des Menschengeschlechts der erste Mensch, der mit dem Schöpfergott in ständigem Kontakt stand, deshalb wurde er schließlich durch Gott in einen jenseitigen Bereich entrückt:

> Henoch wandelte mit Gott [...] Und weil er mit Gott wandelte, nahm ihn Gott hinweg, und er wurde nicht mehr gesehen.

Aus der kurzen Notiz schlossen apokalyptische Kreise, dass bei einem so engen Umgang mit der allumfassenden Macht diesem Menschen der verborgene göttliche Grundplan für die Weltgeschichte offenbart geworden war. Henoch musste bei solchem Kontakt *apokalypsis* erfahren haben, Enthüllung von Gottes Absicht mit der Menschheit, die von den Apokalyptikern nachempfunden wird. Sie versenken sich in Henochs Erbe und halten das Ergebnis schriftlich fest.

Dieses Henochbuch wirkt viel farbenprächtiger, mythologischer, aber auch rätselhafter als Daniel, enthält bizarre Szenen, die uns heute bisweilen an Harry Potter erinnern, aber als religiöse Botschaft aufgenommen werden wollen. Der fiktive Autor, der den eigenen Namen verschweigt, ist überzeugt, die Stimme Henochs in sich zu verspüren.[4] Daraus ergeben sich fünf Teile:

I Kap. 1–36 Buch der gefallenen Wächter-Engel (VORZEIT)

II Kap. 37–71 Bilder- oder Gleichnisreden (JENSEITIGE DISPOSITIONEN FÜR EINE HEILVOLLE ENDZEIT)

III Kap. 72–82 Astronomisches Buch der himmlischen Lichter (KOSMISCHE ZEIT)

---

[4] Beste deutsche Übersetzung: S. Uhlig, Das Äthiopische Henochbuch (Jüdische Schriften aus Hellenistisch-Römischer Zeit V/6), Gütersloh 1984.

IV Kap. 83–90 Buch der Traumvisionen (SYMBOLISIERTE WELTGE-
SCHICHTE)

V Kap. 91–108 Epistel an die Nachkommen, Paränetisches Buch (ETHI-
SCHE FOLGERUNGEN FÜR DIE GEGENWART)

Die fünf Teile bieten eine Geschichte des Universums, die einerseits seit frühester Zeit von Unrecht und Verderben, andererseits aber von bewahrenden Kräften gesteuert wird, die sich am Ende trotz vielem Auf und Ab in der Menschheit durchsetzen werden und die gestörte göttliche Schöpfung wiederherstellen und vollenden. Das Buch der Wächter spielt in einer Vorzeit zwischen Weltentstehung und Sintflut. Es bietet eine Erklärung für das die Menschen aller Zeiten quälende Problem nach dem hohen Maß an Ungerechtigkeit und Leiden in der Welt – das Theodizeeproblem. Wie lässt sich das mit der Menschenfreundlichkeit eines Schöpfergottes vereinen? Die Antwort ist eine andere als die der christlichen Erbsündenlehre, in der alles Übel auf Erden, selbst die Naturkatastrophen, auf den Ungehorsam des ersten Menschenpaares Adam und Eva zurückgeführt wird. Henoch lehnt ab, alles Böse einzig menschlicher Sünde zuzuschreiben. Deshalb postuliert er dämonische Kräfte, die unsichtbar in der Menschheit wirksam sind. Überirdische engelgleiche Gestalten, ursprünglich von Gott als Wächter über jeweils bestimmte Bereiche der Schöpfung beauftragt, waren von der Schönheit der Menschentöchter so bezaubert, dass sie auf die Erde hinabstiegen, mit ihnen sexuell sich vereinigten (Gen 6,1–4). Diese gebaren dann Riesen, die grausam auf Erden wüteten. Gott, zum Eingreifen gezwungen, ließ die Wächter an einem Höllenort gefangen setzen und die Riesen durch die Sintflut untergehen. Ihre Geister sonderten sich aber ab und wurden zu gefährlichen Unheilsfaktoren in der menschlichen Geschichte.

Um Fürbitte für die Wächter einzulegen, unternimmt Henoch noch während seiner irdischen Lebenszeit eine Auffahrt in den Himmel (1Hen 14,4ff):

Siehe, Wolken riefen mich in der Vision, und der Nebel rief mich, und die Bahn der Sterne; und die Blitze drängten mich zur Eile und trieben mich. Und die Winde in der Vision gaben mir Flügel und bewegten mich und hoben mich empor in den Himmel.

Und ich ging hinein (in einen heiligen Bezirk), bis ich nahe an einer Mauer war, die aus Hagelsteinen erbaut war, und Feuerzungen umgaben sie. Und ich blickte hin und sah darin einen hohen Thron, und sein Aussehen war wie Reif, und sein Umkreis war wie die Sonne, die leuchtet, und wie die Stimme der Kerubim. Und unterhalb des Thrones kamen Ströme flammenden Feuers hervor, und man vermochte nicht, ihn anzusehen. Und die große Herrlichkeit (Gott selbst) saß darauf, und ihr Gewand war strahlender als die Sonne und weißer als aller Schnee. Und keiner von den Engeln konnte eintreten, noch sein Angesicht den Erhabenen und Herrlichen sehen. Und keiner, der zum (menschlichen) Fleisch gehört, vermag ihn zu sehen [...] Und die Heiligen der Heiligen, die in seiner Nähe waren, entfernten sich nicht bei Nacht und verließen ihn nicht.

Die Schilderung ist absichtlich paradox: Der Satz vom Widerspruch gilt hier nicht, wo Feuerwälle und Eispaläste zu den tragenden Fundamenten des zeitentrückten Raumes voll überirdischen Lichtes werden. Doch die urzeitliche Mythologie ist nicht das eigentliche Anliegen des Buches. Erklärt werden soll gegenwärtiges Dasein. Das allgemeine menschliche Versagen und eine steigende Verschuldung wird durch die Nachwirkungen jener „Engelehen" hervorgerufen, nämlich durch zweideutige Kulturgüter. Die Wächter hatten nicht nur ihren sexuellen Trieb befriedigt, sondern ihre Anführer teilten, je nach ihrer speziellen Kompetenz, den Frauen – als Dank oder als Bestechung – himmlische Geheimnisse über die Erzeugung ambivalenter zivilisatorischer Produkte mit (1Hen 8):

ASAEL lehrte Menschen, Schwerter aus Eisen anzufertigen und Waffen, Schilde, Brustpanzer und jegliches Kriegswerkzeug. Er zeigte ihnen die Metalle der Erde und wie sie Gold bearbeiten sollten, um es gebrauchsfertig zu machen, und (ebenso) Silber, um es für Armspangen und Frauenschmuck zu verwenden. Und er zeigte ihnen das Schminken und Anmalen der Augen, alle Arten kostbarer Steine und Tinkturen. Dadurch entstand große Gottlosigkeit auf Erden, und sie machten ihr Leben desolat.

SCHEMICHAZA lehrte Beschwörungen und Schneiden der Wurzeln.

HERMANI lehrte die Auflösung von Beschwörung, Magie und Schlauheit.

BARAQ-EL lehrte (die Kenntnis) der Zeichen des Donners.

KOKAB-EL lehrte die Sterndeutung.

ARTEQOF lehrte die Zeichen der Erde.

SCHAMSCHI-EL lehrte die Zeichen der Sonne.

SAHRI-El lehrte die Zeichen des Mondes.

Später zählt dazu auch die Schreibkunst, offenbart durch den Wächter Penemu´e (69,8–10):

Dieser hat den Menschen das Bittere und das Honigsüße gezeigt, und er hat ihnen alle Geheimnisse der Weisheit gezeigt. Er lehrte die Menschen das Schreiben mit Tusche und (Leder-)Blatt: und dadurch versündigten sich viele von Ewigkeit bis in Ewigkeit und bis auf diesen Tag. Denn die Menschen sind nicht dazu geschaffen worden, dass sie mit Feder und Tusche ihre Glaubwürdigkeit bekräftigen. Denn die Menschen sind nicht anders geschaffen als die Engel, dass sie rein und gerecht bleiben; und der Tod, der alles vernichtet, hätte sie nicht betroffen; aber durch diese ihre Kenntnis gehen sie zugrunde.

Den Argwohn gegen alles, was schwarz auf weiß geschrieben wird, begreifen wir angesichts der täglichen Papierflut, der wir ausgesetzt sind, nur zu gut. Auch wenn wir bezweifeln, dass primär die Lektüre von Geschriebenem die Menschen dem Tod ausliefert. Doch für die Henochverfasser ist der dämonisch-verführerische Charakter der Literatur nur die eine Seite der Münze. Andererseits ist Schrifttum nützlich und unentbehrlich, um verantwortungsvoll zu leben. In den Schlusskapiteln schreibt Henoch deshalb (104,11f):

Wenn sie all meine Rede richtig in ihren Sprachen niederschreiben und nichts verdrehen und nichts auslassen von meinen Worten, sondern alles richtig niederschreiben, was ich zuvor über sie bezeugt habe, so kenne ich ein anderes Geheimnis, dass den Gerechten und Weisen die Bücher zur Freude, zur Rechtschaffenheit und zu vieler Weisheit gegeben werden.

Gott selbst hatte Henoch aufgetragen, das Buch abzufassen, das den Lesern den Weg zu gelingendem Leben weisen soll.

Die *Bilderreden* als zweiter Teil stellen dem in der Vorzeit eingerissenen Verderben entgegen, dass Gott eine Überwindung des Bösen und eine Vollendung der göttlichen Schöpfung in einer Endzeit der Welt längst vorbereitet hat, und zwar durch einen von ihm auserkorenen anonymen „Menschensohn". Dieser Titel und vieles, was ihm die Henochkapitel zuschreiben, wird in den neutestamentlichen Evangelien mit Jesus Christus verknüpft; es spricht einiges dafür, dass der historische Jesus oder seine ersten Anhänger diesen Henochteil gekannt und von daher ihre Christologie ausgestaltet haben.

In den Bilderreden schildert Henoch erneut, wie ihn ein Sturmwind (in einer Vision) in den Himmel entrückt habe. Vor seinen Augen tauchte ein großartiger Thron der Herrlichkeit Gottes auf (Kap.46):

Und ich sah ein Haupt der Tage (= aller Zeiten, d.h. Gott selbst). Und sein Haupt war wie die Sonne so weiß (er also uralt). Und bei ihm war ein anderer, dessen Aussehen wie das eines Menschen war, und sein Angesicht war voller Güte wie (das) von einem heiligen Engel.

Und ich fragte einen der Engel, der mit mir ging und mir alle Geheimnisse zeigte, nach jenem Menschensohn. Und er antwortete und sprach zu mir: „Dieser Menschensohn, den du gesehen hast, wird die Könige und Mächtigen hochreißen von ihren Ruhelagern und die Starken von ihren Thronen; er wird [...] die Zähne der Sünder erschlagen. Er wird die Könige von ihren Thronen und aus ihren Reichen verstoßen, weil sie ihn weder erhöhen noch ihn preisen, noch demütig anerkennen, woher sie ihr Reich erhalten haben [...] Alle ihre Werke sind Ungerechtigkeit; und ihre Macht stützt sich auf Reichtum, und ihr Glaube gilt den Göttern, die sie mit ihren Händen gemacht haben, und sie verleugnen den Namen des Herrn der Geister (den einig wahren Gott). Und sie verfolgen die Häuser seiner Gemeindeversammlung und die Gläubigen, die im Namen des Herrn der Geister aufbewahrt sind.

Neben Gott schaut Henoch auf dem himmlischem Thron eine zweite Gestalt, den „Menschensohn". Mit dem Namen wird der vom Schöpfer als sein Ebenbild gewollte Vertreter der Gattung Mensch bezeichnet, der erfüllt ist von Weisheit und Gerechtigkeit, die er auf die Erde ausstrahlen will. Geschaffen vor allen materiellen Substanzen war er seit der Schöpfung unsichtbar in dieser Welt gegenwärtig. Sein Geist wurde zum inneren Stab gerechter Menschen und zu einem geheimen Licht der Völker. Er hat eine Gemeindeversammlung gegründet, die trotz Unterdrückung und Unrecht sich durch die Zeiten behauptet. Der gewöhnliche Lauf der Geschichte endet, wenn der Menschensohn aus seiner Verborgenheit heraustritt und als Weltrichter tätig wird. Dann werden die, welche sich auf Gott und Gerechtigkeit in ihrem Leben besonnen hatten, die Erde in Besitz nehmen (Kap. 58):

Selig seid ihr Gerechten und Erwählten, denn herrlich wird euer Erbteil sein. Und die Gerechten werden im Licht der Sonne und die Auserwählten im Licht des ewigen Lebens sein [...] Und sie werden das Licht suchen und Gerechtigkeit finden bei dem Herrn der Geister; Frieden werden die Gerechten haben im Namen des Herrn der Welt. Und das Licht der Wahrheit wird für ewig beständig sein vor dem Herrn der Geister.

Das dritte *Astronomische Buch* beschreibt die kosmische Rahmung und Strukturierung von Zeit und Welt durch astronomische Gesetzmäßigkeiten, die schon vor dem Fall der Wächter wirksam waren und es nach dem Ende der Weltgeschichte ebenso sein werden. Henoch polemisiert in diesen Kapiteln gegen einen damals sich ausbreitenden astrologischen Schicksalsglaube, der Planeten und Tierkreiszeichen eine je eigene mythologische Mächtigkeit mit entsprechender Ausstrahlung auf das individuelle und kollektive Leben zuspricht. Der Text hebt zwar die maßgebliche Rolle der Himmelskörper hervor, leugnet aber eine Wirkung auf das persönliche Schicksal. Die Gestirne werden durch einen göttlichen Geist-Wind auf ihrer Bahn vorwärtsgetrieben: „Den Wagen, in dem die Sonne aufsteigt, treibt der Geistwind", und gleiches gilt vom Mond (72,5f; 73,2). Zu diesem Geist Gottes haben Menschen im Gebet unmittelbaren Zugang. Die positiven Kräfte im Bestand des Kosmos wie im Leben des Einzelnen werden auf den gleichen metaphysischen Ursprung zurückgeführt.

Als vierter Teil folgt das *Buch der Träume* (Kap. 83–91). Die Zeit zwischen Vorzeit und Weltvollendung, also die Weltgeschichte, wird in ihrem wesentlichen Gefälle symbolisch veranschaulicht. Wie im Danielbuch ragen vier entscheidende Epochen aufeinanderfolgender Großmächte hervor, die mit theriomorphen Bildern dargestellt werden. Die Israeliten erscheinen als Schafe und damit als bevorzugte Opfer von Großmächten als Raubtieren, von Assyrern als Löwen, Babyloniern als Panthern, griechischen Diadochenstaaten als Adlern, Habichten, Raben und Geiern. Nachdem ihre Machtsysteme in Zukunft zusammengebrochen sein werden, geschieht die große Wende. Als neuer

Adam wird der Menschensohn (unter dem Bild eines weißen Stieres) auftauchen. Unter seinem Einfluss verwandeln sich die überlebenden Völker in seine Art. Eine Völkergemeinschaft wird Wirklichkeit, die in inniger Relation zum göttlichen Urgrund und in sich solidarisch die Erde erneuert.

Abschließend wird als *Epistel Henochs an alle seine Kinder auf Erden* ein *Paränetisches Buch* angefügt, das sich dem Verhalten und Geschick des Individuums zuwendet. Obwohl die Rahmenbedingungen für jede Epoche festgelegt sind, ist der Einzelne zu eigener Verantwortung und der Wahl zwischen gelingendem oder misslingendem Leben aufgerufen. Henoch ermahnt die Nachfahren (94,1–5):

Liebt die Gerechtigkeit und wandelt in ihr; denn die Wege der Gerechtigkeit sind es wert, angenommen zu werden. Aber die Wege der Ungerechtigkeit vergehen plötzlich und schwinden dahin [...] Wandelt nicht auf den Wegen der Bosheit und nicht auf den Wegen des Todes und naht euch ihnen nicht, dass ihr nicht umkommt, sondern sucht und wählt euch Gerechtigkeit und ein (Gott) wohlgefälliges Leben und wandelt auf den Wegen des Friedens.

Ein Gerechter wird nach dem Ende seiner Tage an der Auferstehung teilhaben, *„vom Todesschlaf aufstehen [...] und auf (ewigen) Wegen der Gerechtigkeit wandeln"*. Über die Ungerechten aber wird über dreissig Mal ein Wehe ausgerufen, Wehe vor allem über die Reichen, die ihre Häuser durch die Schwerstarbeit von anderen bauen, Wehe aber auch über die, welche Gerechte verfolgen, Wehe über die Mächtigen, die ihre Untertanen mit Gewalt unterdrücken usw. Jedes Unrecht wird im Himmel aufbewahrt und am Jüngsten Tag „aktenkundig". Die Schuldigen werden dann, wie es mitleidlos und „vorchristlich" heißt, in die Hände der Gerechten ausgeliefert, *„und sie werden euch die Köpfe abhauen."* So viel zum ersten Henochbuch als ein weiteres Beispiel für vorchristliche Apokalypsen.

4. Zur Relevanz des apokalyptischen Verständnisses von Welt und Geschichte

Was als Apokalyptik des antiken Judentums literarisch vorliegt, mag manchen enttäuschen, der sich unter diesem Titel auf dramatische und Schauder erregende Weltuntergangsszenarien eingestellt hat. Zwar gibt es auch in anderen als in den nach Daniel und Henoch benannten Apokalypsen den Verweis auf einen künftigen Zusammenbruch der gängigen Herrschaftssysteme und auf ein allgemeines Weltgericht, in dem jeder Mensch Rechenschaft über sein Erdenleben abzulegen hat mit der Alternative, dass Frevler zu ewigem Vergessen verurteilt werden – mythologisch gesprochen zur bleibenden Qual im Höllenpfuhl –, während diejenigen, die sich in ihrer Lebenszeit bewährt haben, zu ewiger Seligkeit gelangen. Doch weder das eine noch das andere Geschick wird im Detail ausgemalt, betrifft es doch eine Art von Wirklichkeit, die in erdgebundener Sprache nur metaphorisch angedeutet werden kann.

Daniel und Henoch sind weit mehr als an Endzeitschilderungen interessiert an der „Entbergung" des Hintergrundes gegenwärtiger und vergangener Geschichte als Ursache für die künftige Entwicklung. Eine dynamische, sich im Auf und Ab dynamisch verwirklichende sittliche Weltordnung wird vorausgesetzt. Sie lässt sich nicht an Details der Zeitgeschichte ablesen, sondern nur am Gefälle der Menschheitsgeschichte überhaupt und ihrem ambivalenten Charakter. Die apokalyptischen Theorien gehen deshalb von einer Enthüllung dessen aus, was ihnen durch Vision oder Audition hinter der messbaren und sichtbaren Realität, wie sie ein begrenzter Verstand allein für verlässlich hält, an sinnstiftenden Entwicklungen offenbar geworden ist.

Gerade darin jedoch ist die Weltsicht von Apokalypsen wie Daniel und Henoch trotz ihrer fremdartigen, mythologischen Einkleidung gar nicht so weit von dem entfernt, was viele von uns heute von der Zukunft der Menschheit weniger erhoffen als befürchten. So zeigt die Geschichte der Menschheit ein erschreckendes Janusgesicht. Sie lässt neben menschenfreundlichen und lebensfördernden Tendenzen ebenso menschenfeindliche, ja lebensgefährliche Tendenzen erkennen, sei es der sog. Holocaust, die weltweite Waffenproduktion oder die ökonomischen Machtkonzentrationen. Den zivilisatorischen Fortschritten scheinen also nicht weniger starke Entwicklungen zum Negativen gegenüber zu stehen.

Werden wir, sobald uns solche Dialektik angesichts einer unumkehrbaren geschichtlichen Dynamik bewusst wird, nicht zu vergleichbaren ontologischen und ethischen Erwägungen genötigt wie die Apokalyptiker vor 2000 Jahren? Sie fühlten sich in ihrer Gegenwart durch eine weit zurückreichende Geschichte geprägt und auf Zukunft verwiesen. Apokalyptische Offenbarungen wollen den Einzelnen motivieren, sich seines geschichtlichen Ortes zu vergewissern und dadurch zu einem gelingenden Leben zu finden. Das Danielbuch entfaltet die ambivalente Geschichtlichkeit menschlichen Daseins vor allem hinsichtlich der politischen Herrschaft von Menschen über Menschen. Die großen Staaten sind durchaus vom Schöpfer in ihrer Epoche gewollt, um Frieden und Zusammenleben national und international zu gewährleisten. Herrschaft über menschliche Untertanen weckt jedoch Machtgier und tendiert zu Unterdrückung, ja zu parareligiösem Anspruch. Eine vergleichbare Zweideutigkeit schreibt Henoch sogar den Kulturgütern zu, selbst der Schreibfertigkeit und Literatur. Dennoch bleiben die Autoren von der sittlichen und religiösen Freiheit des Einzelnen überzeugt, je nach Ort und Zeit den Weg von Wahrheit und Gerechtigkeit zu wählen und sich gegen Ungerechtigkeit und Lüge zu entscheiden.

Mit andern Apokalypsen ihrer Zeit[5] begnügen sich Daniel und Henoch nicht mit einer bloßen Analyse ihrer gegenwärtigen Verhältnisse und absehbaren Folgen für die nächste Zukunft, sondern gehen einen entscheidenden Schritt weiter und sehen in optimistischem Vertrauen auf die Menschenfreundlichkeit des Schöpfers die Geschichte auf einen Punkt Omega endgültiger Erfüllung der göttlichen Absicht zulaufen, um einen Begriff Teilhard de Chardins[6] aufzugreifen. So zweideutig das Weltgesche-

---

[5] Siehe die Sammlung von J.H. Charlesworth (Hg.), The Old Testament Pseudepigrapha, Vol. 1: Apocalyptic Literature and Testaments, Garden City (New York) 1983. Zu den darin nicht aufgenommenen Texten aus den Funden von Qumran s. G.W.E Nickelsburg, Apocalyptic Texts, in: Encyclopedia of the Dead Sea Scrolls, Oxford 2000, 29–35.

[6] Vgl. S.J. Hübner, Art. Teilhard de Chardin, in: RGG[4], Bd. 8, 116f.

hen erscheint, es wird letztlich auf einen Sieg des Guten und der Gottesgemeinschaft hinauslaufen. Einst wird der ideale Menschensohn, der schon jetzt bei aller Grausamkeit und Ungerechtigkeit in der Gesellschaft geistiger Stab und Stütze der Rechtschaffenen ist, allgemein offenbar werden und erdenweit ein menschenwürdiges Zusammenleben gewährleisten.

Bernd Kollmann

Zwischen Trost und Drohung – Apokalyptik im Neuen Testament

1. Grundzüge und Grundprobleme apokalyptischen Denkens

Unter Apokalyptik verstehe ich die durch Himmelsreisen oder visionäre Ekstase ergehende Aufdeckung unmittelbar bevorstehender Endereignisse, die in eine Äonenwende münden. Die apokalyptische Vorstellungswelt ist von Charakteristika wie einer Periodisierung der Geschichte, der dualistischen Vorstellung eines kriegerischen Endkampfes zwischen Gut und Böse und der Hoffnung auf die Schaffung eines neuen Äons geprägt, mit der sich die Erwartung einer Totenauferstehung verbinden kann. Apokalyptisches Denken manifestiert sich in der eigenen literarischen Gattung der Apokalypse als einer Schrift, deren primärer oder einziger Zweck in der Enthüllung von Endzeitereignissen und Endzeitabläufen besteht. Daneben kann man solche Traditionen als apokalyptisch bezeichnen, die an konstitutiven Teilen der in Apokalypsen anzutreffenden Vorstellungswelt partizipieren.

Das Phänomen der Apokalyptik ist in seiner Bedeutung für das Denken der frühen Christenheit nicht zu unterschätzen. Es begegnet im Neuen Testament einerseits im literarischen Genre der Apokalypse, andererseits in eschatologischen Passagen der Evangelien und der Paulusbriefe, die von apokalyptischer Enderwartung geprägt sind.[1] Die einzige neutestamentliche Schrift, die der literarischen Gattung nach als Apokalypse gekennzeichnet wird, ist die Johannesoffenbarung. In hohem Ansehen stand anfangs auch die heute weithin unbekannte Petrusoffenbarung, die in einzelnen Kirchengebieten zunächst zu den heiligen Schriften

---

[1] Vgl. zur urchristlichen Apokalyptik im Ganzen U.H.J. Körtner, Weltangst und Weltende. Eine theologische Interpretation der Apokalyptik, Göttingen 1988, 326–341; W. Schneemelcher, Neutestamentliche Apokryphen II, Tübingen [5]1989, 516–679.

gerechnet wurde und einen beträchtlichen Einfluss auf die Volksfrömmigkeit ausübte. Unter den von apokalyptischer Eschatologie geprägten Passagen der Paulusbriefe ragen 1Thess 4,13–5,11 und 1Kor 15,20–28 heraus, während innerhalb der Evangelien der apokalyptischen Rede in Mk 13 parr. eine Ausnahmestellung zukommt.

Völlig umstritten ist unter theologischen, aber auch philosophischen und psychologischen Gesichtspunkten die Bewertung des apokalyptischen Denkens der Bibel. Im Horizont des Programms einer „konsequenten Eschatologie" galt die Apokalyptik theologisch lange als ein nicht mehr zeitgemäßes Thema. Rudolf Bultmann bezeichnete die von der Johannesoffenbarung repräsentierte Glaubensrichtung als ein schwach christianisiertes Judentum, das den eigentümlichen Zwischencharakter des christlichen Seins nicht erfasst habe, und vertrat die Auffassung, dass sich die mythische Eschatologie des Neuen Testaments durch die Tatsache der Parusieverzögerung von selbst erledigt habe.[2] Demgegenüber sprach Ernst Käsemann betont von der Apokalyptik als Mutter der urchristlichen Theologie und hob hervor, dass apokalyptische Denkmuster nicht nur ein wichtiges jüdisches Erbe des Christentums darstellen, sondern ihnen auch eine unverzichtbare Bedeutung für eine realistische und nicht von Enthusiasmus geprägte Sicht der gegenwärtigen Wirklichkeit zukommt.[3] Ulrich H.J. Körtner würdigt das in der Aufdeckung unserer Endlichkeit und der Dimension des Zerstörerischen bestehende Wahrheitsmoment apokalyptischen Denkens. Indem die Apokalyptik – wenn auch überbelichtet und auf ein grobes Schwarz-Weiß-Bild reduziert – Strukturen des Bösen ans Licht bringe, sei sie eine Form der Aufklärung. Die apokalyptische Vorstellungswelt führe zu dem Gedanken, dass Zerstörung auch heilsam und befreiend sein könne, damit Neues entstehen kann und Lebensmöglichkeiten gewonnen werden. Als Gegenentwurf zur weit verzweigten säkularen Apokalyptik unserer Zeit, die ohne Hoffnung auf Erlösung das Ende nahen sieht und dabei sogar

---

[2] Vgl. R. Bultmann, Theologie des Neuen Testaments, Tübingen [5]1965, 525f; ders., Neues Testament und Mythologie, in: H.-W. Bartsch (Hg.), Kerygma und Mythos, [4]1960, 15–48, 18.

[3] Vgl. E. Käsemann, Zum Thema der urchristlichen Apokalyptik, in: ders., Exegetische Versuche und Besinnungen II, Göttingen 1964, 105–131.

eine gewisse Lust am Weltuntergang verspürt, erstarre christliche Apokalyptik nicht in Katastrophenangst, sondern sei der Gebärangst vergleichbar durch Hoffnung auf eine bessere Zukunft gekennzeichnet.[4]

Der Psychologe Franz Buggle, der nach den Grundlagen einer heute verantwortbaren Ethik fragt, greift dagegen die apokalyptischen Bilder der Bibel als Zeugnisse eines zutiefst inhumanen Denkens an. Im Neuen Testament erweise sich vor allem die Johannesoffenbarung mit ihren an Brutalität kaum noch zu überbietenden Strafphantasien und Gerichtsankündigungen gegenüber den von den eigenen Glaubens- und Sittenmaßstäben Abweichenden als ein Buch extrem sadistischer Inhalte.[5] Umgekehrt kann Eugen Drewermann vom Standpunkt der Tiefenpsychologie aus in den Bildern der biblischen Apokalyptik eine elementare Hilfe zur Lebensbewältigung sehen. Die Weltuntergangsphantasien mit ihrer Nähe zu schizophrenem Erleben lösten das Problem, wie man mit einer Welt leben soll, die ganz anders sein müsste, um mit ihr leben zu können. Apokalyptische Welterfahrung und Weltdeutung sei die Extremform einer verzweifelten Hoffnung und eine für die menschliche Psyche hilfreiche Möglichkeit, auf eine als lebensfeindlich empfundene Außenwelt zu reagieren und die eigentliche Wirklichkeit der Innenwelt dagegen zu setzen.[6]

Dieser kurze und alles andere als erschöpfende Überblick vermittelt einen Eindruck von der Zwiespältigkeit apokalyptischen Denkens. Nachfolgend sollen zentrale apokalyptische Texte des Urchristentums auf ihrem zeitgeschichtlichen Hintergrund untersucht werden, um zu einer Bewertung des Phänomens der urchristlichen Apokalyptik zu kommen.

---

[4] Vgl. U.H.J. Körtner, Weltangst und Weltende 278–323; ders., Die Entdeckung der Endlichkeit. Zur theologischen Herausforderung apokalyptischen Denkens an der Jahrtausendwende, GlLern 14 (1999), 35–46.

[5] Vgl. F. Buggle, Denn sie wissen nicht, was sie glauben, Reinbek 1997, 119–127.

[6] Vgl. E. Drewermann, Tiefenpsychologie und Exegese Bd. 2: Die Wahrheit der Werke und Worte, Olten ³1992, 467–591.

2. Die Johannesoffenbarung

Die Johannesoffenbarung ist die einzige Schrift des Neuen Testaments, die das literarische Genre der Apokalypse repräsentiert. Als Bestandteil des Bibelkanons war sie über Jahrhunderte hinweg umstritten und erfuhr vor allem im Osten der Kirche wegen Zweifeln an ihrer Apostolizität und Vorbehalten gegenüber ihrem Inhalt zunächst Ablehnung. Martin Luther hat in seinem Septembertestament von 1522 zwar nicht die Zugehörigkeit der Johannesoffenbarung zum Kanon in Frage gestellt, aber deutliche Sachkritik an ihr geübt. Er hielt sie weder für apostolisch noch für inspiriert und bemängelte, dass sie das Evangelium nicht hell und rein darbiete, sondern in unverständlichen Bildern rede.[7]

Von anderen Apokalypsen unterscheidet sich die Offenbarung des Johannes dadurch, dass sie nicht unter einem Pseudonym abgefasst ist, auf visionäre Geschichtsrückblicke (*vaticinia ex eventu*) verzichtet und die Enthüllung des Endgeschehens in einen brieflichen Rahmen stellt. Ihr Verfasser meldet sich am Anfang (1,9) und am Schluss (22,8) namentlich zu Wort. Dabei handelt es sich nicht um den Apostel Johannes, wie die altkirchliche Tradition voraussetzt, sondern um einen uns sonst unbekannten Propheten diesen Namens (22,9). Die Entstehungssituation des Werkes wird aus der einleitenden Berufungsvision (1,9–20) deutlich. Johannes hielt sich „um des Wortes Gottes und des Jesuszeugnisses willen" auf der Insel Patmos südwestlich der kleinasiatischen Küste auf. Er war offenkundig wegen seines Glaubens in Konflikt mit den Behörden geraten und verbannt worden. Mit den auf Patmos an einem Herrentag empfangenen Visionen verband sich der Auftrag, das Gesehene in einem Buch niederzuschreiben und dieses an sieben Gemeinden im westlichen Kleinasien zu senden, von denen die in Ephesus die bedeutsamste ist. Die Entstehung der Johannesapokalypse wird von altkirchlichen Zeugnissen glaubwürdig in die Regierungszeit Do-

---

[7] Vgl. H. Bornkamm (Hg.), Luthers Vorreden zur Bibel, Frankfurt a. M. 1983, 218f. In der Vorrede von 1530 betrachtet Luther die Johannesoffenbarung dagegen als Buch, das zum Trost und zur Warnung von Nutzen ist, und deutet dabei ihre Bilder auf dem Hintergrund des Papsttums und der Türkengefahr (a.a.O., 220–231).

mitians (81–96 n.Chr.) datiert,[8] in die unterschiedliche Maßnahmen zur Intensivierung des Kaiserkultes fallen. Der aktuelle Hintergrund, der zur Abfassung der Johannesoffenbarung führte, ist einerseits die Bedrohung der Gemeinden durch den Kaiserkult, andererseits innerkirchliches Ringen um den rechten Glauben.

Der von Johannes kritisierte Kaiserkult diente primär politischen Zwecken. Er war Zeichen der Ergebenheit gegenüber dem Herrscher, die in religiös-kultischen Formen ausgedrückt wurde und ein bedeutsames Einigungsband für das ethnisch wie kulturell heterogene Reich darstellte. Als Medium der symbolischen Kommunikation zwischen der Reichsspitze und den urbanen Eliten leistete er einen unverzichtbaren Beitrag zur Romanisierung und Integration der Provinzen. Domitian knüpfte an die bereits vorgeprägten Strukturen des Herrscherkults an und baute sie zielstrebig aus.[9] Die Divinisierung von Vespasian und Titus intensivierte er durch den Bau von Tempeln in Rom. Zur Überhöhung der eigenen Person ließ er auch sich selber Tempel und Denkmäler errichten. Die Städte Kleinasiens, die sich in der Anbetung des Kaisers als Wohltäter und Retter der Menschheit überboten, suchten die göttliche Verehrung Domitians allgemein durchzusetzen. Im Domitian-Tempel von Ephesus stand die Kultstatue des Kaisers in vierfacher Lebensgröße. Regelmäßige Feste, Umzüge und Wettkämpfe zu Ehren des göttlichen Kaisers gehörten zum festen Bestandteil des städtischen Lebens. Zur Durchführung und Überwachung der Riten wurde Kultpersonal benötigt, das von den führenden Schichten der Provinzen gestellt wurde. Durch die Übernahme der begehrten, oftmals mit hohen Geldbeträgen erkauften Priesterämter konnte die lokale Oberschicht ihre soziale Reputation steigern und wurde gleichzeitig

---

[8] Vgl. zur Abfassung der Johannesoffenbarung unter Domitian U. Schnelle, Einleitung in das Neue Testament (UTB 1830), Göttingen [4]2002, 562–566; M. Bachmann, Die Johannesoffenbarung, in: K.-W. Niebuhr (Hg.), Grundinformation Neues Testament (UTB 2108), Göttingen 2000, 346–370, 360–362; I. Broer, Einleitung in das Neue Testament Bd. II (NEB Ergänzungsband 2/2), Würzburg 2001, 669–672. Für eine Frühdatierung plädieren dagegen J.C. Wilson, The Problem of the Domitianic Date of Revelation, NTS 39 (1993), 587–605 (Entstehung der Johannesoffenbarung unter Nero oder Galba); K. Berger, Theologiegeschichte des Urchristentums, Tübingen [2]1995, 616–618 (Vier-Kaiser-Jahr 68/69 n.Chr.).
[9] Vgl. M. Clauss, Kaiser und Gott. Herrscherkult im römischen Reich, Stuttgart/Leipzig 1999, 119–132.

eng an die Reichsidee gebunden. Die sich dem Herrscherkult verweigernden Christen gerieten ins gesellschaftliche Abseits und waren von Zwangsmaßnahmen bis hin zum Tod bedroht.

Johannes blickt bereits auf den Märtyrertod zahlreicher Christen zurück, hält eine allgemeine Christenverfolgung für bevorstehend und rechnet in beträchtlichem Umfang mit Abfall in den Gemeinden. Die Absicht seines Buches ist es, die bedrängten Gläubigen zur Standhaftigkeit gegenüber den Anfechtungen des Kaiserkults anzuhalten und sie mit dem Ausblick auf das nahe Ende zu trösten. Der Anspruch Domitians, als „Herr und Gott" zu gelten (Sueton, Dom. 13,2), wird in Offb 4,11 durch das himmlische Bekenntnis zum Schöpfer als „unser Herr und Gott" unterschwellig entmythologisiert. Gleichzeitig wird aus den Sendschreiben nach Ephesus, Pergamon und Thyatira ein innergemeindliches Ringen um den rechten Glauben deutlich. Johannes brandmarkt solche Christen, die nicht zu einer strikten gesellschaftlichen Isolierung um des Glaubens willen bereit sind, als Häretiker. Konkret spricht er von „Nikolaiten" in den Gemeinden, denen er Unzucht, den Verzehr von Opferfleisch und die Duldung von Frauen im prophetischen Amt vorzuwerfen hat. Opferfleisch, bei dem ein Teil des Tieres heidnischen Gottheiten rituell zugeeignet wurde, war in der Antike auf Märkten, in Tempeln und bei privaten Gastmahlseinladungen allgegenwärtig (vgl. 1Kor 8-10). Der Vorwurf der Unzucht wird symbolisch im Sinne von Götzendienst gemeint sein. Unverkennbar vertraten die Nikolaiten ein weltoffeneres Christentum und waren in gewissem Umfang zu einer Anpassung an die heidnische Gesellschaft bereit. Angesichts ihres toleranten Verhaltens gegenüber den Nikolaiten drängt Johannes die betroffenen Gemeinden mit den Worten des erhöhten Christus zur Umkehr und droht im Falle der Weigerung mit dem richtenden Schwert.[10]

Im Anschluss an den Sendschreibenteil beginnt Johannes das Geheimnis der kommenden Geschichte zu lüften. Der vom Umfang und Bilderreichtum her kaum überschaubare apokalyptische

---

[10] Berger, Theologiegeschichte 619f, spricht zugespitzt von einer „antiliberalen" apokalyptischen Reform des Johannes, der angesichts der Gefahr einer Nivellierung des Christentums durch die hellenistische Zivilisation den Verzicht auf Errungenschaften der paulinischen Zeit wie grundsätzliche Freiheit gegenüber Opferfleisch (1Kor 8,4) oder weibliches Prophezeien (1Kor 11,5) fordere.

Hauptteil seines Werkes wird durch drei Reihen von Visionen grob strukturiert.[11] Johannes setzt in einer ersten Reihe von Visionen (Offb 4–11) mit der Schau des himmlischen Thronsaales ein, um dann die Sieben-Siegel-Vision und die Sieben-Posaunen-Vision anzuschließen. Mit der Öffnung des versiegelten Buches durch Christus als das Lamm wird der endzeitliche Geschichtsplan Gottes in Gang gesetzt. Im Mittelpunkt stehen die apokalyptischen Reiter, mit deren Auftreten sich irdische Plagen wie Kriege, Hungersnöte, Seuchen und das Wüten wilder Tiere verbinden, ohne dass der erste Reiter als Unheilsgestalt gekennzeichnet wäre.[12] Es handelt sich um Geschehnisse aus der Gegenwart des Johannes, die er willentlich von Gott bewirkt sieht und als Auftakt der Endereignisse deutet. Das fünfte Siegel enthüllt die Klage der Märtyrer. Johannes sieht die Seelen derer, die um des Wortes Gottes und des Zeugnisses willen umgebracht wurden und Gott mit lauter Stimme anschreien, warum er nicht mit seiner richterlichen Gewalt an den Gottlosen auf Erden das von den Märtyrern vergossene Blut rächt. Auch wenn es Johannes um die Frage geht, wann Gott für Gerechtigkeit sorgen wird, erscheint der ungeduldige Ruf nach Rache als befremdlich. Mit dem Brechen des sechsten Siegels, das von kosmischen Katastrophen unvorstellbaren Ausmaßes und dem Gerichtstag Gottes handelt, erreicht die Plagenreihe ihren Höhepunkt.

Die Öffnung des siebten Siegels bringt das Gerichtsgeschehen der sieben Posaunen in Gang (8,2–11,19). Indem dort jeweils ein Engel eine Posaune bläst, wird neues Unheil ausgelöst, das die gottlosen Bewohner der Erde trifft. Johannes hat seine Darstellung frei nach dem Vorbild der ägyptischen Plagen entworfen (Ex 7–10), deren Zahl er von zehn auf sieben vermindert, in veränderter Reihenfolge darbietet und kosmisch ausweitet. Dabei ist gegenüber den sieben Siegeln eine Steigerung des Gerichtsgedankens festzustellen. Schädigten die apokalyptischen Reiter ein Viertel der Erde, so fügen die ersten vier Posaunen einem Drittel der Welt Unheil zu und entziehen ihren Bewohnern einen wesentlichen Teil der Lebensgrundlage. Die fünfte und sechste Po-

---

[11] Vgl. J. Roloff, Einführung in das Neue Testament, Stuttgart 1995, 251f.
[12] Vgl. M. Bachmann, Die apokalyptischen Reiter. Dürers Holzschnitt und die Auslegungsgeschichte von Apk 6,1–8, in: ZThK 86 (1989), 33–58.

saunenplage richten sich nicht mehr über den Umweg der Naturkatastrophe gegen den Menschen, sondern treffen ihn direkt. Aus empor kommendem Rauch lösen sich Heuschrecken, die nach Art von Skorpionen für eine Zeitspanne von fünf Monaten die Menschen quälen, bevor Gott durch ein dämonisches Heer ein Drittel der Gottlosen töten lässt. Mit der siebten Posaune wird in einer von alttestamentlichen Theophanieschilderungen geprägten Vision im Vorgriff auf die endgültige Heilsvollendung die eschatologische Herrschaft Gottes proklamiert (11,15–19).

Die zweite Reihe von Visionen (Offb 12,1–19,10) beginnt mit dem Satanssturz und seinen Folgen. Während im Himmel der Herrschaftsantritt Gottes und seines Gesalbten vollzogen ist, steht die christliche Gemeinde auf Erden noch im Kampf mit den widergöttlichen Mächten. Die Adressaten der Johannesoffenbarung erfahren nun, wer letztlich für die Drangsal verantwortlich ist, die sie im Römischen Reich zu erleiden haben. Offb 12 hat dabei Rückblendecharakter. Das Kapitel schaut auf das christologische Geschehen der Erhöhung zurück und beschreibt als Folge der Inthronisation Christi einen himmlischen Krieg zwischen dem Erzengel Michael mit seinen Engeln auf der einen Seite und dem Drachen mit seinen Engeln auf der anderen Seite. Am Ende steht der Sturz des Drachen auf die Erde, was im Himmel Jubel auslöst, für Land und Meer aber die bedrohliche Lage zuspitzt, da hier nun für eine begrenzte Zeit der alleinige Wirkungsraum des Bösen liegt. Für seinen Kampf gegen die Christen rekrutiert der Satan zwei dämonische Gestalten als irdische Mitstreiter, das Tier aus dem Meer und das Tier vom Land, die in unterschiedlicher Weise die römische Macht verkörpern (Offb 13). Bei dem Tier aus dem Meer handelt es sich um den wiederkehrenden Nero, der bereits in der jüdischen Apokalyptik zur Schreckensgestalt wurde[13] und für Johannes in hervorgehobener Wiese die gottlose Macht des Römischen Reiches repräsentiert. Das Tier aus der Erde ist keine konkret fassbare historische Fi-

---

[13] Vgl. Sib IV,119–122.137–148; V,93–110.137–154.361–385, zum Ganzen H. Giesen, Die Offenbarung des Johannes (RNT), Regensburg 1997, 387–389. Die geheimnisvolle Zahl 666, die als gematrisches Rätsel in Offb 13,18 den Namen des Tieres bezeichnet, ist ebenfalls auf Nero gemünzt. Sie bildet im Hebräischen, das keine Zahlzeichen kennt und stattdessen Buchstaben mit festgelegten Zahlenwerten verwendet, die Quersumme von „Kaiser Neron" (*nrwn qsr*).

gur, sondern allgemein der Propagandist des Kaiserkultes, der die Menschen zur Anbetung des Kaiserbildes verführt.

Das mit der Sieben-Schalen-Vison (15,1–16,21) verbundene Unheil ist Teil des Gerichtsgeschehens, das durch die siebte Posaune in Gang gesetzt wird. Es geht um die Vollendung des göttlichen Zorns, der sich im Ausgießen der Schalen manifestiert. Für die Beschreibung des damit verbundenen Unheils nahm sich Johannes erneut die ägyptischen Plagen zum Vorbild. Gegenüber den Posaunenvisionen ist eine weitere Steigerung im Grad der Vernichtung festzustellen. Wurde dort ein Drittel des Festlandes, des Meeres, des Süßwassers und der Gestirne in Mitleidenschaft gezogen waren, so ist nun jeweils der gesamte Bereich betroffen, ohne dass es für die Menschen ein Entrinnen gäbe. Zudem sind die Schalenvisionen konkreter. Sie nennen ausdrücklich die Anhänger des Kaiserkultes (16,2) und den Herrschaftsbereich des Tieres (16,10–11), das Römische Reich, als Ziele des Unheils. Die Schalenvisionsreihe schließt mit dem Gericht über Babylon, wobei es sich um einen Decknamen für Rom handelt. Das von der siebten Zornesschale bewirkte Erdbeben zieht den Zerfall der Stadt Rom in drei Teile, den Einsturz aller übrigen heidnischen Städte und das Verschwinden von Inseln wie Bergen nach sich. Gott hat sich nun endgültig gegen seine Widersacher durchgesetzt, wobei die Darstellung im Detail in 17,1–19,10 nachgeliefert wird. Eine bildhafte Interpretation, die in den Schalenvisionen lediglich symbolisch die umfassende Vernichtung der Macht des Römischen Reiches zum Ausdruck gebracht sieht, wird dem Wirklichkeitsverständnis der Apokalypse kaum gerecht. Die Engel, welche die Schalen ausgießen, lösen nach Dafürhalten des Johannes reales, und zwar gottgewolltes Geschehen aus.

Mit den Abschlussvisionen (19,11–22,5) erreicht das apokalyptische Geschehen seinen Höhepunkt. In diesem letzten Abschnitt seines Buches schildert Johannes zunächst, wie Gott das Gericht an den noch verbleibenden Feinden vollzieht. Gegen allen Anschein übt nicht Rom mit seinen Herrschaftsstrukturen die tatsächliche Macht über die Welt aus. Die aufgrund ihres Glaubens in der Gesellschaft isolierten Christen dürfen auf Gottes Treue bauen, der sich mit seiner Allmacht gegenüber den gottfeindlichen Mächten durchsetzen wird. Erster Akt des finalen Gerichtsdramas ist die Wiederkehr Christi als des Weltrichters, der die Vernichtung der beiden Tiere heraufführt. Dieses Gericht hatte bereits in Offb 14 in Form einer Vorwegschau seine visionäre Entfaltung gefunden. In Anlehnung an das Bild von Dan 7,13 sah Johannes dort den wiederkehrenden Christus gleich einem Menschensohn auf einer weißen Wolke sitzen und bediente sich zur Umschreibung des mit der Parusie verbundenen Gerichts der Erntemetaphorik. In der Vision von Offb 19,11–21 kommt Jesus Christus hingegen in Gestalt eines mit dem Schwert bewaffneten weißen Reiters zur Vernichtung der beiden Tiere und ihres Anhangs vom Himmel herab. Dem Bild vom Hochzeitsmahl des Lammes mit seiner Gemeinde (19,9) tritt das grausige Gegenbild vom Fraß der vernichteten Weltherrscher durch die Vögel (19,17–21) zur Seite. Danach erscheint ein Engel, der den Teufel mit einer Kette fesselt und in der Unterwelt verschließt (20,1–3). Es folgt die Auferstehung der Christen, die an dem nun anbrechenden tausendjährigen Reich Christi Anteil haben. Diese Vorstellung eines messianischen Zwischenreichs stammt aus der jüdischen Apokalyptik. Der wichtigste Beleg dafür ist das 4. Esrabuch, wo die Herrschaft des Messias allerdings nur 400 Jahre währt und ihr keine Auferstehung der Gerechten vorangeht (7,28). Der Chiliasmus der Johannesoffenbarung wurde bereits im frühen Christentum höchst kontrovers diskutiert und stieß überwiegend auf Ablehnung.[14]

Nach dem Intermezzo des tausendjährigen Reichs wird der Satan nochmals freigelassen, um nach einem letzten Aufbäumen in jenem Pfuhl von Feuer und Schwefel zu enden, in dem sich bereits die beiden Tiere befinden und in alle Ewigkeit gefoltert werden (20,10). An dieses Geschehen schließt sich die zweite Auferstehung an, bei der es sich um eine Wiederbelebung der Gottlosen zum Gericht handelt. Präsent ist der in Offb 20,11–15 aufgegriffene Gedanke einer Auferweckung der Frevler zum Gericht bereits in Dan 12,2. Dass das Gericht aufgrund von Büchern mit den dort verzeichneten Werken erfolgt, ist ebenfalls eine verbreitete Vorstellung in der jüdischen Apokalyptik. Damit ist die Äonenwende erreicht. Nach der Vernichtung des Bösen und dem Endgericht an den auferstandenen Gottlosen vollzieht

---

[14] Vgl. U.B. Müller, Die Offenbarung des Johannes (ÖTK 19), Gütersloh/Würzburg ²1995, 341–343.

sich die eschatologische Erschaffung einer neuen Welt und eines neuen Jerusalems (21,1–22,5). Dies ist gleichbedeutend mit dem Ende von Trauer, Leid und Tod.

Johannes fügt seiner Offenbarung ein Nachwort an (22,6–21), in dem er den göttlichen Ursprung der geschilderten Visionen unterstreicht, mit drastischen Strafandrohungen eine unvollständige Verlesung seines Werkes im Gottesdienst zu unterbinden sucht und unmittelbarer Naherwartung Ausdruck verleiht, indem er das beschriebene Enddrama direkt bevorstehen sieht. Die Not der Gegenwart kann bestanden werden, weil das Ende nah und sein Ausgang bekannt ist.

3. Apokalyptische Passagen in den Paulusbriefen

Ohne vom literarischen Genre der Apokalypse Gebrauch zu machen, zeigt sich auch Paulus in seinem eschatologischen Weltbild in hohem Maße von der jüdischen Apokalyptik bestimmt. Vor allem bei seinen Darlegungen zum Endgeschehen in 1Thess 4,13–5,11 und 1Kor 15,20–28 bedient sich der Apostel einer Fülle apokalyptischer Motive, um die kosmische Dimension des eschatologischen Handelns Gottes zu betonen. Durch seine Gründungspredigt in Thessalonike hatte Paulus eine derartige Naherwartung geweckt, dass man dort mit dem Eintreten des Endgeschehens zu eigenen Lebzeiten rechnete. Nach der Abreise des Apostels sorgten sich die Thessalonicher unter dem Eindruck unerwarteter Todesfälle in der Gemeinde um die Heilszukunft jener Personen, die vor der Parusie des Herrn und dem Einbruch des Weltendes verstorben waren. Paulus reagiert mit 1Thess 4,13–18 auf diese Besorgnis, um dann in 5,1–11 die Auswirkungen des nahen Weltendes für die christliche Existenz zu thematisieren.

Zunächst werden unter Rückgriff auf traditionelle Bekenntnisaussagen Tod und Auferstehung Jesu als unumstößliches Fundament christlicher Hoffnung benannt. Der von Paulus beschriebene Ablauf des Endgeschehens beginnt damit, dass der zur Rechten Gottes erhöhte Kyrios beim Ruf des Erzengels und beim Schall der Posaune Gottes aus seiner verborgenen Unnahbarkeit heraustritt, um vom Himmel herab zu kommen. In diesem Kontext bezieht sich Paulus auf ein apokryphes Herrenwort, das vermutlich in 1Thess 4,16f vorliegt, während 4,15 eine von Paulus selber stammende einleitende Zusammenfassung darstellt.[15] Das mit der Wiederkunft Jesu verbundene Gericht wird nicht thematisiert. Die bereits verstorbenen Gläubigen sind als erste von den apokalyptischen Ereignissen betroffen. Bei der Parusie werden sie sogleich durch ihre Auferweckung den Lebenden gleichgestellt. Beide Gruppen, die auferweckten und die noch lebenden Gläubigen, werden gemeinsam zur Begegnung mit dem Herrn in die Lüfte emporgehoben. Höhepunkt und Ziel des dramatischen Endgeschehens ist die ewige Gemeinschaft mit dem Kyrios. Wo diese zu lokalisieren ist, lässt Paulus offen. Am ehesten setzt er einen gemeinsamen Himmelsaufstieg der Gläubigen mit dem Herrn voraus. Er könnte aber auch an ein eschatologisches Reich auf Erden denken, wobei der Aufstieg der Gläubigen in die Lüfte dann als eine Art Einholung des dort schwebenden Herrn gedient hätte. Die Besorgnis der Thessalonicher ist in den Augen des Apostels gänzlich unbegründet. Die entschlafenen Gläubigen haben keinerlei Nachteile bei der Parusie in Kauf zu nehmen. Das postmortale Schicksal der Ungläubigen liegt nicht im Blickfeld des Apostels. Im nachfolgenden Abschnitt 1Thess 5,1–11 entfaltet Paulus, wie die christliche Existenz durch die unmittelbar bevorstehenden Endereignisse bestimmt wird. Dabei ermahnt er zur Wachsamkeit und wendet sich gegen Berechnungen von Zeiten und Fristen des apokalyptischen Geschehens. Der Tag des Herrn kommt unvermittelt wie der Dieb in der Nacht.

Durch die korinthische Gemeindesituation sieht Paulus sich zu einer Reflexion und Präzisierung seiner apokalyptischen Theologie veranlasst. In 1Kor 15 setzt sich Paulus mit Auferstehungsleugnern in Korinth auseinander. Vermutlich stellte sich für die betreffenden Christen unter dem Einfluss eines anthropologischen Dualismus und hellenistisch-jüdischer Weisheitsspe-

---

[15] Anders T. Holtz, Der erste Brief an die Thessalonicher (EKK XIII), Zürich u.a. 1986, 183–186 (das Herrenwort liege in 1Thess 4,15b vor); N. Walter/E. Reinmuth/P. Lampe, Die Briefe an die Philipper, Thessalonicher und an Philemon (NTD 8/2), Göttingen 1998, 143 (Paulus rede prophetisch in der dem Wort des Herrn zukommenden Autorität, ohne ein Herrenwort zu zitieren).

kulation ewiges Leben als Abstreifen des Körpers und leiblose Fortdauer der dank der Taufe pneumatisch qualifizierten Seele dar.[16] Während sich die angesprochenen Korinther im Rahmen ihrer von individualistischer Anthropologie geprägten Perspektive an der eigenen Heilsteilhabe genug sein lassen, stellt Paulus im Horizont apokalyptischen Denkens eindringlich klar, dass Gott sich als Herr der Geschichte erweist und in der gesamten Schöpfung seine Lebensmacht gegen die gottfeindlichen Gewalten durchsetzen wird. Über die Aussagen von 1Thess 4,13–5,11 hinausgehend, greift Paulus dabei auf die Adam-Christus-Typologie zurück, bedient sich der Tradition eines messianischen Zwischenreichs und macht die Frage der Leiblichkeit der Auferstehung zu einem zentralen Thema seiner apokalyptischen Eschatologie.

In 1Kor 15,23–28 umreißt der Apostel den konkreten Ablauf des Endgeschehens, indem er die Etappen der apokalyptischen Ordnung zur Sprache bringt. Ausgangspunkt und Auftakt des eschatologischen Dramas ist die Auferweckung Christi als Erstling, in der seine Stellung als Herr begründet ist. Da es sich um ein in der Vergangenheit liegendes Ereignis handelt, hat das Endgeschehen bereits begonnen. Die Auferweckung Christi ist kein isoliertes Ereignis, sondern markiert den Beginn eines eschatologischen Prozesses, der nach einem festen heilsgeschichtlichen Plan zur Überwindung der Todesmacht und zur Aufrichtung der Alleinherrschaft Gottes führen wird. Bereits in 1Kor 15,20 war von Christus als dem Erstling der Entschlafenen die Rede. Wie die Erstlingsfrucht die gesamte Ernte nach sich zieht, birgt das christologische Ostergeschehen die endzeitliche Auferweckung der Gläubigen in sich. Diese schicksalhafte Verbindung zwischen den Gläubigen und ihrem Herrn wird in 15,20–22 mit dem Adam-Christus-Schema expliziert. Dem ersten, irdischen Adam stellt Paulus Christus als den zweiten, eschatologischen Adam gegenüber. Der Sündenfall Adams wird als Verursacher der Sterblichkeit des Menschen benannt, während durch Christus Un-

---

[16] Vgl. G. Sellin, Der Streit um die Auferstehung der Toten. Eine religionsgeschichtliche und exegetische Untersuchung von 1. Korinther 15 (FRLANT 138), Göttingen 1986, 30–37.

sterblichkeit in Form von künftiger Auferstehung in die Welt gekommen ist.

Der nächste Schritt des apokalyptischen Geschehens besteht in der Auferweckung der zu Christus gehörenden Gläubigen bei seiner Parusie. Bis zum Eintreten dieser zweiten Etappe des Endgeschehens wird von Paulus keine größere Zeitspanne veranschlagt, da er auch bei Abfassung des ersten Korintherbriefs die Parusie noch zu eigenen Lebzeiten erwartet (15,52). Die Ausführungen in 1Kor 15,35–49 zeigen, dass Paulus an eine leibliche Auferstehung denkt, bei der die Beziehung zwischen Todesleib und Auferstehungsleib sowohl durch Kontinuität als auch durch Diskontinuität gekennzeichnet ist. Während die Leiblichkeit das Kontinuum darstellt, bringt die scharfe Unterscheidung zwischen vergänglichem irdischem Leib und unvergänglichem geistigem Leib die Diskontinuität zwischen diesseitiger und jenseitiger Seinsweise zum Ausdruck. Der Tod ist eben so wenig bloßer Übergang der Seele in eine andere Welt wie ungebrochene Auferstehung des Fleisches, sondern ein ganzheitliches Vergehen des Erdenleibes mit nachfolgender Neuschöpfung eines Himmelsleibes. Plastisch zum Ausdruck gebracht wird dies mit dem Bild vom Samenkorn, das nackt in die Erde gelegt wird und bekleidet wieder hervorkommt.

Der Schlussakt des apokalyptischen Dramas (1Kor 15,24–28) wird mit dem Ende dieser Weltzeit[17] erreicht und ist dadurch gekennzeichnet, dass Christus nach Unterwerfung aller Mächte die Regentschaft an den Vater zurückgibt und sich ihm unter Verlust seiner Herrschergewalt unterordnet. Darin zeigt sich ein ausgeprägter theozentrischer Grundzug der paulinischen Eschatologie. Christus fungiert als Platzhalter Gottes, ohne dass damit die Geschichte bereits zu ihrem Ende gekommen wäre. Paulus trifft keine präzisen Aussagen über den Zeitpunkt, an dem die befristete Übergabe der Herrschaft Gottes an Christus erfolgt. Während die einen in Analogie zu Offb 20 ein zwischen Wiederkunft Jesu und Weltende anzusiedelndes messianisches Zwischenreich

---

[17] Die Wendung *eita to telos* (1Kor 15,24) bezeichnet als „*danach das Ende, das Ziel*" die in der Rückgabe der Herrschaft an den Vater manifeste Vollendung und keine weitere Ordnung von Auferstehung im Sinne einer allgemeinen Totenerweckung zum Gericht; vgl. W. Schrage, Der erste Brief an die Korinther, Bd. IV (EKK VII/4), Zürich u.a. 2001, 169–171.

annehmen, betonen die anderen, dass die paulinische Naherwartung für den kurzen Zeitraum zwischen Parusie und Äonenwende keinen Raum für ein Interregnum Christi lasse und der Apostel demnach die traditionelle Vorstellung eines endzeitlichen messianischen Zwischenreiches präsentisch auf die Jetztzeit beziehe. In der Tat dürfte für Paulus bereits mit dem Ostergeschehen und der Erhöhung des Sohnes zur Rechten Gottes die Phase der Herrschaft Christi angebrochen sein, die ein prozesshaft-dynamisches Geschehen darstellt und als Zeitspanne des Kampfes gegen die gottfeindlichen Mächte mit dem Sieg über den Tod als letzten und mächtigsten Feind enden wird.[18] Gegen ein enthusiastisches Missverstehen der Herrschaft Christi wird betont, dass die seit Ostern im Gang befindliche Unterwerfung der Mächte noch nicht abgeschlossen ist.

Insgesamt zeigt sich in den besprochenen Passagen aus der Thessalonicher- und Korintherkorrespondenz deutlich, in welchem Maße Paulus wesentliche Intentionen der Apokalyptik aufnimmt. In späteren Äußerungen des Apostels zur Auferstehungsthematik (2Kor 5,1–10; Phil 1,23) tritt dann das apokalyptische Denken zugunsten einer stärker am Geschick des Individuums ausgerichteten Eschatologie in den Hintergrund.[19]

4. Markus 13 und die apokryphe Petrusapokalypse

Die apokalyptische Rede in Markus 13 bietet ebenfalls einen Ausblick auf die unmittelbar bevorstehenden Endereignisse. Sie wurde vom Evangelisten aus unterschiedlichem Traditionsmaterial komponiert und ist formal als esoterische Belehrung Jesu an seine engsten Vertrauten aus dem Jüngerkreis gekennzeichnet, ohne tatsächlich von ihm in dieser Form gehalten worden zu sein. Es handelt sich um den Ausfluss christlicher Prophetie, die

---

[18] Vgl. H.-H. Schade, Apokalyptische Christologie bei Paulus (GTA 18), Göttingen ²1984, 36f; F. Lang, Die Briefe an die Korinther (NTD 7), Göttingen 1994, 225f; W. Schrage, Brief an die Korinther, 172f.
[19] U. Schnelle, Wandlungen im paulinischen Denken (SBS 137), Stuttgart 1989, 42–48. Vgl. aber Phil 3,20f.

im Namen des erhöhten Herrn die bedrängte Gemeinde aufmuntern und zur Standhaftigkeit anhalten will.

Mit dem Vorspann Mk 13,1–4, der die Tempelzerstörung im Jahr 70 n.Chr. bereits vorauszusetzen scheint, schuf Markus eine geeignete Verknüpfung zwischen der Endzeitrede und dem vorangehenden Tempelaufenthalt Jesu. Ort der apokalyptischen Jüngerbelehrung ist der Ölberg gegenüber dem Heiligtum. Das von Mk 13 entworfene Zukunftsbild beinhaltet das Eintreffen von Kriegen, Naturkatastrophen und Verfolgung, um dann auf die letzte große Drangsal und die von kosmischen Katastrophen begleitete Wiederkunft des Menschensohns zuzulaufen. Neben anderem Material konnte Markus bei der Konzeption seiner Endzeitrede vermutlich auch eine kleine, während des Jüdischen Krieges (66–70 n.Chr.) noch vor der Einnahme Jerusalems durch die Römer entstandene Apokalypse verarbeiten,[20] die er aus der Situation nach dem Jahr 70 heraus einer aktualisierenden Neuinterpretation unterzog. Der Standort des Evangelisten ist dabei vor dem Endzeitgeschehen von Mk 13,24–27 zu lokalisieren. Die apokalyptischen Bilder von Mk 13,5–23 nehmen als *vaticinium ex eventu* auf Ereignisse Bezug, die in der Gegenwart der markinischen Gemeinde bereits geschichtliche Realität geworden sind, während in Mk 13,24–27 die tatsächliche Zukunftsschau einsetzt.

Im Hintergrund von Mk 13 steht der Jüdische Krieg mit der Eroberung Jerusalems und der Zerstörung des Tempels, die auf der Folie apokalyptischer Menschensohntheologie als unmittelbares Endgeschehen interpretiert werden. Das Auftreten von Irrlehrern, Kriegen, Erdbeben und Hungersnöten, die in Mk 13,5–8 als Zeichen für den Beginn der eschatologischen Wehen gelten, gehört zum festen Repertoire apokalyptischer Visionen. Von den Adressaten der apokalyptischen Rede konnten diese Bilder unmittelbar auf zeitgeschichtliche Ereignisse bezogen werden. Auch die in Mk 13,9–13 angesprochenen Verfolgungen durch jüdische und römische Instanzen dürften konkrete Erfahrungen in der Nachfolge Jesu widerspiegeln. Denen, die bis zum Ende

---

[20] Vgl. E. Brandenburger, Markus 13 und die Apokalyptik (FRLANT 134), Göttingen 1984, 21–73, der eine Mk 13,7f.14–20.24–27 umfassende Vorlage des Evangelisten rekonstruiert.

standhaft bleiben, wird die Rettung verheißen (13,13). Der den historischen Ort der kleinen Apokalypse erschließende Abschnitt Mk 13,14–23 führt unmittelbar in die Situation des Jüdischen Krieges hinein. Das angekündigte „Gräuel der Verwüstung" nimmt auf den heidnischen Altar Bezug, der in der Seleukidenzeit im Rahmen hellenistischer Religionsreformen auf den Brandopferaltar des Tempels aufgesetzt wurde (Dan 9,27; 1Makk 1,54–59). Während die vom Evangelisten verarbeitete Vorlage offenkundig eine Tempelentweihung durch die anrückenden Römer vorhersagte, wurde dies von Markus rückblickend auf die Tempelzerstörung bezogen. In düsteren Bildern werden die mit dem Krieg verbundenen Schreckensereignisse geschildert. Auch die nicht konkretisierte Warnung vor Pseudomessiasgestalten und Pseudopropheten gewinnt auf dem zeitgeschichtlichen Hintergrund des Jüdischen Krieges an Anschaulichkeit.[21] Der Zelotenführer Menachem zog zu Beginn der Erhebung mit seinen bewaffneten Anhängern als messianischer König in Jerusalem ein, bevor er von priesterlichen Aufständischen ermordet wurde. Simon bar Giora, der sich später im belagerten Jerusalem zur Leitfigur der Aufständischen erhob und nach dem Triumphzug in Rom öffentlich auf dem Forum hingerichtet wurde, zeigte sich in königlichem Ornat und hat sich vermutlich ebenfalls als Messias verstanden. Zudem traten von Josephus als Lügenpropheten bezeichnete Gestalten auf, die im Vorfeld des Jüdischen Krieges und auch noch nach der Tempelzerstörung die Hoffnung auf ein Eingreifen Gottes propagierten und mit der Ankündigung von Wundern große Volksmassen in ihren Bann zogen.

Mit der als unmittelbar bevorstehend gedachten Wiederkunft des Menschensohns auf Wolken erreicht das Enddrama seinen Höhepunkt (Mk 13,24–27). Im Hintergrund steht die jüdische Erwartung vom endzeitlichen Erscheinen des richterlichen Menschensohns (Dan 7,13), bei dem es sich im Glauben der christlichen Gemeinde um den wiederkehrenden Jesus Christus handelt. Mit dem Kommen des Menschensohns sind Katastrophen wie Verfinsterung der Sonne, Verlöschen des Mondes und Herabfal-

---

[21] Vgl. R. Pesch, Das Markusevangelium, Bd. 2 (HThK II/2), Freiburg ³1984, 298f.

len der Sterne verbunden, die zum Zusammenbruch der kosmischen Ordnung führen. Während die Gerichtsthematik nur zurückhaltend zur Sprache kommt, rückt die Heilszusage betont in den Vordergrund. Durch die Aussendung von Engeln erfolgt eine Sammlung der Erwählten von allen Enden der Erde. In Analogie zu 1Thess 4,17 und Offb 20,4 stellt die dauerhafte Gemeinschaft mit dem wiedergekommenen Herrn das eschatologische Ziel dar. Diese apokalyptische Zukunftsschau bleibt auf den Kreis der bei der Parusie noch lebenden Personen beschränkt, während von Totenauferstehung im Kontext der Endzeitereignisse auffälligerweise keine Rede ist. Auf das Berechnen von Terminen wird in der markinischen Apokalypse verzichtet, auch wenn das abschließende Feigenbaumgleichnis von der Vollendung innerhalb der gegenwärtigen Generation spricht und deutliche Anzeichen für die Nähe des Endes ankündigt, die von den Gläubigen aufmerksam wahrgenommen werden sollen (13,28–32). Ohne die Naherwartung preiszugeben, grenzt sich Markus von der Vorstellung ab, dass angesichts der jüdischen Katastrophe das Ende berechenbar vor der Tür stehe.

In der geringfügig erweiterten matthäischen Form (Mt 24) hat die Endzeitrede Jesu entscheidend auf die apokryphe Petrusapokalypse[22] eingewirkt, die im 2. Jh. in Ägypten oder Palästina entstanden ist. Mit ihrer in der Situation zwischen Ostern und Himmelfahrt angesiedelten Rahmenhandlung knüpft die Petrusapokalypse unmittelbar an Mt 24 an, indem der auferstandene Jesus auf dem Ölberg von den Jüngern nach den Zeichen der Parusie und des Weltendes gefragt wird. Die darauf bezogene Offenbarung des Endgeschehens nimmt die entscheidenden Elemente der synoptischen Apokalypse auf, geht aber mit ihrer Zukunfts- und Jenseitsschau weit darüber hinaus. Zentrale Themen sind neben dem aus Mk 13 bzw. Mt 24 bekannten Auftreten des Antichristen und Kommen des Menschensohns insbesondere die Auferstehung der Toten, das Jüngste Gericht, die Höllenqualen der Gottlosen und die Paradiesfreuden der Rechtschaffenen.

---

[22] Vgl. dazu P. Vielhauer, Geschichte der urchristlichen Literatur, Berlin/New York 1975, 507–513; R. Bauckham, The Apocalypse of Peter: An Account of Research, ANRW II.25/6 (1988), 4712–4750; W. Schneemelcher, Neutestamentliche Apokryphen II, 562–578.

Während die Visionen der synoptischen Apokalypse auf dem Hintergrund des Jüdischen Krieges ergehen, ist der zeitgeschichtliche Kontext der Petrusapokalypse aller Wahrscheinlichkeit nach der Bar-Kochba-Aufstand (132–135),[23] der als untrügliches Zeichen der unmittelbar bevorstehenden Endereignisse mit Parusie und Weltende betrachtet wird. In der Deutung des Feigenbaumgleichnisses (ApkPetr 2) sind die Aussagen über den die Christen verfolgenden falschen Messias offenkundig auf Simon Bar Kochba (Sternensohn) gemünzt, der vom Gesetzeslehrer Aquiba zum verheißenen messianischen Stern Jakobs aus Num 24,17 erklärt worden war. Nach dem Zeugnis der Kirchenväter ging Bar Kochba mit aller Härte gegen die palästinischen Christen vor, weil diese sich weigerten, ihn als Messias anzuerkennen und am Aufstand teilzunehmen.[24] Die Petrusapokalypse erfreute sich in der Frühzeit der Kirche großer Wertschätzung und wurde von Clemens Alexandrinus und einzelnen Kanonverzeichnissen, darunter der um 200 in der Gemeinde von Rom entstandene Kanon Muratori, zu den heiligen Schriften gezählt. Später geriet die Petrusapokalypse ins Abseits und hat in voller Länge lediglich in einer 1910 bekannt gewordenen äthiopischen Übersetzung überlebt. Der ursprüngliche griechische Text blieb in Fragmenten und Kirchenväterzitaten ungefähr zur Hälfte erhalten.

Die Endereignisse beginnen in der Petrusapokalypse damit, dass am Tag des Herrn eine allgemeine Totenauferstehung erfolgt. Dabei dominiert ein massiver Auferstehungsrealismus mit der Erwartung, dass selbst die von den wilden Tieren verschlungenen Menschenkörper ausgespieen und in ihrer ursprünglichen Gestalt wiederbelebt werden. Der Tag des Herrn ist mit einem kosmischen Inferno verbunden, das die Auflösung der gesamten geschaffenen Welt nach sich zieht, bevor es zu der in den Farben

---

[23] Vgl. D.D. Buchholz, Your Eyes Will Be Opened. A Study of the Greek (Ethiopic) Apocalypse of Peter (SBLDS 97), Atlanta 1988, 408–412; R. Bauckham, The Apocalypse of Peter: A Jewish Christian Apocalypse from the Time of Bar Kokhba, in: ders., The Fate of the Dead. Studies on the Jewish and Christian Apocalypses (NT.S 93), Leiden 1998, 160–258, bes. 176–194.
[24] Justin, *Apologie* I.31,6; Euseb, *Historia Ecclesiastica* IV.8,4. Vgl. zur Interpretation P. Schäfer, Der Bar Kokhba-Aufstand. Studien zum zweiten jüdischen Krieg gegen Rom (TSAJ 1), Tübingen 1981, 59f.

von Dan 7 und Mt 24 gemalten Wiederkunft Jesu auf Wolken kommt. Die Vorstellung eines messianischen Zwischenreichs kennt die Petrusapokalypse nicht. Ihr zentrales Anliegen ist die detaillierte Schilderung des Endgerichts und der daraus resultierenden Folgen. In seiner richterlichen Vollmacht spricht der wiedergekommene Herr das Urteil über die Gottlosen, denen nach ihren Taten vergolten wird. Breiten Raum nimmt die Höllenschilderung ein (ApkPetr 7–12), wo eine Auflistung von nicht weniger als einundzwanzig unterschiedlichen Formen der Strafe erfolgt, an denen sich die Gerechten ergötzen. Dabei ist die Petrusapokalypse penibel um eine möglichst exakte Entsprechung zwischen Sünde und Bestrafung bemüht, indem beispielsweise Lästerer an ihren Zungen aufgehängt oder Götzendiener unermüdlich von Dämonen gequält werden. Entschieden kürzer fällt die abschließende Paradiesschilderung aus. Dass die Petrusapokalypse großes Gefallen daran findet, die Höllenqualen der Gottlosen in düsteren Farben genüsslich auszumalen, erklärt sich aus der Verfolgungssituation, in der sie entstanden ist. Bei aller Problematik, welche diese apokalyptische Jenseitsschau mit sich bringt, sind das seelsorgerliche Grundanliegen und der ethische Anspruch des Werkes nicht aus dem Auge zu verlieren. Die Schilderung des Paradiesgartens mit seinen Freuden will Trost spenden und zur Standhaftigkeit anhalten, während die an Grausamkeit keine Wünsche offen lassende Darstellung der Hölle und ihrer Strafen dazu dient, die Folgen des Abfalls drastisch vor Augen zu führen.

5. Zum Umgang mit der Apokalyptik

Ein angemessener Umgang mit der Apokalyptik des Urchristentums, wie sie sich in den oben analysierten Texten niedergeschlagen hat, stellt sich als ausgesprochen schwierig dar und wirft eine Reihe grundlegender theologischer Fragen auf. Einer unbefangenen Rezeption apokalyptischer Denkmuster steht bereits die Tatsache der Parusieverzögerung im Wege. Weitere Problemaspekte apokalyptischer Enderwartung sind eine uneingeschränkt negative Sicht der Gegenwart, ein überholt erscheinendes Weltbild und eine unverkennbare Freude am Untergang der Gottlosen.

Die urchristliche Apokalyptik hat die eigene Gegenwart als Endzeit verstanden, in Naherwartung der Wiederkunft Christi gelebt und die Äonenwende als unmittelbar bevorstehend betrachtet. Dies vollzog sich unter dem Eindruck besonders bedrückender weltgeschichtlicher Ereignisse wie dem Jüdischen Krieg, der Intensivierung des Kaiserkults unter Domitian oder dem Bar-Kochba-Aufstand. Mit ihrer Enderwartung sind die apokalyptischen Denker nachweislich einem Irrtum unterlegen. Die Weltgeschichte ist weitergelaufen und die Wiederkunft Christi bislang ausgeblieben. Apokalypsen sind daher zeitgeschichtlich auf dem Hintergrund ihres ursprünglichen Kontextes zu lesen. Die Auslegungsgeschichte ist voll von Beispielen verfehlter gegenwartsbezogener Deutung. Bibelinterpreten aller Zeiten haben die apokalyptischen Texte des Urchristentums auf die eigene Situation gedeutet, diese als Endzeit verstanden und sich damit geirrt. Vor allem aus der Johannesoffenbarung hat man immer wieder Weissagungen über den Ablauf der Geschichte und eine genaue Prophezeiung über den Verlauf des Weltendes herauslesen wollen. Noch heute spielt sie bei vielen christlichen Gemeinschaften und Sekten eine hervorragende Rolle, weil man aus ihr bestimmte Phänomene der Gegenwart deuten und das Weltende berechnen zu können glaubt. Solche Versuche sind von vornherein verfehlt, weil Apokalypsen in konkreten historischen Kontexten verankert sind und ihre Inhalte nicht beliebig auf veränderte Situationen übertragen werden können. Wir müssen zu erfassen suchen, was die Apokalyptiker ihren zeitgenössischen Adressaten vermitteln wollten, und ansonsten einräumen, dass sie sich mit ihrer Ankündigung des unmittelbar bevorstehenden Weltendes geirrt haben.

Nicht unproblematisch stellt sich auch die Weltsicht der Apokalyptik dar. Die Gegenwart ist für den Apokalyptiker grundsätzlich eine böse Zeit, die in dunkelsten Farben gemalt wird. Alle Hoffnung richtet sich auf den Untergang dieser Welt und das Kommen der neuen Welt Gottes. Dieser apokalyptische Pessimismus ist sowohl vom Schöpfungsglauben (Gen 1,31) als auch vom Bekenntnis zum erhöhten Christus als Kosmokrator (Phil 2,10; Eph 1,21), der mehr als der nur verborgene und erst künftig seine Herrschaft antretende Menschensohn ist, her gegen den Strich zu bürsten und zu korrigieren. Die Welt ist allen Widrigkeiten zum Trotz gute Schöpfung Gottes und die heilvolle Gegenwart Christi als Weltenherrscher kann auch bereits in diesem Äon erfahren werden. Dabei ist der Apokalyptik allerdings das Geschick der Welt nicht gleichgültig. Während etwa die Gnosis den individuellen Seelenaufstieg in den Mittelpunkt des religiösen Denkens stellt und die gottfeindliche Welt sich selbst überlässt, steuert die Apokalyptik einer Tendenz zu einseitiger Individualisierung des Heils entgegen und hält mit ihrer Erwartung einer neuen Welt Gottes das Bewusstsein dafür wach, dass die Geschichte noch nicht zu ihrem Ende gekommen ist und der Schöpfergott sich als Herr über sie erweisen wird. Damit verbunden ist der Glaube an leibliche Auferstehung an Stelle leibfeindlicher Vorstellungen vom alleinigen Weiterleben einer aus dem Gefängnis des Körpers befreiten unsterblichen Seele. Zudem wohnt der pessimistischen Weltsicht der Apokalyptik eine ideologiekritische Komponente inne. An den herrschenden politischen Zuständen, beispielsweise den Ansprüchen des Kaiserkults, wird nichts beschönigt. In der Tradition des Danielbuchs aktiviert die urchristliche Apokalyptik das Protestpotenzial gegenüber der jeweils herrschenden Macht und ist sich gegenüber einem überzogenen Heilsenthusiasmus der Tatsache bewusst, dass Nachfolge das Leiden einschließt und im Martyrium enden kann.

Ein weiteres Problem betrifft die Bilder apokalyptischer Zukunftsschau, die wegen ihres mythischen Charakters und ihres ethisch bedenklichen Inhalts im Kreuzfeuer der Kritik stehen. Eine Entmythologisierung des mythischen Weltbilds der Apokalyptik ist von dem berechtigten Anliegen geleitet, die zentralen Inhalte des christlichen Glaubens unter den Herausforderungen des geschichtlichen Denkens der Neuzeit zur Sprache zu bringen. Gegenüber einer pauschalen Abwertung des Mythos als einer nicht mehr zeitgemäßen Ausdrucksform des Glaubens ist allerdings festzuhalten, dass die Sprache des Mythos ein wichtiges Mittel des Redens von Gott darstellt. Eine von mythischen Bildern und Vorstellungen gereinigte Theologie beraubt den Glauben der Phantasie und droht ihn in der Kraftlosigkeit eines abgeklärten Intellektualismus erstarren zu lassen. Trotz ihres zuweilen martialisch anmutenden Charakters tragen die Bilder der Apokalyptik Kraft zur Lebensbewältigung in sich und können Hoffnung geben. Was die Frage der Ethik angeht, so ist vor allem in den Gerichtsvisionen der Johannes- und Petrusoffenbarung das Liebesgebot nicht eben die leitende Perspektive. Die Verfasser dieser Schriften beziehen Trost daraus, sich die schreckliche Vernichtung ihrer Gegner genüsslich auszumalen. Dies mag aus der Verfolgungssituation der vom Kaiserkult bzw. den messianischen Ansprüchen Bar Kochbas bedrängten Christen heraus verständlich erscheinen, ohne deswegen aber gebilligt oder gar bejaht werden zu können. Im Gegensatz zu Paulus (1Kor 5,9–12; Röm 12,17–21) mangelt es beiden Apokalypsen an einer auf die Kraft des Glaubens vertrauenden Weltoffenheit und an Bewusstsein dafür, dass der Wirkungsraum des Liebesgebots weit über die Binnengrenze der Gemeinde hinausgeht (Mt 5,43–48). Apokalyptisches Denken steht in Gefahr, ohne Entwicklung eines positiven Weltverhältnisses ängstlich auf Abstand zu diesem Äon bedacht zu sein und die Feindesliebe nicht in den Horizont der Ethik einzubeziehen.

Unbeschadet aller Notwendigkeit eines kritischen Umgangs mit den apokalyptischen Traditionen wäre es allerdings aus unterschiedlichen Gründen fahrlässig, wenn die christliche Theologie sich ihres apokalyptischen Erbes einfach entledigte. Die Apokalyptik beugt einem individualistischen Heilsenthusiasmus vor, hält das Bewusstsein für Gott als Herrn über die Geschichte wach und entmythologisiert die Ansprüche der politischen Herrscher. Auch losgelöst von ihrem zeitgeschichtlichen Kontext können apokalyptische Bilder wie die Vision der neuen Welt Gottes, die von der Kraft der Zukunft zeugen und die Gegenwart gleichsam als davon bereits durchleuchtet erscheinen lassen, Trost spenden und Hoffnung geben.

Volker Leppin

Apokalyptische Strömungen in der Reformationszeit[1]

„Und wenn morgen die Welt unterginge, so wollte ich heute mein Apfelbäumchen pflanzen" – dieser Spruch ist so berühmt und so erfunden wie manch anderes Lutherzitat auch. Am 5. Oktober 1944, fast 400 Jahre nach Luthers Tod, ist es nach bisherigem Kenntnisstand erstmals belegt: Der Hersfelder Pfarrer Karl Lotz zitierte es in einem Rundschreiben an die Vertrauensleute der Bekennenden Kirche in Kurhessen-Waldeck[2] und setzte es dabei schon als bekannt voraus. Während in der Folgezeit der DDR-Staat eine Auferstehung aus den Ruinen pries, machte das vorgebliche Lutherwort Karriere in kirchlichen Kreisen.

Es konnte wohl in diesem Maße reüssieren, weil es die Hoffnung aus dem Untergang, die Bemühungen um einen verzweifelten Neuaufbau so schlagend auf den Punkt brachte – und auch weil es zwar eine Erfindung war, aber eine überaus treffende. In einer Zeit, in der Luther ganz unverhohlen als Gesprächspartner in die Gegenwart gezogen wurde, erinnerte es an das historisch Widerständige seiner Theologie und seines Lebens. Luther war wie viele seiner Zeitgenossen von der Nähe des Endes überzeugt. Zu Recht stellte vor einiger Zeit der amerikanische Historiker und Theologe Robin Barnes fest, dass Luther wohl reichlich erstaunt gewesen wäre, wenn er gewusst hätte, dass man seinen fünfhundertsten Geburtstag noch erleben und feiern würde.[3] Kaum auszudenken, was er dazu gesagt hätte, dass schon heute

---

[1] Der Text behält die Vortragsfassung bei und ist, um den zur Verfügung stehenden Rahmen nicht allzu sehr zu sprengen, nur um die allernötigsten Nachweise in den Fußnoten ergänzt.
[2] M. Schloemann, Luthers Apfelbäumchen? Ein Kapitel deutscher Mentalitätsgeschichte seit dem Zweiten Weltkrieg, Göttingen 1994, 28.
[3] R.B. Barnes, Prophecy and Gnosis. Apocalypticism in the Wake of the Lutheran Reformation, Stanford 1988, 261.

die Feierlichkeiten für das Jahr 2017 und das fünfhundertste Reformationsjubiläum beginnen! Doch Luther war zwar wohl der wirkungsvollste, aber nicht der einzige Repräsentant apokalyptischen Denkens in der reformatorischen Bewegung. So werden die folgenden Zeilen neben ihm auch Thomas Müntzer und die Humanisten in den Blick nehmen.

1. Das gepredigte Ende: Martin Luther und seine Erben

Luther hat die Überzeugung, dass das Ende nahe sei, auf Grundlage spätmittelalterlicher Frömmigkeit und Theologie entwickelt, aber er hat sie nicht einfach aus dem späten Mittelalter mitgebracht. Wir wissen von der Frömmigkeit seines Elternhauses wenig, nur manches, was sich aus den Erinnerungsfetzen, die Luther mitteilt, erahnen und rekonstruieren lässt – von einer besonderen apokalyptischen Stimmung oder Empfänglichkeit ist in diesem ehrgeizigen Aufsteigerhaushalt nichts zu spüren. Und auch die weiteren Stationen seiner Entwicklung lassen nicht erahnen, dass er hier oder dort in besonderer Weise mit apokalyptischem Denken konfrontiert worden sei. An einer Stelle kommt man einer solchen Möglichkeit sehr nahe: Während seiner Schulzeit in Eisenach um 1500 hatte er Berührungen mit dem Schalbeschen Kollegium, einer kleinen Gemeinschaft frommer Bürger, die sich um das dortige Franziskanerkloster geschart hatte. Es ist dies das Kloster, in dem Johannes Hilten in Haft gehalten wurde und, ebenfalls um 1500, starb: ein Franziskanermönch, der aufgrund seiner Auslegungen des Danielbuches und der Johannesapokalypse auf eine Vielzahl von Prophezeiungen für die nähere Zukunft gekommen war. Unter anderem hatte er auch einen Mann für das Jahr 1516 prophezeit, der das Mönchtum beseitigen würde. Weil man dies später auf Luther deutete, ist Hilten sogar in die lutherischen Bekenntnisschriften[4] eingegangen (A-polCA 27). Doch auch wenn Luther sich zu erinnern meinte,

---

[4] Die Bekenntnisschriften der evangelisch-lutherischen Kirche (BSLK), hg. im Gedenkjahr der Augsburgischen Konfession 1930, Göttingen [12]1998, 378.

dass Schalbe diesen Hilten erwähnt habe,[5] können die Berührungen des damals Vierzehn- oder Fünfzehnjährigen kaum intensiv gewesen sein. So verlockend der Gedanke wäre, dass Luther in seinem apokalyptischen Denken von Hilten beflügelt worden wäre: So einfach liegen die Dinge leider nicht: Erst 1529 ließ sich Luther durch Friedrich Myconius in Gotha genauer über ihn informieren, und er lässt bei dieser Gelegenheit nicht erkennen, dass er irgend etwas von ihm wusste, von einer nachhaltigen Prägung ganz zu schweigen.[6] Also nicht aus dem Elternhaus, nicht aus der Eisenacher Schulzeit: Die Kindheit und Jugend Martin Luthers kommt als Hintergrund für seine apokalyptischen Auffassungen kaum in Frage. Entsprechend sind auch die ersten Jahre seiner Tätigkeit als Professor in Wittenberg, in denen wir ihn literarisch zu greifen bekommen, ruhig und weitgehend unapokalyptisch.

Erst als er zu einer öffentlichen Person wird, hineingezogen in einen Streit mit dem Papst, den er wohl in der Form jedenfalls nie gesucht hat, wächst in ihm auch das Bewusstsein, in der letzten Zeit zu leben. Man wird die psychologischen Erwägungen nicht außer Acht lassen können, dass ein Mensch, der sich isoliert gegen die größten Mächte seiner Zeit, gegen den Papst, schließlich auch gegen den Kaiser stellt, der sein ganzes bisheriges Weltbild, seine ganze Existenz als Mönch ins Schwanken kommen sieht, empfänglicher ist für den Gedanken, dass das Weltende gekommen sei als jemand, der in Harmonie und Frieden mit seiner Welt und Umwelt lebt. Doch ist diese besondere Empfänglichkeit nur ein Moment in der großen Erschütterung, die Luther erfuhr. Sein apokalyptisches Denken hat einen viel konkreteren Haftpunkt in seiner Entwicklung:

In der Leipziger Disputation im Sommer 1519 brachte sein Gegner Johannes Eck Luther zu der Erkenntnis, dass nach seinen Grundüberzeugungen konsequenterweise keine innerweltliche Größe, das heißt: keine kirchliche Instanz, der Papst nicht und auch das Konzil nicht, in der Lage sein könne, die christliche Wahrheit zu sichern. Es war diese Erkenntnis, aus der das reformatorische Lager sehr bald die scharfe Lehre von der ausschließ-

---

[5] Vgl. WA 30/3,491,35.
[6] Vgl. WA.B 5,162. 191f.

lichen Geltung der Schrift in Heilsdingen entwickeln sollte.[7] Aber das ganze Ereignis in Leipzig hatte noch eine weitere Folge: Luther sah in Eck einen Vertreter einer Position, die dem Papst eine geradezu tyrannische Auslegungsvollmacht über die Schrift gab – und damit den Papst letztlich zwischen den auf die Schrift verwiesenen Glaubenden und Gott setzte. Darin sah er die Prophezeiung aus dem Zweiten Thessalonicherbrief von dem erfüllt, der sich über alles setze, was Gott und Gottesdienst heiße (2Thess 2,4). Diese Stelle, an der im biblischen Text nirgends von einem Antichrist die Rede ist, galt der mittelalterlichen Tradition, der Luther hier folgte, als locus classicus ihrer Anti-christlehre. Damit aber drang nun in Luthers Denken eine Überlegung ein, die er zunächst zaghaft formulierte, dann immer energischer: Nachdem er schon seit einiger Zeit Zweifel geäußert hatte, ob der Antichrist etwa in der Kurie sein Unwesen treibe,[8] gewann diese Ahnung nun konkrete Gestalt: In der Auslegung der Leipziger Disputationsthesen erklärte er, wer – wie Eck – allein dem Papst die Autorität zumesse, die Schrift auszulegen, der stelle ihn als den angekündigten Antichrist vor Augen.[9] Und im folgenden Jahr war er sich dann sicher: Der Papst war der Antichrist.

Der Papst, das hieß nicht, dieser oder jener Papst. Luther qualifizierte nicht in Fortsetzung der verbreiteten Polemiken des Mittelalters den gerade regierenden Leo X. als Antichrist, sondern es zeigte sich hier bei ihm ein Drang zum Prinzipiellen, der sich auch bei anderen Argumentationsmustern niedergeschlagen hat. Der Papst, das hieß: das Papsttum als Institution war der Antichrist. Damit unterschied Luthers Antichristlehre sich deutlich von den seit dem frühen Mittelalter, namentlich seit Adso von Montier-en-Derr im zehnten Jahrhundert greifbaren volkstümlichen Legenden vom Antichrist, die dessen Leben spiegelbildlich zur Vita Christi erzählten und mit schauerlichen Tönen und Untertönen ausmalten. Nicht eine Person, sondern eine ganze Institution unterlag dem Verdikt der Antichristlichkeit. Das hatte kaum jemand im Mittelalter zu denken oder gar zu sagen gewagt

---

[7] Dies geschah im Wesentlichen durch Philipp Melanchthon und seine Thesen zum Erwerb des Titels eines Baccalaureus Biblicus am 9. September 1519.
[8] Vgl. WA.B 1,270,11–13; 359,28–30.
[9] Vgl. WA 6,429,33–430,6.

– lediglich der englische Reformer John Wyclif kam auf vergleichbare Überlegungen.

Damit war bei Luther eine eigenartige Akzentuierung verbunden: Wenn tatsächlich das Papsttum mit dem Antichrist gleichzusetzen war, so musste der Antichrist schon seit Jahrhunderten, seit der Zeit, als aus dem römischen Bischof der Papst geworden war, auf Erden wirken, mitten in der Kirche – so legte Luther die Ankündigung von 2Thess 2, der Antichrist werde im Tempel Gottes sitzen, aus. Der Antichrist war damit also eine Gestalt, die gar nicht mehr ohne Weiteres Teil eines Endzeitszenarios war, berechenbar wie in jenen mittelalterlichen Legenden, die von dreieinhalb Jahren seines Wirkens zu berichten wussten. Der Antichrist, von dem Luther sprach, wirkte ja schon seit Jahrhunderten.

Es scheint, als sei gerade diese Fassung der Antichristlehre äußerst spröde für eine apokalyptische Deutung, als sei hier, in den Wortspielen Luthers, der Antichrist nur noch als Widerchrist erkennbar, nicht aber als Endchrist. Doch das Gegenteil ist der Fall. Denn auf ganz neue Weise rückte nun der Antichrist in das Endzeitszenario hinein: Das eigentliche endgeschichtliche Datum war nicht das Auftreten des Antichrist – sondern seine Offenbarung. Das hieß: Luthers eigenes Handeln war es, das das Ende einläutete, war es doch Luther, der Theologieprofessor aus Wittenberg, der durch die Wiederentdeckung des Evangeliums den Antichrist mit dem Schwert des Mundes, mit dem Wort bekämpfte. Hier hat man den Punkt, da die endzeitliche Deutung der eigenen Gegenwart für Luther plausibel wird – unmittelbar verbunden mit der Zuweisung einer zentralen Rolle im Endzeitgeschehen an sich selbst. Die Zeitgenossen haben dies rasch erkannt: Ein so nüchterner Theologe wir Zwingli war es, der Luther zuerst als den wiedergekehrten Elia deutete,[10] also als jenen, der nach dem ersten Elia des Alten Testaments und Johannes dem Täufer als dem zweiten Elia nun als der dritte Elia wiederum das Kommen des Christus ankündigte, ein Kommen freilich, das mit sich das Ende der Welt brachte.

Luther hat sich selbst zwar nie in dieser Weise als Elia stilisiert, aber als er im Jahre 1521, nach dem Wormser Reichstag, auf die Wartburg verbracht wurde, da wurde ihm diese Burg am

---

[10] Vgl. Corpus Reformatorum 94,114,7.

Rande des Einflussgebietes seiner sächsischen Landesherren, zu seinem Patmos.[11] Was die Insel Patmos für Johannes den Seher der Johannes-Apokalypse gewesen war, das sollte dieser Zufluchtsort für Luther werden. Und so wie Johannes das Ende gesehen hatte, wurde auch Luther zu einem Propheten, der seiner Zeit das Ende ansagte. Zu jenen fieberhaften Arbeiten, die er auf der Wartburg vollbrachte, gehörte nicht allein die berühmte Übersetzung des Neuen Testaments, die 1522 als Septembertestament in den Druck kam. Luther legte die Schrift auch aus, kontinuierlich, in der Wartburgpostille, einer Art Handbuch für den Pfarrer, der noch nicht in der Lage war, selbst Predigten im reformatorischen Geist zu entwerfen und daher die Texte von dem Reformator vorgegeben bekommen musste. Luther arbeitete in Windeseile an der Auslegung der Bibeltexte für den Advent. Zu ihnen gehörte, am zweiten Adventssonntag auch das 21. Kapitel des Lukasevangeliums, die lukanische Variante der sogenannten synoptischen Apokalypse, einer Rede, in der Jesus seinen vertrauten Jüngern das nahe Ende ankündigte. Und hierin finden sich, auf dem thüringischen Patmos geschrieben, die Sätze:

Eben ßo gewiß ist myr das auch, das er Matth. 24 vonn dem wustenn grewell sagt, dem antichrist, das unter seynem regiment die grossisten yrthum, blindheytt unnd sunde sollten regiren, wie das denn itzt unter dem Bapst auffs aller unvorschamptist, auffs aller tyrannischist, auffs aller vortzweyffeltist gehet yn hohem schwanck; denn das stuck fur allen tzwingt mich fest tzu glewben, das Christus musse bald komen, denn solch sunde sind tzu groß, der hymell kann sie nit lenger ansehen, sie reitzen unnd trotzen dem iungsten tage tzu seher, er muß ubir sie fallen, ehe es lang wirtt.[12]

Da ist er: der Prophet des Endes. Und dieser Prophet des Endes wird er zeitlebens bleiben. Seine Motivation wird immer stärker werden: Jahre später wird er in der Vorrede zum Danielbuch schreiben: „UND hier sehen wir, das nach dieser zeit, so der Bapst offenbart, nichts zu hoffen noch zu gewarten ist, denn der Welt ende und aufferstehung der Todten".[13] Die Offenbarung des Antichrist und das nahe Ende: Das ist der Bogen, in dem Luther

---

[11] Vgl. WA.B 2,355, 37f; 490,9 u.ö.
[12] WA 10/1/2,97.
[13] WA.DB 11/II,113,11f.

sich bewegt, den er selbst aufgespannt hat. Erst vor diesem Hintergrund werden manche seiner Handlungen verständlich, gerade die umstrittensten: Die Härte im Bauernkrieg verdankt sich ebenso wenigstens zu Teilen der Überzeugung, dass sich im Aufruhr der Bauern auch ein Teil des Endkampfes abspiele: „Es ist eine kurze Zeit, so kömmet der rechte Richter, der beide sie und uns finden wird: uns mit Gnaden, so wir ihren Gewalt und Frevel leiden, sie mit Zorn, daß sie das Schwert selbs nehmen, durch welches sie auch werden umbkommen,"[14] so schrieb er in einem Brief aus dieser Zeit. Die Bauernunruhen waren Vortrab des Jüngsten Gerichts, so wie umgekehrt in Luthers Augen die Juden ihre letzte Chance vor dem Ende, die Bekehrung, verpasst hatten und auch deswegen mit aller Schärfe von ihm bezichtigt wurden.

Solche Beispiele zeigen, wie eng apokalyptisches Denken und Politik ineinander griffen. Und diese Kombination blieb dem Luthertum zunächst auch erhalten. Als 1548 das Augsburger Interim erlassen wurde, das den Lutheranern nach ihrer verheerenden Niederlage im Schmalkaldischen Krieg kaum etwas von ihren kirchenordnenden Maßnahmen ließ – lediglich die Priesterehe und der Laienkelch blieben bis zum nächsten Konzil erhalten –, da hat nicht nur der in Gefangenschaft geratene und seiner kurfürstlichen Würde beraubte sächsische Herzog Johann Friedrich im letzten Aufwühlen des Antichrist das Ende nahe gesehen, sondern es fand sich gleich eine ganze Gruppe radikaler Luther-Anhänger, die sich in Magdeburg verschanzte und von hier aus in Schriften und Bildern immer wieder einschärfte, dass mit dem Antichrist kein Friede zu machen, dass das Ende ohnehin nahe sei. Eine radikale Resttheologie hatte sich hier gebildet, ein Selbstverständnis als das kleine, Gott vorbehaltene Häuflein – das radikal antipolitisch dachte und gerade darin politisch wurde: Während Melanchthon es guthieß, dass in den Leipziger Artikeln eine Adaption des Interims für das Kurfürstentum Sachsen vorgenommen wurde und damit die bei Theologen seltene Gabe des Diplomaten zeigte, kannten die Magdeburger keinen Kompromiss und entwickelten gerade darum eine vorwärtsweisende Theorie: Erstmals fand sich bei ihnen, im sogenannten Magdeburger Bekenntnis, der Gedanke ausformuliert, dass die niede-

---

[14] WA.B 3,482,93–97.

ren Obrigkeiten gegen die höheren Obrigkeiten Widerstand leisten durften, ja, mussten.[15] Über den französischen protestantischen Widerstand und die schottischen Auseinandersetzungen gingen diese Überzeugungen in das Arsenal der politischen Kultur der Neuzeit ein.

Die Lutheraner freilich blieben nicht in einer solchen devianten Position, die es nötig machte, über Widerstand nachzudenken: Mit dem Passauer Vertrag von 1552 und dem Augsburger Religionsfrieden von 1555 wurde das Luthertum reichsrechtlich akzeptiert und konnte seine eigenen Eliten aufbauen: Die Widerstandskämpfer aus Magdeburg wurden zu Professoren in Jena und anderswo, zu Pfarrern und Superintendenten. Aber das Bewusstsein von der Nähe des Endes verließ sie nicht.

Damit gelangen die Überlegungen womöglich an einen für das Gesamtverständnis des Phänomens Apokalyptik besonders spannenden und heiklen Punkt. Denn wenn man noch Luthers Apokalyptik sehr leicht als Reflex auf die Situation eines von den entscheidenden gesellschaftlich Instanzen Ausgegrenzten deuten kann, hat man es hier mit dem Phänomen zu tun, dass die neue Elite einer sich bildenden Kirche und einer sich konfessionell formierenden Gesellschaft in geradezu eklatantem Widerspruch zu dieser Etablierung an dem Gedanken festhält, dass das Ende nahe sei – und sich dabei über das Weiterlaufen der Welt kaum den Kopf zerbricht. Man wird dieses Phänomen wohl nur dann recht verstehen können, wenn man die Eigendynamik der theologischen Grundlage in Rechnung stellt: So wie Luther die Apokalyptik entdeckt und exponiert hatte, hing sie konstitutiv mit seiner theologischen Grundentdeckung des Evangeliums und dem damit verbundenen Widerspruch zur Papstkirche zusammen: Die Identität des Luthertums – gerade die negativabgrenzende Identität des Luthertums – barg in sich den Gedanken eines nahen Endes, und das nahe Ende war entsprechend nur schwer aus einem genuinen lutherischen Selbstverständnis zu lösen. Überdeutlich ist diese enge Verbindung, wenn man auf das erste große Reformationsjubiläum von 1617 schaut: Fast überall

---

[15] Vgl. Bekentnis Unter=|richt und vermanung / der Pfarr=|hern und Prediger / der Christlichen | Kirchen zu Magdeburgk. | Anno 1550. Den 13. Aprilis [...], Magdeburg: Michael Lotter 1550.

in Deutschland wurden, auch weil man sich auf eine gemeinsame Feier verständigt hatte, dieselben Bibeltexte für die Predigt vorgesehen: 2Thess 2, der Text vom Antichrist. In seinem Zeichen stand das erste Zentenarium – die hundert Jahre waren nicht die gefeierte Stabilisierungsphase einer stolzen, langer Zukunft zugewandten Kirche, sondern sie blieben Auftakt des Endes.

2. Das erkämpfte Ende: Müntzer und seine Erben

Blickt man auf die intensive Endzeiterwartung im Luthertum, so werden die Unterschiede zu Luthers erbittertstem Gegner, zu Thomas Müntzer, geringer, als man vielfach meinte. Der von Luther als „Schwärmer" diffamierte Theologe Müntzer war durchaus auch, wie Luther, Prophet. Und er war auch nicht einfach, wie es aus Luthers Warte leicht scheinen mag, ein Prophet, der sich neben oder gar gegen das Schriftwort stellte. Für ihn waren allerdings andere Schriftstellen leitend als für Luther: Als er im Juli 1524 in der sächsischen Enklave vor dem sächsischen Herzog Johann und seinem Sohn Johann Friedrich eine Predigt zu halten hatte, da war der Text, den er ihr zugrunde legte, Daniel 2.[16] Nicht die synoptische Apokalypse also, die für Luther prägend war, die katastrophische Beschreibung der Zeichen vor dem Ende, war leitend für ihn, sondern eine Prophezeiung, die um einen festen Geschichtsablauf wusste, und an deren Ende die Aussicht auf Errichtung eines besseren Reiches stand. Dass nicht alles auf ein Ende, eine apokalyptische Katastrophe zuliefe, sondern dass noch in dieser Welt alles Schlechte zu Ende gehe und sich ein gutes Reich errichte, das war die Leitperspektive: ein klassischer Chiliasmus gemäß Apk 20,1–6.

Das chiliastische Denken dürfte Müntzer bei den Hussiten kennengelernt haben, als er sich 1521 in Böhmen aufhielt. Auch bei ihm also scheint spätmittelalterliches Erbe durch, wenn auch wiederum in charakteristisch anderer Gestalt als bei Luther: Die

---

[16] T. Müntzer, Schriften und Briefe. Kritische Gesamtausgabe, hg. v. G. Franz, Gütersloh 1968 (Quellen und Forschungen zur Reformationsgeschichte 33), 241–263.

Hussiten hatten sich in Böhmen gegen tradierte Eliten kriegerisch durchgesetzt und dabei stets an der Erwartung festgehalten, dass ein Reich auf dieser Welt kommen werde, das allen weltlichen Reichen entgegengesetzt sei und dauerhaften Frieden und Herrschaft Christi bringe. Für Müntzer war dieses Szenario, das sich mit der Erwartung einer endzeitlichen Geistausgießung verband,[17] die er wiederum in seiner Gegenwart und den vielfältigen Erfahrungen von Prophetie erfüllt sah, biblisch begründet und zugleich in bestem Sinne zeitgemäß: Es passte zu seiner Zeit. Nur eines fehlte: Die Gruppe derer, die es durchsetzen konnten. Ein Großteil des Lebens Thomas Müntzers war auch der Aufgabe gewidmet, Kämpfer für das Himmelreich zu finden. Und jene Fürstenpredigt in Allstedt über Dan 2 hatte genau diese Aufgabe: Die Fürsten Sachsens dazu zu bringen, sich an die Spitze der chiliastischen Bewegung zu setzen und das Ende herbeizukämpfen, als Helden Gottes statt als bloße weltliche Fürsten:

> Drumb, yhr thewren regenten von Sachssen, tretet keck auff den eckstein [...] und sucht die rechte bestendickeyt göttliches willens. Er wirt euch wol erhalten auff dem stein [...] suchet nohr stracks Gottis gerechtigkeit und greyffet die sache des evangelion tapffer an. Dann Got steth so nah bey euch, das yhrs nicht gleubt.[18]

Darin steckte auch der Kampf um die geistig-geistliche Vorherrschaft in Sachsen: Nicht Luther sollte den Weg Sachsens bestimmen, sondern Müntzer wollte dies tun. Sein Weg war nicht von Anfang an der eines Gegners der Obrigkeit, sondern er versuchte eben jene Obrigkeit zu erreichen, in der Luther seine größten Unterstützer fand.

Erst als dieser Plan fehlschlug und Müntzer Sachsen verlassen musste, suchte er sich andere Unterstützer. Zunächst fand er sie in der Reichsstadt Mühlhausen, die er gemeinsam mit Heinrich Pfeiffer ganz nach Gottes Gesetz zu lenken und zu leiten suchte. Dann aber kam es zu der folgenschweren Begegnung mit den aufständischen Bauern im Südwesten des Reiches, die ihre sozialen Forderungen mit einer eigenständigen Theologie verbanden und begründeten und in denen Müntzer nun jene Kräfte fand, nach denen er gesucht hatte. Er reiste nach Thüringen zurück,

---

[17] Vgl. a.a.O., 255,15–20.
[18] A.a.O., 256,29–257,6.

und zu einem Zeitpunkt, da im Südwesten der Aufstand schon weitgehend befriedet war, gab er den Impuls für Aufstände in seiner Heimat, im festen Glauben an die Durchsetzungskraft Gottes, mit dem er nun gegen eben jene Fürsten kämpfte, die er zuvor noch selbst als Kämpfer hatte gewinnen wollen. Wie fest er an den Beistand Gottes glaubte, zeigt sein Verhalten in der Schlacht bei Frankenhausen, als er inmitten einer längst aussichtslos gewordenen Schlacht seinen Leuten noch predigte:

Got der allmechtig wollte jetzo die welt rainigen und hette der oberkait den gewalt genomen und den underthanen geben. Da wurden sy schwach werden, wie sy denn schwach wern. Und sy, die oberkaiten, wurden bitten, abeer sy sollten inen kainen gelauben geben, dann sy wurden inen kain glauben halten. Und Got werde mit inen.[19]

Doch auch der Regenbogen am Himmel, den Müntzer als Zeichen für Gottes Beistand deutete, brachte die Rettung nicht: Gott kam nicht zu Hilfe. Müntzer wurde aufgegriffen und hingerichtet. Sein Kopf wurde auf einen Spieß gesteckt und zur Abschreckung ausgestellt.

Die intensive Enderwartung aber, die er verbreitet hatte, hatte damit noch keineswegs ihr Ende gefunden. Nach dem Bauernkrieg sammelte der fränkische Buchführer Hans Hut die Versprengten, um sie durch eine Erwachsenentaufe für das Endgericht zu versiegeln. Zu Recht ist er als „Müntzers Erbe" charakterisiert worden.[20] Wie der Anführer der Thüringer Bauern sah auch Hans Hut den Anbruch des letzten, guten Reiches, im Diesseits als unmittelbar bevorstehend an und war auch bereit, sich persönlich dafür einzusetzen, wenn auch nach dem Bauernkrieg zunächst nicht mit einer gewaltsamen Durchsetzung zu rechnen war. Die latente Gewaltbereitschaft aber reichte, um auch ihn schon 1527 hinzurichten.

Damit war jene chiliastische Hoffnung und auch die Bereitschaft, notfalls für sie zu kämpfen, noch keineswegs aus der Welt. Weiter wurde nach dem Ort gesucht, an dem Gott sein letztes Reich auf Erden errichten wollte. Nachdem Thüringen

---

[19] Quellen zu Thomas Müntzer, bearb. v. W. Held/S. Hoyer, Leipzig 2004 (Thomas-Müntzer-Ausgabe 3), 240,19–24 (Bericht des Hans Hut).
[20] Vgl. G. Seebaß, Müntzers Erbe. Werk, Leben und Theologie des Hans Hut (Quellen und Forschungen zur Reformationsgeschichte 73), Gütersloh 2002.

gescheitert war und sich auch in Franken kein Gottesreich hatte verwirklichen lassen, richteten sich die Augen zunächst auf Straßburg: Melchior Hoffmann meinte, hier den Ort des Endes identifizieren zu können. Am Rhein, in einer Stadt, die sich durch relativ große Toleranz gegenüber den verschiedenen Strömungen der Reformation auszeichnete, sollte Christus seine Theokratie errichten und das Neue Jerusalem erstehen. Auch diese Hoffnung, wie so viele, trog: 1533 kam Hoffmann eben wegen dieser intensiven Hoffnungen nach Straßburg, statt aber das Neue Jerusalem entstehen zu sehen, sah er bald nur noch Gefängnismauern um sich und blieb bis zu seinem Tode zehn Jahre später in Haft.

Während dessen wurden seine Ideen anderwärts verwirklicht und brachten zugleich die Katastrophe des kampfesbereiten Täufertums mit sich: 1534 wurde das Täuferreich von Münster errichtet. In fester Überzeugung, dass hier die alte Ordnung Gottes wiedererstehe, wurde ein davidisches Königtum errichtet, das sich streng nach den Vorgaben des Alten Testaments richtete und aus diesem Grunde – und nicht, wie die Gegner natürlich sofort unterstellten, aus allgemeiner Lüsternheit – auch die Vielehe erlaubte. Die Stadt gab sich eine eigene Verfassung, in der die Theokratie Gottes durch einen König vermittelt wurde, der an Davids Statt und in Davids Weise regierte. Die politische Umsetzung dieser Ideen sah in der vielköpfigen Feindesschar, die sich aufmachte, um der Utopie ein Ende zu setzen, eher noch eine Bestätigung der eigenen heilsgeschichtlichen Rolle als eine Anfechtung, bildete sich darin doch der alttestamentlich wiederholt beschriebene Völkersturm ab, der dem Heiligen Zion nichts anhaben konnte. Doch die große Koalition aus reformatorisch und altgläubig gesonnenen Gegnern des Täuferreiches nahm am 25. Juni 1535 Münster ein, hielt grausames Gericht und beendete damit auch diese Phase chiliastisch inspirierter täuferischer Weltgestaltung.

3. Das berechnete Ende: die Humanisten

Man könnte angesichts solcher Entwicklungen geneigt sein, Apokalyptik und Chiliasmus für Phänomene zu halten, die im 16. Jahrhundert impulsive Persönlichkeiten wie Luther oder Müntzer oder auch leicht erregbare Massen in Gang setzten, der gegenüber aber die eigentlich Gebildeten der Zeit, die Humanisten, weitestgehend immun geblieben wären. Tatsächlich scheint die Verbindung von Apokalyptik und Humanismus zunächst befremdlich. Doch hat Robin Barnes[21] für die Reformationszeit und auf andere Weise für das Mittelalter Johannes Fried[22] darauf hingewiesen, dass das Nachdenken über die Endzeit durchaus kreative Impulse für die Welterschließung freisetzt und sich insofern bestens auch mit den gelehrten Anliegen der Humanisten berühren kann.

Als ein Randphänomen mag dabei zunächst noch Michael Stifel gelten: Er hatte ein Pfarrstelle im sächsischen Lochau inne und beschäftigte sich gewissermaßen nebenher mit mathematischen Problemen und auch mit gematrischen Spekulationen, wie sie seit dem deutschen Humanistenvater Johannes Reuchlin aus der Kabbala bekannt waren. Mit Hilfe solcher Umsetzung von Buchstaben in Zahlen berechnete er in einem *Rechenbüchlein vom Endchrist,* das im Jahr 1532 erschien, das Ende, und zwar mit bemerkenswerter Exaktheit: Am 19. Oktober 1533 um acht Uhr morgens sollte Christus wiederkommen. Solche exakten Prophezeiungen haben das Problem, dass sie recht eindeutig falsifizierbar sind. Und genau das geschah Stifel: Die große Menge von Anhängern und Schaulustigen, die sich am besagten Termin in Lochau versammelte, erlebte, wie Stifel selbst, nichts. Jedenfalls keine Wiederkehr Christi. Statt dessen wurde Stifel noch am selben Tag in Gewahrsam genommen und aus seiner Pfarrei entlassen. Nach langen Irrwegen ist er 1559, mehr als ein Vierteljahrhundert nach dem prophezeiten Ende, Professor für Mathematik in Jena geworden.

---

[21] Vgl. R.B. Barnes, Prophecy and Gnosis.
[22] Vgl. J. Fried, Aufstieg aus dem Untergang. Apokalyptisches Denken und die Entstehung der modernen Naturwissenschaft im Mittelalter, München 2001.

Dieses Geschehen bewegt sich noch auf der Grenze zwischen jenen volksagitatorischen Maßnahmen und humanistischer Gelehrsamkeit, auch wenn es ohne Letzere nicht zu denken ist. Sehr viel einschlägiger hierfür ist das Geschichtswerk des Johannes Carion, das durch niemanden geringeren Eingang in das lutherische Selbstverständnis erhalten hat als durch Philipp Melanchthon, den gelehrten Gefährten Luthers: Johannes Carion, der Brandenburgische Hofastronom, sandte Melanchthon 1531 eine Chronik zu, mit der Bitte, sie zu bearbeiten und zu verbessern. Melanchthon hat dieses Werk tatsächlich bearbeitet, wenn auch die Bearbeitungsschritte im Einzelnen schwer zu rekonstruieren sind. Als sicher wird man annehmen dürfen, dass er die Einleitung beigesteuert hat und mit ihr auch die Einteilung des Werkes insgesamt, die mit den wichtigsten Passagen dieser Einleitung konform geht.

Der wirksamste Punkt dieser Bearbeitung ist dann aber die Voranstellung der Elia-Weissagung:

> Sechs tausent jar ist die welt, und darnach wird sie zubrechen.
> Zwei tausent oed.
> Zwei tausent das gesetz
> Zwei tausent die zeit Christi,
> Und so die zeit nicht gantz erfüllet wird, wird es feilen umb unser sunde willen, wilche gros sind.[23]

Indem Melanchthon diesen Spruch, den er durch Reuchlin kennengelernt hatte, der Chronik vorangestellt hatte, wurde sie als ganze in den Dienst einer Weissagung genommen. Das gesamte Geschichtswerk diente so nicht allein der Aufhäufung von Gelehrsamkeit aus paganen und biblischen Quellen, sondern es bot den fortlaufenden Beleg, dass die talmudische Elia-Weissagung im Recht war, denn es war auffällig, wie gut die Berechnungen Carions zur Weissagung passten: der Auszug aus Ägypten war hiernach ungefähr zweitausend Jahre – exakt 2453 Jahre – nach der Schöpfung der Welt erfolgt,[24] und nach beinahe viertausend – exakt: 3963 – Jahren war Jesus Christus geboren. Die bisherigen

---

[23] H. Scheible (Hg.), Die Anfänge der reformatorischen Geschichtsschreibung. Melanchthon, Sleidan, Flacius und die Magdeburger Zenturien (Texte zur Kirchen- und Theologiegeschichte 2), Gütersloh 1966, 17.

[24] Vgl. Corpus Reformatorum XII, 750.

Ankündigungen der Elia-Weissagung also hatten sich bewährt – dass auch die letzte Ankündigung sich noch bewähren würde, das Weltende, war zu erwarten. Das Ende also musste, da ja die sechstausend Jahre nicht voll werden sollten, nahe sein, und zwar sehr nahe. Diese Ausführungen sind nicht allein gelehrtes Spiel, sie prägen tief das lutherische Bewusstsein – das ist allein schon daran zu merken, dass wiederholt Flugschriften des sechzehnten Jahrhunderts von nun an nicht allein nach der Geburt Christi datieren, sondern nach der Zeit seit der Erschaffung der Welt – und zwar im Sinne der Berechnungen Carions. Gerade wer sich in profunder Gelehrsamkeit der Vergangenheit zuwandte, wusste über die Zukunft Bescheid.

Doch nicht allein die Geschichtswissenschaft war der Endzeiterwartung dienstbar: Schon Stifel hatte den Nutzen der Mathematik für die Berechnung des Endes erwiesen. Und daneben trat auch eine weitere alte Quadriviumsgelehrsamkeit, die nun im sechzehnten Jahrhundert eigene Blüten erfuhr: die Astronomie beziehungsweise Astrologie. Es waren ja gerade auch Humanisten, die sich dieser Wissensform als einem Erbe der paganen Antike freudig zuwandten, während etwa ein Martin Luther ihr gegenüber stets sehr verhalten geblieben ist – wie nicht zuletzt die Auseinandersetzungen um ein Horoskop zeigen, das Melanchthon für ihn hatte erstellen lassen. Die Gelehrten des 16. Jahrhunderts wussten den Himmel zu beobachten und aus diesen Beobachtungen die angemessenen Folgerungen zu ziehen. Als erhellendes Beispiel mögen die Berechnungen des pfälzischen Hofastronomen Cyprian von Leowitz gelten. Er rekurrierte auf die Alfonsinischen Tafeln aus dem dreizehnten Jahrhundert, die im spanischen Kontext arabisches Wissen von den Gestirnen versammelt und tradiert hatten. Hiernach ließ sich der Himmel in vier Dreiecke einteilen, die wiederum jeweils Sternzeichen enthielten, die einem Element entsprachen. So bildeten Krebs, Skorpion und Fische den wässrigen Trigonus, Zwillinge, Waage und Wassermann den luftigen, Stier, Jungfrau und Steinbock den irdenen und Widder, Löwe und Schütze den feurigen. Diese räumliche Einteilung des Himmels wurde nun zu einer zeitlichen, wenn man sie mit den Bewegungen der Gestirne verband, und hier galt besondere Aufmerksamkeit den Konjunktionen von Gestirnen, im besonderen Falle der sogenannten großen Konjunktion aus den oberen Planeten Jupiter und Saturn, gegebenenfalls auch des Mars, aber über dessen Beteiligung bestand Uneinigkeit unter den Astronomen. Eine solche Konjunktion geschah alle zwanzig Jahre, zehnmal in einem Trigonus. Das bedeutete: Aus der Kombination von Konjunktion und Trigonus ergaben sich Zweihundertjahreszyklen. Alle zweihundert Jahre trat die Große Konjunktion erstmals in einem neuen Trigonus auf – und in eben dieser Weise war für das Jahr 1583/4 zu erwarten, dass die große Konjunktion zum ersten Mal wieder im feurigen Trigonus auftreten würde. Bei vier Trigonen mit jeweils zweihundert Jahren ergibt sich, dass ein solcher Neueintritt in den feurigen Trigonus nur alle achthundert Jahre stattfinden kann. Dies macht das Ereignis mathematisch herausragend. Rechnet man nun aber achthundert Jahre zurück, so ergibt sich eine zeitliche Verbindung mit der Kaiserkrönung Karls des Großen, noch einmal achthundert Jahre zurück, kommt man in das Vorfeld von Christi Geburt. Mit anderen Worten: Der Übertritt der Großen Konjunktion in den feurigen Trigonus kündigt immer herausgehobene Ereignisse der Weltherrschaft an – und somit war auch für die Zeit nach 1583/4 ein großes Ereignis zu erwarten, das, nahm man nun wieder die Elia-Weissagung hinzu, in nichts Anderem bestehen konnte als in der Wiederkehr Christi zu seiner Weltherrschaft.

Dieses Ergebnis konnte man, wie die vorhin ausgeführten Beispiele zeigen, auch anders, biblischer, haben. Aber gerade das ist das Kennzeichnende an den Abhandlungen eines Leowitz wie eines Carion: Gelehrsamkeit und Apokalyptik schlossen sich nicht aus, sie befruchteten einander: Ja, die Suche nach historischer wie astrologischer Wahrheit wurde geradezu angetrieben durch die Überzeugung von der Nähe des Endes – so wie dieses selbst abgesichert wurde durch solche gelehrten Untersuchungen. Das Ende musste man nicht nur predigen und erkämpfen: Man konnte es auch voller Gelehrsamkeit berechnen.

Schlussbemerkung

Gerade die letzten Überlegungen zeigen, wie weit apokalyptisches Denken in die reformatorische Frömmigkeit des 16. Jahrhunderts vorgedrungen war: Alle Wissensbereiche konnten zu ihrem Zeugnis angeführt werden: Geschichte, Mathematik und Astronomie ebenso wie die Bibel oder auch die unmittelbare Erfahrung des Geistes. Eine systematisierende Zusammenfassung dieser sehr unterschiedlichen Ansätze verbietet sich von selbst, doch eines wird deutlich: In der Genese der reformatorischen Kirchentümer, seien sie nun landeskirchlich verfasst gewesen wie die lutherischen oder zu versprengten kleinen Gemeinschaften geworden wie die der Täufer, standen Erwartungen eines Endes der Welt. Nicht der Neuaufbau einer Kirche war das Anliegen, sondern die Sammlung vor dem Ende. Nur weil man meinte, dass man selbst, wenn morgen die Welt unterginge, heute noch ein Apfelbäumchen pflanzen sollte, machte man sich auch daran, Kirchen aufzubauen. Diese blieben, während die Erwartung des nahen Endes aus dem üblichen lutherischen Bewusstsein verschwunden scheint.

Manfred Jakubowski-Tiessen

Apocalypse now – Endzeitvorstellungen im Pietismus

1. Auswanderungseuphorie im württembergischen Pietismus

In den Jahren 1816 und 1817 packten scharenweise Württemberger Familien ihre sieben Sachen und begaben sich auf den Weg gen Osten in das Reich des russischen Zaren Alexander I. Ihr Ziel war die kaukasische Provinz Grusinien, das heutige Georgien. Die erste Auswanderergruppe aus Schwaikheim bei Waiblingen verließ im September 1816 unter der Leitung des Weingärtners Georg Friedrich Fuchs die Heimat und traf ein Jahr später in Tiflis ein.[1] Mit der Abfahrt der Schwaikheimer steigerte sich die Auswanderungseuphorie in Württemberg so sehr, dass sich nun in verschiedenen württembergischen Orten so genannte „Harmonien", Zusammenschlüsse von Ausreisewilligen, bildeten. Schon im folgenden Jahr begann eine große Auswanderungswelle.

Die Auswanderer hätten „fröhlich und vergnügt" ihre Reise angetreten, „als wenn sie nun allem Elend entgingen und nichts als Herrlichkeit und guten Tagen entgegeneilten", teilte 1817 mit einem gewissen Erstaunen der Herrnhuter Prediger Johann Georg Furkel mit, der immer wieder vor der Auswanderung gewarnt hatte.[2] Wie viele Württemberger sich damals auf den Weg gemacht haben, ist nicht mehr genau zu bestimmen, da über die Gesamtzahl dieser Auswanderer keine vollständigen Angaben überliefert sind. Nach vorliegenden Untersuchungen dürften dies

---

[1] G. Leibbrandt, Die Auswanderung aus Schwaben nach Russland 1816–1823. Ein schwäbisches Zeit- und Charakterbild (Schriften des Deutschen Auslands-Instituts Stuttgart, Reihe A, Bd. 21) Stuttgart 1928, 116.

[2] Zit. n. E. Zwink / J. Trautwein, Geistliche Gedichte und Gesänge für die nach Osten eilenden Zioniden. 1817, in: Blätter für württembergische Kirchengeschichte 94 (1994), 47–75, 50.

damals weit über 10.000 Württemberger gewesen sein; hauptsächlich handelte es sich um gesamte Familien.[3] Bei weitem nicht alle Auswanderer haben jedoch ihr angestrebtes Ziel erreicht. Ein großer Teil von ihnen ist unterwegs auf den überbelegten Donauschiffen an Krankheiten und Seuchen gestorben.[4] Manche, die sich den Strapazen der langen Reise nicht weiter aussetzen wollten, ließen sich schon in Ungarn und an der Moldau nieder; andere blieben in der Gegend von Odessa, wo es bereits Siedlungen Deutscher gab. Die übrigen Auswanderer, die unter großen Entbehrungen und schrecklichem Leid schließlich Transkaukasien erreichten, gründeten in der Gegend um Tiflis eine Reihe von Siedlungen, denen sie Namen wie Alexandersdorf, Marienfeld, Petersdorf, Freudenthal, Elisabeththal und Katharinenfeld gaben.

Was veranlasste so viele Württemberger in den Jahren 1816/17, ihre Heimat zu verlassen und den beschwerlichen, risikoreichen Weg in ein ihnen völlig unbekanntes Land auf sich zu nehmen?

Der bei weitem größte Teil der Auswanderer bestehe aus „Religionsschwärmern", urteilte der württembergische Minister des Kirchen- und Schulwesens, Freiherr Karl August von Wangenheim,[5] womit er die radikalen Pietisten meinte, die sich von der in ihren Augen verderbten Kirche separiert und eigene kleine religi-

---

[3] Vgl. K. Stumpp, Ostwanderung. Akten über die Auswanderung der Württemberger nach Russland 1816–1822, Leipzig 1941, XIV–XIX; W. von Hippel, Auswanderung aus Südwestdeutschland. Studien zur württembergischen Auswanderung und Auswanderungspolitik im 18. und 19. Jahrhundert (Industrielle Welt 36) Stuttgart 1984, 138.216.

[4] Über die Beschwerlichkeiten und das Leid auf der Reise und den unerschütterlichen Glauben der württembergischen Auswanderer informiert uns ein Gedicht, das in Katharinenfeld entstanden ist. F. Kalmbach, „Von Osten scheint die Sonne. Da ist der Zufluchtsort." Auswanderung aus Württemberg 1817/18 nach Georgien, Kolonistenschicksale und ein bislang unbekanntes Gedicht, in: Blätter für württembergische Kirchengeschichte 95 (1995), 208–231.

[5] Vgl. C.A. Schnerring, Die Teuerungs- und Hungerjahre 1816 und 1817 in Württemberg, in: Württembergische Jahrbücher für Statistik und Landeskunde, Stuttgart 1916, 45–78, 62. Die Wahl des Begriffs „Auswanderungssucht" sollte wohl andeuten, dass nicht primär rationale Gründe zur Auswanderung aus ihrem Heimatland führten.

öse Gemeinschaften gebildet hatten.[6] In der Tat waren es in der überwiegenden Mehrzahl radikale Pietisten, die sich in das Russische Reich aufmachten. Diesen nach Osten ziehenden pietistischen Gruppen schlossen sich andere Württemberger an, die sich in ihrer Hoffnungslosigkeit vom Optimismus der religiösen Enthusiasten anstecken ließen. Neben der Unzufriedenheit mit den politischen, wirtschaftlichen und kirchlichen Verhältnissen haben ohne Zweifel die damals herrschende Hungersnot und die Teuerung den Entschluss zur Auswanderung bestärkt.[7] Jedoch waren diese Faktoren in den meisten Fällen nicht die unmittelbaren bzw. entscheidenden Ursachen für die „Auswanderungssucht".[8] Vielmehr haben vor allem theologie- und frömmigkeitsgeschichtliche Entwicklungen in Württemberg den letzten Anstoß dazu gegeben und damit die Auswanderungswelle ausgelöst.[9]

---

[6] Über den Separatismus in Württemberg siehe H. Lehmann, Pietismus und weltliche Ordnung in Württemberg vom 17. bis zum 20. Jahrhundert, Stuttgart u.a. 1969, 35ff.121ff; M. Brecht. Der Württembergische Pietismus, in: Geschichte des Pietismus, Bd. 2: Der Pietismus im achtzehnten Jahrhundert, Göttingen 1995, 225–295.

[7] Über die Hungerkrise und die Teuerung siehe G. Moltmann, Aufbruch nach Amerika. Die Auswanderungswelle von 1816/17, Stuttgart 1989, 44–83; H. Becker, Die Auswanderung aus Württemberg nach Südrussland 1816–1830, Diss., Tübingen 1962, 26–55.

[8] Die württembergische Regierung bezeichnete das Auswanderungsbestreben der frommen Leute in verschiedenen Schreiben als „Auswanderungssucht"; vgl. C.A. Schnerring, Teuerungs- und Hungerjahre, 62; G. Moltmann, Aufbruch nach Amerika, 93ff.112.

[9] W. von Hippel, Auswanderung aus Südwestdeutschland, 175f, räumt den religiösen Faktoren bei der Erklärung der Auswanderungswelle von 1817/1818 zu wenig Gewicht ein. Die Regierung sah durchaus in der „Schwärmerei" und in der Anstiftung zu Gruppenauswanderungen „gefährliche Antriebsfaktoren" für die Auswanderungswelle. Siehe G. Moltmann, Aufbruch nach Amerika, 113. Auch Friedrich List, der die Auswanderer im Auftrag der württembergischen Regierung über ihre Auswanderungsmotive befragte, stellte ebenfalls fest, dass „die Schwärmerey, welche die Sekten der Separatisten und Pietisten antreibt, ihr Vaterland zu verlassen", eine Ursache der Auswanderung sei. Er bewertet die „Schwärmerei" jedoch als eine sekundäre Ursache, weil er den „Hang der Württemberger zum Sektengeist" auch dem Mangel an bürgerlicher Freiheit zuschreibt; vgl. G. Moltmann, Aufbruch nach Amerika, 175. List hatte schon vorher scharfe Kritik an bestehenden Zuständen in Württemberg geäußert. Seine eigene kritische Sicht wollte er nicht zuletzt durch die Auswandererbefragung untermauern, weshalb er religiösen Motiven wohl deutlich weniger Gewicht beimaß als politischen und ökonomischen; vgl. a.a.O., 122. Dass die Auswanderung aus dem Ort Walddorf bei Tübingen eindeutig religiös motiviert war, zeigt A. Gestrich, Pietistische Rußlandwanderung im 19. Jahrhundert.

2. Die Suche nach einem endzeitlichen Zufluchtsort

„Daß ich hier Heimweh habe, kan ich nicht sagen, doch aber ist der Pfad meines Lebens mit Dunkel umhüllt. Und mein ganzer Auswanderungsplan ist mir wirklich zu einem Räthsel geworden, und ich denke oft, dass wenn ich die Bücher eines Bengels, eines Hahns und Stillings niemals gelesen hätte, so würde ich nicht hier sein. Ob es dem aber wirklich so ist, kann ich selbst nicht gewis bestimmen. Diesen Männern schenkte ich, durch Veranlassung unserer erlebten Zeitgeschichte, meinen ganzen Beifall, und so wuchs nach und nach die Auswanderungslust bis zu einem unwiderstehlichen Trieb in mir."[10]

Mit diesen, das eigene Schicksal reflektierenden Worten erläuterte der aus Balingen stammende Salpetersieder Johann Martin Herre in einem Brief an seine Verwandten die Gründe, die ihn ein Jahr zuvor zur Auswanderung nach Russland bewogen hatten. In seinem Brief, geschrieben am 12. Januar 1822 in der deutschen Kolonie Carlsthal bei Odessa, lesen wir, dass die Schriften dreier Autoren seinen Entschluss zur Auswanderung maßgeblich gefördert hätten: Johann Albrecht Bengel, Philipp Matthäus Hahn und Johann Heinrich Jung-Stilling.[11]

Der Einfluss dieser drei geistlichen Führergestalten hat wesentlich dazu beigetragen, dass sich um 1800 unter den württembergischen Pietisten eine endzeitliche Gespanntheit aufbaute, welche durch die Zeitereignisse noch bestärkt wurde. Eine tiefe Erschütterung in den Kreisen der Frommen hatte die Französi-

---

Die Walddorfer Harmonie, in: ders./H. Kleinschmidt/H. Sonnabend, Historische Wanderungsbewegungen. Migration in Antike, Mittelalter und Neuzeit (Stuttgarter Beiträge zur Historischen Migrationsforschung 1), Münster/Hamburg 1991, 109–125.

[10] Der Brief ist abgedruckt in: Baden und Württemberg im Zeitalter Napoleons. Ausstellung des Landes Baden-Württemberg unter der Schirmherrschaft des Ministerpräsidenten Dr. h.c. Lothar Späth, hg. v. Württembergischen Landesmuseum Stuttgart, Stuttgart 1987, 1215; vgl. A. Gestrich, Pietistische Rußlandwanderung, 109, wo der Brief leicht verkürzt wiedergegeben wird.

[11] Schon die erste Auswanderergruppe aus Schwaikheim hatte in ihrem Gepäck neben der Bibel, den „Hoffnungs- und Glaubensblick" von Johann Jakob Friedrich, Jung-Stillings „Grauen Mann" und die „Erbauungsstunden über die Offenbarung Johannis" von Philipp Matthäus Hahn; siehe G. Leibbrandt, Die Auswanderung aus Schwaben, 116.

sche Revolution bewirkt. Ebenso haben die Verfassungsreformen des seit 1797 regierenden Herzogs Friedrich II., die auf eine Stärkung der fürstlichen Macht zielten, zu Missmut in der württembergischen Bevölkerung geführt. Die „Revolution von oben" wurde von vielen Württembergern in einen Zusammenhang mit den politischen Veränderungen seit 1789 gestellt und beide Entwicklungen als eine grundlegende Zerstörung der alten politischen Ordnungen aufgefasst. Außerdem empörten sich die Pietisten über eine 1809 durchgeführte Agendenreform in der württembergischen Kirche.[12] Vor dem Hintergrund dieser Ereignisse ist die eschatologische Erregung zu sehen, die schließlich zur Auswanderung von Pietisten und religiösen Enthusiasten aus Württemberg in den Jahren 1816/17 führte. Bereits zuvor, im Jahre 1801, war eine kleine Gruppe radikaler Pietisten um Maria Gottliebin Kummer (1756–1824) aus Cleebronn bei Brackenheim aus Württemberg aufgebrochen, weil ihr in einer Vision offenbart worden war, dass es an der Zeit sei, ins Land Kanaan zu ziehen, um dort die Wiederkunft Christi zu erwarten. Das Unternehmen, an dem sich 22 Personen beteiligten, war allerdings bereits in Wien gescheitert. Dort wurden ihnen die Pässe abgenommen und die Gesellschaft kurzerhand zur Umkehr gezwungen.[13]

Nur zwei Jahre später, 1803, wanderte der Separatist Johann Georg Rapp (1757–1847), ein Leineweber aus Iptingen bei Maulbronn, nach Amerika aus. 700 seiner Anhänger folgten ihm im nächsten Jahr. Auch diese religiöse Gruppe, die die kirchliche Taufe, die Konfirmation und den Schulbesuch ihrer Kinder ablehnte, lebte in der apokalyptischen Naherwartung. Rapp und seine Gemeinschaft verstanden sich als endzeitliche Gemeinde, die ihren „Bergungsort" in Amerika suchte, da – wie Rapp schrieb – „eine gänzliche Umgestaltung der Stadt Babilon bevorstehe, welches sonderlich den ganzen Theil Europas betreffen

---

[12] Vgl. H. Lehmann, Endzeitszenarien als Alternativen zur absolutistischen Religions- und Kirchenpolitik, in: A. Doering-Manteuffel/K. Nowak (Hg.), Religionspolitik in Deutschland. Martin Greschat zum 65. Geburtstag, Stuttgart 1999, 67–74.
[13] R. Lippoth, Maria Gottliebin Kummer aus Cleebronn – Eine Prophetin im Umkreis der Frau von Krüdener, in: D. Blaufuß (Hg.), Pietismus-Forschungen. Zu Philipp Jacob Spener und zum spiritualistisch-radikalpietistischen Umfeld, Frankfurt/M. 1986, 295–383, bes. 317–324.

wird".[14] In der Nähe von Pittsburgh in Pennsylvanien gründeten sie die Gemeinde „Harmony", in der Gütergemeinschaft und Ehelosigkeit praktiziert wurden. 1814 gab Rapp diese Siedlung auf und gründete in Indiana die Siedlung „New Harmony", die wiederum nach zehn Jahren verlassen wurde. Jetzt kehrten die Rappisten wieder in die Nähe Pittsburghs zurück, wo eine neue Siedlung mit Namen „Economy" entstand. Mit dem Namen „Economy" war die göttliche Heilsökonomie gemeint, in die sich die Rappisten eingebunden fühlten. Um 1900 starb die Gemeinschaft aus – nicht zuletzt aufgrund ihrer praktizierten Ehelosigkeit.

Die Auswanderung der Frommen in den Jahren 1816/17 war nicht nach Westen, sondern vor allem nach Osten gerichtet.[15] Und das hatte seine Gründe: Viele württembergische Pietisten waren der festen Überzeugung, dass die Wiederkunft Christi und der Aufbau seines Reiches vom Heiligen Land aus geschehen würde. Die pietistischen Auswanderer wären deshalb am liebsten nach Jerusalem gezogen. Da ihnen aber der Weg dorthin versperrt war, wollte man zumindest dem aus Palästina wiederkehrenden Christus entgegengehen und dem Heiligen Land nahe sein.[16] Wegen dieser Umstände trat jetzt der Gedanke von der Flucht an einen „Bergungsort" immer stärker in den Vordergrund. In den letzten großen Drangsalen der Endzeit wollte sich die Gemeinde des Herrn gemäß Offenbarung Johannis 12,6 an einem Bergungsort in Sicherheit bringen und dort bis zur Wie-

---

[14] Zit. nach H. Ehmer, An der Schwelle der endzeitlichen Ereignisse. Separation und Auswanderung aus Württemberg zwischen der Französischen Revolution und dem Jahre 1836, in: M. Bunners/E. Piersig (Hg.), Religiöse Erneuerung, Romantik, Nation im Kontext von Befreiungskriegen und Wiener Kongress (Jahrbuch für Mecklenburgische Kirchengeschichte MECKLENBURGIA SACRA, Bd. 5), Wismar 2003, 183–201, 185.

[15] Vgl. W. von Hippel, Auswanderung aus Südwestdeutschland, 215: Der weitaus größte Teil der Auswanderer aus Württemberg in den Jahren 1816/17 zog nach Russland. Bei diesen Auswanderern dürfte es sich vor allem um religiös motivierte Auswanderer gehandelt haben, während Auswanderer, die ausschließlich wegen der wirtschaftlichen Notlage das Land verließen, wohl hauptsächlich nach Amerika aufbrachen.

[16] Vgl. A. Gestrich, „Am letzten Tag schon fertig sein". Die Endzeiterwartungen der schwäbischen Pietisten, in: U. Herrmann/K. Priem (Hg.), Konfession als Lebenskonflikt. Studien zum württembergischen Pietismus im 19. Jahrhundert und die Familientragödie des Johannes Benedikt Stanger (Materialien zur historischen Jugendforschung), Weinheim 2001, 93–126, 122.

derkunft Christi warten, und erst dann nach Jerusalem aufbrechen. („Und das Weib entfloh in die Wüste, wo sie einen Ort hat, bereitet von Gott, dass sie daselbst ernähret würde tausendzweihundertundsechzig Tage.") Dieser Bergungsort wurde nun in Südrussland gesucht, in der Provinz des Zarenreiches, die dem Heiligen Land am nächsten lag.[17]

3. Der russische Zar als endzeitlicher Schutzherr der Gläubigen

Dass der Blick der Pietisten sich nach Osten auf das russische Reich richtete, lag nicht zuletzt an dem Bild, das in pietistischen Kreisen vom Zaren Alexander I. vorherrschte. In einem Gedicht eines Pietisten heißt es über ihn:

> Gott hat den Monarchen der Russischen Staaten/
> Erwählet zum Werkzeug sehr großer Genaden./
> Er ist der Gesegnete auf dieser Erden,/
> Hilft Christo jetzt sammlen die gläubige Heerden./
>
> Wie hab ich Vernommen durch sichre Zeugen,/
> So thut sich Alexander vor Jesu tief beugen,/
> Ja Christus sey wirklich schon in ihm verklärt,/
> Das Handlung und Thaten zur Gnüge bewährt.
>
> In allen Talenten der Größe und Thaten,/
> Beweisen den Vorzug der göttlichen Gnaden./
> Alexander wird Schutzherr der gläubigen Heerden/
> Im neuen Reich Jesu auf Erden noch werden.[18]

Alexander I. war in den Augen der Pietisten eine apokalyptische Lichtgestalt. Er hatte nicht nur Napoleon besiegt, den viele Pie-

---

[17] H. Haumann, „Das Land des Friedens und des Heils". Russland zur Zeit Alexanders I. als Utopie der Erweckungsbewegung am Oberrhein, in: Pietismus und Neuzeit 18 (1992), 132–154; M. Brecht, Aufbruch und Verhärtung. Das Schicksal der nach Osten ausgerichteten Erweckungsbewegung in der nachnapoleonischen Zeit, in: Miscellanea Historiae Ecclesiasticae IV, hg. v. R. Peters, Louvain 1972, 131–164, bes. 133–139.

[18] E. Zwink/J. Trautwein, Geistliche Gedichte und Gesänge, 57.

tisten für die Verkörperung des Antichristen, den „Engel des Abgrunds" nach Offb 9,11 hielten,[19] sondern der russische Zar galt auch als ein frommer Mann, der Verbindungen zur Erweckungsbewegung unterhielt und die Gründung einer Bibelgesellschaft zwecks der Verbreitung von Bibeln in seinem Land gestattete.[20] In pietistischen Kreisen hatte sich schnell herumgesprochen, dass es im Juni 1815 in Heilbronn zu einer Begegnung Alexanders I. mit Juliane Freifrau von Krüdener gekommen war. Juliane von Krüdener war von einer femme fatale zur erweckten Prophetin geworden, die missionierend durch die Lande zog und in den Jahren der Hungerkrise, welche sie als Zeichen der Zeitenwende deutete, Russland als Zufluchtsort für die Erweckten pries.[21] Eine besondere Beachtung wurde Alexander I. in pietistischen Kreisen zuteil als Initiator der im September 1815 geschlossenen Heiligen Allianz zwischen Russland, Österreich und Preußen. Die drei christlichen Monarchen Alexander I., Franz I. und Friedrich Wilhelm III. verpflichteten sich in dem Vertrag, als „Brüder" ihre Politik den Normen der christlichen Religion zu unterwerfen. Dieser Freundschaftspakt ist als eine Reaktion auf die Französische Revolution und ihre Folgen zu verstehen. Ziel der Heiligen Allianz war ein christliches Europa.[22] Dass der russische Zar Alexander die frommen Württemberger zur Realisierung seiner Kolonisationspläne gern in seinem Land aufnahm und ihnen Religionsfreiheit, vorübergehende Steuerfreiheit und die Befreiung vom Militärdienst gewährte, war sicher ein zusätzlicher Anreiz, sich nach Osten ins Russische Reich aufzumachen.[23]

---

[19] In einigen pietistischen Kreisen wurde Napoleon zunächst positiv bewertet; vgl. H. Lehmann, Pietismus und weltliche Ordnung, 159.

[20] H. Lehmann, Pietismus und weltliche Ordnung, 171.

[21] Zu Juliane von Krüdener siehe G. Leibbrandt, Die Auswanderung aus Schwaben, 78ff; M. Geiger, Aufklärung und Erweckung. Beiträge zur Erforschung Johann Heinrich Jung-Stillings und der Erweckungstheologie (Basler Studien zur Historischen und systematischen Theologie, Bd. 1), Zürich 1963, 253–282.

[22] Vgl. M. Geiger, Aufklärung und Erweckung, 333–433; G.A. Benrath, Die Erweckung innerhalb der deutschen Landeskirchen 1815–1888. Ein Überblick, in: U. Gäbler (Hg.), Geschichte des Pietismus, Bd. 3: Der Pietismus im neunzehnten und zwanzigsten Jahrhundert, Göttingen 2000, 157f; V. Sellin, Art. Heilige Allianz, in: RGG[4], Bd. 3, 1546f.

[23] Vgl. G. Leibbrandt, Die Auswanderung aus Schwaben, 98ff.

4. Chiliastische Konzepte und endzeitliche Berechnungen im württembergischen Pietismus

Das um 1800 in Württemberg an Virulenz gewinnende eschatologische Denken, die „Apocalyptomanie",[24] wie es ein Anhänger der Aufklärung spöttisch nannte, basierte vor allem auf der Zukunftserwartung Johann Albrecht Bengels, des einflussreichsten und bekanntesten württembergischen Pietisten des 18. Jahrhunderts.[25] Der 1687 geborenen Pfarrersohn Bengel (1687–1752) wurde nach seinem Theologiestudium in Tübingen Lehrer an der Internatsschule in Denkendorf. 28 Jahre hat er dort als Klosterpräzeptor zahlreiche württembergische Theologen auf das Studium vorbereitet und dadurch einen großen Einfluss auf die württembergische Geistlichkeit ausüben können, zumal er ein angesehener Exeget war und wichtige Beiträge zur neutestamentlichen Textkritik geleistet hat. 1734 gab Bengel eine textkritische Ausgabe des Neuen Testaments heraus und 1742 seinen „Gnomon Novi Testamenti", eine Auslegung und Erklärung dieser Schriften. Bei seiner Beschäftigung mit dem Neuen Testament hatte er sich auch der Offenbarung Johannis widmen müssen, dem seiner Ansicht nach wichtigsten Buch der Heiligen Schrift, da in diesem der Verlauf der Kirchengeschichte und der Plan Gottes mit der Welt vorgezeichnet sei. In der 1740 veröffentlichten „Erklärten Offenbarung Johannis und vielmehr Jesu Christi" sowie in seinen „Sechzig erbaulichen Reden über die Offenbarung Johannis" von 1747, seinem einzigen populären theologischen Werk, legte er seine eschatologischen Deutungen und Zukunftserwartungen dar. Bengels Auslegung der Johannesapokalypse ist von einer grundlegenden religiösen Vorstellung geprägt: dem Chiliasmus. Der Chiliasmus bezeichnet die Vorstellung einer tausend Jahre umfassenden Zeitspanne unmittelbar vor dem Jüngsten Gericht, in der Christus zur Erde zurückkehren werde, um gemeinsam mit den auferweckten Heiligen in einem

---

[24] C.F. Duttenhofer, „Freymüthige Untersuchungen über Pietismus und Orthodoxie" [1787], zit. nach M. Brecht, Der württembergische Pietismus, 289.
[25] Zu Bengel siehe G. Mälzer, Johann Albrecht Bengel. Leben und Werk, Stuttgart 1970; M. Brecht, Der württembergische Pietismus, 251–269; J. Wallmann, Der Pietismus (Die Kirche in ihrer Geschichte. Ein Handbuch), Göttingen 1990, 129–137.

Friedensreich gemäß Offb 20, 2f zu regieren.[26] Mit dem Chiliasmus verbunden war die Naherwartung, die Hoffnung auf den baldigen Anbruch des Tausendjährigen Friedensreiches. Seine chiliastischen Vorstellungen motivierten Bengel zu umständlichen Berechnungen über den Zeitpunkt der Wiederkehr Christi und den Anbruch des Tausendjährigen Reiches. Seine Berechnungen, die im Einzelnen darzulegen eher Verwirrung als Klarheit schaffen würde und die auf uns wie eine skurrile Zahlenspielerei wirken, führten zu einer exakten Bestimmung des Jahres, ja Tages, an dem die neue Zeit anbrechen werde: Es sollte der 18. Juni 1836 sein.

Nach Bengels Berechnungen sollte 1836 die erste von zwei tausendjährigen Perioden vor dem Jüngsten Gericht beginnen, womit aber noch nicht die Schaffung eines neuen Himmels und einer neuen Erde verbunden wäre. In dieser Zeit werde der Satan gebunden und das Tier, d. h. das Papsttum, gestürzt sein. Gesunde, fruchtbare und friedliche Zeiten würden anbrechen. „Eine überschwängliche Fülle des Geistes und ein reicher Überfluss der Gnaden-Bezeugungen und Wirkungen Gottes"[27] würden sichtbar werden. Regenten und Obrigkeiten werde es zwar noch geben, aber sie würden mit ihren Untertanen wie mit Brüdern umgehen.[28] Über die zweite tausendjährige Periode, zu deren Beginn der Satan noch für eine kurze Frist losgelassen werde, bleibt Bengel erstaunlich wortkarg. „Anfang der 1000 Jahr, in welchen die Heiligen regieren.", heißt es lapidar.[29] Erst am Ende dieser zweiten tausendjährigen Periode werde dann die Wiederkunft Christi zum Jüngsten Gericht eintreten, mit der dann im Jahr 3836 zu rechnen sei.

Der Kirchenhistoriker Johannes Wallmann hat betont, dass der Bengelsche Dichiliasmus, also die Vorstellung von zwei aufeinander folgenden tausendjährigen Zeitspannen vor dem Jüngsten Gericht, nicht Steigerung, sondern Relativierung chiliasti-

---

[26] Vgl. K. Fitschen, Art. Chiliasmus, in: RGG⁴, Bd. 2, Tübingen 1997, 136–140; R. Bauckham, Art. Chiliasmus IV: Reformation und Neuzeit, in: TRE Bd. 7, Berlin 1981, 723–745, bes. 737–745.

[27] J.A. Bengel, Erklärte Offenbarung Johannis und vielmehr Jesu Christi, Stuttgart ²1746, 949.

[28] A.a.O., 951.

[29] Vgl. a.a.O., 1061.

scher Hoffnung bedeute. Indem Bengel den Anbruch der ersten tausend Jahre in das nächste Jahrhundert, auf einen Termin außerhalb der Lebenszeit der Zeitgenossen, verlegte, habe er den pietistischen Chiliasmus mit seiner Naherwartung korrigiert und relativiert.[30] Das mag für die Zeit Bengels durchaus stimmen. Doch zu Beginn des 19. Jahrhunderts hat gerade die Rezeption des Bengelschen Chiliasmus mit seiner konkreten Datierung für den Anbruch des ersten Tausendjährigen Reiches wesentlich dazu beigetragen, die endzeitlichen Träume der württembergischen Pietisten zu stimulieren und chiliastische Hoffnungen zu verstärken.

Dazu kam, dass es vielen Pietisten so schien, als seien einige Prognosen Bengels inzwischen tatsächlich eingetreten.[31] Bengel hatte 1740 unter anderem vorausgesagt, dass es in etwa sechzig Jahren zum Untergang des abendländischen Kaisertums und zum Aufstieg des französischen Kaisertums kommen würde. Eine allein auf die menschliche Vernunft gegründete Weltreligion, die Gott und die Bibel verleugne, werde sich bilden und eine Verfolgung der wahren Kinder Gottes einsetzen, denen aber Russland in den endzeitlichen Wirren Zuflucht und Schutz gewähren würde. Je besser sich zeitgeschichtliche Ereignisse den Voraussagen Bengels zuordnen ließen, desto größer wurde dessen Glaubwürdigkeit in den Augen der Pietisten.

Die Bengelsche Eschatologie wurde durch seine Schüler popularisiert. Hatte Bengel selbst noch eine gewisse Zurückhaltung und Vorsicht bei der Darstellung seiner Lehre von den Letzten Dingen walten lassen und auf ausführliche Konkretisierungen für die zwei Millennien vor dem Jüngsten Gericht verzichtet, so haben seine Schüler die erwartete „güldene Zeit" in bunten Farben ausgeschmückt und dadurch die Phantasie der Frommen zusätzlich angeregt. Hier ist an erster Stelle Friedrich Christoph Oetinger zu nennen. 1702 als Sohn des Stadtschreibers von Göppingen geboren, durchlief Oetinger den typischen Karriereweg eines württembergischen Theologen: Studium in Tübingen, Repetent am Tübinger Stift, schließlich in verschiedenen Orten Württembergs als Pfarrer tätig, bis er 1766 Prälat in Murrhardt wurde.

---

[30] Vgl. J. Wallmann, Der Pietismus, 136f.
[31] Vgl. H. Lehmann, Pietismus und weltliche Ordnung, 71f.

Oetinger, fest auf dem Chiliasmus und den Berechnungen Bengels fußend, hat in seinem 1759 publizierten Buch „Die güldene Zeit" schon „Vorblicke in die besten Zeiten des Reichs Christi" geben wollen.[32] In diesen herrlichen Zeiten nach dem Jahr 1836 werde Gerechtigkeit herrschen, die Untertanen würden bei aller Mannigfaltigkeit „eine Gleichheit untereinander haben" und „jeder ein Freiherr sein neben dem Andern".[33] Es werde Gütergemeinschaft herrschen, Tod und Krankheit würden fast unbekannt sein, so dass die Menschen ein Alter „wie die Cederbäume" erreichten. Auch die Natur werde sich verändern. „Der Herr wird einen Bund machen mit den Thieren des Felds, mit den Vögeln des Himmels und mit dem Gewürm, nach Hos. 3, 18, so wird alsdann ein Säugling spielen an dem Loch einer Otter, der Wolf wird neben dem Lamm wohnen, und der Parder neben dem Bock. Jes. 11, 6–9."[34] Oetinger zeichnet ein Paradies auf Erden für die letzten Zeiten dieser Welt, gewissermaßen ein Gegenbild zur Gegenwart mit ihren Nöten und ihrem Leid. Die „güldene Zeit" würde sich aber nach seinem Konzept – im Gegensatz zu seinem Lehrer Bengel – nur über ein einziges Millennium erstrecken. Noch in einem weiteren Punkt unterscheidet er sich von Bengel. Er erwartete „zwey verschiedene Zukünfte des Herrn", also eine doppelte Parusie Christi. Bei seiner Wiederkunft zu Beginn des Tausendjährigen Reichs werde Christus den Antichrist richten und danach wieder in den Himmel zurückkehren. Seine zweite Wiederkunft werde am Ende des Tausendjährigen Reichs zum Jüngsten Gericht erfolgen.[35] Danach käme das

---

[32] Vgl. F. Groth, Die „Wiederbringung aller Dinge" im Württembergischen Pietismus. Theologiegeschichtliche Studien zum eschatologischen Heilsuniversalismus Württembergischer Pietisten des 18. Jahrhunderts (Arbeiten zur Geschichte des Pietismus 21), Göttingen 1984, 110; vgl. ferner M. Weyer-Menkhoff, Die Güldene Zeit. Friedrich Christoph Oetingers Zeit-Erwartung, in: Endzeiten – Wendezeiten? Chiliasmus in Kirche und Theologie (Zeitschrift für Bayrische Kirchengeschichte 69; zugleich Studien zur Deutschen Landeskirchengeschichte 4) Nürnberg 2000, 34–47.
[33] F.C. Oetinger, Die güldene Zeit, in: ders., Sämtliche Schriften II,6, Stuttgart 1864, 29.
[34] A.a.O., 25.
[35] Auf diese Unterschiede zwischen Bengel und Oetinger weist besonders M.H. Jung hin: 1836 –Wiederkunft Christi oder Beginn des Tausendjährigen Reichs? Zur Eschatologie Johann Albrecht Bengels und seiner Schüler, in: Pietismus und Neuzeit. Ein Jahrbuch zur Geschichte des neueren Protestantismus 23 (1997), 131–151, 142f.

Ende der Welt, und ein neuer Himmel und eine neue Erde würden entstehen.

Auch Philipp Matthäus Hahn (1739–1790), ein Schüler Oetingers, der Pfarrer und zugleich ein berühmter Mechanicus war und dadurch weit über Württemberg hinaus Ansehen genoss, hat in seiner Schrift „Die Hauptsache der Offenbarung Johannis" von 1772 die chiliastischen Vorstellungen Bengels geteilt, aber ebenfalls in einem entscheidenden Punkt modifiziert. Wie Oetinger redet er nur noch von einem einzigen Tausendjährigen Reich und der doppelten Wiederkunft Christi; auch er erwartete die erste „Ankunft Jesu und seines Königreichs" im Jahr 1836. Hahn hat sich jedoch später von Bengels Endzeitberechnung distanziert.[36]

5. Jung-Stilling und das Heimweh nach dem Reich Gottes

Der erwähnte Salpetersieder Herre weist in seinem Brief aus dem frei gewählten russischen Zufluchtsort neben Bengel und Hahn noch auf eine weitere Person hin, die seinen Entschluss zur Auswanderung bestärkt habe: Johann Heinrich Jung-Stilling.[37] 1740 in einem kleinen Dorf im Siegerland geboren, in Armut aufgewachsen, radikal-pietistisch erzogen, besuchte er vier Jahre die Lateinschule und erlernte nebenher vom Vater das Schneiderhandwerk. 1770 nahm er – nach vorhergehenden ophtalmologischen Studien – in Straßburg das Medizinstudium auf, wurde Arzt, später Professor der Kameralwissenschaften in Kaiserslautern und Marburg sowie schließlich 1804 Berater des Kurfürsten Karl Friedrich von Baden. Letztere Anstellung war eine Sinekure, die ihm – inzwischen vom frommen Aufklärer zum Vorkämpfer der Erweckung mutiert – ermöglichte, sich seiner religiösen Schriftstellerei zu widmen und seine pietistischen Netzwerke zur weiteren Verbreitung seiner religiösen Ideen zu

---

[36] M. Brecht, Der württembergische Pietismus, 279–282.
[37] Zu Jung-Stilling siehe M. Geiger, Aufklärung und Erweckung; siehe ferner: Jung-Stilling. Arzt – Kameralist – Schriftsteller zwischen Aufklärung und Erweckung. Eine Ausstellung der Badischen Landesbibliothek Karlsruhe, hg. v. der Badischen Landesbibliothek, Karlsruhe 1990.

nutzen. Jung-Stilling hatte zwischen 1794 und 1796 den vierbändigen Roman „Heimweh" veröffentlicht. In diesem Roman wird die Geschichte eines Herrn von Ostenheim erzählt, der aufbricht, um alle diejenigen, die Heimweh nach dem Gottesreich haben, zu sammeln und in den Osten zu führen. Dort lassen sich die Frommen dann nieder und gründen eine eigene Gemeinde mit Namen Solyma. Diese allegorische Reise eines suchenden Christen zur himmlischen Heimat fand eine sehr große Verbreitung, besonders in frommen Kreisen.

Der Roman „Heimweh" und die seit 1795 von Jung-Stilling herausgegebene erweckliche Zeitschrift „Der Graue Mann" hat die „Auswanderungssucht" der radikalen württembergischen Pietisten mit hervorgerufen.[38] Die Zeitschrift erschien bis 1816 in dreißig Heften und fand ebenfalls eine breite Resonanz. „Der Graue Mann", eine Figur aus dem Roman „Heimweh", ist ein Bote aus dem Jenseits mit Namen Ernst Uriel von Ostenheim. Dieser geistliche Führer kämpft für den alten Bibelglauben und ruft die echten Christen in der hereinbrechenden Endzeit und dem bevorstehenden Tausendjährigen Reich Christi dazu auf, sich zu vereinigen, zusammenzustehen und auf die Zeichen der Zeit zu achten.

Die „Zeichen der Zeit" wurden von den Pietisten in diesen Jahren der endzeitlichen Erregung in der Tat äußerst aufmerksam beobachtet.[39] Es handelte sich dabei um jene Ereignisse, die nach der Bibel noch vor dem Anbruch des Tausendjährigen Reichs geschehen sollen und die, wenn sie als solche identifiziert wurden, selbst wiederum als Vorzeichen für das nahende Ende der historischen Zeit gelesen werden konnten. Kein Ereignis hat die endzeitlichen Spekulationen der Pietisten so angeregt wie die Französische Revolution und die Revolutionskriege. In diesem Zusammenbruch der alten politischen Ordnungen wurde ein deutliches Signum der Endzeit gesehen. Die Deutung Alexanders I. als „weißer Adler" der Johannes-Apokalypse ist ebenfalls eine solch zeichenhafte Zuschreibung. Falsche Propheten, Himmels-

---

[38] Vgl. E. Benz, Das Reich Gottes im Osten. Jung-Stilling und die deutsche Auswanderung nach Osten, in: ders., Endzeiterwartung zwischen Ost und West. Studien zur christlichen Eschatologie, Freiburg 1973, 118–133.
[39] Vgl. A. Kittel, Die Sprache der Zeichen und ihre Deutung, in: E. Gutekunst (Hg.), Apokalypse. Endzeiterwartungen im evangelischen Württemberg, Ludwigsburg 1999, 63–73; vgl. ferner H. Lehmann, Pietismus und weltliche Ordnung, 151ff.

erscheinungen, Naturkatastrophen und Kriege konnten als Zeichen der anbrechenden Endzeit interpretiert werden, wie auch alle Nöte und Drangsale des eigenen Volkes. Auch die damals herrschende Hungersnot wurde gemäß Matth 24 als ein solches „Zeichen der Zeit" gedeutet, es hat zusammen mit anderen Zeichen die Endzeitstimmung zu verstärken vermocht.

6. Die Naherwartung der Wiederkunft Christi

Neben den bekannten Schriften der Väter des württembergischen Pietismus hat gleich zu Beginn des 19. Jahrhunderts ein Buch die Naherwartung besonders angeheizt. Es war die 1800 publizierte Schrift „Glaubens- und Hoffnungs-Blick des Volks Gottes in der antichristlichen Zeit aus den göttlichen Weissagungen gezogen", die schon ein Jahr später in zweiter Auflage erschien. Der Verfasser war Johann Jakob Friederich, Pfarrer in Winzershausen bei Marbach. Auch für Friederich ist 1836 das entscheidende Wendejahr. Die mit diesem Jahr verbundenen großen Veränderungen würden von Palästina ausgehen, deshalb gelte es, sich auf den Weg ins Heilige Land zu begeben.

Ein Land und Volk wird das andere, eine Stadt und Dorf das andere, eine Bürgerschaft wird die andere, zur Reise nach Zion aufs Laubhütten=Fest aufmuntern, und zu einander sprechen: kommet, lasset uns auf den Berg des Herrn gehen, zum Hause des Gottes Jakob.[40]

Der Berg Zion werde

zum angenehmsten Aufenthalt, zum lieblichsten Ort der Welt, ja zum Paradies des Erdbodens, wo man von Krankheiten Ezech. 47,12, von Sonnenhitze, von Ungestümm und Regenwetter Jes. 4.6, von Sterbefällen und Leiden Jes. 25, 6–8, von Klagen und Weinen Jes. 65, 19.20., von Hunger und Durst v. 9.13. und überhaupt von Unfall, von Schaden und Verbrechen v. 25 gar nichts mehr hören noch erfahren wird. Dieser Ort

---

[40] J.J. Friederich, Glaubens= und Hoffnungs=Blick des Volks Gottes in der antichristlichen Zeit aus den göttlichen Weissagungen gezogen [1800], o.O., ²1801, 51.

wird heilig seyn, und wer da wohnen darf, wird auch heilig heissen Jes. 4.3. Ja, hier wird die Pforte der ewigen Seligkeit seyn, Jes. 25, 7.8.[41]

Die Reise nach Palästina müsse bald angetreten werden; denn in Jerusalem finde das Volk Gottes in den endzeitlichen Wirren auf dem Berg Zion einen sicheren Bergungsort, „um bey der wirklichen Zukunft Christi gegenwärtig zu seyn, und bey der Vollendung des Geheimnisses Gottes an den grossen Verheissungen Theil zu nehmen".[42] Den Verheißungen dieser Schrift war schon Maria Gottliebin Kummer erlegen, und diese hatten sie wesentlich in ihrem Beschluss zum Aufbruch nach Jerusalem bestärkt.

Die eschatologischen Konzepte der pietistischen Patriarchen Württembergs waren postmillenniaristisch, d.h. die Wiederkunft Christi auf Erden wurde erst am Ende des Tausendjährigen Reichs erwartet zusammen mit dem Jüngsten Gericht. Während des Tausendjährigen Reichs übte Christus seine Herrschaft noch vom Himmel aus. In der popularen Rezeption dieser tradierten eschatologischen Entwürfe veränderte sich der Postmillenniarismus jedoch teilweise zu einem prämillenniaristischen Konzept, so auch schon bei Johann Jakob Friederich. Als Folge scheint die leibliche Wiederkunft Christi auf Erden schon zu Beginn des Tausendjährigen Reichs zu einem mehr oder weniger festen Glaubenssatz in vielen auswanderungswilligen Kreisen der radikalen Pietisten geworden zu sein und hat wohl deren religiösen Enthusiasmus und deren Auswanderungslust beflügelt. Ihre Erwartung einer Wiederkunft Christi in naher Zukunft spiegeln die „Geistliche(n) Gedichte und Gesänge für die nach Osten eilenden Zioniden" wider, die von Johann Jakob Koch aus Schluchtern 1817 herausgegeben wurden.[43] Koch war ein wohlhabender Müller und gemeinsam mit seinem Bruder Johann Philipp Koch eine der Führungspersonen bei der Auswanderung nach Russland. Außer der starken Betonung der Naherwartung werden in den Liedern der Zioniden, also der nach Jerusalem ziehenden Pietisten, der Aufruf zur persönlichen Bekehrung und die Sammlung der Brautgemeinde auf dem Zion thematisiert. Al-

---

[41] A.a.O., 69f.
[42] A.a.O., 161.
[43] Vgl. E. Zwink/J. Trautwein, Geistliche Gedichte und Gesänge.

le diese Elemente finden sich beispielsweise in dem Lied „Stimme aus Zion". Einige Verse seien im Folgenden zitiert:

> Liebe Brüder, Christi Glieder, Hebt jetzt eure Häupter auf,
> Diese Zeiten thun beweisen, Daß vollendet der Zeitenlauf.
> Wo zum zweitenmal wird kommen Jesus
> Christ die Lebens-Sonne,
> Zion rüste dich darauf.
>
> Zion schmücke dich zum Glücke / Einer tausendjäh'gen Freud,/
> So dir werden noch auf Erden, / Und fängt an in kurzer Zeit./
> Solche große Gnad und Güten / Ist dir von dein'm Gott beschieden,/
> Eil und mache dich bereit.
>
> Wie viel Menschen sind in Aengsten / Wissen nicht, dass diese Zeit /
> Jetzt auf Erden noch soll werden, / sind auch nicht dazu bereit./
> Und wir sind dazu erwählet,/ Daß uns Gott zu Zion zählet,/
> Das ist große Seligkeit.[44]

Auch in den folgenden Versen aus einem Lied ohne Titel wird die Hoffnung auf die Wiederkunft Christi zu Beginn des Tausendjährigen Reichs angesprochen:

> Jetzt fliehen die Erwählten hin nach dem Bergungsort,
> Und die zu Erstling zählten, die eilen jetzund fort.
> Nicht Welt und irdisch Wesen / Sucht man im Zufluchtsort,/
> Nein Christum den Erlöser / Erwart der Glaubig dort.[45]

Und immer wieder wird in den Liedern – schon fast in einer Art autosuggestiver Form – der Aufbruch nach Osten in Richtung auf das Land Kanaan als notwendige und richtige existentielle Entscheidung für die wahren Kinder Gottes hervorgehoben. In dem „Lied der Zioniden auf der Reise nach Canaan" lautet es folgendermaßen:

> Nun wir ziehen froh und fröhlich / Unsre Straß nach Canaan,/

---

[44] A.a.O., 68f.
[45] A.a.O., 74.

Uns geleit Jehova König,/ Der uns glücklich dort bring an.
Wer in dieses Königs Schutz,/ Bietet allen Feinden Trutz.

Heilig ist uns dieses Fliehen,/ Das im Wort Verheissung hat,/
Fort im Glaub nach Osten Ziehen,/ Nach Jerusalem der Stadt./
Dieser Ruf ist selbst vom Herrn,/ Darum folgen wir auch gern.

Nicht um hunderttausend Welten / Blieb ich meines Theils zurück,/
Alles Loben oder Schelden / Könnt nicht rauben mir das Glück./
Dieser Ruf ist selbst vom Herrn,/ Darum folgen wir auch gern.

Nicht nur tausend Jahr im Frieden,/ Nein, darnach auf ewig fort /
Bleibt uns Vorzug, Gnad und Güte / Nach dem Wort auf ewig dort./
O Herr groß ist dies Geschenk,/ Wenn ichs heilig überdenk.[46]

Die führenden Gestalten des württembergischen Pietismus Johann Albrecht Bengel, Friedrich Christoph Oetinger und Philipp Matthäus Hahn sowie Johann Heinrich Jung-Stilling, der „Patriarch der Erweckungsbewegung", haben jene eschatologischen Gedanken vermittelt, die im frühen 19. Jahrhundert in Württemberg so wirkungsmächtig werden und so viele religiöse Kräfte mobilisieren konnten. Die chiliastischen Ideen mit ihrer Hoffnung auf eine nahe güldene Zukunft boten den frommen Württembergern in den Nöten und Sorgen ihrer Zeit positive Lebensperspektiven, die sie in ihrer württembergischen Heimat nicht mehr zu haben glaubten.

Nicht alle württembergischen Pietisten haben in den Jahren 1816/17 ihre Heimat verlassen und sich zu einem Bergungsort im Ausland auf den Weg gemacht. Zu diesen Pietisten gehörten der Laienprediger Johann Michael Hahn und seine Anhänger. Zwar haben auch sie im Bewusstsein gelebt, dass das Ende der

---

[46] A.a.O., 77f.

Welt nahe sei, und die Zeitzeichen deshalb mit großer Akribie gedeutet, doch konnten sie sich nicht zur Auswanderung entschließen. Diese Entscheidung war nicht ohne Folgen für die Geschichte Württembergs, da dem Land somit eine große Gruppe überzeugter Pietisten erhalten blieb.[47]

7. Anfänge der pietistischen Eschatologie: Philipp Jakob Spener und die „Hoffnung besserer Zeiten"

Die württembergischen Pietisten und ihr einflussreicher Patriarch Johann Albrecht Bengel standen in einer theologie- und frömmigkeitsgeschichtlichen Tradition, die sich zwei Generationen zuvor im 17. Jahrhundert gebildet hatte. Sie lässt sich zurückführen auf Philipp Jakob Spener, den Begründer des lutherischen Pietismus.[48] Spener, 1635 in Rappoltsweiler im Elsass geboren, war seit 1666 Hauptpastor und Senior des Geistlichen Ministeriums in Frankfurt. Im Jahr 1675 gab er eine kleine Schrift heraus mit dem Titel „Pia Desideria oder Hertzliches Verlangen nach gottgefälliger Besserung der wahren Evangelischen Kirchen". Diese Schrift, die Vorschläge zur Reform der Kirche enthält, wurde zur Programmschrift des Pietismus. Spener plädiert unter anderem für eine intensivere Bibellektüre, das Praktizieren des allgemeinen Priestertums, eine Einschränkung der konfessionellen Polemik und eine Reform des Theologiestudiums im Sinne einer stärkeren Orientierung an der Praxis. Daneben enthält die Schrift auch jene Programmpunkte, die zum Kennzeichen der von Spener ausgehenden, sich seit dem letzten Drittel des 17. Jahrhunderts entfaltenden pietistischen Bewegung geworden sind: eine eigene Form der religiösen Soziabilität, die ihren Aus-

---

[47] H. Lehmann, Vergangenheit, Gegenwart und Zukunft im Denken des württembergischen Pietismus, in: H. Löwe (Hg.), Geschichte und Zukunft. Fünf Vorträge, Berlin 1978, 51–73; H. Lehmann, Endzeiterwartung und Auswanderung. Der württembergische Pietist Johann Michael Hahn und Amerika, in: H. Boockmann/K. Jürgensen/G. Stoltenberg (Hg.), Geschichte und Gegenwart. FS Karl Dietrich Erdmann, Neumünster 1980, 177–194.

[48] Grundlegend zu Spener ist J. Wallmann, Philipp Jakob Spener und die Anfänge des Pietismus, Tübingen ²1986.

druck in kleinen Zirkeln, sogenannten Konventikeln oder collegia pietatis fand, eine auf die Bibel als alleiniger Grundlage konzentrierte Frömmigkeit und eine eigene eschatologische Lehre, die „Hoffnung besserer Zeiten". Nach Wallmann, dem derzeit besten Spener-Kenner, bildete die „Hoffnung besserer Zeiten" „einen Knotenpunkt in der Geschichte der Eschatologie des Luthertums, insofern der seit der Reformation in den Untergrund gedrängte Strom chiliastischer Hoffnungen hier, wenn auch in abgeschwächter Form, Eingang in lutherische Theologie und Kirche findet."[49] Wenn man einmal die Frage unberücksichtigt lässt, ob Spener bereits in der 1675 herausgegebenen Schrift „Pia Desideria" seine „Hoffnung besserer Zeiten" mit chiliastischen Vorstellungen verknüpft hat oder ob er diese Verknüpfung erst kurz darauf vornahm,[50] ist doch überaus evident, dass seine den Pietismus prägenden eschatologischen Ideen aus der Tradition des antichiliastischen orthodoxen Luthertums mit seiner Erwartung des nahen Jüngsten Tages heraustraten und damit „ein kirchen- und theologiegeschichtliches Novum" darstellten.[51] Speners „Hoffnung besserer Zeiten" bedeutete eine entschiedene Abkehr von dem seit Augustin in der abendländischen Kirche herrschenden Geschichtsbild, nach dem die gegenwärtige Periode die letzte vor dem Weltende sei.[52] Im Augsburger Bekenntnis von 1530, dem für den Protestantismus wichtigsten Bekenntnis, wurde der Chiliasmus in Art. 17 ausdrücklich verworfen. Um seinen Kritikern nicht unnötig Angriffsflächen zu bieten, hat Spener die Bezeichnung „Chiliast" stets vermieden – ganz im Gegensatz zu den späteren württembergischen Pietisten wie etwa Bengel, der sich selbst als „Chiliast" bezeichnete. Dennoch haben die Gegner Speners sehr schnell erkannt, dass seine „Hoffnung besserer Zeiten" chiliastischen Traditionen verpflichtet war und haben deshalb

---

[49] J. Wallmann, Pietismus und Chiliasmus. Zur Kontroverse um Philipp Jakob Speners „Hoffnung besserer Zeiten" in: Zeitschrift für Theologie und Kirche 78 (1981), 235–266, 247.
[50] Vgl. K.R. Baxter, Spener's Eschatology, in: Interdisziplinäre Pietismusforschungen. Beiträge zum Ersten Internationalen Kongress für Pietismusforschung 2001, hg. v. U. Sträter (Hallesche Forschungen 17/1), Tübingen 2005, 145–154. Vgl. auch D. Blaufuss, Zu Ph. J. Speners Chiliasmus und seinen Kritikern, in: Pietismus und Neuzeit 14 (1988), 85–108.
[51] Vgl. J. Wallmann, Pietismus und Chiliasmus, 248.
[52] Vgl. J. Wallmann, Der Pietismus, 49.

in ihren antipietistischen Schriften stets die Abweichung von der Confessio Augustana aufzuzeigen versucht.[53]

Im Gegensatz zur Eschatologie der lutherischen Orthodoxie, die von bösen letzten Tagen vor dem Weltende ausging, propagierte Spener eine Gnadenzeit vor dem Jüngsten Gericht. Erst am Ende dieser Zeit sei die Wiederkunft Christi zu erwarten. Speners chiliastische Eschatologie war folglich postmillenniaristisch. Chronologische Berechnungen waren Spener ebenso fremd wie eine Ausmalung des noch in dieser Welt erwarteten Reichs Christi. Vor Anbruch der besseren Zeiten, des herrlichen Reichs Christi auf Erden, müssten sich nach Spener noch zwei biblische Verheißungen erfüllen: die Bekehrung der Juden (Röm. 11,8f) und der Fall des römischen Babels (Offb 17 und 18).[54] Spener und die Pietisten lebten also nicht mehr in der lutherisch-orthodoxen Naherwartung des Jüngsten Tags, die vor und während des Dreißigjährigen Kriegs wieder neu entfacht worden war, sondern in der Naherwartung der bald anbrechenden besseren Zeiten, des Reichs Christi auf Erden.[55] Somit bedeutete die „Hoffnung besserer Zeiten" zwar ein Hinausschieben des Jüngsten Tages in eine ferne Zukunft, doch damit war keineswegs eine Abschwächung der eschatologischen Gespanntheit verbunden; vielmehr lebten die Pietisten um 1700 in gespannter Erwartung der verheißenen besseren Zeiten, die sie als sehr nahe annahmen.

Wie nahe Spener den Anbruch des Reiches Christi auf Erden sah, zeigt eine Predigt zum Jahreswechsel, die er am 1. Januar 1701 hielt und in der er sich über die Vergangenheit, Gegenwart und Zukunft der Kirche äußerte.[56] Die Predigt ist deshalb besonders aufschlussreich, weil Spener sich bei der Darstellung des heilsgeschichtlichen Prozesses seit Christi Geburt nicht der bis-

---

[53] Vgl. M. Brecht, Philipp Jakob Spener, sein Programm und dessen Auswirkungen, in: ders., Geschichte des Pietismus, Bd. 1: Der Pietismus vom siebzehnten bis zum frühen achtzehnten Jahrhundert, Göttingen 2003, 363–367.

[54] Vgl. P.J. Spener, Pia Desideria (Kleine Texte für Vorlesungen und Übungen 170), hg. v. K. Aland, Berlin 1964, 43f.

[55] Vgl. J. Wallmann, Pietismus und Chiliasmus, 265.

[56] Vgl. M. Jakubowski-Tiessen, Eine alte Welt und ein neuer Himmel. Zeitgenössische Reflexionen zur Jahrhundertwende 1700, in: ders. u. a., Jahrhundertwenden. Endzeit- und Zukunftsvorstellungen vom 15. bis zum 20. Jahrhundert (Veröffentlichungen des Max-Planck-Instituts für Geschichte 155), Göttingen 1999, 165–186, hier 178–185.

her üblichen biblisch-theologischen Ordnungsprinzipien über den zeitlichen Ablauf der Weltgeschichte bediente, sondern ein gänzlich neues Ordnungsschema zur Systematisierung heranzog, und zwar die Ordnung in Jahrhunderten. Im 17. Jahrhundert war das Säkulum zu einer Zeiteinteilung mit eigenem Anspruch geworden, nachdem die historische Chronologie die Jahrhunderteinteilung aufgenommen und als Zeitrechnung legitimiert hatte. Erst jetzt gewann ein saeculum, ein Jahrhundert, wie es seither im Deutschen hieß, eine eigene historische Bedeutung; es wurde zu einer Epoche. Die Jahrhunderte, mit denen von nun an die Geschichte vermessen wurde, bekamen zur Kennzeichnung besondere Beinamen wie z. B. „Saeculum Apostolicum" oder „Saeculum Reformatum". Die Akzeptanz des Jahrhunderts als eigenständige Zeiteinheit war die Voraussetzung dafür, dass um 1700 der Jahrhundertwechsel als solcher erstmals thematisiert und als Zeitenwende beschrieben wurde. Die Jahrhundertwende diente zugleich als Zeitpunkt für das Nachdenken über Zukunftsentwürfe.

Spener reflektierte den Anbruch des neuen Jahrhunderts im Kontext eschatologischer Vorstellungen. Zunächst erklärt er, der Zustand der Kirche habe sich alle 300 Jahre „merklich geändert." Den Verlauf der Heilsgeschichte stellt er als eine in Dreihundert-Jahresperioden abwärtsstrebende, wellenförmige Entwicklung dar, bei der die immer wieder aufstrebenden Kräfte den kontinuierlich fortschreitenden Verfall der Kirche und der Welt bisher nicht haben verhindern können. Für Spener war klar, dass es eine offene Zukunft nicht geben konnte; die Zukunft war für ihn vielmehr heilsgeschichtlich determiniert. In seiner Predigt versuchte er vorsichtig anzudeuten, auf welcher Stufe der heilsgeschichtlichen Leiter sich seiner Meinung nach die Zeitgenossen befänden. Einige Zeichen sprächen dafür, dass der Anbruch des Reichs Gottes eher näher als entfernt sei. Der Fall des Papsttums und die Bekehrung der Juden stünden allerdings noch aus. Wegen der vielen chiliastischen Auseinandersetzungen, die in den beiden Jahrzehnten zuvor im Umkreis des Pietismus geführt wurden, äußerte sich Spener in seiner Neujahrspredigt recht vorsichtig, um keine neuen Gräben zwischen den Pietisten und ihren Gegnern aufzureißen. Deutlicher als in der Predigt nimmt er zu seinen Zukunftserwartungen in zwei Briefen zum Jahrhundertwechsel Stellung. Er rechnete damit, dass die letzten Drangsale vor dem Anbruch des Reichs Christi im ersten Teil des 18. Jahrhunderts eintreffen würden. Spener hat den Anbruch des neuen Jahrhunderts in sein eschatologisches Konzept integrieren können. Die Jahrhundertwende wurde für ihn gewissermaßen zu einem Zeichen der Endzeit. Denn im neuen Jahrhundert erhoffte er sich – wie viele Gleichgesinnte – die Realisierung seiner eschatologischen Erwartungen.

Das eschatologische Konzept der „Hoffnung besserer Zeiten", das einen Bruch mit der lutherischen Tradition darstellt, bedeutet eine „Umformung der reformatorischen Eschatologie in eine innergeschichtliche Reich-Gottes-Erwartung".[57] Es eröffnete einen innerweltlichen Zeit- und Handlungsraum, in dem die Gläubigen die Zukunft aktiv mitgestalten können. Im Gegensatz zur älteren lutherischen, attentistischen Haltung zum apokalyptischen Weltende, zielte Speners „Hoffnung besserer Zeiten" auf eine Veränderung des Diesseits und war darauf angelegt, neue Kräfte für die Reich-Gottes-Arbeit zu entfesseln. „es liget uns allen ob / dass wir so viel eins theils zu bekehrung der Juden und geistlicher schwächung deß Pabstthums / oder andern theils zu besserung unserer kirchen gethan werden mag / zu werck zu richten nicht säumig seyen."[58] So Spener in seiner Schrift „Pia Desideria".

8. Enttäuschte Hoffnungen – ein Rechenfehler

Ich kehre zum Ausgangspunkt zurück. Das Jahr 1836 näherte sich. Die eschatologische Hochstimmung stieg noch einmal kräftig an, doch die Zeitenwende blieb aus, das Tausendjährige Reich brach nicht an. Der Traum von den bevorstehenden besseren Zeiten war ausgeträumt. Johann Albrecht Bengel hatte sich geirrt. Er hatte gehofft, durch sein intensives Bibelstudium und seine komplizierten Berechnungen Gottes Plänen auf die Spur zu kommen. Das war jedoch nicht gelungen. Erstaunlicherweise verlor er dadurch bei seinen Anhängern keineswegs an Reputati-

---

[57] J. Wallmann, Pietismus und Chiliasmus, 266.
[58] P.J. Spener, Pia Desideria, 45, 23–26.

on. Sixt Carl Kapff, seit 1833 Pfarrer der Brüdergemeinde in Korntal, nahm Bengel sofort in Schutz. Im Prinzip habe Bengel richtig gelegen, seine theologischen Grundüberzeugungen seien richtig, er habe sich nur verrechnet. Kapff kann darauf verweisen, dass Bengel einen möglichen Irrtum selbst eingeräumt habe. Gewissermaßen vorausschauend hatte Bengel formuliert: „Sollte das Jahr 1836 (…) ohne merckliche Änderung vorbeistreichen, so wäre freilich ein Hauptfehler in meinem System und man müsste eine Überlegung anstellen, wo er stecke."[59] Kapff machte sich an die Arbeit, suchte den Fehler, versuchte eine Korrektur mit neuer Datierung, doch die Unsicherheit blieb. Trotz seiner Fehlprognose blieb Bengels Ansehen als Patriarch und wichtigster Kopf des württembergischen Pietismus erhalten, denn abgesehen von seinen endzeitlichen Berechnungen hatte seine Bibeltheologie ihre großen Stärken bewiesen.

---

[59] Zit. nach J. Botzenhardt, Wann geht die Welt unter? Johann Albrecht Bengel und die Folgen, in: E. Gutekunst (Hg.), Apokalypse. Endzeiterwartungen im evangelischen Württemberg, 108.

Christoph Auffarth

Apokalyptisches Mittelalter

Das Dritte Reich – des Geistes/der Gewalt

„Für das Verständnis des Menschen und der Welt ist im Mittelalter – im Unterschied zu anderen Perioden – die eschatologische Perspektive konstitutiv." Oder anders ausgedrückt: Die Erwartung des Weltendes durchzieht alle Lebensbereiche im Mittelalter; die Neuzeit (auch die Antike) unterscheidet sich grundlegend davon, weil sie diesen fundamentalen Bezug nicht besitzt. Mit dieser Einschätzung eröffnete Jan A. Aertsen programmatisch die Kölner Mediävistentagung 2000 zu *Ende und Vollendung. Eschatologische Perspektiven im Mittelalter.*[1] Das Gegenteil scheint mir richtig zu sein: Die Moderne blickt gebannt auf die Zukunft und erhofft und befürchtet alles von ihr. Im Mittelalter – wenn man denn überhaupt diesen Singular gebrauchen kann – überwiegt lange die Erwartung, dass die Zukunft noch lange nicht eintreten solle.

1. Die Wiederkehr des Mittelalters

Das Dritte Reich ist eine Metapher für die Schreckensherrschaft der Nazis. Das Wort benennt zum einen die Selbsteinschätzung und Erwartung der herrschenden Gewaltmenschen, dass mit dem Erlöser und Messias namens Adolf Hitler das Tausendjährige Reich angebrochen sei. Der Blick der Zeitgenossen verband das Apokalyptische mit der Legitimation der Gewalt, die somit eine höhere Rechtfertigung erfährt. Neben dem „Dritten Reich" oder

---

[1] J.A. Aertsen/M. Pickavé (Hg.), Ende und Vollendung. Eschatologische Perspektiven im Mittelalter (MiscMed 29), Berlin/New York 2001, 72; vgl. dazu meine Rezension in: ThLZ 128 (2003), 414–416.

„Tausendjährigen Reich" sind es besonders die Wörter, die die Aktionen der NS-Herrschaft als heilsgeschichtlich notwendige, apokalyptische Handlungen behaupten: die Wörter, die mit „End-" gebildet sind: die Endschlacht, der Endsieg und besonders schrecklich: die Endlösung.

Der Blick nach dem „Zusammenbruch" verband das Apokalyptische nun damit, dass man sich habe verführen lassen und die Schrecken des selbst verursachten Krieges wurden nun dem Tyrannen von Babel angelastet. In den letzten Jahren werden zudem aus den Tätern gar die Opfer, die den Feuersturm der Bomben erleiden mussten, auf Flüchtlingsschiffen wehrlos torpediert, aus ihrer Heimat vertrieben wurden. Die Rede des deutschen Papstes in Auschwitz im Mai 2006 hat das sich selbst entschuldigende Geschichtsbild erneut ausgesprochen.

Zwölf Jahre nach dem Krieg verknüpfte der amerikanische Historiker Norman Cohn in einem Aufsehen und Empörung hervorrufenden Buch die Bilder vom Tausendjährigen Dritten Reich mit dem Mittelalter: Das Dritte Reich sei eine Wiederkehr der Religion des Mittelalters.[2] Die Gewaltträume der Apokalypse wurden mit den Möglichkeiten der Organisation des modernen Staates durchgesetzt.

Und was 1957 noch nicht so erkennbar war: Die Politik der real stärksten Weltmacht versteht sich als Heilsgeschichte, als Gottes Führung und Auftrag, die durch sein auserwähltes Volk als Instrumente von Gottes Handeln ausgeführt werden muss, geleitet von einem energischen Mann Gottes, dem Messias. Die weltgeschichtliche Wende, das auserwählte Volk aus der Gefangenschaft zu befreien und in das gelobte Land einer gerechten Weltordnung zu geleiten,[3] führt der Inhaber der Weltmacht aus: Nicht der armselige König von Israel vermag das, sondern der mächtigste Mann der Welt, der König der Perser, Kyros, ist der

---

[2] N. Cohn, The Pursuit of the Millennium. Revolutionary Millenarians and Mystical Anarchists of the Middle Ages, Fair Lawn, N.J. 1957, ²1970. [Dt. Übersetzung: Das Ringen um das Tausendjährige Reich. Revolutionärer Messianismus im Mittelalter und sein Fortleben in den modernen totalitären Bewegungen, Bern 1961.] Die zweite Auflage entschärft, dann vielfach wieder aufgelegt, besonders bei der Taschenbuchausgabe mit einem Nachwort von Achatz von Müller u.d.T.: Das neue irdische Paradies, Reinbek 1988.

[3] Vgl. J. Ebach, Apokalypse. Vom Ursprung einer Stimmung, in: Einwürfe 2, München 1985, 5–61.

"Knecht Gottes". Passives Erwarten und Hoffen auf einen übermenschlich-kosmischen Kampf des Michael gegen den Satan schlägt um in menschliche Gewaltanwendung mit Mitteln, die Menschen gar nicht mehr kontrollieren können.[4]

Die NS-Herrschaft konnte sich auf eine breite Akzeptanz berufen, religiöse Bilder können den Sinn von Handlungen behaupten, die bei Licht besehen unglaublich sind. Die Apokalypse des Johannes, der Dualismus der Johanneischen Schriften ist ein Modell, das Hitlers Denken bestimmt. Wenn es um das Ganze geht, das Endgültige, das Wahre muss alles, was stört, vernichtet werden.[5]

Aber Apokalypse ist nicht gleich Apokalypse. Und Mittelalter ist nicht gleich Mittelalter. Der folgende Vortrag hat sich die Aufgabe gestellt, Bilder, Vorurteile vom Mittelalter zu revidieren. Die Rede vom „Rückfall ins Mittelalter" behauptet, dass die Aufklärung solche irrationalen Denkweisen wie die Apokalyptik überwunden habe. Während aber die Theologen „ratlos vor der Apokalyptik" geworden sind, sind die suggestiven Bilder der Apokalypse im 20. Jahrhundert ungemein populär in den Medien der Erzählung und der des Films.[6]

---

[4] Vgl. B. Lincoln, The Cyrus Cylinder, the Book of Virtues, and the Liberation of Iraq. On Political Theology and Messianic Pretensions, in: V.N. Makridis/J. Rüpke (Hg.), Religionen im Konflikt. Vom Bürgerkrieg über Ökogewalt bis zur Gewalterinnerung im Ritual, Münster 2005, 248–264.

[5] Eine Religionsgeschichte der autoritären Herrschaft in der Mitte des 20. Jahrhunderts ist ein Desiderat. Für die Apokalypse in der Zeit von der Reichsgründung 1871 bis zu Möller van den Brucks Buch „Das Dritte Reich" 1923, s. C. Auffarth, Irdische Wege und himmlischer Lohn. Kreuzzug, Jerusalem und Fegefeuer in religionswissenschaftlicher Perspektive (Veröffentlichungen des Max-Planck-Instituts für Geschichte 144), Göttingen 2002, 210–252.

[6] Vgl. C. Auffarth, Rettung von außen, Rettung von innen. Perspektiven vom Ende her auf die Apokalypse als Botschaft für das 20. Jahrhundert, in: M. Frölich/R. Middel/K. Visarius (Hg.), Nach dem Ende: Auflösung und Untergänge im Kino an der Jahrtausendwende (Arnoldshainer Filmgespräche 17), Marburg 2001, 25–37.

2. Hoffentlich noch lange bis zum Ende: die Reichs-Eschatologie

Die Bilder der Apokalypse, die schreckenerregenden, bedrängenden, in den Träumen durchlebten Ängste von Leid, Folter, Todesdrohung, Feuersbrunst, unmenschlichen Folterknechten, den apokalyptischen Reitern, von Hungersnöten und Seuchen, stehen im Mittelalter in einer Spannung: Sie stehen einerseits noch aus in der Zeit, bevor am Jüngsten Tag Gott die irdische Tyrannei der Bosheit und der Bösen umkehrt in eine Herrschaft des Guten und der Guten. Dann wird Gott die teuflischen Mächte in den Bereich verweisen, in dem sie ihr Unwesen an den Menschen ungebremst sadistisch exekutieren. Die Welt wird in den Bereich des Guten und in den Bereich des Bösen aufgeteilt: ein vollkommener Dualismus. Die Zeit davor kennt den Dualismus von Himmel und Hölle; die Erde ist gemischt von beidem. Das Ende wird das auflösen und die Guten in einen Bereich des ewigen Lohns, des Frohlockens, ohne alles Böse befreien.

Statt nun aber zu hoffen, dass die Apokalypse bald geschehe, dass nach den dreieinhalb Jahren (die 42 Monate), die dem Antichrist für seine teuflischen Machenschaften zur Verfügung stehen, er besiegt wird und mit dem Jüngsten Gericht die ewige Herrschaft Gottes anfängt, statt der Hoffnung auf ein baldiges Ende also hoffen die Menschen im Mittelalter eher, dass das Ende noch lange sich hinziehen („verziehen") möge. Sie hoffen, dass das Römische Reich die Apokalypse aufhalte. Aus der Abfolge der Reiche folgert Paulus (2Thess. 2,6f), dass der/das *Katechon* das Ende aufhalte. Zwar ist das Römische Reich, das letzte unter den Reichen von Daniel 7, schon untergegangen, aber mit Karl dem Großen und in der *renovatio imperii* (Erneuerung des Reiches) ist das Römische Reich, nun Deutscher Nation, das Bollwerk gegen das Ende. Adso von Montier-en-Der beruhigt die bange Frage, ob die Teilung des karolingischen Reiches nicht eben dieses Ende bedeute. Sein Büchlein über den Antichrist kommt zu dem Schluss, dass (1) das Römische Reich die Apokalypse weiterhin aufhält, und (2) die Herrschaft des Antichrist zwar viele zum Abfall vom Christentums verführen wird, danach aber noch eine Zeit bleibt, sich wieder zu bekehren. So wird aus der lähmenden Angst vor dem Ende der Aufruf zu Reformen im

Vorgriff auf die Gottesherrschaft. Das Ende soll möglichst lange aufgeschoben werden.[7]

Wenn man die ‚monumentalen' Darstellungen, die die apokalpytische Situation in der Öffentlichkeit vor Augen stellen, betrachtet, so hat sich herausgestellt,[8] dass in der Zeit vor 1000 das Bild der Hölle und der apokalyptischen Endzeit kaum eine Rolle spielen; in der Ostkirche auch danach nie. Beliebt dagegen war die Darstellung der Herrschaft Gottes (*Maiestas Domini*); Kunsthistoriker haben die Darstellung der Anbetung auf die Zeit der Stille *vor* dem apokalyptischen Drama bezogen, die nur für den Himmel gilt (Apk 4).[9] Höllendarstellungen beginnen erst nach 1000 zu wuchern.[10] Ein Gerichtsbild ist nun die Regel am Westeingang der großen Kirchen. Und auch da gibt es Unterschiede: Zwei monumentale Bilder sollen das verdeutlichen; das erste entstammt der Kirche von Conques,[11] das zweite der von Autun, Saint-Lazare (1130/45).[12]

---

[7] Vgl. C. Auffarth, Irdische Wege und himmlischer Lohn; E. Müller-Mertens, Römisches Reich im Besitz der Deutschen, der König an Stelle des Augustus. Recherche zur Frage: seit wann wird das mittelalterlich-frühneuzeitliche Reich von den Zeitgenossen als römisch-deutsch begriffen?, in: Historische Zeitschrift 282 (2006), 1–58.

[8] Vgl. B. Brenk, Tradition und Neuerung in der christlichen Kunst des ersten Jahrtausends. Studien zur Geschichte des Weltgerichtsbildes (Wiener Byzantinische Studien 3) Graz u.a. 1966; ders., Art.: Weltgericht, in: LCI 4 (1972), 513–523. Für das ganze Mittelalter vgl. P.K. Klein, The Apocalypse in Medieval Art, in: R.K. Emmerson/B. McGinn, The Apocalypse in the Middle Ages, Ithaca/London 1992, 159–199.

[9] So vor allem Y. Christe, Das Jüngste Gericht, Würzburg 2001 [frz. Paris 1998] (Vorzüglicher Bildband), und P.K. Klein, Apocalypse in Medieval Art.

[10] Eine Besonderheit stellt die mozarabische Buchmalerei zum Apokalypse-Kommentar des Beatus in Spanien dar. Grundlegend die Forschungen von P.K. Klein. – Zur religiösen Semantik des Aufteilens in Gute und Böse im Zuge des Reformpapsttums nach dem Jahr 1000 s. C. Auffarth, Die Ketzer, München 2005.

[11] B. Rupprecht, Romanische Skulptur in Frankreich, München 1975, Abb. 114–119: um 1130/1145. Vgl. B. Boerner, Portalprogramme, in: J.A. Aertsen/M. Pickavé, Ende und Vollendung, 301–320, 302f.

[12] B. Rupprecht, Romanische Skulptur in Frankreich, Abb. 169–175.

Wer in das Haus Gottes eintreten will, muss zuvor durch das Gericht, das jetzt (im Anfang des 12. Jh.) an den Haupttoren der Kirchen (Westportale) dargestellt wird: Der Pantokrator und Weltenrichter Christus (umgeben von den Evangelisten mit ihren Symbolen) in der Mitte erhöht mit seiner Rechten (also von innen her zu sehen), die Gerechten zur guten, rechten Seite, ins Himmelreich. Unter Christus in der Mitte entsteigen die Toten gerade zur leiblichen Auferstehung ihren Gräbern. In den Arkaden des Türsturzes bewohnen rechts die Frommen die vielen Wohnungen, die in Gottes Haus sein werden. Durch die gut bewehrte Tür kommt niemand Ungebetenes. Ihre Namen sind geschrieben in dem „Buch des Lebens", das über dem Schifflein Petri (Symbol für die Kirche im Sturm der Welt) ein Engel hält. Das gleiche Buch liegt auf dem Altar der Kirche; es enthält neben den Heiligen des jeweiligen Tages auch die Namen der Mönche und der Laien, die sich um die Kirche (konkret um dieses Kirchen-Gebäude) verdient gemacht haben. Für sie wird an ihrem Todestag Jahr für Jahr eine Seelenmesse gelesen.

Nicht mehr in dem Buch steht der Ritter Rainon d'Aubin. Er hat der Kirche von Conques ein Grundstück weggenommen. Deshalb wird er mit seinem Kettenhemd direkt in die Hölle gestürzt. Zur Linken sind also die Verworfenen. Der Höllenschlund ist traditionell als Schlund dargestellt, davor schiebt ein Höllen-Diener mit einem Holzmörser die Verdammten in den Schlund, dass sie auch nicht wieder herausgewürgt werden können.

In der Kirche St. Lazare, etwa um die gleiche Zeit geschaffen, zeigt das Portal mit dem Weltgericht zwei Besonderheiten: Zur Linken greifen schon Hände nach Einzelnen unter den gerade Auferstandenen. Aber darüber steht der Erzengel Michael mit seiner Seelenwaage. Mögen die Teufel noch so sehr am Waagebalken manipulieren oder sich an die Schale hängen, sie bewegt sich nach oben, dem Himmel zu. Auch der Teufel mit der Gabel, der sich aus dem Rachen der Hölle heraushängt, kann die Menschen nicht in die Hölle ziehen. Die Waage steht für das individuelle Gericht nach dem jeweiligen Tod eines Menschen, das nicht erst auf das universelle Gericht am Jüngsten Tag wartet. Die Hölle ist ganz marginal.

Zur Rechten stehen nackt Auferstandene, denen Petrus (mit dem Schlüssel über der Schulter) die Hand reicht, ein Engel hebt den Nächsten empor zu den Wohnungen des Himmels – am Gericht vorbei. Man deutet das auf die Eschatologie des Johannes-Evangeliums, die den Gläubigen verspricht, dass sie durch die *Krisis* (Gericht) bereits hindurch gegangen sind.

Die Kirche, wohl besonders Friedhofskirche, hat mit dem Patronat des Lazarus natürlich gerade die Totenauferweckung im Blick.

Das Mittelalter liest, hört, singt die Apokalypse, aber es legt sie unapokalyptisch aus.

Weitgehend die endzeitliche Apokalypse verdrängend, richtet sich die realisierte Endzeit in der Gegenwart ein, eine präsentische Eschatologie. In zwei großen Bewegungen und Einrichtungen hat sich diese andere Sicht auf das Ende Institutionen geschaffen: Das Kloster und die Kreuzzugsbewegung. Beide nehmen das Ende vorweg und realisieren schon auf dieser Welt und in der Gegenwart, was in der künftigen Welt ewig gültig wird. Das Kloster etwa entspricht der Trennung des Jüngsten Gerichts in Himmelsbürger und Hölleninsassen. Mönche leben bereits engelhaft und halten sich strikt abgetrennt von den Verworfenen in der Welt. Die Mönche reihen sich ein in den Chor der Engel, die Gott ewig Anbetung erweisen. Besonders die Zisterzienser in ihren weißen Kutten haben dieses Bild gepflegt.[13]

Die andere Bewegung, der Kreuzzug, hat sich als religiöse Institution weit über die zwei Jahrhunderte hinaus, in denen Europäer politische Herrschaften im Heiligen Land besaßen (1099–1291), als Antrieb für eine lange und mühsame Reise erwiesen. Noch in der Frühen Neuzeit ist ein neuer Kreuzzug ein Ziel, das etwa Columbus bewegt. Die Laien werden, wenn sie das Kreuz auf sich nehmen und Christus nachfolgen, zu Jüngern Jesu. Die Wallfahrt nach Jerusalem befreit, dank des Ablasses, von den Sünden. Um die Pilger zu schützen, sind die Ritter mit einbezogen, und werden nun (was bis dahin den Mönchen als Name vorbehalten war) zu ‚Rittern Christi', ohne sich von ihrem bisherigen Beruf abwenden und Mönch werden zu müssen. Und Jerusalem, die heilige Stadt, ist nicht nur das irdische, die weit entfernte Stadt fern im Orient. Jerusalem und die Grabeskirche werden hier gebaut, Städte wie Köln oder Trier verstehen sich als heilige Stadt.[14] Dazu kommt ein Drittes: die individuelle Escha-

---

[13] Vgl. C. Auffarth, Wüste und Paradies. Zur Wüstenvätertradition bei den Zisterziensern, in: S. Lorenz/B. Scholkmann (Hg.), Von Citeaux nach Bebenhausen, Tübingen 2000, 41–60; ders., Angels on Earth and Forgers in Heaven. A Debate in the High Middle Ages Concerning Their Fall and Ascension, in: ders./L.T. Stuckenbruck (Hg.), The Fall of the Angels (Themes in Biblical Narrative. Jewish and Christian Traditions 6), Leiden u.a. 2004, 192–223.

[14] Vgl. C. Auffarth, Irdische Wege und himmlischer Lohn, 97–150. Dazu etwa die Beispiele in Mitteldeutschland: H. Meller/S. Tebruck (Hg.), Jenseits von Jerusalem. Spuren der Kreuzfahrer zwischen Harz und Elbe, Halle 2005.

tologie des jeweils eigenen Todes lässt in einem Individualgericht schon mein Leben beurteilen; das Universalgericht am Ende der Zeiten wird das Urteil der Seelenwaage in der Hand des Erzengels Michael nur bestätigen. ‚Realisierte' und ‚präsentische' Eschatologie, noch dazu in den Medien der christlichen Rituale ins Präsens versetzt, lassen die universale Apokalyptik am Ende der Zeiten verblassen.

3. Vom Dualismus zum Dritten Reich: der Chiliasmus des Joachim von Fiore

Die Apokalypse gewinnt erst nach der Jahrtausendwende an Kraft: Apokalypse als ein Zustand, der im Gegensatz zur Gegenwart und zu dieser Welt steht, eine revolutionäre Umkehrung der jetzt gültigen Verhältnisse. Zum Lebensgefühl der lähmenden Angst, das wir ‚dem Mittelalter' zuschreiben, wird sie erst im Spätmittelalter: Als die Mongolen in Europa einfallen, als die Pest jeden täglich bedroht. Und sie beschäftigt die Zeit der konvulsiven Trennung der Konfessionen bis über den Dreißigjährigen Krieg hinaus: „Das apokalyptische Zeitalter" von etwa 1350 bis 1650 ist das Thema Beitrags von Volker Leppin in diesem Band.[15]

Doch in der Epoche, von der hier die Rede ist, im Hochmittelalter, erhebt sich eine prophetische Stimme, die deutlich anders die Endzeit versteht.[16] Um 1200, also vor dem Apokalyptischen Zeitalter, legt Joachim von Fiore (etwa 1135–1202) die Heilsgeschichte neu aus. Statt das Himmelreich in den Himmel und auf den Sankt Nimmerleinstag hinauszuschieben, legt der Abt sie

---

[15] Als Epoche beschrieben von W.-E. Peuckert, Die große Wende. Das apokalyptische Saeculum und Luther, Hamburg 1948 (ND Darmstadt 1966). Grundlegend: V. Leppin, Antichrist und Jüngster Tag. Das Profil apokalyptischer Flugschriftenpublizistik im deutschen Luthertum 1548–1618 (QFRG 69), Gütersloh 1999.

[16] Zu der Tradition R. Lerner, Refreshment of the Saints. The Time after Antichrist as Station for Earthly Progress in Medieval Thought, in: Traditio 32 (1976), 97–144, mit weiteren Aufsätzen als Buch Refrigerio dei Santi, Rom 1995.

ganz anders aus für ein Reformprojekt, eine irdische Utopie: Er kündigt das Dritte Reich an.[17]

Der Konvent, dem Joachim vorsteht, liegt weit weg von den großen Mächten der Zeit, im kargen Kalabrien. Aber seine Ideen wachsen einige Zeit nach seinem Tod zu einer mächtigen Bewegung, weil ein Zweig der Franziskaner sie als Weissagung auf sich selbst bezieht. Einer von Joachims bedeutendsten Anhängern in Deutschland ist ein Bremer: Alexander, Mönch im Franziskaner-Konvent, schreibt Joachims Utopie des Dritten Reiches in seinen Apokalypse-Kommentar fort.[18]

Statt des Dualismus (etwa: vor der Gnade, in der Gnade; Altes, Neues Testament) teilt Joachim/Alexander die Welt in drei Epochen: (1) das erste Reich des Vaters, (2) das zweite Reich des Sohnes und (3) das dritte Reich des Geistes. Dieses dritte Reich wird in Kürze beginnen: Joachim errechnete aus der Bibel einen Termin im Jahre 1260, ein Jahr, das der Prophet sicher nicht mehr erleben würde. Das Jahr verging, kein Messias erschien; es war nicht der Stauferkaiser Friedrich II. noch der greise Engelspapst Coelestin V. 1294. Aber die Erwartung lebte weiter. War es nicht der in einem Berg verborgene Kaiser oder Jeanne d'Arc, Jan Hus und Martin Luther? Die Hoffnungsträger starben, die Hoffnung nicht.[19]

Aber die Träger des Dritten Reiches würden ohnehin weniger einzelne Personen sein, als vielmehr die Gemeinschaft der Fran-

---

[17] Leider schlecht erforscht; noch immer fehlen kritische Ausgaben. Unter den Voraussetzungen die beste Biographie: B. McGinn, The Calabrian Abbot. Joachim of Fiore in the History of Western Thought, New York 1985; vgl. J.A. Aertsen/M. Pickavé, Ende und Vollendung.

[18] Text: Alexander Minorita, Expositio in Apocalypsim, hg. v. A. Wachtel (MGH-QGMA 1), Weimar 1955. Abgeschlossen etwa 1235; Erweiterungen 1249, dann eine dritte Überarbeitung; Forschungsliteratur bei S. Schmolinsky, Der Apokalypsenkommentar des Alexander Minorita (MGH Studien und Texte 3), Hannover 1991; dies., Prophezeite Geschichte und früher Joachitismus in Deutschland, in: J.A. Aertsen/M. Pickavé, Ende und Vollendung, 525–544; C. Auffarth, Religiöser Pluralismus im Mittelalter?, Münster 2006, Kapitel 6.

[19] Alexander (Apocalypsis 20, 3 p. 412,^{16}) rechnet, der Satan sei mit dem Ende der Christenverfolgung gebunden worden, also zur Zeit des Silvester/Konstantin, damit beginnen die 1000 Jahre. Vgl. H. Möhring, Der Weltkaiser der Endzeit. Entstehung, Wandel und Wirkung einer tausendjährigen Weissagung, Stuttgart 2000.

ziskaner, speziell die Gruppe, die man die Spiritualen nannte,[20] in zweiter Linie (so etwa Alexander) die Dominikaner.

Die kalte in die Ferne geschobene Apokalyptik war heiß geworden: Sie untergrub die Grundlagen der Kirche als Papst- und Priesterkirche und stellte dagegen als Träger der Kirche der Zukunft die Armut, die kleine Elite, die Freiheit von Herrschaft: eine Kampfansage gegen die Papst-Kirche des Mittelalters.

4. Die Wiederentdeckung des Dritten Reiches des Geistes in Aufklärung und 19. Jahrhundert

Nun müsste ein Parforceritt folgen, wie ihn Karl Löwith unternommen hat in seinem Büchlein *Weltgeschichte und Heilsgeschehen*[21]. Er sieht das gleiche, heilsgeschichtliche Schema bei Hegel wie bei Marx. Seine These besteht darin, dass die Maßlosigkeit des Dritten Reiches auf der Anmaßung der Neuzeit beruhe: Die Neuzeit habe sich die Heilsgeschichte angeeignet und sie auf säkulare Mächte übertragen: Die Säkularisierung sei illegitim. Hans Blumenberg antwortete 1966 darauf mit *Die Legitimität der Neuzeit*. Das Schwinden der Transzendenz im 19. Jh. ist nicht das Ende der Religion,[22] sondern eine Transformation in der Europäischen Religionsgeschichte.

Ich muss mich auf einen Strang begrenzen: die Idee des Dritten Reiches. Hier treffen wir auf einen Grundzug, der charakteristisch ist für die Europäische Religionsgeschichte: dass es zu der dominanten Tradition ‚mitlaufende Alternativen' gibt. Die

---

[20] Vgl. Alexander Apocalypsis ad 20,6, p. 436. Bis zum Ende der Welt fehlten noch „mehr als 70 Jahre": p. 443. Der ganze Umfang der Joachim-Tradition ist beschrieben bei M. Reeves, The Influence of Prophecy in the Later Middle Ages. A Study in Joachism, Oxford 1969 (ND Notre Dame 1993).
[21] K. Löwith, Weltgeschichte und Heilsgeschichte. Die theologischen Voraussetzungen der Geschichtsphilosophie, Stuttgart 1953 [Engl. Meaning in History, Chicago 1949], in dt. Neuausgabe mit den dazugehörigen Aufsätzen, hg. v. B. Lutz als Band 2 der GS, Stuttgart 1983, 7–240. Eine Rezension von Blumenbergs Legitimität der Neuzeit findet sich a.a.O., 452–459.
[22] Vgl. M.N. Ebertz, Die Zivilisierung Gottes. Der Wandel der Jenseitsvorstellungen in Theologie und Verkündigung. (Zeitzeichen 14), Ostfildern 2004; J. Bremmer, The Rise and the Fall of the Afterlife, London 2002.

jedem dogmatischen, historisch gewachsenen Christentum kritisch gegenüberstehenden Aufklärer trauen einer aufgeklärten ‚Religion der Zukunft', die statt eines Gottes ‚den Geist' im Zentrum hat. ‚Geist' nimmt den Fortschrittsoptimismus von Hegels Weltgeist auf.[23] Die Liberalen verstehen sich als Freigeister und Freisinnige.[24] Das Dritte Reich ist zunächst zugleich Religionskritik der historischen Religionen wie das Ziel der aufgeklärten Religion.

Dabei wurde zu einem Leitbegriff des anbrechenden Reiches – vor allem seit Lessings Erziehung des Menschengeschlechts[25] – ein Wort aus der Apokalypse (Offb 14,6): „Dann sah ich einen anderen Engel. Er flog hoch am Himmel. Er hatte die Aufgabe den Menschen auf der Erde *ein ewiges Evangelium* zu verkünden, allen Nationen, Stämmen, Sprachen und Völkern." Das ewige Evangelium ist nicht identisch mit dem bereits offenbarten Evangelium, und es muss in die Volkssprachen übersetzt, National-Religion werden.

Zum Propheten wird ein protestantischer Professor der orientalischen Sprachen, Paul de Lagarde (1827–1891).[26] Gallig wettert der gegen Paulus und Luther und allen Protestantismus. Die Religion der Zukunft müsse sich von allem Semitismus befreien, der natürlich im Gott des Alten Testaments, aber auch im Gottessohn des Neuen Testaments verwoben ist. Da könne nur eine Reformation den Geist des Germanisch-Nationalen zum Zentrum der Religion der Zukunft machen. Allmählich hat die Christentumskritik Friedrich Nietzsches (1844–1900) den Namen Lagar-

---

[23] Vgl. ausführlicher C. Auffarth, Das Ende der Katharer im Konzept einer Europäischen Religionsgeschichte, in: K. von Stuckrad/B. Luchesi (Hg.), Religion im kulturellen Diskurs – Religion in Cultural Discourse. Festschrift für Hans G. Kippenberg zu seinem 65. Geburtstag (RGVV 52), Berlin/New York 2004, 291–305.

[24] M. Reeves/W. Gould, Joachim of Fiore and the Myth of the Eternal Evangel in the Nineteenth Century, Oxford 1987.

[25] Gotthold Ephraim Lessing, Die Erziehung des Menschengeschlechts 1780, § 85–100: „die Zeit der Vollendung", in: Werke, hg. v. H. Göpfert u.a., Band 8, München 1979, 508–510.

[26] P. de Lagarde, Religion der Zukunft [datiert Ostern 1878], in: ders., Deutsche Schriften, Göttingen [4]1885, 217–247; als Neuausgabe hg. v. P. Fischer, München 1937. Immer noch vorzüglich F. Stern, Kulturpessimismus als politische Gefahr. Eine Analyse nationaler Ideologie in Deutschland, Bern 1963/München 1986 [Berkeley 1961].

des überstrahlt, zur Zeit des Kaiserreichs und im völkischen Lager war Lagarde mindestens gleich bedeutsam.

Das Ende des Zweiten Reiches, das immer als Übergangsreich erschien, wurde im Ersten Weltkrieg Vorspiel zu einem Dritten Reich. Namengebend wird das Buch des Katholiken Moeller van den Bruck: *Das Dritte Reich*, 1923 (^{3}1931).

5. Das Dritte Reich – der Gewalt

Die Religion des NS und die Religion in der Epoche zwischen dem Ersten Weltkrieg und der 68'er Generation ist in ihrer Komplexität noch kaum als Forschungsgebiet eröffnet; „die Religion Hitlers", Religion der SS, Nietzsche-Kult, Inszenierung der Parteitage, arische Religion, Religionsforschung, Theologien unter dem NS, die Kirchen im NS sind unterschiedlich gut untersuchte Teilbereiche, aber noch weit entfernt von einer Religionsgeschichte der Epoche.

Das Dritte Reich oder Tausendjährige Reich, das in den Reden der Parteitage immer wieder genannt wurde, war Teil der Vorsehung, von der Hitler glaubte und glauben machte, dass sie (als Personifikation der Heilgeschichte) ihn als Messias geschickt habe.[27]

Der Traum von der Vernichtung des Bösen und der Herrschaft der Reinen und Guten geht unter durch die Gewalt, die wieder Gewalt zeugt. Wer immer nur von der Zukunft träumt, verliert die Wahrnehmung der Gegenwart und die Suche nach Lösungen in dieser Welt. Die von Menschen machbare Apokalypse entfesselt Allmachtphantasien und missachtet die eben gepflanzten Apfelbäume.

Die mittelalterliche Suspension der Apokalypse ist ganz auf die Reform dieser Welt aus: Gott hat noch eine Frist gewährt, innerhalb derer die gerechte Herrschaft vorbereitet werden kann.

---

[27] Vgl. K. Schreiner, Messianismus. Bedeutungs- und Funktionswandel eines heilsgeschichtlichen Denk- und Handlungsmusters, in: K. Hildebrand (Hg.), Zwischen Politik und Religion. Studien zur Entstehung, Existenz und Wirkung des Totalitarismus (Schriften des Historischen Kollegs, Kolloquien 59), München 2003, 1–44.

Ernstpeter Maurer

Zwei Reiche

Apokalyptik in biblisch-theologischer Perspektive

1. Die biblische Einordnung dualistischer Motive

Dualistische Motive sind für apokalyptisches Denken charakteristisch. Allerdings müssen wir genau hinsehen: Die Konfrontation von zwei Machtbereichen ist im Bereich des jüdisch-christlichen Glaubens immer schon umgriffen von der Macht Gottes, so dass ein absoluter Dualismus zweier Weltprinzipien gar nicht in Frage kommt. Wir müssen noch etwas weiter gehen und betonen, dass die Konfrontation zweier Reiche dem Handeln Gottes *entspringt*, und zwar dem endzeitlichen oder auch neuschöpferischen Geschichtshandeln Gottes. Unter dem Druck der Endzeit treten die Reiche auseinander und einander entgegen. Der Satan kämpft gegen Gott, sein Reich widersteht dem Reich Gottes.

Im Alten Testament ist vom Satan nur an wenigen Stellen die Rede – die Belege wuchern erst zwischen den Testamenten. Im Neuen Testament ist der Satan vorausgesetzt, aber nur als dunkler Hintergrund. Seine Macht ist bereits definitiv gebrochen. Das gilt in erstaunlicher Analogie auch für die anderen Vorstellungselemente, die hier zu berücksichtigen sind. Die neutestamentliche Anschauung von den Mächten und Gewalten, Engeln und Thronen entspringt nur teilweise dem Alten Testament, macht sich danach erst selbständig und bildet ihrerseits einen Hintergrund für das Evangelium. Jesus Christus hat die Mächte und Gewalten besiegt und sie wieder da eingesetzt, wo sie ihrer geschöpflichen Bestimmung gemäß auch hingehören.

Es geht um eine *systematisch-theologische* Denkfigur, nicht um die religionsgeschichtlichen Hintergründe des Neuen Testaments. Der jüdische Gottesglaube hat die teilweise bizarre und jedenfalls unübersichtliche Vielfalt hellenistischer oder orientalischer Vorstellungen nicht einfach übernommen, sondern auf das

Bekenntnis zu JHWH hingeordnet. Unter dem Druck der *nahen* Zukunft Gottes kommt es zu einer neuen Erfahrung der *Weltgeschichte* bzw. überhaupt erst zur Erfahrung der Welt als *gottfeindlich*. Diese Figur findet sich im Alten Testament zwar auch schon in der Prophetie, doch fehlt dort der universale Anspruch eines Einblicks in die *Welt*geschichte – wie auch die Erwartung einer *radikalen Neuschöpfung* von Himmel und Erde nur am Rande des Alten Testaments sichtbar wird. Die Erfahrung und Beschreibung der gottfeindlichen Welt ist in der Regel bereits auf die Erwartung eines endgültigen Eingreifens des Schöpfers bezogen. Aber damit ist keineswegs ein Dualismus definiert. Die Welt mag gottlos sein, doch steht sie im Machtbereich Gottes, genauer: des göttlichen *Zorns*. Nach Röm 1,18ff wird der Zorn Gottes *offenbar* als dunkler Hintergrund für das Evangelium als *Offenbarung* der Gerechtigkeit. Hier ist *expressis verbis* von ἀποκαλύπτεται die Rede (Röm 1,17f). Apokalyptik in diesem theologisch qualifizierten Sinne ist demnach eine Tiefenschau in die Geschichte, die Einsicht in eine Wende der Welt oder in die radikale Neuschöpfung der Welt auf dem Hintergrund des Untergangs der alten Welt. Dieser Einblick setzt natürlich eine göttliche Offenbarung voraus, muss sich aber daran erweisen, dass die vergehende Welt angemessen beschrieben wird. Das ist im Neuen Testament die Kehrseite der aktuellen Erfahrung der schon angebrochenen Neuen Schöpfung (2Kor 5,17). Auch das Ende der Geschichte wird in den Spannungsbogen hineingenommen, wenn am Ende von Röm 11 der Apostel ein Geheimnis offen legt (v.25), das der Tiefe des göttlichen Reichtums entspringt (v.33). Diese Einsicht in die geheimnisvolle Tiefe des göttlichen Reichtums wird in 1Kor 2,10 ausdrücklich als ἀποκαλύπτειν bezeichnet. Es geht in Röm 9–11 um den radikalen und nicht überbietbaren Gegensatz zwischen dem verstockten Gottesvolk Israel und der Gemeinde Jesu Christi, der scheinbar die Heilsgeschichte zerreißt – also um ein weiteres dualistisches Motiv, das im Handeln des *einen* Gottes wurzelt.

Das bedeutet für die neutestamentlichen Spuren der Apokalyptik, dass sie zwar den Dualismus zweier Reiche konturieren, ihn aber sogleich wieder in die Tiefen des göttlichen Reichtums projizieren. Daher kann das ganze Repertoire apokalyptischer Vorstellungen kritisch behandelt und aufgenommen werden. Es wird kritisch behandelt, sofern nun wieder – von Gottes unmittelbarer Zuwendung in Jesus Christus her – der für das alttestamentliche Zeugnis charakteristische exklusive Bezug auf Gott allein alle anderen Instanzen depotenziert. Es wird aufgenommen, sofern es sich eignet, mindestens zwei Aspekte des Bekenntnisses zu Jesus Christus zur Sprache zu bringen: (a) Der *Zorn* Gottes wirkt einen universalen und letztlich katastrophalen „Tun-Ergehen-Zusammenhang". Dieser Zusammenhang ist auch im Alten Testament aufweisbar, aber nicht in *kosmischen* Ausmaßen. Insofern kann die gesamte Menschheitsgeschichte als universale sündige Abwendung von Gott beschrieben werden und findet – allerdings in grausiger Färbung – hier ihre globale Einheit. Auf diesem Hintergrund lässt sich das ultimative Eingreifen der *Gnade* Gottes – angebrochen in Jesus Christus – als Neuschöpfung profilieren. Auch hier gibt es *kosmische* Ausweitungen, vor allem in den hymnischen Texten des Neuen Testaments.

2. Die biblische Rede von Mächten und Gewalten

Damit hängt der andere Aspekt zusammen: (b) Die Inflation von Zwischenwesen – Mächten und Gewalten, Engeln und Thronen – mag zunächst interpretiert werden als Kompensation einer übertrieben betonten Transzendenz Gottes. Sie entspricht aber der Einsicht in die unübersehbaren Bindungen der menschlichen Person, die keineswegs immer heilvoll, vielmehr zumeist verhängnisvoll sind. Der „Tun-Ergehen-Zusammenhang" fädelt uns ein in das Geheimnis der menschlichen Sünde, die nicht mit dem Verweis auf objektive Strukturen entschuldigt werden kann, weil sie erst diese Strukturen mit der Sünde infiziert hat – die sich aber auch derart objektiviert, dass wir ihr nicht mehr entrinnen können. Hier setzt die Frage nach dem *Ursprung des Bösen* an. Sie ist nicht zu beantworten durch einen Dualismus, denn das widerspricht dem Bekenntnis zu einem Einzigen Gott. Sie ist überhaupt nicht einfach zu beantworten, weil die sündige Abwendung von Gott unerklärlich und dennoch unvermeidlich ist. Sie kann aber entfaltet werden in Vorstellungen, die den einfachen Gegensatz zwischen „subjektiv" und „strukturell" oder „frei" und „notwendig" transzendieren. Daher liegt der Rückgriff auf übersubjektive und doch „irgendwie" persönliche Mächte nahe. Diese widergöttlichen Mächte sind auf die menschliche Sünde bezogen, teils sind es die Produkte der Sünde, teils sind sie in einer Rückkopplung auch der Hintergrund dafür. Wir reden heute oft von „Sachzwängen" und besser noch von „Teufelskreisen", und diese Metapher ist treffender als zumeist geahnt. *Ist der Teufel möglicherweise die letzte Konzentration der mir als Macht gegenübertretenden Sünde, die aber letztlich in mir selbst ihren Ausgang nimmt?*

Wenn in den paulinischen Schriften immer wieder von „Mächten" und „Gewalten" die Rede ist, so haben diese tatsächlich die negative Funktion, uns von Gott zu trennen und uns bei unserer Sünde zu behaften. Aber damit dienen sie doch Gott, nämlich dem *Deus absconditus* im Sinne Luthers. Der Zorn Gottes wirkt sich ja gerade aus in unheilvollen Verkettungen von Sünde und Strafe (vgl. Röm 1,18ff). So sind die beiden genannten Aspekte (a) und (b) wieder aufeinander bezogen. Dabei darf nicht vergessen werden, dass die „Mächte" und „Gewalten" auch von Jesus Christus her wieder in ihrer ursprünglichen geschöpfliche Stellung eingesetzt werden können (vgl. Kol 1,16). Auch hier gibt es demnach keinen letzten Dualismus. In der Depotenzierung der Mächte und Gewalten, Engel und Throne wirkt sich die schöpferische Gnade Gottes aus. Sehr wohl entsteht aber eine Dualität, die wir genau betrachten müssen – wir können auch sagen: eine Ambivalenz. Die Engel können zu Dämonen werden unter dem Machtbereich, in der Gravitation der Sünde. Diese Ambivalenz ist aber nur die kosmische Ausweitung der geheimnisvollen Wirklichkeit der menschlichen Sünde. So kommt es zur Vorstellung der *zwei Reiche*, des Gottesreichs und des irdischen Teufelsreichs. Das klingt wieder dualistisch, doch dürfen wir auch hier nicht vergessen, dass im neutestamentlichen Kontext das Reich des Satans niemals ein zweites Prinzip und vor allem längst überwunden, wenn auch noch längst nicht vernichtet ist. Weil die Welten auseinander treten, weil die Wende der Welt eintritt bzw. schon in Jesus Christus eingetreten ist, zeichnen sich die Konturen des Teufelsreichs erst in voller Klarheit ab – und damit ist er besiegt, denn zu seiner Macht gehört stets die

Verblendung, das Auseinander-bringen und vor allem das Durcheinander-werfen, das δια-βάλλειν.

3. Was können wir vom Evangelium her, also mit biblisch zuverlässigen Belegen vom Teufel sagen?

Im Alten Testament kommt der Satan ganz selten vor, und zwar keineswegs als Widersacher Gottes. Wohl aber ist er nach Sach 3,1f der Ankläger des Hohepriesters Josua vor JHWH, ähnlich der Versucher in Hi 1f und 1Chr 21,1. Er gehört zum Hofstaat Gottes. In Hi 1 und 2 ist Satan der himmlische „Staatsanwalt".[1] Hier wie in Sach 3 ist Satan keine böse Macht! Er hat allerdings die von Gott übertragene Kompetenz der Prüfung auch mit lebensfeindlichen Angriffen. Zu unterscheiden ist er etwa vom Lügengeist 1Kön 22,19ff, denn ein Verkläger ist noch kein Verführer – wenn auch, wie bei Hiob deutlich wird, sehr wohl ein Versucher! Das zeigt sich dann in 1Chr 21,1. Dabei zeichnet sich auch ab, dass Satan eine göttliche Rolle übernimmt (vgl. 2Sam 24,1). Grob skizziert: In der Mitte des Alten Testaments kann der Glaube sich auch in Erfahrungen der Finsternis auf nichts anderes stützen als eben auf JHWH. Selbst noch der böse Geist über Saul kommt von JHWH (1Sam 16,14; 18,10), wie später die Versuchung des David. Demnach ist alttestamentlich ein Dualismus nicht denkbar – sichtbar ist nur eine *Delegation der dunklen Seiten Gottes* an eine himmlische Person, die übrigens nicht negativ, allerdings auch überhaupt nicht profiliert ist. Von einem Dualismus lässt sich daher immer nur in vorletzter Instanz reden, und dahinter steckt stets die viel dramatischere Erfahrung, dass Gott selbst ein abgründiges Gegenüber ist. „Der at.liche *satan* verkörpert die Bedrohung der Menschen von der Welt Gottes her, sei es, dass er der Verkläger ihrer sittlich-religiösen Fehlsamkeit ist, sei es als ein im Heilsplan fest verankertes dämonisch-zerstörerisches Prinzip."[2] In der nachkanonischen Zeit

---

[1] G. von Rad, Art. διάβολος B. Die at.liche Satansvorstellung, in: ThWNT, Bd. 2, 71–74, 72.
[2] A.a.O., 74.

setzt „ein Prozeß ein, der auf eine nahezu vollständige Verabsolutierung Satans gegenüber Gott hinläuft. Satan ist das Oberhaupt eines widergöttlichen Reiches, das böse Prinzip schlechthin."[3] Das lässt sich nicht einlinig zurückführen auf eine Dualisierung des apokalyptischen Weltbildes unter iranischem Einfluss, denn „besonders bemerkenswert ist daneben das Wiederaufleben uralter Mythologumena (Drachenkampfmotive, Paradiesesschlange, Engelehen), die sich aus ursprünglich ganz anderen Zusammenhängen an die Gestalt Satans ankristallisiert und ihren Gehalt wesentlich erweitert haben."[4]

Als Widersacher *Gottes* tritt der Versucher im Neuen Testament[5] auf und wird funktional spiegelbildlich zur Schlange gezeichnet. Schon terminologisch wird es hier unübersichtlich, wenn etwa in Mk 3,23–27 „Satan" gleichgesetzt wird mit „Beelzebul", dem Beherrscher der Dämonen, während er in der Versuchungsgeschichte διάβολος genannt wird (Mt 4,11). Dem Paulus ist gegeben ein Engel Satans, der ihn schlägt, dass er sich nicht überhebe (2Kor 12,7). Das „gegeben" ist freilich wieder *passivum divinum*. Der Satan fährt nach Lk 22,3 in den Judas und macht ihn zum Verräter (vgl. auch Joh 13,2.27 sowie ganz zugespitzt Joh 6,70: „einer unter euch ist Teufel"). Charakteristisch für die spiegelbildliche Konstruktion ist die Wendung „Gott dieses Äons" in 2 Kor 4,4; vgl. auch „Archon dieser Welt" (Joh 12,31; 14,30; 16,11). Ein Gegenbild ist auch der Antichrist, allerdings nicht mit dem Satan identisch (s.u.). Als Reaktion auf die freudige Nachricht, dass die Jünger erfolgreich die Dämonen unterworfen haben, sieht Jesus bereits den Satan aus dem Himmel herabstürzen wie einen Blitz: Lk 10,18. Offenbar sind die Dämonen überindividuelle Gestalten im Bereich der Sünde, die Gottes gute Schöpfung verzerrt. Ob sie auch theologisch als gefallene Engel zu betrachten sind, ändert nichts daran, dass sie als Karikaturen von Engeln auftreten (s.u.). In Mt 25,41 ist vom Teufel und seinen Engeln die Rede – eine spiegelbildliche Analogie zwischen Reich des Teufels und Himmelreich, ohne dass

---

[3] Ebd.
[4] Ebd.
[5] Vgl. W. Foerster, Art. διάβολος D. Die nt.liche Satansanschauung, in: ThWNT, Bd. 2, 78–80.

wir deshalb über die Genese dieses Reichs etwas sagen könnten. Der Satan stiftet die Menschen zum Bösen an: Mk 4,15; Apg 5,3; 1Kor 7,5; Offb 12,9. Er behindert die Botschaft (1Thess 2,18; 1Ti 5,15) und löst die Christenverfolgung aus: Offb 2,13 (bezogen auf den Thron des Satans in Pergamon) sowie 2,9 und 3,9. Der Teufel kämpft gegen die Gemeindeglieder, die ihm keinen Raum geben sollen (Eph 4,27) und sich rüsten müssen (Eph 6,11; vgl. 1Petr 5,8). Geradezu mit dem Herrscher über den Tod gleichgesetzt wird er in Hb 2,14 – allerdings ist diese Macht gebrochen durch Jesus Christus und auch durch dessen Kinder. Es gibt umgekehrt auch Kinder des Teufels: Apg 13,10; 1Joh 3,8.10; so schon Joh 8,44. In Offb 20,2 werden alle entsprechenden Gestalten gleichgeordnet: „Er ergriff den Drachen, die alte Schlange, den Teufel (διάβολος) und den Satan und band ihn auf tausend Jahre." Doch kommt der Satan nochmals frei: v.7ff. Er wird die Heiligen bekämpfen, aber zuletzt in den Schwefelpfuhl geworfen.

Das ist insgesamt ein großer Unterschied zum Alten Testament. Überblicken wir die Belege, so zeichnet sich gleichsam ein verkehrter Schatten der göttlichen Wirklichkeit ab, denn der Satan herrscht über die Dämonen wie Gott über den himmlischen Hofstaat, und auch der Teufel hat einen Messias, nämlich den Antichristen. Damit ist auch bereits das Urteil gesprochen: Der Teufel ist mitsamt seinem Reich eine parasitäre Wirklichkeit, eigentlich nur eine Karikatur. Das ändert nichts daran, dass es sich um eine gefährliche Wirklichkeit handelt. Nun wird aber auch die Sünde theologisch definiert als Rebellion, als absurder Griff des gottebenbildlichen Geschöpfs nach der Gottgleichheit. Daraus ergibt sich eine dichte Analogie zwischen sündiger Wirklichkeit und dem Reich des Teufels. Vom Alten Testament her wird das Gefälle sehr deutlich. Hier wird Satan zwar keineswegs positiv gewertet, aber doch wirkt er als Mitglied der himmlisch-göttlichen Machtsphäre. Es gibt offenbar *innerhalb* der göttlichen Wirklichkeit eine dunkle Seite. Ein Dualismus kommt nicht in Frage, aber die göttliche Wirklichkeit ist nicht einlinig, über das *mysterium trinitatis* hinaus ist sie abgründig. Das biblische Zeugnis lässt keinen Zweifel daran, dass Israel das Volk JHWHs ist, aber damit nicht umgekehrt über JHWH verfügt und durchaus mit seinem Zorn konfrontiert ist, denn zur Liebe gehört die

Eifersucht. Daher gibt es einen *Widersacher*, der Gott und die Menschen *auseinander bringt*.

Die Vorstellungen sind derart verflochten, dass von einem Dualismus schon gar keine Rede mehr sein kann. Wohl aber muss gefragt werden, von woher das Böse in die *sehr gute* Schöpfung einbrechen konnte. Das ist insofern eine trickreiche Frage, als die Unterscheidung zwischen „gut" und „böse" allein bei Gott liegt und dem menschlichen Geschöpf erspart bleiben sollte. Der Griff nach dieser Unterscheidung wäre demnach bereits Ausdruck der Sünde. Daher kann es keine bündige theologische Antwort auf die Frage nach dem Ursprung des Bösen geben – schon gar keine, die nach fauler Ausrede schmeckt, also etwa: „Der Satan war's." Das Böse ist unableitbar und durchaus in der Verantwortung der Rebellen. Es hat universale Konsequenzen, aber die kosmischen Ausmaße der menschlichen Sünde haben mit einer *von Gott her verhängten Notwendigkeit* zu tun. Systematisch-theologisch wäre zu sagen, dass die sehr gute Schöpfung nicht in sich selber ruhen kann und sich auch nicht in sich befestigen muss, aber auf solch einem verkehrten Selb-stand besteht. Damit ändert sich sogleich die Gottesbeziehung: War Gottes schöpferische Kraft zuvor erfahrbar als *Urgrund* der Geborgenheit, so tritt sie uns nun entgegen als ein göttliches und schreckliches „Ich kann noch ganz anders" – die *Abgründe* Gottes öffnen sich. Daher lassen sich alle mehr als bloß subjektiven Aspekte der Sünde, also auch die Reiche der Dämonen und des Teufels, auf diese abgründige Tiefe des göttlichen Zorns beziehen.

Dennoch bleibt es nicht bei solch einem Dualismus wegen der *Asymmetrie zwischen Zorn und Gnade Gottes*. Denn im Neuen Testament wird trotz aller Apokalyptik unter der Wucht des Christusgeschehens der Dualismus gleichsam eingefangen und umgriffen (vgl. Röm 1,16f.18ff). Doch verschiebt sich die Dialektik in signifikanter Weise, *denn nun stellt sich innerhalb der von Gott gewirkten Geschichte ein absoluter Gegensatz zwischen Gott und dem Satan ein, nämlich auf dem Hintergrund des in Christus gegenwärtigen Gottesreichs*. Der Satan will Gott und die Menschen auseinander bringen – ein im Bereich der ultimativen Zuwendung Gottes nicht mehr denkbares, ja absurdes Unterfangen. Dialektik ist das deshalb, weil gerade durch Gottes Überwindung eines jeden von uns aus postulierten Dualismus nun die wirklich dualistische Feindschaft Satans gegen Gott provoziert wird.

> Somit finden wir alle Funktionen, die das Spätjudentum Satan geben kann, auch im NT wieder, nur durchgeführt zu dem Gedanken der einheitlichen, übermenschlichen Macht Satans, eines einheitlichen Reiches Satans, dem grundsätzlich auch die Dämonen [...] und dieser ganze Aeon zu Dienst steht.[6]

Das hängt zusammen damit, dass Jesus Christus die endgültige Scheidung, das Gericht herbeiführt. So kommt es zu charakteristischen Ballungen der Teufelmacht in bestimmten Weltreichen und globalen Notwendigkeiten. Das ist für die Scheidung der Geister ein wichtiger Punkt. Es kommt darauf an, falsche Eindeutigkeit zu vermeiden, die zu den Merkmalen der sündigen Vernunft gehört. Es kommt eher auf Klarheit an, und die stellt sich ein, sobald Gestalten erkennbar werden, sobald uns das *Gesicht* des Teufelsreichs entgegentritt in einer zusammenhängenden Skizze oder auch Karikatur des göttlichen Heilshandelns. Und die können wir nur erkennen aus der Perspektive des Christusleibes.

4. Was können wir über das Reich des Teufels biblisch sagen?

Oft werden die Teufel und Dämonen als „gefallene Engel" charakterisiert. Das ist abgesehen von der sehr schwierigen Stelle Gen 6,1–4 ein apokalyptisches Motiv und findet sich konsequenterweise auch in Offb 12: Dort ist bereits – wie auch in 20,2 – die Rede vom Drachen = der alten Schlange = dem Teufel = dem Satan (v.9), der mit seinen Engeln aus dem Himmel geworfen wird. Das bezieht sich freilich auf eine *prophetische* Vision, nicht auf einen urzeitlichen Mythos. Gemeint ist vielmehr der Herrschaftsantritt Christi. Nun entbrennt erst recht der Zorn Satans (v.12). Daher ruft er am Ende der Tage den Antichristen (dazu s.u.). Zu den interessanten Fragen eines vorletzten, aber

---

[6] A.a.O., 79.

eschatologisch wichtigen Dualismus gehört insgesamt das Problem, inwiefern Engel und Dämonen einen gemeinsamen Ursprung haben. Es wäre ja auch denkbar, dass die Dämonen zusammen mit dem Teufel ihre Macht erst aus der menschlichen Sünde beziehen, die sich dann allerdings objektiviert und dämonische oder teuflische Strukturen hervortreibt. Während alttestamentlich der Satan zum himmlischen Hofstaat gehört, also tatsächlich ein perverser Engel ist, lässt sich das von den Dämonen nur eingeschränkt sagen, aber ein differenzierter Blick erschließt noch eine weitere Ebene, nämlich die vor allem paulinische Rede von den Mächten, Vollmachten, Kräften und Thronen. Hier kommt eine interessante Ambivalenz ins Spiel, weil es sich um geschöpfliche Strukturen handelt, die für die göttliche Kreativität durchsichtig sein *könnten*, uns aber *faktisch* von Gott trennen. Das zeigt schon im Ansatz, wie wenig dualistisch das biblische Bild ist.

Dämonen[7] sind übermenschliche Mächte, insofern können sie aus der Sicht menschlicher Geschöpfe allgemein als „göttlich" betrachtet werden, aber auch ganz neutral als „Geschick". In der Stoa bezeichnet δαίμων den Gott verwandten Teil des Menschen oder das Gewissen. Insgesamt bündelt sich in den Dämonen die griechische Vorstellung von allerlei Zwischenwesen, auch mit vermittelnder Funktion. Schließlich nimmt die philosophische Lehre die Vorstellung auf, dass die Dämonen besessen machen und die *Affekte* angreifen. Es geht um einen Zwischenbereich *oberhalb* der einzelnen menschlichen Personen und *unterhalb* der himmlischen Sphäre, wo Naturgewalt und Leidenschaft ineinander übergehen. Mit den biblischen Engeln hat das wenig zu tun. Erst im rabbinischen Judentum werden die Dämonen differenzierter benannt. Geister und Dämonen bevölkern die Schöpfung und bringen den Menschen alle möglichen Schäden und Krankheiten. Diese Geister werden nicht in eine feste Verbindung mit dem Satan gebracht. Zudem bleibt die Geisterwelt „scharf geschieden in Engel und Dämonen".[8] Im pseudepigraphen Judentum ist es die Hauptaufgabe der Dämonen, Menschen zu *verführen*. Hier bahnt sich vielleicht auch die Einsicht an,

---

[7] Vgl. W. Foerster, Art. δαίμων κτλ., in: ThWNT, Bd. 2, 1–21.
[8] A.a.O., 14.

dass der Wille des Menschen keineswegs frei ist. Im Ringen um die Erfüllung des Gesetzes stieß jüdische Frömmigkeit

auf die Macht eines im Menschen entgegenstehenden Willens [...], den sie auf dämonische Einwirkung zurückführte. Es hat darum auch innere Notwendigkeit, daß gerade im pseudepigraphen Judentum die Verbindung der Dämonen mit dem Satan stärker hervortritt, und daß im rabbinischen Judentum, das sich wieder bewusst zu der Möglichkeit der Erfüllung des Gesetzes bekannte, die verführende Tätigkeit der Dämonen und auch ihre Verbindung mit dem Satan zurücktrat.[9]

Gerade das pseudepigraphe Judentum konzentriert sich auf die *Erfahrung eines überindividuellen Willens, der sich seinerseits verdichtet zu einem alten, vergehenden Aeon.* So wird das Böse nicht unmittelbar auf das göttliche Handeln zurückgeführt, sondern auf einen Weltlauf, der insgesamt dem göttlichen Willen widerspricht.

Im NT ist selten von Dämonen die Rede, weil die Macht der Dämonen zur Vergangenheit gehört, vor allem zur *heidnischen* Vergangenheit (1Kor 12,2). Die Dämonen sind im NT dem Satan gänzlich untergeordnet. Er kann – wie schon erwähnt – auch „Beelzebul" genannt werden. Der Name ist verballhornt aus Fliegen-Baal, ein Dämonenfürst, vgl. Mt 12,24 – in der Parallele Mk 3,22f bereits mit Satan identifiziert. Das ist insofern signifikant, als die Verschiebung eine Konzentration andeutet: Während Jesu Gegner von *einem* Beelzebul ausgehen, identifiziert Jesus ihn mit *dem* Satan und nimmt damit den Dämonen ihre relative Harmlosigkeit. In all diesen Strukturen bestätigt sich, dass das Reich des Teufels ein Zerrbild ist, eine Karikatur des Gottesreichs.

Damit hängt unmittelbar ein anderer Aspekt zusammen: Das Reich des Teufels ist parasitär und zehrt ausschließlich von der göttlichen Macht. Dieses Gefälle erklärt auch den gleitenden Übergang von einem Mitglied des himmlischen Hofstaates zum Widerpart Gottes. Der Satan kann sich in einen Engel des Lichts verwandeln: 2Kor 11,14. Dieses Gleiten ist wichtig, denn genau hier ist die Stelle des Sünders zu markieren, der sich täuschen lässt, aber auf diese Täuschung auch hinarbeitet. Dafür steht die

---

[9] A.a.O., 16.

sonderbare Stelle im Christusbekenntnis des Petrus, der in Mk 8,33par sogleich als Satan bezeichnet wird. Das vielschichtige Phänomen lässt sich in Grundzügen so darstellen: Die sündige menschliche Person ist in ihrer angemaßten Eigenständigkeit verwickelt in Abhängigkeit und Verblendung. Ihr treten außerpersonale Notwendigkeiten mit Ansprüchen entgegen, also als quasi-personale Verbindlichkeiten, die sie aber nicht durchschauen kann. Solche Projektion ist keineswegs irreal, vielmehr destruktiv und insofern *self-fulfilling*. Die Tendenz zur Bündelung der dämonisierten Wirklichkeit ist nicht weiter erstaunlich, wenn wir bedenken, dass darin der sündigen Person ihre eigene angemaßte Zentralität entgegentritt. *In alledem aber wirkt Gottes Zorn die Strafe über die Sünde und lässt sie immer kompakter werden.* Für einen Dualismus ist hier kein Raum, wohl aber für den Widerstreit zwischen Gottes Zorn und der ultimativen Gnade. Dieser Widerstreit führt zu einer immer schärferen – nämlich exakt spiegelbildlichen – Kontrastierung der „Zwei Reiche".

Dämonen rücken demnach systematisch-theologisch in den Blick, sobald die Zweideutigkeit der menschlichen Freiheit sich auswirkt: Es gibt keine menschliche Person, die ohne andere menschliche Personen existieren könnte. Das kann als Geschenk, als Gnade erfahren werden. Unter der Sünde wird es aber als Abhängigkeit erfahren, und nun kommt es zu einer heillosen Verfilzung illusionärer Freiheit mit zwanghaften Strukturen, die sich als quasi-objektive Mächte dem freien Subjekt in den Weg stellen. Das hat mit einer Engellehre zunächst nichts zu tun. In den paulinischen Schriften (vgl. etwa 1Kor 8) werden die Dämonen eher mit dem Götzendienst in Verbindung gebracht. Für die Bewertung der apokalyptischen „Stimmung" ist aber wichtig, dass hier die Sensibilität dafür wächst, in welchem Ausmaß die „Luft" zwischen uns und Gott verpestet ist. Es muss zu einem Gewitter kommen, dass der Blick wieder klar wird. Einleuchtend ist der gleitende Übergang von Dämonen zu den „unreinen Geistern", die – wie in den Exorzismen Jesu plastisch beschrieben – geheimnisvollen Zwang ausüben und Menschen *depersonalisieren*, selber aber durchaus personale Züge annehmen.

Wir haben die biblischen Zusammenhänge genauer betrachtet, die vom Teufel und von den Dämonen sprechen. Es gibt weitere Differenzierungen in jenem komplexen Bild, das insgesamt als

Spiegel- und vor allem als Zerrbild des Gottesreichs nuanciert ist. Dazu gehört vor allem ein Komplement zum Messias, nämlich der *Antichrist*. Der Begriff kommt vor in 1Joh 2,18.22; 4,3; 2Joh 7 und zielt zunächst nicht auf eine eschatologische Gestalt, sondern auf Häretiker innerhalb der Gemeinde. Aber in der jüdischen Apokalyptik gibt es bereits das Motiv, und dazu gehören nicht zuletzt Tempelschändung und Gotteslästerung. Im Neuen Testament ist neben Offb 13 – der mythologischen Schilderung der beiden Tiere – vor allem die wichtige Belegstelle 2Thess 2,1–12 genauer zu betrachten.[10] Der Begriff „Antichrist" kommt auch hier nicht vor, wohl aber wird skizziert, wie der Auftritt dieser Person sich lawinenartig entwickelt. Vor der Parusie Jesu Christi kommt der Mensch der Gesetzlosigkeit (v.3), der Sohn des Verderbens, der mit allem, was Gott genannt oder sonst verehrt wird, im Streit liegt und sich darüber erhebt, bis er sich in den Tempel Gottes setzt und sich selbst als Gott ausgibt (v.4). Es zeigt sich im weiteren Verlauf der Passage, dass es sich nicht um den Satan handelt, sondern um eine *menschliche* Person, daher auch: ἄνθροπος τῆς ἀνομίας. Diese Steigerung zielt auf eine eschatologische Gestalt, die einen Dualismus sehr wohl in Gang halten könnte, wäre sie nicht längst umgriffen von der Macht Gottes. Gott plant die Offenbarung (ἀποκάλυψις) – in diesem Fall: die Bloßstellung! – des widergöttlichen Herrschers, der daher auch noch aufgehalten wird durch den rätselhaften κατέχον (v.6f). Es folgt eine Häufung quasi-christologischer Prädikate: Auch der Antichrist wirkt Zeichen und Wunder, aber solche der Lüge – *in der Macht des Satans* (v.9)! Noch dramatischer: Es ist letztlich Gott, der die Ungläubigen dahingibt, indem er ihnen die ἐνέργειαν des Irrtums sendet, dass sie zugrundegehen (v.11).

Der Antichrist ist ein *Mensch*! Es kann sich also alles apokalyptisch-katastrophal Aufgehäufte auf eine menschliche Person konzentrieren. Das entspricht umgekehrt der Vermutung, dass hier der Urmensch in seiner „Urgefährdung" der Gottgleichheit[11] gemeint ist, als archetypische Gestalt. „Der Angriff richtet sich gegen Gott als Gott. Nochmals: Es ist ein Mensch, von dem dies

---

[10] Vgl. dazu W. Trilling, Der zweite Brief an die Thessalonicher (EKK XIV), Zürich/Neukirchen-Vluyn 1980, 81ff.
[11] A.a.O., 84.

gilt. Ein Mensch, in dem sich alle gottfeindliche Macht gesammelt hat, und der auch den ‚Tempel' als *irdischen Ort* seiner Aktion gleichsam ‚braucht' [...] Im Aussage-Gehalt geht diese Konzeption über alles Vergleichbare hinaus. Sie stellt eine Art Spitzenaussage im Neuen Testament dar."[12] Der Antichrist ist nicht identisch mit Satan. Vom Satan hat er die Macht, Wunder und Zeichen zu wirken, die ihn beim Aufstieg unterstützen (v.9f). Aber die Kraft kommt, wie gesagt, letztlich von Gott her, so dass auch der Satan mitsamt seinem menschlichen Endzeithelden das Instrument des göttlichen Handelns bleibt. Hier zeigt sich, dass die Endzeit in apokalyptischer Perspektive als Einbruch des Chaos in die Schöpfung gezeichnet wird. In dieser Passage handelt es sich um das Chaos der menschlichen Vernunft, der höchsten Potenzen des menschlichen Geschöpfs bis hin zur Gottesverehrung, die allesamt auf den Kopf gestellt werden.

Mit dem Antichristen und den Dämonen sind die eindeutig negativen eschatologisch relevanten Motive benannt, die sich in der allerdings ambivalenten Gestalt des Satans konzentrieren. Sehr ambivalent ist die letzte Gruppe von Motiven, und sie ist in der Tat wieder viel näher bei den Engeln. Hier gibt es besonders in den paulinischen Schriften wichtige Passagen wie Röm 8,38 o.ä. mit Aufzählungen geschöpflicher Strukturen, die uns von Gott trennen könnten, aber durch Jesus Christus depotenziert sind. Dabei ist zu fragen, ob diese Strukturen damit wieder in ihre ursprüngliche Funktion eingesetzt werden, nämlich die geschöpfliche Wirklichkeit zu gestalten, oder ob sie vernichtet werden (vgl. 1Kor 15,24–26) – und ob ihre von Gott trennende Wirksamkeit ihnen durch die Sünde verliehen wurde oder ob sie selber sich als quasi-personale Potenzen zwischen Gott und uns gestellt haben. In den beiden Paulusstellen werden die Mächte und Gewalten mit dem Tod in einem Atemzug genannt, auch mit dem Leben und mit der Zeit. Das ist nicht selbstverständlich, wie der Kolosserhymnus zeigt (Kol 1,15ff). Sehen wir genauer hin:

Da gibt es zunächst die „Gewalten" oder die „Vollmacht".[13] Das Wort ἐξουσία bezeichnet eine Macht, die zu bestimmen hat, und zwar im Rahmen einer rechtlichen Ordnung (im Unterschied

---

[12] A.a.O., 86f.
[13] Vgl. zum Folgenden W. Foerster, Art. ἐξουσία, in: ThWNT, Bd. 2, 559–571.

zu δύναμις, s.u.), also auch Machtstellung, staatliches Amt *etc*. Es kann dann weiterhin „Erlaubnis" bedeuten, gelegentlich „Willkür" als Freiheit, die einer sich nimmt. Es geht in LXX um den Machtbereich, insbesondere das Reich Gottes. Dazu gehört auch die delegierte Vollmacht. Zunächst eignet die Macht allein dem Schöpfer. Dabei ist ein letztes Geheimnis „nicht nur die Macht des Bösen selbst, sondern auch die Tatsache, daß die Macht des Bösen, die radikal gottfeindlich ist, sich als solche auswirken darf und doch von Gottes Walten umfaßt ist."[14]

Die „überirdischen Mächte" sind keine Dämonen, sondern kosmische Mächte. Vor allem in apokalyptischer Literatur kommen sie als himmlische Engelmächte vor und werden so gerade von den Dämonen unterschieden. Der gesamte Kosmos ist verbunden mit dem Schicksal der Menschen und vermittelt zwischen ihnen und Gott. Das muss nicht unbedingt so verstanden werden, als sei die absolute Transzendenz Gottes ohne Zwischenmächte nicht religiös zu bearbeiten. Es kann auch die Erfahrung zur Sprache bringen, dass Gott die geschöpfliche Wirklichkeit durch ein Machtwort ordnet. Aber solche Ordnungen sind eben anfällig für Verkehrung und dann verlocken sie uns, in ihnen einen Anspruch zu vernehmen, der den Gottesgehorsam beeinträchtigt. „*In dieser Doppelstellung liegt das Besondere der diesbezüglichen nt.lichen Aussagen*".[15] Dabei kommt es zur Ambivalenz – also wieder zu keinem Dualismus –, sofern die Mächte uns versklaven können, aber von Christus auf Gott hingeordnet werden (Phil 2,9ff) und hinfort uns nicht mehr von Gott trennen.

In Röm 8,38 werden mit den Engeln in einem Atemzug genannt die ἀρχαί. Der Begriff ἀρχή meint in zeitlicher Bedeutung „den Anfang im genauen Sinn, *den Ort im zeitlichen Ablauf, an dem etwas Neues einsetzt*, und zwar etwas nicht Unendliches".[16] Wichtiger ist der philosophische bzw. kosmophysikalische Gebrauch im Sinne des Urstoffs und vor allem der *Grundgesetze*. In LXX wird das Wort auch für „Herrschaft" und „Machtbereich" eingesetzt, schließlich für Personen, die einen Einfluss

---

[14] A.a.O., 564.
[15] A.a.O., 570.
[16] G. Delling, Art. ἄρχω κτλ., in: ThWNT, Bd. 1, 476–488, 477.

ausüben. Es kann einerseits recht harmlos auf den zeitlichen Anfang bezogen werden, dann wieder in Joh 1,1 auf ein „vor aller Zeit", das alle Zeitaussagen transzendiert. Überirdische Mächte treten im paulinischen Schrifttum auf, „ohne daß wir sagen könnten, welche Funktionen sie [...] haben und ob sie durchweg gottfeindliche Mächte sind, obwohl das letztere auch Eph 1,21; Kol 1,16 wahrscheinlicher ist."[17] Gerade diese beiden Stellen setzen sie aber als von Christus schon beherrscht voraus. Ein Kampf gegen diese Mächte ist auch im Blick an der Stelle Eph 6,12.

Die mythologische Vorstellung ist demnach ein Ort im Himmel, der als unterste himmlische Region die irdische Erfahrung verdunkelt – eine höchst zweideutige Angelegenheit. Die ἀρχαί sind Geistwesen, den Engeln verwandt, ursprünglich gut geschaffen und inzwischen abgesunken in die eigenwillige Funktion, die Menschen von Gott zu trennen, was nach der Auferstehung Jesu Christi absurd ist. Dennoch geht der Kampf gegen die Mächte weiter; sie bleiben beständiger Grund der Anfechtung, wenn auch nicht definitiv (Röm 8,38; 1Kor 15,24). Nach Kol 1,18 ist Christus die ἀρχή im strengen Sinne. Das bewährt sich auch in der Auferstehung: Kol 2,10.15 – schließlich werden sie ihrer Macht endgültig beraubt: 1Kor 15,24.[18] Es gibt also letztlich nur eine einzige ἀρχή, nämlich Gott in Jesus Christus als Gotteswort. Wichtig ist die Dialektik der „Ursprungsmächte". Sie sind geschöpfliche Strukturen und als solche „sehr schön". *Gerade daher können sie sich zwischen Gott und die der Sünde verfallenen Menschen schieben.* Dass hier der Ausdruck „Ursprung" im Plural verwendet wird, ist allerdings schon fast ironisch, denn es kann ja nur einen Anfang geben, nämlich Gott allein. Darin steckt wieder das Interesse der Eschatologie, das Ende der Geschichte und die Neue Schöpfung letztlich auf Gott zu beziehen.

Ein schillerndes Wort ist auch δύναμις – wörtlich zu übersetzen als „Kraft". Im Alten Testament wird von der Kraft des geschichtlich handelnden Gottes geredet, der vor allem durch seinen Willen kraftvoll sich durchsetzt. Die Kraftvorstellung ist

---

[17] A.a.O., 481.
[18] Vgl. a.a.O., 482.

einbezogen in den personalistisch-geschichtlichen Gottesbegriff. All das bündelt sich in der Gottesbezeichnung JHWH *zebaoth* (in LXX oft: κύριος τῶν δυνάμεων). Dabei kommt es aber zur Umdeutung der Kräfte, weil nun die himmlischen Heerscharen in den Blick treten, die den Willen JHWHs durchsetzen. Die „Mächte" sind in der apokalyptischen Literatur personifizierte Naturkräfte und beherrschen das Reich zwischen Himmel und Erde. So kommt es zu einem – allerdings im Letzten von Gott beherrschten – Dualismus: Neben den Engeln im himmlischen Hofstaat gehört der andere Teil der Mächte „dem Beliar, dem Satan zu, der mit ihnen die Menschen beherrscht. Die Existenz des Menschen ist das Kampffeld zwischen Engeln und Dämonen, zwischen Gott und Satan."[19] Die Ambivalenz der Mächte ist dramatisch: Engel und Dämonen sind hier zwei Seiten eines Zusammenhangs, auch wenn wir nicht genetisch von einem Engelsturz ausgehen.

In der eschatologischen Katastrophe werden die Mächte erschüttert: Zur apokalytischen Stelle Mt 24,29 schreibt Grundmann: „Es ist ein müßiger Streit, der darum geführt wird, ob es sich hier um Engelmächte oder um kosmische Mächte handelt. [...] es gibt keine kosmischen Mächte, die nicht Geistermächte oder Engelmächte wären."[20] Sie sind bereits entmachtet durch die Auferstehung – das ist ein Hintergrund der Rede von Christi Himmelfahrt als Triumphzug in Kol 2,15 (wo allerdings von ἀρχαί und ἐξουσίαι die Rede ist). Interessanterweise geht es zunächst um die Tilgung der Schuld, die mit Satzungen zusammenhängt, die in paulinischer Sicht wiederum wurzeln in der Verfügung der Mächte und Gewalten, Engel und Elemente. Das ist der wichtige Aspekt, dass die menschliche Sünde verwickelt ist mit der außermenschlichen Machtausübung von Zwischenwesen. Auch in Eph 1,20ff ist deutlich, dass Christus nunmehr die Mächte und Gewalten beherrscht (vgl. abermals Phil 2,9–11). Die „subjektive", personale Relation zu Christus erlöst mich von diesen Mächten und Gewalten, aber auch objektiv ereignet sich die Befreiung der Mächte und Gewalten von der Macht der Sün-

---

[19] W. Grundmann, Art. δύναμαι κτλ., in: ThWNT, Bd. 2, 286–318, 298.
[20] A.a.O., 308.

de. All das konzentriert sich in der Formel von der Erhöhung Christi zur Rechten Gottes.

Damit das Bild nicht zu harmonisch wird: Die Entmachtung der Mächte führt nicht nur zu deren Befreiung, sondern auch „zum Gegenstoß im eschatologischen Endkampf".[21] Die Gemeinde befindet sich in der Machtfülle des Erhöhten, aber gerade darin ist sie „bedroht und umkämpft".[22] Es ist aber der Gemeinde auch das Charisma der Krafttat gegen dämonische Mächte anvertraut (1Kor 12,10). Durch die Verborgenheit der Gotteskraft am Kreuz – die nach 1Kor 2,6ff auf den ersten Blick als „dämonisch-satanischer Triumph" erscheint –, ist gesichert, „daß die *Kraft* Gottes wirklich Kraft *Gottes* ist und nicht Menschenkraft."[23] Die Energie der dämonisch-satanischen Mächte speist sich daraus, dass sie sich weigern, für Gottes schöpferische Kraft durchsichtig zu bleiben – als Kehrseite der sündigen menschlichen Anmaßung, über das Gottesverhältnis zu verfügen. Daher ist die Dynamik der *göttlichen Passivität* signifikant. Deshalb wird Christus den Antichristen mit dem *Hauch des Mundes* fällen (2Thess 2,6f). Die Kolosse stehen auf tönernen Füßen und haben der *Gelassenheit* des Glaubens – der sie einfach nicht ernst nimmt – nichts entgegenzusetzen.

Ein eschatologisch wichtiger und quasi-dualistischer Begriff ist schließlich αἰών:[24] Bei Platon bezeichnet das Wort die Ewigkeit im Unterschied zu χρόνος als der gemessenen Zeit. Dazu gehört auch die erfüllte Gegenwart, also nicht nur die messbare Dauer, sondern ein bestimmter Inhalt, eine Qualifikation von Zeit. Der Plural ist zunächst rhetorisch, „setzt allerdings voraus, daß man von einer Mehrzahl von αἰῶνες weiß, von *Zeitaltern, Zeiträumen*, deren unendliche Reihe die Ewigkeit konstituiert. So dringt hier die Bedeutung des *langen, aber nicht unbegrenzten Zeitraums* in die αἰών-Formeln ein."[25] In alledem kann man erkennen, dass Ewigkeit nicht einfach der Zeit entgegengesetzt wird, sondern Zeiten in ihrer Pluralität umgreift. Gottes Ewigkeit geht über die Zeit der Welt hinaus, weil Gott die Welt *geschaffen*

---

[21] A.a.O., 309.
[22] A.a.O., 314.
[23] A.a.O., 317.
[24] Vgl. H. Sasse, Art. αἰών, αἰώνιος, in: ThWNT, Bd. 1, 197–209.
[25] A.a.O., 199.

hat und *vollendet*. Also von Ewigkeit zu Ewigkeit, die Zeit der Welt umgreifend. Diese doxologische Formulierung sollten wir uns auf der Zunge zergehen lassen.

Es tritt ein zweiter Aspekt hinzu: Die Weltzeiten treten gegeneinander und werden *dadurch* inhaltlich gefüllt. Die christliche Hoffnung lässt die Zeiten schärfer aufeinander treffen und wird dadurch intensiv mit der göttlichen Ewigkeit konfrontiert. Diese Konfrontation vertieft die Glaubenserfahrung und führt zur noch intensiveren Konfrontation. *Diese Rückkopplung ist in ihrer universalen Ausweitung und komplementären Beziehung zur Schöpfungslehre (Ewigkeit als Komplement zur Allmacht) charakteristisch für die Eschatologie im Unterschied zur Pneumatologie.* In der bedrängenden Situation, dass die Welt zu Ende geht und einer neuen Welt weicht, wirkt sich gerade der Gegensatz schöpferischer Ewigkeit zur geschöpflichen Zeit aus. Es wird sowohl der abstrakte Dualismus zwischen Zeit und Ewigkeit als auch die Vorstellung einer Wiederkehr der Weltzeiten korrigiert – eine klassische theologische Methode. Der abstrakte Dualismus weicht der Reibung zwischen vergehender und kommender Weltzeit, die Ewigkeit übt Druck aus auf die vergehende Zeit. Die Pluralität von Zeiten kann sich nicht zyklisch verselbständigen, weil deutlich wird, daß Gott schöpferisch über die Zeiten regiert und in eine geschichtliche, das heißt immer auch: *unumkehrbare* Ausrichtung bringt.[26]

Systematisch-theologisch ist zu beachten, in welchem Ausmaß schöpfungstheologische Motive wichtig werden, wenn es um die Endzeit geht, wo die Schöpfung gleichsam auf dem Spiel steht – ins Chaos zurücksinken könnte oder aber eben von Gottes Schöpferkraft gehalten und umgestaltet wird. Es ist daher kein Zufall, dass die Mächte und Gewalten im paulinischen Zusammenhang wichtig sind und beherrscht werden von Jesus Christus. Es geht weniger um die „mythologische" Frage einer Zwischenebene als vielmehr um die theologische Frage nach durchsichtigen Strukturen der Schöpfung. Und der aus menschlicher Perspektive unlösbare Konflikt drängt sich in der Heilszeit dramatisch auf, gehört also in die Eschatologie. Daraus ergibt sich eine *hermeneutische Konsequenz*: Wir müssen nicht die nachbiblische

---

[26] Vgl. a.a.O., 205.

jüdische Frömmigkeit abqualifizieren als Unterwanderung des reinen alttestamentlichen Zeugnisses durch fremde Einflüsse, die wir dann durch Entmythologisierung dem Neuen Testament wieder entziehen könnten. Es geht eher umgekehrt darum, dass der Glaube an JHWH sensibel wird für die schöpfungswidrigen Elemente der Welt und dafür nach Begriffen sucht, die sich einer *Universalisierung* öffnen. Die Pointe will aber beachtet sein, dass auch im Neuen Testament die Universalisierung heilsam begrenzt wird durch die Konzentration auf eine Person, die konkrete Glaubenserfahrung im Leib Christi, die ohne den Anspruch auf einen Überblick sensibel macht und die apokalyptischen Motive depotenziert. Dem entspricht auch die Inkarnation als Gegenbewegung zur jüdischen Radikalisierung der Transzendenz JHWHs.

Georg Plasger

Recht und Grenze apokalyptischer Rede

Eschatologie und Apokalyptik
in systematisch-theologischer Perspektive

„Bis in die Gegenwart hinein ist allerdings insbesondere noch eine Frage, obgleich stets behandelt, offen geblieben, nämlich die nach einer sachgemäßen Verhältnisbestimmung von Eschatologie und Apokalyptik."[1] Mit diesem Hinweis auf eine aus systematisch-theologischer Sicht weitgehend ungeklärte Beziehung postuliert der Münchener Theologe Alf Christophersen, was andernorts – in Abwehr von Rudolf Bultmanns Unterscheidung – beinahe lapidar als eine Unmöglichkeit benannt wird: „Nicht berechtigt ist m.E. der Versuch, ‚Apokalyptisches‘ und ‚Eschatologisches‘ in der Bibel zu trennen. Eine solche Unterscheidung paßt zwar auf die Theologie Bultmanns, nicht aber auf die Texte selbst."[2]

Rudolf Bultmann hatte die Eschatologie des Neuen Testaments als präsentische Eschatologie verstanden – in der jeweiligen Existenz des Einzelnen vollzieht sich das Letzte: „Je in deiner Gegenwart liegt der Sinn der Geschichte".[3] Die im Neuen Testament erkennbaren apokalyptischen Aussagen sind in dieser Hinsicht keine existentiellen Aussagen und deshalb nicht in gleicher Weise zum Zentrum gehörend, sie sind von daher periphäre, zu entmythologisierende Texte, die für die Eschatologie nicht nötig sind. Der Gegenschlag wurde zunächst von Ernst Käsemann geführt, dessen Alternative in dem berühmten Diktum konzentriert ist: „Die Apokalyptik ist ... die Mutter aller christli-

---

[1] A. Christophersen, Die Begründung der Apokalyptikforschung durch Friedrich Lücke. Zum Verhältnis von Eschatologie und Apokalyptik, in: KuD 47 (2001), 158–179, 177.
[2] F. Beißer, Hoffnung und Vollendung (HST 15), Gütersloh 1993, 262.
[3] R. Bultmann, Geschichte und Eschatologie, Tübingen 1964, 184.

chen Theologie geworden."[4] Nach Käsemann ist eine Reduktion der neutestamentlichen Eschatologie auf eine rein existentiale Dimension nicht möglich, weil das Zentralmotiv der nachösterlichen Apokalyptik „die Hoffnung auf die Epiphanie des zu seiner Inthronisation kommenden Menschensohnes"[5] war, der Anbruch eines neuen Äons.

Beide Beobachtungen haben je ihr Wahrheitsmoment. Bultmanns Konzeption trägt zwar unadäquate geschichtsphilosophische Voraussetzungen ein, weist aber mit seinem Ansatz darauf hin, dass sich im Neuen Testament nicht einfach eine unkritische Übernahme von apokalyptischen Vorstellungen der Umwelt vorfinden lässt, sondern nach der spezifischen Eigenart der vorfindlichen eschatologischen und apokalyptischen Aussagen zu fragen ist. Und Käsemann verweist zu Recht darauf, dass die eschatologischen Aussagen des Neuen Testaments ohne apokalyptische Dimensionen nicht verstehbar sind: eschatologische Aussagen existieren nicht ohne apokalyptische. Gleichzeitig ist es auch bei ihm kaum mehr als ein Aufruf, dass Bultmann es sich zu einfach gemacht habe, ohne dass er wirklich schon ein alternatives Modell etabliert habe.

Wir stehen also auch noch heute vor der Frage, wie denn einerseits die dezidiert apokalyptischen Texte und Textpassagen im Neuen Testament zu ihrem Recht kommen können und andererseits die Perspektivität des Neuen Testaments mit ihren eschatologischen Kernaussagen mit aussagbar ist.

Deshalb möchte ich im Folgenden zunächst untersuchen, wie wesentliche eschatologische Entwürfe der letzten Jahre dieses Verhältnis bestimmen und anschließend einen eigenen Vorschlag machen, der sich der Religionskritik der Theologie Karl Barths bedient.

---

[4] E. Käsemann, Die Anfänge christlicher Theologie, in: ders., Exegetische Versuche und Besinnungen II, Göttingen 1964, 182–204, 100. Vgl. auch ders., Zum Thema der urchristlichen Apokalyptik, in: ders., Exegetische Versuche und Besinnungen II, Göttingen 1964, 105–131.

[5] A.a.O., 104.

1. Das Verhältnis von Eschatologie und Apokalyptik in neueren Entwürfen

a) Reich Gottes oder: Eschatologie ohne Apokalyptik

In den Bahnen von Rudolf Bultmann bezüglich seines kritischen Verhältnisses zur Apokalyptik befindet sich beispielsweise der dogmatische Entwurf von Gerhard Ebeling. Er verkennt nicht, dass sich im Neuen Testament deutliche apokalyptische Texte finden lassen. Gleichwohl ist nach seiner Auffassung zu konstatieren, „daß sich die Entstehung und Ausformung des Urchristentums in kritischer Auseinandersetzung mit der Apokalyptik vollzogen hat."[6] Das erkennt Ebeling sowohl in der Verkündigung Jesu wie in der Theologie des Paulus ausgedrückt. Als Metaphern können apokalyptische Aussagen als „neue Weise der Naivität"[7] aufgenommen werden, jedoch ist die eigentliche eschatologische Redeweise, die dem christlichen Glauben am ehesten entspricht, die vom Reich Gottes. Hier fallen nach Ebeling die Zeiten zusammen, die in der apokalyptischen Vorstellungswelt allein auf das Futur bezogen sind und zudem noch unabhängig vom Glauben formuliert werden können. Wer das im Kommen Gottes in Jesus Christus bereits präsente Reich Gottes verkündet, der „muß nicht Hoffnungsbilder malen, die eher nur dazu angetan sind, von der Hoffnung selbst abzulenken und an ihr irre zu machen."[8]

Eine Eschatologie ohne apokalyptische Vorstellungen präferiert auch Paul Tillich, und auch er hat als Zentralbegriff seiner Eschatologie das Reich Gottes. Aber während bei Ebeling aufgrund seiner existenztheologischen Argumentation das Reich Gottes vor allem beim Glauben des Einzelnen ansetzt und damit die zukünftige Dimension einschließt, betont Tillich die Gegenwartsbezogenheit. Das Reich Gottes findet in der Geschichte statt, hier vollzieht sich „die Erhebung des Zeitlichen in die

---

[6] G. Ebeling, Dogmatik des christlichen Glaubens, Bd. 3, Tübingen 1979, 444.
[7] Ders., Dogmatik des christlichen Glaubens, Bd. 2, Tübingen 1979, 314.
[8] Ders., Dogmatik des christlichen Glaubens Bd. 3, 507.

Ewigkeit".⁹ Damit ist deutlich, dass Tillich der Eschatologie keine zeitlichen Dimension zuordnet – und konsequenterweise auch keine apokalyptischen Essenzen. Tillich distanziert sich so bewusst von einer von ihm „transzendentalistisch" genannten Jenseits-Eschatologie, die er sowohl im Neuen Testament, in der frühen Kirche, bei Augustin als auch in der reformatorischen Theologie vorfindet.¹⁰

b) Die apokalyptische Dimension der Eschatologie

Ganz anders als Tillich und Ebeling akzentuiert Jürgen Moltmann in seiner 1995 erschienenen Eschatologie. Ausdrücklich fragt Moltmann: „Ist apokalyptische Eschatologie notwendig?"¹¹ Und seine Antwort lautet – beinahe uneingeschränkt – Ja. Die Voraussetzung für sein positives Verständnis von Apokalyptik ist allerdings, dass er die biblische Apokalyptik von den „modernen apokalyptischen Deutungen menschlicher Endzeiten", die „nur noch die Katastrophe, aber nicht mehr die Hoffnung"¹² thematisieren, unterscheidet. Die biblische Apokalyptik ist nach Moltmann von Hoffnung geprägt, „die Schmerzen und Traurigkeiten der Endzeit" sind „nur die notwendigen Begleiterscheinungen der Neugeburt der Welt."¹³ Der historische Grund für die Rezeption der „alten apokalyptischen Vorstellungen vom Weltende"¹⁴ ist nach Moltmann die Spannung zwischen der im Kommen Christi und der Ausgießung des Heiligen Geistes bereits als geschehen geglaubten Äonenwende und der noch erwarteten Wiederkunft Christi. Deutlich werde, dass die apokalyptischen Vorstellungen der Hoffnung auf die Parusie Christi „untergeordnet"¹⁵ werden und deshalb nicht Angst und Schrecken dominie-

---

⁹ P. Tillich, Systematische Theologie, Bd. III, Stuttgart 1966, 448.
¹⁰ Vgl. a.a.O., 405. Vgl. auch F. Beißer, Hoffnung und Vollendung (=HST 15), Gütersloh 1993, 150–174.
¹¹ J. Moltmann, Das Kommen Gottes. Christliche Eschatologie, Gütersloh 1995, 253.
¹² Ebd.
¹³ A.a.O., 256.
¹⁴ A.a.O., 258.
¹⁵ Ebd.

ren, sondern die Hoffnung auf die Zukunft Christi bestimmend ist. Es bleibt daher „ein theologisches Rätsel",[16] warum die frühen christlichen Gemeinden trotz der eindeutigen Vorordnung der Hoffnung apokalyptische Endkampfszenarien aufgenommen haben. Zwei Gründe nennt Moltmann. Erstens sind die Leiden Christi und die der Welt bzw. der Nachfolger Christi als Parallele zu verstehen: Die ganze Schöpfung nimmt Teil an der Passion Christi; durchs Kreuz hindurch findet eine „kosmische Auferweckung und Neuschöpfung" statt. Zweitens nehmen die apokalyptischen Bilder die in dieser Welt vorhandenen Ängste und Gefahren auf und benennen sie, um „ihnen die lähmende Unbegreiflichkeit zu nehmen"[17] – angesichts der Hoffnung soll die Angst klug machen, die Hoffnung nicht mit leichtfertigem Trost zu verwechseln: „Eschatologie ist keine Lehre vom *happy end* der Weltgeschichte."[18]

Apokalyptik ist also nach Moltmann nicht zu verwechseln mit der Eschatologie. Aber sie ist auch nicht auszuscheiden, weil sie in der Lage ist, die kosmischen Dimensionen der Hoffnung und damit die Teilhabe der ganzen Welt am Wiederkommen Christi zu thematisieren.

c) Apokalyptik als Utopie

Auch Friedrich-Wilhelm Marquardt kann sich in seiner Eschatologie mit dem interessanten Titel „Eia, wärn wir da – eine theologische Utopie"[19] nicht zufrieden geben mit der Gegenüberstellung oder gar dem Gegensatz von Eschatologie und Apokalyptik. Zwar könnten in der Bibel historische Verschiedenheiten zwischen „der Botschaft der Propheten und den Visionen der biblischen Apokalyptiker"[20] festgestellt werden, aber ein besonderes theologisches Gewicht erkennt Marquardt dieser

---

[16] A.a.O., 259.
[17] A.a.O., 261.
[18] Ebd. (Hervorhebung bei Moltmann).
[19] F.-W. Marquardt, Eia, wärn wir da – eine theologische Utopie, Gütersloh 1997.
[20] A.a.O., 22.

Verschiedenheit nicht zu. Vielmehr ist sowohl bei den Propheten wie bei den Apokalyptikern erkennbar, dass sie in Bildern von der Zukunft reden. Marquardt unternimmt in seinem Buch nun keine theoretische Verhältnisbestimmung von Eschatologie und Apokalyptik, wohl aber sucht er mit dem Terminus der „Utopie" ein Integral zu benennen und auszuformulieren: Die Utopie ist nach Marquardt „Sprache der Bilder"[21] – und sowohl die Propheten wie die Apokalyptiker „geben Verheißungen Gottes und wollen die Menschen unterweisen, ihre Welt mit anderen Augen (Zukunftsaugen) zu sehen und von ihr aus andere Worte zu vernehmen als die Eigenworte, die die Welt von sich aus spricht."[22] Deswegen spielt der Begriff der „Apokalyptik" im Großteil seines Buches auch gar keine Rolle, weil es um Bildersprache geht. In Bildern allein kann nach Marquardt so von der Zukunft Gottes und der Welt geredet werden, dass sie den Menschen Sehnsucht gibt und diese sich nicht zufrieden geben lässt mit den Beschränkungen der Welt. Dabei ist es der Bibel angemessen, dass es „Sprach-Bilder" sind, denen sich Marquardt dann auch spezifisch zuwendet: „So hat in der Bild-Sprache der christlichen Predigt das Utopische einen unzerstörbaren Ort, bis es sich verwirklicht und unser Herr kommt."[23]

Der Begriff der Apokalyptik ist für Marquardt also eher ein religionsgeschichtlicher und kein theologischer Terminus. Er verortet daher apokalyptische biblische Texte auch nicht „apokalyptisch", sondern fragt nach den Bildern, die in apokalyptischen oder apokalyptisch beeinflussten Texten transportiert werden, um sie auf die Hoffnung zu beziehen. Die Hoffnung selber unterscheidet Marquardt allerdings von der Utopie. Eine wesentliche Frage, die sich deshalb von Marquardt her stellt, ist die nach dem Verhältnis von Hoffnung und Utopie. Weil Marquardt aber mehr an der Ausformulierung der Utopie gelegen ist, findet sich explizit dazu bei ihm Weniges.

---

[21] A.a.O., 56.
[22] A.a.O., 61.
[23] A.a.O., 101.

2. Das Kommen Jesu Christi als Zentrum eschatologischer Rede

In einem Gespräch mit Vertretern des Arbeitskreises „Pietismus und Theologie" im Oktober 1959 sagte Karl Barth eher beiläufig und lapidar, als es um die Frage ging, welche Aussagen bezüglich der Eschatologie des Paulus relevant sind: „Sicher war ihm [sc. Paulus] nur, dass er Christus als den Herrn erwartete."[24] In diesen knappen Hinweis stimmen im Wesentlichen auch alle neueren exegetischen und eschatologischen Studien der letzten Jahre mit ein. So formuliert Friedrich Beißer: „Wenn wir vom Neuen Testament ausgehen, so ist es offensichtlich geboten, *einem* Ereignis die Schlüsselstellung zuzuweisen. Überall ist das schlechthin entscheidende Geschehen in allem anderen, das außerdem noch erzählt wird, das Kommen des Herrn."[25] Und der römisch-katholische Theologe Franz-Josef Nocke formuliert: „So wird ... die Hoffnung auf die Vollendung der Gottesherrschaft in der nachösterlichen Gemeinde personal gefasst: als Hoffnung auf das Kommen Christi, auf seine ‚Parusie'."[26]

Diese Erwartung des Kommens Jesu Christi hat mehrere Implikationen, von denen ich jetzt nur knapp zwei benenne, die für unseren Zusammenhang wichtig sind:

a) Der kommende Herr ist der Gekommene, es geht also um die „Zukunft des Gekommenen",[27] wie Walter Kreck es in seiner Eschatologie treffend formuliert. Es wird von der christlichen Gemeinde kein anderer erwartet als der, in dem Gott selber

---

[24] K. Barth, Gespräche 1959–1962, hg. v. Eberhard Busch, Zürich 1995, 38.

[25] F. Beißer, Hoffnung und Vollendung, 280 (Hervorhebung bei Beißer). Beißer nennt ausdrücklich die Apokalypse des Johannes, die möglicherweise nicht das Kommen Gottes als Schlüsselstellung habe. Doch die neueren Forschungen zur Apokalypse des Johannes weisen gerade darauf hin, dass der Horizont der Apokalypse des Johannes die Vorstellung des Kommens Jesu Christi ist, auch wenn sie vom Sitzen Jesu Christi auf dem Thron spricht. Vgl. dazu etwa: E. Lohse, Die Offenbarung des Johannes, Göttingen ^{7}1988, 121; D. Sänger, „Amen, komm, Herr Jesus!" (Offb 22,20). Anmerkungen zur Christologie der Johannes-Apokalypse, in: F.W. Horn/M. Wolter (Hg.), Studien zur Johannesoffenbarung und ihrer Auslegung (FS Otto Böcher), Neukirchen 2005, 71–92.

[26] F.-J. Nocke, Eschatologie, Düsseldorf ^{6}1999, 51.

[27] W. Kreck, Die Zukunft des Gekommenen, München 1961 (Hervorhebung bei Kreck).

Mensch geworden ist und in dem er *die Welt* mit sich versöhnt hat. Deswegen sind die neutestamentlichen Hoffnungsaussagen auch immer schon geprägt vom Kreuzes- und Auferstehungsgeschehen, deswegen ist der Eindruck richtig, „daß die Urgemeinde in gewisser Weise hier auf ein eschatologisches Geschehen, ohne das ihre gesamte Verkündigung und ihr Glaube in sich zusammenfiele, *zurück*schaut."[28] Der Unterschied zum Gekommensein besteht bei der Wiederkunft darin, dass es ein Kommen in Herrlichkeit und damit in „Erlösung und Vollendung"[29] sein wird – und nicht in Verborgenheit. Die Identität und Kontinuität des Kommenden mit dem Gekommenen ist für das Neue Testament entscheidend.

b) Statt des futurischen Modus des Seins ist neutestamentlich und theologisch vom Futur des Kommens zu reden: Gott wird nicht nur sein, er kommt. Deshalb ist – und darauf hat insbesondere Jürgen Moltmann in seiner Eschatologie hingewiesen – statt vom *futurum* (als Zukunft des Seins) vom *adventus* (als Zukunft des Kommens) zu reden. Darin wird deutlich, dass die christliche Eschatologie nicht in erster Linie die Frage der Weiterentwicklung und des Bestandes oder die Veränderung dieser Welt thematisiert, sondern vom Kommen Jesu Christi aus denkt: Weil er der Welt „von vorne" entgegen kommt, darum gibt es Hoffnung. Weil er, der diese Welt versöhnt hat, wiederkommt, darum gibt es Hoffnung für die Welt. Entscheidend ist also die Perspektive: Nicht: In der Zukunft der Welt gibt es die Wiederkunft Jesu Christi, sondern: Weil Jesus Christus kommt, hat die Welt oder besser: bekommt die Welt Zukunft.

3. Apokalyptische Rede ist Bildersprache

Friedrich-Wilhelm Marquardt hat in seiner oben erwähnten Eschatologie darauf hingewiesen, dass apokalyptische Rede von der Zukunft in Bildern geschieht und sie darin grundsätzlich nicht von aller eschatologischen Rede unterscheidbar ist. Er hat

---

[28] A.a.O., 83.
[29] A.a.O., 183.

als Theologe, der in besonderer Weise das Alte Testament aufgreift, die Wahrnehmung, dass sich eschatologische Rede als Bilderrede vollzieht, in Verbindung gebracht mit der Frage, ob denn nicht das alttestamentliche Bilderverbot gegen die Bildersprache, mit der alleine von der Zukunft geredet werden könne, ins Feld zu führen sei. Nach ausführlichen Erörterungen kommt Marquardt schließlich zum Ergebnis, dass jedenfalls Sprachbilder und die damit verbundene Bildsprache ein legitimes Ausdrucksmittel für die Zukunft sind, ja sogar in der christlichen Predigt einen unzerstörbaren Ort haben. Dabei bezieht sich Marquardt ausdrücklich auf Luthers Einwände gegen die Bilderstürmer und rezipiert sie positiv. Und weil auch nach Luther Sprachbilder und Bilder anderer Art nicht voneinander zu trennen seien, dürfe und könne die Utopie die Bilder ausmalen – ja es ist geradezu der Vollzug der Eschatologie von Marquardt, dass er utopische Bilder vor Augen stellt: Den Garten, die Reise nach Jerusalem und vor allem die neue Stadt.

Das alttestamentliche Bilderverbot sieht er aber davon gar nicht tangiert, weil es davon motiviert ist, die „Geschöpflichkeit des Welt-Wirklichen und die Freiheit Gottes, da zu sein, wann immer er dasein will"[30] zu betonen – und das würden die Bilder nicht in Frage stellen.

Zweifelsohne hat Marquardt mit vielen seiner treffenden Beobachtungen Recht. Es ist zu einfach, plastische Bilder von Wortbildern kategorisch zu unterscheiden,[31] und es ist auch zu einfach, das Bilderverbot des Alten Testaments dahingehend zu instrumentalisieren, nur noch absolut von der Zukunft reden zu können.[32] Aber das in meinen Augen entscheidende Problem in Marquardts Ansatz besteht darin, dass er die von ihm grundsätzlich zuerkannten Unterschiede von Eschatologie und Utopie nicht kriteriologisch zu fassen vermag. Marquardt konstatiert ausdrücklich: „Eschatologie lehrt hoffen, Utopie weckt Sehnsucht. Aber beides gehört zusammen: Gott, der uns Grund zum

---

[30] Marquardt, Eia, wär'n wir da, 91.

[31] Der Heidelberger Katechismus, auf den Marquardt ausdrücklich (a.a.O., 100) verweist, macht das in Frage und Antwort 98 aber gar nicht. Denn dort werden Bilder der „lebendigen Predigt des Wortes Gottes" gegenüber gestellt – und das zielt auf die Aufgabe der Kirche, creatura verbi zu sein.

[32] Marquardt verweist (a.a.O., 56ff) exemplarisch auf Karl Rahner.

Hoffen gibt, und der Mensch, der sich sehnt."[33] In der Folge behandelt Marquardt aber dann nur noch die Zusammengehörigkeit beider und nicht mehr die Differenz. Und weil Marquardt die beiden Kategorien von Utopie und Eschatologie so nahe aneinander rückt, ja beinahe identifiziert, darum wirken seine von ihm ausgeführten Bilder letztlich ein Stück weit willkürlich.[34] Es ist daher, durchaus in der Spur Marquardts sich bewegend, zu fragen, inwiefern eine Differenzierung bei aller Betonung des Zusammenhangs apokalyptischer bzw. utopische Rede im Verhältnis zur eschatologischen Hoffnung benennbar bleibt.

4. Das Bilderverbot als Ausdruck der Religionskritik

Marquardt hatte zu Recht darauf hingewiesen, dass die biblische Rede von dem, was kommt, in Bildern vollzogen wird. Und er hatte als biblischer Theologe auch das Bilderverbot reflektiert und dabei als letztlich für die Fragestellung nicht relevant erklärt. Hier setzt jetzt meine weitere Nachfrage ein. In der Tat fällt ja auf, dass trotz des Bilderverbots im Alten Testament doch eine Fülle von Bildern existieren: Die Bibel redet von Gott in Metaphern. Nun ist es aber zu einfach, die Relevanz des im Bilderverbot zum Ausdruck kommenden theologischen Sachverhalts zu negieren, wenn es um metaphorische Rede geht. Vielmehr gilt es zu fragen, ob und inwiefern das Bilderverbot dazu verhelfen kann, präziser von Gott zu reden.

Karl Barth verortet das Bilderverbot systematisch-theologisch im Rahmen seiner vielfach diskutierten und umstrittenen Religionskritik. Kennzeichen der Barthschen Religionskritik ist eine häufig übersehene dialektische Figur. Auf der einen Seite – vielfach gescholten – versteht Barth „Religion als Unglaube": „Religion ist eine Angelegenheit, man muß geradezu sagen: die Ange-

---

[33] Marquardt, Eia, wär'n wir da, 23.
[34] Es ist aufgrund der Biographie des aus Eberswalde in der Nähe von Berlin stammenden und dann lange Jahre in Berlin lehrenden und lebenden Friedrich-Wilhelm Marquardt durchaus nachvollziehbar, wenn er die neue Stadt als Gipfel der utopischen Bilder darstellt (a.a.O., 237–275) und ich mindestens den Eindruck habe, es wäre die neue Stadt so etwas wie ein himmlisches Berlin.

legenheit des gottlosen Menschen."[35] Auf der anderen Seite aber
– zumeist übersehen – betont Barth gleichzeitig, dass es „mitten
in der Welt menschlicher Religion wahre Religion"[36] gibt. Nur in
diesem Doppelsatz lässt sich Barths Religionskritik verstehen.
Barths Auseinandersetzung ist dabei nicht der Vergleich des
christlichen Glaubens oder gar des Christentums mit anderen Religionen, sondern es geht ihm um das Phänomen von Religion
innerhalb der christlichen Kirche. Und hier macht Barth darauf
aufmerksam, dass die Religion als menschliches Unterfangen,
sich Bilder von Gott zu machen, gekreuzt wird von Gottes Offenbarung in Jesus Christus. „Die Religion ist nicht stark genug,
um Gottes Offenbarungsfülle zu beschreiben. Und theologisch
ist von der Religion zu sagen, dass sie nicht der Offenbarung
Gottes vorgeschaltet werden muss oder kann."[37] Diese Unzulänglichkeit der Religion benennt Barth mit den Begriffen „Nicht-Notwendigkeit" und „Schwäche".[38]

Und gleichzeitig ist von der Religion zu sagen, dass sie Kennzeichen menschlicher Kreatur ist, zum „menschlich Allgemeinen"[39] gehört. Das Phänomen der Religion ist also moralisch
nicht zu verurteilen, sondern theologisch gesehen als Ort des
Humanum zu begrenzen und zu kennzeichnen: Die Religion bildet als Phänomen nicht die Voraussetzung oder gar den Rahmen
für das Kommen und die Offenbarung Gottes, sondern sie ist der
Ort, in den hinein Gott kommt und sich zu erkennen gibt – so jedenfalls Barth. Der Mensch kann der Offenbarung Gottes gar
nicht anders begegnen als in der Religion, als in Formen religiöser Erfahrung, weil das sein ureigener Bereich ist, das Göttliche
zu erfahren, zu benennen, ihm zu begegnen. Die Religion ist eine
anthropologische Konstante.

Und in dieser Hinsicht sind dann nach Barth auch die Bilder
und das Bilderverbot zu verstehen. Es gehört zur Kreatürlichkeit,

---

[35] K. Barth, Kirchliche Dogmatik I/2, 327.
[36] A.a.O., 377.
[37] G. Plasger, Das Bild und die Bilder. Im Gespräch mit Karl Barth zum Bilderverbot, in: J. Schmidt, „Du sollst dir kein Bildnis machen". Von der Weisheit des Bilderverbots (= reformierte akzente 5), 49–73, 54.
[38] Zu den Begriffen vgl. C. Dahling-Sander/G. Plasger, Hören und Bezeugen. Karl Barths Religionskritik als Hilfestellung im Gespräch mit den Religionen, Waltrop 1997, bes. 19–24.
[39] KD I/2, 307.

sich Gottesbilder zu machen, Gott mit Vorstellungen zu versehen, Gott mit Metaphern, die häufig natürlich kontextuell bedingt sind, zu benennen. Sie dürfen nur nicht verwechselt oder besser identifiziert werden mit Gott selber, weil Gott in seiner Offenbarung sein eigenes Bild, Jesus Christus, kundgetan hat. Gottesbilder sind Ausdruck menschlicher Erfahrungen. Sie vermögen weder Gott zu fassen, noch tragen sie in sich den Beweis, dass sie zutreffende Bilder sind. Andernorts habe ich – in Aufnahme der Interpretation des Bilderverbots von Adorno und Horkheimer – zu zeigen versucht, dass Barth in seiner Konzeption die Gottesbilder geradezu schützt, indem er sie auf den Bereich der menschlichen Erfahrung begrenzt: weil sie keine Definition Gottes bieten, werden sie geschützt, indem sie nicht überhöht werden dürfen.[40]

5. Das Verhältnis von Apokalyptik und Eschatologie in der Perspektive der Barthschen Religionskritik

Das Barthsche Verständnis von Religion und ihre theologische Begrenzung eröffnet nun eine interessante Möglichkeit, auf dieser Grundlage das Verhältnis von Eschatologie und Apokalyptik zu reflektieren. Das, was als eschatologisch gewisser Satz, gleichsam als Schlüsselerkenntnis, ausgesagt werden kann, ist die Rede von der Wiederkunft Jesu Christi. Und streng genommen könnte sogar gesagt werden, dass das die eigentlich einzige klare eschatologische Aussage ist.

Nach Barth macht das Kommen Gottes in Jesus Christus in den Bereich des Humanum und damit in den Bereich der Religion dieses Kommen verwechselbar.[41] Und nur darum ist es möglich, es mit Religion zu identifizieren. Von dieser grundlegenden Zuordnung her ist es nun auch möglich, diesen Satz von der Wiederkunft Jesu Christi als apokalyptische Aussage zu verstehen. Das Kommen Jesu Christi in Herrlichkeit ist als apokalyptische Aussage verstehbar, wird damit ihrem eigentlichen eschato-

---

[40] Vgl. dazu G. Plasger, Das Bild und die Bilder, 63–65.
[41] Vgl. KD I/2, 307.

logischen und theologischen Charakter innerhalb der christlichen Kirche und Theologie aber nicht gerecht; vielmehr ist sie als ein den verschiedenen apokalyptischen Aussagen im Neuen Testament gegenüber stehendes Geschehen zu vermerken.

Wie aber, so lautet die theologische Frage, soll man von diesem Ereignis reden können, das so gänzlich unvorstellbar ist. Wie soll und kann davon geredet werden, dass es ein Wiederkommen in Herrlichkeit ist, dass dann nicht mehr nur geglaubt, sondern auch geschaut werden kann, dass dann Kontinuität, ja Bestätigung und In-Kraft-Setzung von Kreuz und Auferstehung stattfinden werden und zugleich Diskontinuität? Die menschliche Möglichkeit, mehr als nur diesen einen Satz sagen zu können, der als Satz alleine wenig Vorstellungsdimensionen mit sich bringt, ist beschränkt. Bultmann und Tillich haben in Wahrnehmung dieser Schwierigkeit der Eschatologie ihre kosmischen und zeitlichen Dimensionen genommen, um davon reden zu können – und haben damit die neutestamentliche Weise, apokalyptisch von der Eschatologie zu reden, ausgeschieden. Hier gilt es nun, diese apokalyptische Redeweise theologisch zu verstehen und wiederzugewinnen.

Wenn man die apokalyptische Redeweise in Aufnahme der Barthschen Religionskritik als Form der Religion versteht, vom Eschaton zu reden, dann ist damit manches gewonnen. Erstens besagt es, dass die apokalyptischen Bilder in der Bibel selber bereits Versuche sind, die eschatologische Zentralaussage zu artikulieren – mit den Bildern der eigenen Vorstellungswelt. Das erklärt auch, warum die apokalyptischen Traditionen der Umwelt des Neuen Testaments deutlich, aber doch nur gebrochen aufgenommen worden sind: kein letzter Dualismus ist beispielsweise durchgehalten worden.[42]

Zweitens macht es deutlich, dass die apokalyptische Rede nicht ersetzbar ist durch eine bilderlose Rede, weil der Bereich der Religion der Bereich der Apokalyptik ist, in dem eschatologisch geredet wird. Immer schon reden wir in gewisser Weise apokalyptisch, wenn wir von der Wiederkunft Jesu Christi reden.

---

[42] Vgl. dazu den Beitrag von E. Maurer in diesem Band.

Und selbst die Vorstellung vom Ende der Welt ist bereits apokalyptische Rede.[43]

Und drittens ist es nötig, jeder apokalyptischen Rede immer wieder das Bekenntnis der Wiederkunft Jesu Christi gegenüberzustellen und sie daraufhin zu kontrollieren und zu beziehen. Apokalyptische Rede ist nicht aus sich heraus mehr als menschliche Rede. Sie ist keine Geheimsprache, die zu entschlüsseln ist. Sondern sie ist eine Ausdrucksweise, von der Wiederkunft Jesu Christi zu reden. Bei Friedrich-Wilhelm Marquardt sehe ich im Ansatz dieses Verfahren vorhanden, dass er von einem nicht sichtbaren Ort nur utopisch und also in Bildern reden kann. Was bei ihm zuwenig geschieht, ist die Beziehung der Bilder auf das Kommen Jesu Christi und damit auch auf die bereits geschehene Versöhnung der Welt: Sie ist ja bereits versöhnt. Die Menschen sind bereits neue Kreatur geworden, so argumentiert Paulus.

Es verhalten sich also Eschatologie und Apokalyptik zueinander wie Offenbarung und Religion. Die Hoffnung, dass Jesus Christus wiederkommt, dass er und kein anderer die Zukunft der Welt in Händen hält, das können wir nicht anders aussagen als in Bildern, die von Unsagbarem versuchen, etwas auszusagen. Das, was jenseits unseres Horizontes liegt, ist mit den Mitteln unserer eigenen Vorstellungskraft nur so aussagbar, dass sich in unseren Worten eine Übersteigerung, eine Totalveränderung aus den Worten ergibt – letztlich bleiben unsere Worte aber sachlich analogielos, wenn sie auch im Gewand analoger Bilder einhergehen.

Ein Beispiel für dieses Verfahren ist der Begriff des Endes der Welt. Ein klassischer Begriff, wenn es um die Vorstellungen von der Wiederkunft Jesu Christi geht, mehrfach auch in der Bibel bezeugt. Aber wenn davon ausgegangen werden kann, dass nicht die Vorstellung vom Ende der Welt die Botschaft von der Wiederkunft Jesu Christi auguriert, gilt umgekehrt: Weil Jesus Christus wiederkommen wird, kann es nicht einfach eine bruchlose Fortführung der bisherigen Welt geben, sonst wäre diese vorfindliche Welt der Rahmen. Weil die Welt aber seiner in Herrlichkeit schauen wird, die jetzige erfahrbare Welt aber wohl kaum in der Lage sein wird, dieses Herrlichkeit zu schauen oder gar zu fassen, muss es etwas Neues geben: eine neue Welt, einen

---

[43] Vgl. dazu unten etwas mehr.

neuen Himmel und eine neue Erde. Der Terminus des Endes der Welt ist eine Interpretation des Zustandes dieser Welt angesichts des erhofften Kommens Jesu Christi, der alles verändern wird. In der Perspektive des Kommens Jesu Christi ist die Dimension des Endes, das ja als apokalyptischer Terminus einen dualistischen Charakter hat (Ende mit Schrecken für die, die untergehen, neuer Anfang für die dann Geretteten) verändert: Es ist kein Ende mit Schrecken, sondern eine Hoffnung, dass das Seufzen der ganzen Kreatur ein Ende haben wird, dass die Unzulänglichkeiten dieser Welt abgetan sein werden, dass die Welt voll der Herrlichkeit Gottes sein wird, dass die Spannung von Glauben und Schauen aufgelöst sein wird in ein Schauen. Die mögliche Drohung des Endes wird beherrscht von der Hoffnung für die ganze Welt.

7. Apokalyptische Mahnungen

In seiner erst 2003 veröffentlichten Eschatologievorlesung aus Münster aus den Jahren 1925/26 – übrigens der einzigen ausführlicheren Eschatologie, die Barth je verfasst hat – kommt Barth zu sprechen auf die Zeichen der Zeit, die z.B. auch die Schriftsteller des Neuen Testaments bewogen habe, vom tausendjährigen Reich oder auch vom Reich des Antichrist zu reden. Solche Rede sei „unentbehrlich, und wehe dem, dem diese Hoffnung verloren geht und der sich einreden lässt, man könnte … mit dieser Idee Schluß machen. Ohne einen Tropfen dieses Öls (10 Jungfrauen [Mt. 25,3.8f]) kann man nicht ein hoffender Christ sein."[44] Die Dimension der Apokalyptik gehört dazu, aber sie darf nicht verselbständigt werden. „Man darf natürlich auch diese Idee nur als Zeichen werten."[45] Und dann schließt Barth den Gedanken ab mit einem Hinweis auf die Funktion dieser Zeichen: „Etwas Anderes als die Aufforderung zum Wachen und Beten kann der Sinn keines Zeichens sein. Aber es darf nicht un-

---

[44] K. Barth, „Unterricht in der christlichen Religion", Bd. 3: Die Lehre von der Versöhnung/Die Lehre von der Erlösung 1925/1926, hg. v. H. Soevesandt, Zürich 2003, 463.
[45] Ebd.

terdrückt, sondern es muß gesehen und gesagt werden, auch um der Ethik willen, daß wir von solchen Zeichen umgeben sind."[46]

Apokalyptische Texte sind nicht um der Spekulation willen da. Sie geben Hoffnung, können auch die Sehnsucht verstärken – darauf hat Marquardt in besonderer Weise hingewiesen. Aber sie dienen auch der Wachsamkeit der Christen. Der römisch-katholische Exeget Heinz Giesen hat in seiner Interpretation der Apokalypse des Johannes[47] darauf insistiert, dass diese eigentlich nicht als Trosttext zu verstehen sei, da das Ausmaß der Christenverfolgungen zur Abfassungszeit nicht zu gravierend gesehen werden könne. Vielmehr seien die Christen der damaligen Zeit in der Gefahr gewesen, an Kultfeiern zur Verehrung des Kaisers teilzunehmen – und die Apokalypse des Johannes sei in erster Linie als Schreiben zu verstehen, das die Christen des Römischen Reiches vor der Teilnahme an diesen Kultfeiern warnt, indem ihnen zugesprochen wird, dass die gegenwärtigen Zeichen der Zeit Vorboten des kommenden Jesus Christus seien. Die Apokalypse ist entscheidend Paränese – und auch die apokalyptischen Texte beispielsweise im Matthäusevangelium sind in dieser Richtung zu verstehen.

Diese Interpretation der apokalyptischen Texte lebt in ihrem Grundzug auch davon, dass sie ihre spezifische Aussage nur entfalten auf dem Hintergrund des erwarteten Kommens, und dass sie auch nur in Bezug auf das Kommen Jesu Christi recht gelesen werden können. Ein isoliertes Verständnis apokalyptischer Texte führt dagegen in die Spekulation oder sogar in die Häresie.

---

[46] Ebd.
[47] H. Giesen, Die Offenbarung des Johannes. Endzeitbilder von gestern oder Botschaft für heute? In: M.N. Ebertz/R. Zwick (Hg.), Jüngste Tage. Die Gegenwart der Apokalyptik, Freiburg 1999, 50–81. Vgl. auch ders., Die Offenbarung des Johannes (Regensburger Neues Testament), Regensburg 1997.

8. Apokalyptische Texte als Vehikel für die eschatologische Hoffnung

Der Exeget Helmut Merklein hat nach einem Durchgang durch die eschatologischen und apokalyptischen Texte des Neuen Testaments festgehalten, dass man „auf (im weitesten Sinn) apokalyptische Bilder und Metaphern kaum gänzlich verzichten"[48] kann. Allerdings müsse man sich im Klaren sein, „daß es sich um bloße Bilder und Metaphern handelt, wenn man will, sogar um bloße Vehikel, die man austauschen und ersetzen kann. Dennoch lassen sie sich nicht gänzlich abkoppeln, weil sonst auch die sogenannte eigentliche Aussage – ein menschlich Unsägliches – bewegungslos auf der Strecke bliebe."[49]

Entscheidend für ein systematisch-theologisch angemessenes und damit auch dogmatisch verantwortbares Verständnis der Apokalyptik und apokalyptischer Texte ist ihre Bezogenheit auf das Kommen Jesu Christi in Herrlichkeit. Sind sie in der Lage, es zum Leuchten zu bringen, Aspekte zu betonen, die sonst nicht gesagt würden oder werden könnten, dann sind sie gerade in dieser Stärke zu sehen und zu verstehen – und nicht zu entmythologisieren. Dabei ist – auch darauf hat Merklein hingewiesen – dieses Verständnisverfahren nicht beschränkt auf die apokalyptischen Aussagen in der Bibel. Auch spätere apokalyptische Aussagen, ja sogar gegenwärtige apokalyptische Aussagen sind von diesem Grundverständnis her zu sehen. Sie sind dann gut, wenn sie zum Vehikel werden, das Kommen Jesu Christi in Herrlichkeit hoffen und erhoffen zu dürfen. Und gleichzeitig fällt das Licht auf die apokalyptischen Texte jeder Zeit von dem erhofften Kommen Jesu her, sozusagen aus der Zukunft in die Gegenwart hinein.

Anders als in religiösen und also auch apokalyptischen Bildern und Metaphern können wir nicht von dem reden, was die Kirche erhofft. Darin besteht das Recht, aber auch die Grenze der Apokalyptik.

---

[48] H. Merklein, Eschatologie im Neuen Testament, in: H. Althaus (Hg.), Apokalyptik und Eschatologie. Sinn und Ziel der Geschichte, Freiburg 1987, 11–42, 35.
[49] Ebd.

Marco Hofheinz

Der neue Mensch

Zur Renaissance der Apokalyptik in der aktuellen biomedizinethischen Debatte

1. Einleitung

Zu Beginn der 90er Jahre stellte U.H.J. Körtner fest: „Es zeichnet die zeitgenössische Diskussion um die ökologische Krise und die Gefahr eines atomaren Weltkrieges aus, daß sie in abgewandelter Form von apokalyptischen Deutungsmustern Gebrauch macht, die von den angesprochenen Gefahren unabhängig bestehende Bewußtseinsphänomene sind."[1] Diese Beobachtung dürfte gegenwärtig auch auf die biomedizinethische Debatte zutreffen. Die Wiederkehr apokalyptischer Deutungsmuster lässt sich – wie im Folgenden gezeigt werden soll – in dem ca. dreißig Jahre alten, mit dem Schlagwort „Biomedizinethik" bezeichneten Diskurs unschwer nachweisen.

Mir geht es darum, die verschiedenen „bioapokalyptischen" Argumentationstypen bzw. Denkmuster zu beschreiben und fernerhin zu zeigen, inwiefern sie inhaltlich gerade nicht mit der urchristlichen Apokalyptik kompatibel sind. Meine These besagt, dass die profanen, neuzeitlich-säkularisierten Apokalypsen kupierte Apokalypsen sind,[2] deren entscheidendes Defizit darin besteht, dass sie die biblische Rede von der „neuen Kreatur" ausblenden und so die Pointe biblischer Apokalyptik umgehen. Gerade darin besteht ihre theologische Problematik.

---

[1] U.H.J. Körtner, Weltende. Zur theologischen Herausforderung apokalyptischen Denkens im Zeichen globaler Bedrohung, EvErz 45 (1993), 286–300, 295.

[2] Vgl. K. Vondung, Inversion der Geschichte. Zur Struktur des apokalyptischen Geschichtsdenkens, in: D. Kamp/C. Wulf (Hg.), Das Heilige. Seine Spur in der Moderne, Frankfurt a.M. 1987, 600–624, 615; O. Briese, Einstimmung auf den Untergang. Zum Stellenwert „kupierter" Apokalypsen im gegenwärtigen geschichtsphilosophischen Diskurs, AZP 20 (1995), 145–156, 145.

Die einzelnen Themen und Probleme der Biomedizinethik – wie etwa die Frage nach dem moralischen Status menschlicher Embryonen, nach Präimplantationsdiagnostik (PID), Reproduktionsmedizin, Klonen, Transplantationsmedizin, Hirntod, Sterbehilfe und Euthanasie, Humanexperimenten, Gesundheitsökonomie etc. – sind emotional stark besetzt. Angesichts der Tatsache, dass sie mit zunehmender Dynamik in die verschiedensten Lebensbereiche unserer Gesellschaft und auch das Leben des Einzelnen eingreifen und dabei die Frage nach dem Selbstverständnis der Gattung und nach Autonomie aufwerfen, verwundert dies nicht. Befürworter und Gegner stehen sich häufig unversöhnt gegenüber, diffamieren einander als „religiöse Fundamentalisten" oder „Erfüllungsgehilfen der Großindustrie". Die biomedizinethischen Debatten, die einst in Fachkreisen begannen, sind längst „biopolitisch" in den Parlamenten eskaliert und justitiabel geworden.[3]

Dass die Kombattanten in naher Zukunft die Liebe zum Kammerton entdecken, steht nicht zu erwarten. Es macht sich bemerkbar, dass es hierzulande kein dominantes konsensorientiertes Paradigma gibt, an dem sich die Theoriebildung abarbeitet. Die intensive Debatte ist immer noch viel stärker vom grundsätzlichen Widerstreit zwischen deontologischen und teleologischen bzw. konsequentialistischen Ansätzen geprägt,[4] an denen entlang die Argumentationslinien verlaufen. Mitunter gerät der Biomedizinethikbegriff selbst unter die sich fundamentalkritisch gerierende Verdächtigung: Als utilitaristisch-biologistisches Theoriedesign diene er allein der Akzeptanzbeschaffung für moderne Technologien und unterminiere zu diesem Zweck die geltenden Wertfundamente humanen Zusammenlebens. Wie pluralistisch und selbstreflexiv ist der biomedizinethische Diskurs tatsächlich angelegt? Welche Rolle spielt in diesem Zusammenhang die „Apokalyptik"? Bestätigt sich etwa hinsichtlich der biomedizinethischen Debatte das ironische Diktum von H.M. Enzens-

---

[3] Vgl. C. Geyer (Hg.), Biopolitik. Die Positionen, Frankfurt a.M. 2001.
[4] Vgl. C. Frey, Argumentieren angesichts der Gentechnik. Die Aufgabe der evangelischen Ethik in der gegenwärtigen genetischen Debatte, WzM 54 (2002), 453–468; O. Höffe, Medizin ohne Ethik, Frankfurt a.M. 2002, 41ff.

berger: „Die Apokalypse gehört zu unserem ideologischen Handgepäck"?[5]

2. Der „bioapokalyptische" Argumentationstyp. Vom doppelten Gebrauch apokalyptischer Terminologie in der biomedizinethischen Debatte

Der Begriff Apokalyptik wird im gegenwärtigen biomedizinethischen Diskurs von manchem Diskursteilnehmer nicht nur implizit, sondern sogar explizit verwandt. Der Journalist C. Amery (1922–2005) beispielsweise bezeichnete sich selbst als einen „Warner", der „das undankbare Kassandrageschäft, die Beschwörung der Apokalypse"[6] betreibt. Der Molekularbiologe E. Chargaff (1905–2002), der 1951 die „Komplementarität" der Nukleotidbasen entdeckte und damit die Grundlage für die „Grammatik der Biologie" legte, welche Watson und Crick 1953 die Präsentation des Strukturmodells der DNS ermöglichte, etikettierte sich in ähnlicher Weise als einen „ungehörten Propheten". Nach seinem „prophetischen" Urteil handelt es sich bei den Eingriffen in die Grundsteine des Lebens, nämlich die Erbanlagen – insbesondere ins Genom der Keimzellen –, um einen zweiten Sündenfall der Naturwissenschaft. Seine suggestive Frage: „Bin ich wirklich der einzige Naturwissenschaftler, der ein Beben unter dem Boden spürt?", verrät unzweifelhaft ein apokalyptisches Pathos spätprophetischer Provenienz. Die Beispiele apokalyptischer Selbststilisierung ließen sich leicht vermehren.

So beurteilte man beispielsweise den mittlerweile als Fälschung widerlegten Klonerfolg südkoreanischer Forscher wie folgt: „Erstmals in der Geschichte der Menschheit wird damit menschliches Leben bewusst zum Zweck des Verbrauchs und

---

[5] H.M. Enzensberger, Zwei Randbemerkungen zum Weltuntergang, in: ders., Politische Brosamen, Frankfurt a.M. 1985, 225–236, 225.
[6] C. Amery, Vom Ende der Natur: Aktuelle apokalyptische Visionen, in: G. Fuchs (Hg.), Mensch und Natur. Auf der Suche nach der verlorenen Einheit, Frankfurt a.M. 1989, 31–50, 39.

der Vernutzung erzeugt."⁷ Weil man *de facto* beim Versuch therapeutischen Klonens *verbrauchende* Stammzellenforschung und damit die Vernichtung menschlichen Lebens – nämlich der geklonten Embryonen nach Entnahme der Stammzellen – vollzieht, scheint die Artikulation der Inakzeptanz bzw. strikten Ablehnung gegenüber der moralischen Verwerflichkeit eines solchen Verfahrens zum äußersten Ausdrucksmittel greifen zu müssen. Denn wo es, wie beim therapeutischen Klonen, um die Freigabe von Tausenden von Embryonen zur Tötung geht, sei sprachlich zwar nicht jedes, aber doch zumindest das Mittel des Rekurses auf die Äonenwende legitim.

Kennzeichnend für die Apokalyptik im Sinne einer weltanschaulich-theologischen Geistesströmung ist u.a. die Botschaft vom Ende des jetzigen Äons. Genau auf dieses rekurrieren vielfach verschiedene Gegner bestimmter biotechnischer Anwendungen und Verfahren wie beispielsweise des therapeutischen Klonens und/oder der verbrauchenden Stammzellforschung. Befürchtet wird, dass sich durch die Vernichtung menschlichen Lebens jene kosmische Katastrophe ereignet, die den Zeitpunkt des Weltendes bedeutet. Das in Gestalt der Vernichtung menschlichen Lebens in den Blick gefasste Weltende beschreibt den moralischen Tod der Spezies bzw. des Gattungswesens „Mensch", also gleichsam den sittlichen Supergau. Die für die Apokalyptik typische Kontrastierung von gegenwärtigem und neuem Äon schlägt sich in der bewussten Stilisierung des schroffen Gegensatzes von „natürlichem" und „biotechnischem" Zeitalter nieder: Die jetzige Zeit ist die „Wendezeit", in welcher sich der endgültige „Verlust" von Humanität bzw. ihrer disparaten Relikte ereignet oder eben nicht. Die dualistisch geschilderte Alternative zwischen positiver und negativer Eugenik,⁸ biologischer Selektion und natürlicher Auslese, Zeugung *in vivo* und *in vitro* etc. steht für die Menschheit am Scheideweg mit der Einführung besagter Biotechnologien auf dem Spiel. Denn mit dem alles entscheidenden nächsten Schritt könnte – so die bioapokalyptische

---

⁷ W. Wodarg, Die koreanische Lüge. Was die Klon-Forscher verschweigen, in: Süddeutsche Zeitung Nr. 37 vom 14./15.02.2004, 11.
⁸ Vgl. H. Jonas, Technik, Medizin und Ethik. Zur Praxis des Prinzips Verantwortung, Frankfurt a.M. 1985, 175ff.

Logik – der Weg in die Katastrophe angetreten und diese somit real werden, wenn man sie nicht durch gegenläufige rechtliche Regelungen wie etwa ein sofortiges weltweites Klonverbot verhindert.

Immer wieder tauchen in diesem bioapokalyptischen Argumentationszusammenhang die Metaphern vom „Dammbruch", vom „Überschreiten des Rubikons" oder auch das Argument der schiefen Ebene (slippery slope) auf. So formulierte etwa der ehemalige Bundespräsident Johannes Rau in seiner *Berliner Rede*" am 18.05.2001: „Wir brauchen Aufklärung im besten Sinn des Wortes. Aufklärung richtet sich gleichermaßen gegen irrationale Ängste und apokalyptische Vorstellungen wie gegen pure technische Machbarkeitsphantasien".[9] Obwohl J. Rau sich hier zweifelsfrei apokalyptik-kritisch äußert, schlägt sich in seinem Plädoyer für einen durch das „menschliche Maß" begrenzten Fortschritt, der die als Ergebnis aufgeklärten Denkens und Handelns installierten Tabus anerkennt, interessanterweise ein auffälliger Gebrauch apokalyptischer Metaphorik nieder. So bemerkt J. Rau mit Blick auf das den Raum des wissenschaftlichen Fortschritts markierende Tabu: „Es gibt viel Raum diesseits des Rubikon".[10] Mehrfach gebraucht er auch das Argument der schiefen Ebene: „Wer einmal anfängt, menschliches Leben zu instrumentalisieren, wer anfängt, zwischen lebenswert und lebensunwert zu unterscheiden, der ist in Wirklichkeit auf einer Bahn ohne Halt."[11]

Auch hinsichtlich der umstrittenen Frage nach aktiver Sterbehilfe macht J. Rau gegenüber dem Argument, „man dürfe etwas nicht allein deshalb verbieten, weil es zu ungewollten schlimmen Konsequenzen oder auf eine schiefe Bahn führen könne",[12] die Notwendigkeit einer Fehlentwicklungsprävention durch entsprechende Regelungen geltend. Und mit Blick auf die wachsende Zahl der Befürworter eines reglementierten Einsatzes der Präimplantationsdiagnostik (PID), d.h. der genetischen Untersu-

---

[9] J. Rau, Wird alles gut? – Für einen Fortschritt nach menschlichem Maß, in: S. Gaumann (Hg.), Die Genkontroverse. Grundpositionen (Herder spektrum 5224), Freiburg i.Br. u.a. 2001, 14–29, 29.
[10] A.a.O., 18.
[11] A.a.O., 26.
[12] A.a.O., 24.

chung künstlich befruchteter Embryonen vor Einpflanzung in den Mutterleib, fragt J. Rau kritisch an: „Wäre eine solche Beschränkung einzuhalten, wenn die Erlaubnis einmal grundsätzlich gegeben ist? Widerspricht das nicht aller Lebenserfahrung? Und muss man deshalb nicht die Befürchtungen jener verstehen, die glauben, dass mit dieser neuen Form der Diagnostik die Tür geöffnet wird oder geöffnet werden soll zu ganz anderen Zielen."[13] Bereits zu Beginn der Rede eingeführt,[14] steht J.W. Goethes „Zauberlehrling" im Duktus des Argumentationsgangs Pate für die „apokalyptische" Denkungsart.

Das Beispiel der Berliner Rede J. Raus veranschaulicht: Wenn vom „Dammbruch" oder vom „Überschreiten des Rubikons" gesprochen oder auch das Argument der schiefen Ebene bemüht wird, dann geht es um mehr als lediglich jene Kritik, die sich auf die langfristigen negativen Folgen eines bestimmten Handelns beruft und etwa auf der Grundlage einer kulturpessimistischen Epochendiagnose eine gleichsam schleichende Unterminierung des Respekts vor menschlichem Leben zu Bedenken gibt. Der Einwand gegen bestimmte biomedizinische Praktiken, der sich in diesem Metapherngebrauch manifestiert, rekurriert vielmehr auf ein apokalyptisches Paradigma, um jenes apokalyptische Finalbewusstsein zu wecken, das als Widerstandsgeist gegenüber besagten Innovationen moralisch Front macht. Wenn man etwa in Bezug auf therapeutisches Klonen apokalyptische Qualifikationen gebraucht, dann wird dieser Schritt als der alles entscheidende Schritt in die Unkalkulierbarkeit von Folgehandlungen charakterisiert.[15]

---

[13] A.a.O., 22.

[14] Vgl. a.a.O., 14.

[15] Für diese Argumentationsstrategie ist kennzeichnend, „dass sie aus einer einmal getroffenen Entscheidung eine unausweichliche Konsequenz weiteren Verhaltens ableite[t]. Die ethischen Deichwärter argumentieren auf die Zukunft bezogen. Aus einer ‚Heuristik der Furcht' entwickeln sie ihren syllogismus practicus, der vom Überschreiten einer bestimmten Grenze auf eine nicht mehr aufzuhaltende Entwicklung hin zu moralisch fragwürdigen Praktiken schließt. Man unterstellt dabei, dass sich ein technisches Verfahren oder eine rechtliche Regelung in einer Weise verselbständigt, dass die Unterscheidungs- und Wahlmöglichkeit zwischen legitimer und illegitimer Anwendung nicht mehr gegeben ist." P. Dabrock/L. Klinnert, Würde für verwaiste Embryonen? Ein Beitrag zur ethischen Debatte um embryonale Stammzellen (Medizinethische Materialien 130), Bochum 2001, 6f.

Andererseits wird der bioapokalyptische Argumentationstyp interessanterweise nicht nur von den Gegnern umstrittener Biotechniken (wie etwa der PID, dem therapeutischen Klonen oder der Entwicklung von Heilverfahren mittels Zellkulturen aus embryonalen Stammzellen) bemüht, sondern *cum grano salis* auch und gerade von entschiedenen Befürwortern. Der ehemalige Präsident der Max-Planck-Gesellschaft, der Biologe H. Markl, repliziert auf die Rede Raus:

> Der Rubikon ist kein Fluß, jenseits dessen das Böse lauert; denn das Böse ist, wenn schon, dann längst immer mitten unter uns. Der Rubikon ist vielmehr ein Fluß, dem der Mensch selbst ein neues Flußbett bahnt, weil er das Vertraute vom Unverschlossenen trennt, und den wir deshalb nur wohlbedacht und mit Verantwortung für unser Handeln überschreiten sollten. Aber wir sollten auch nicht vergessen: Rom liegt auch künftig jenseits des Rubikon, und Cäsar hat ihn erfolgreich überschritten. Denn der Mensch ist seit jeher ein Wesen, das seine Grenzen überschreiten muß, um ganz Mensch zu sein, und das sich dabei dennoch immer neue Grenzen setzen muß.[16]

Wenn Befürworter umstrittener Biotechnologien wie H. Markl unter Berufung auf die Gewissensfreiheit des Einzelnen (als Signatur der Menschenwürde) und die Forschungsfreiheit der Wissenschaft ihr individualethisches Plädoyer formulieren und dabei auf apokalyptische Motivik bzw. Metaphorik zurückgreifen, so vollzieht sich dabei eine entscheidende Modifikation des dargestellten apokalyptischen Argumentationstyps: Aus der kupierten Apokalyptik der Befürworter wird gleichsam eine positive Utopie. Das Land jenseits des Rubikons ist nicht mehr im Sinne einer negativen Utopie der Ort der Katastrophe und des selbstverhängten Endgerichts, sondern der Ort der messianischen Erfüllung, sprich: der Ankunft des Erlösers. Auch die Befürworter arbeiten dabei zweifelsohne als „Apokalyptiker" mit dem Dualismus von altem und neuem Äon. Gleichwohl vollzieht sich die Schilderung des schroffen Gegensatzes unter umgekehrten Vorzeichen. Idealtypisch dargestellt: Während die jetzige Zeit die Zeit der biotechnischen Entbehrungen, des Leidens, der Drangsal und des Wartens auf die Therapiemöglichkeiten für Alzheimer, Diabetes, Parkinson etc. ist, stellt sich der kommende Äon als

---

[16] H. Markl, Schöner neuer Mensch?, München/Zürich 2002, 59f.

Zeit der Überwindung dar. Mit Blick auf den progressiven Impetus dieser positiven Utopie fungiert anders als in der biblischen Apokalyptik nicht Gott, sondern der Mensch oder genauer der Biotechniker als Agens der Zeitenwende.[17]

3. Die Apokalypse der neuen Schöpfung. Zur paulinischen Rede vom „neuen Menschen"

Nicht nur die Reich-Gottes-Predigt Jesu trägt apokalyptische Züge. Ebenso wenig finden sich apokalyptische Vorstellungen ausschließlich in der Johannesapokalypse; vielmehr verwendet sie bereits der Apostel Paulus, wobei er das Denken der zeitgenössischen jüdischen Apokalyptik wohlgemerkt entscheidend modifiziert.[18] Diese Modifikation, die keineswegs mit einer „Entapokalyptisierung" gleichzusetzen ist, resultiert aus der Zuordnung des traditionellen apokalyptischen Gedankenguts zum Christusgeschehen, wonach Kreuz und Auferweckung Jesu Christi ein die Welt grundlegend und endgültig umwandelndes Heilsgeschehen sind.

Paulus kann den apokalyptischen Gedanken der zwei Weltzeiten aufnehmen (2Kor 5,17; Gal 1,4) und von der Vollendung der Zeiten reden (Gal 4,4), wobei ihm zufolge die erwartete „Äonenwende" nicht erst am Ende aller Tage geschieht, sondern im Geschehen von Kreuz und Auferweckung bereits geschehen ist

---

[17] Es ist an dieser Stelle auch auf die sog. Sloterdijk-Debatte zu verweisen. Sloterdijk sieht in der von ihm positiv gesehenen möglichen gentechnischen Veränderung des Menschen eine „Lichtung des evolutionären Horizontes". Zur gesamten Debatte vgl. H.-U. Nennen, Philosophie in Echtzeit. Die Sloterdijk-Debatte: Chronologie einer Inszenierung. Über Metaphernabschätzung, die Kunst des Zuschauers und die Pathologie der Diskurse, Würzburg 2003.

[18] Vgl. M. Hengel, Paulus und die frühchristliche Apokalyptik, in: ders., Paulus und Jakobus. Kleine Schriften III (WUNT 141), Tübingen 2002, 302–417, der die apokalyptischen Voraussetzungen des paulinischen Denkens und deren Bedeutung für die futurische Eschatologie des Paulus rekonstruiert. Hengel sieht die paulinischen Parusietexte (1Thess 4,13–5,11; 1Kor 15; 2Kor 4,16–5,10; Phil 3,20f; Röm 8,18–25) traditionsgeschichtlich in den synoptischen Evangelien bzw. beim „historischen Jesus" (vgl. Mk 13,28–32; Lk 17,22–24.26–30.34–37 = Mt 24,23.26–28.40f) verankert.

und infolgedessen schon jetzt gilt. Mitten in dieser unerlösten, ihrem Ende entgegeneilenden Welt gibt es gemäß der überlappenden Gleichzeitigkeit von altem, sukzessive absterbendem Äon und neuem, bereits begonnenem Äon, welche für die Dialektik des „Schon jetzt" und „Noch nicht" konstitutiv ist, die „neue Schöpfung". Paulus sieht in der „neuen Schöpfung" eine gegenwärtige Realität,[19] die er freudig jubelnd begrüßt.[20] Der an ihr teilhabende Mensch, der im Glauben und nicht im Schauen bereits präsentisch der „neue Mensch" ist, – er ist der wirkliche Mensch.

Wie aber sieht der „neue Mensch" nach Paulus aus? Er staunt über das unbegreifliche Neuschöpfungswunder: „Nicht ich lebe, sondern Christus lebt in mir" (Gal 2,20). Das „Ich" des „neuen Menschen" kann in seiner geschichtlichen Daseinsstruktur nur „christologisch" erfasst werden, da Christus selbst die Person des „neuen Menschen" ist.[21] Die Menschwerdung des Menschen gehört somit in die Christologie hinein. Eine die Geschöpflichkeit des Menschen fokussierende theologisch-ethische Grundlagenreflexion wäre unter Absehung von Christus (*remoto Christo*) eine konzeptionelle Verfehlung, die geradezu zwangsläufig eine defizitäre Anthropologie und Schöpfungstheologie evozieren würde. Deshalb ist „zuletzt und entscheidend *im Spiegel des Christusgeschehens* zu begreifen, *was der Mensch ist*."[22]

Das Evangelium, das den Gekreuzigten und Auferstandenen proklamiert, bringt die wahre Offenbarung Gottes in der Herrlichkeit Jesu Christi zur Sprache. Die Wendung „Ebenbild Gott", die auf Jesus Christus referiert, unterstreicht beispielsweise in 2Kor 4,4, dass Jesus Christus sowohl „Repräsentant Gottes"[23] als

---

[19] C. Wolff, Der zweite Brief des Paulus an die Korinther (ThHK 8), Berlin 1989, 127, identifiziert in 2Kor 5,17 einen „Realis der Gegenwart". Vgl. V.P. Furnish, II Corinthians (AncB 32 A), Garden City (NY) 1984, 333: „Paul can affirm that the new age has already broken in […], that the *new creation* is already a reality."

[20] V.P. Furnish, II Corinthians, 333, spricht von einem „exultant cry".

[21] Vgl. E. Wolf, Politia Christi. Das Problem der Sozialethik im Luthertum, in: ders., Peregrinatio. Studien zur reformatorischen Theologie und zum Kirchenproblem, München 1954, 214–242, 229.241.

[22] G. Eichholz, Die Theologie des Paulus im Umriß, Neukirchen-Vluyn [7]1991, 14.

[23] So C. Wolff, Der zweite Brief des Paulus, 86.

auch „Repräsentant der erneuerten Menschheit"[24] ist. Die altkirchlich ausgeprägte Zwei-Naturen-Lehre wird hier, wenn man so will, präformiert. Sie erweist sich als theologisch sachnotwendige Explikation des Begründungszusammenhangs paulinischer Christologie.

Die neutestamentlichen Aussagen, die Christus das Ebenbild Gottes nennen, verkünden uns, „dass der Sohn gerade als der Menschgewordene Bild Gottes ist. Mit der Inkarnation wird das Bild Gottes im Bereich der Kreatur aufgerichtet. Der Mensch Jesus, der der ewige Sohn ist, ist auch als Mensch Bild Gottes."[25] So stellt also für Paulus „der *gekreuzigte* Jesus als Träger von Gottes Herrlichkeit das christologische Fundament des Evangeliums dar."[26]

Eine theologische Anthropologie kommt demzufolge nicht ohne christologische Bezüge aus. Darauf verweist die neutestamentliche Rede von der Gottesebenbildlichkeit Christi, die mithin für die alttestamentliche Rede von der Gottesebenbildlichkeit des Menschen das entscheidende Interpretament liefert. Nicht nur den „Gott des Alten Testaments", sondern auch dessen Gottesebenbild „lernen wir ja am besten am Kreuz von Golgatha kennen."[27] Anders gesagt: „Meine Geschöpflichkeit – wir können auch mit der traditionellen Formel sagen – die Gottebenbildlichkeit des Menschen, kann ich nur von *dem* Menschen her bestimmen, der in einzigartiger Weise das Ebenbild des unsichtbaren Gottes genannt wird: Jesus Christus. Er ist der vere homo. An ihm geht mir erst auf, wer ich als Geschöpf sein sollte."[28]

---

[24] So H. Windisch, Der zweite Korintherbrief (KEK 6), hg. v. G. Strecker, Göttingen ⁹1970, 137.

[25] P. Brunner, Der Erstgeschaffene als Gottes Ebenbild, in: ders., Pro Ecclesia. Gesammelte Aufsätze zur dogmatischen Theologie, Berlin/Hamburg 1962, (85–95) 86. Dort z.T. kursiv.

[26] S. Vollenweider, Der Menschgewordene als Ebenbild Gottes. Zum frühchristlichen Verständnis der Imago Dei, in: ders., Horizonte neutestamentlicher Christologie. Studien zu Paulus und zur frühchristlichen Theologie, WUNT 144, Tübingen 2002, 53–70, 62.

[27] K. Barth, Gespräche 1959–1962, Karl Barth GA IV/25, hg. v. E. Busch, Zürich 1995, 85.

[28] W. Kreck, Grundfragen christlicher Ethik (KT 80), München ⁴1990, 115. Das paulinische Denken hat nicht nur apokalyptische *Voraussetzungen*. Der verstorbene holländische, ehemals am Princeton Theological Seminary unterrichtende Theologe J.C. Beker (1924–1999) lehrte die Paulustheologie insgesamt als christologische

Wenn die christliche Gemeinde („wir aber") Christus als den Gekreuzigten verkündigt (1Kor 1,23), so geschieht dies im paradoxen Modus *sub contrario*. Sie handelt somit *para*-dox, wider den Schein des Angesehenen. Die christliche Gemeinde kann nicht anders von der Herrlichkeit Christi reden, weil Christi Herrlichkeit selbst *sub contrario* verborgen erscheint: „In der Theologie des Kreuzes (theologia crucis) heißt Glauben: in diesem Gekreuzigten den Herrn sehen, in dem Verworfenen den Erwählten, in dem zu den Toten Gerechneten den ewig Lebenden; in der Schmach die Ehre, in der Ausgestoßenheit das Heil finden, überhaupt in diesen Gegensätzen die Wirklichkeit Gottes erfassen".[29] Die Wahrnehmungsperspektive des „neuen Menschen" ist die Perspektive des Kreuzes. Der „alte Mensch" hingegen „hat sein Werturteil verloren, er wertet falsch. Er wertet Leiden und Schmach als etwas Schlimmes, als etwas Böses. Er sucht das Gute dort, wo es nicht ist. Darum lebt er verkehrt."[30] Er erkennt nicht das dem Menschen zugewandte und sichtbare Wesen Gottes durch Leiden und Kreuz: „Das (dem Menschen) zugewandte und sichtbare Wesen Gottes ist das Gegenteil des Unsichtbaren, nämlich seine Menschheit, Schwachheit, Torheit, wie 1. Kor 1,25 von der göttlichen Schwachheit und Torheit spricht"[31] – so pointiert Luther in der zwanzigsten These der Heidelberger Disputation (1518).

Das Kreuz destruiert demnach die übliche Matrix sozialer Anerkennung. Es „konstruiert" eine veränderte Weltwahrnehmung, die in einer Neustrukturierung sozialer Wertigkeiten resultiert. Das Kreuz hat apokalyptische Dignität: Es enthüllt den falschen Schein. Deshalb verwundert es auch nicht, dass sich Paulus in diesem Zusammenhang eines traditionell apokalyptischen Mo-

---

Reinterpretation der Apokalyptik zu begreifen, in deren Zentrum die Auferweckung des Gekreuzigten stehe. Vgl. J.C. Beker, Der Sieg Gottes. Eine Untersuchung zur Struktur des paulinischen Denkens (SBS 132), Stuttgart 1988; ders., Paul's Apocalyptic Gospel. The Coming Triumph of God, Philadelphia 1984; ders., Paul the Apostle. The Triumph of God in Life and Thought, Edinburgh/Philadelphia 1980.

[29] H.J. Iwand, Christologie. Die Umkehrung des Menschen zur Menschlichkeit, Iwand Nachgelassene Werke N.F., Bd. 2, Gütersloh 1999, 409.

[30] Ders., Theologia crucis, in: ders., Nachgelassene Werke, Bd. 2: Vorträge und Aufsätze, hg. v. D. Schellong und K.G. Steck, München 1966, 381–398, 388.

[31] „Posteriora et visibilia Dei sunt opposita invisibilium, id est, humanitas, infirmitas, stulticia, Sicut 1. Cor. 1. vocat infirmum et stultum Dei." WA 1, 362,4f.

tivs bzw. apokalyptisch kolorierten Gedankens bedient:[32] der Offenbarung des Geheimnisses Gottes für die Auserwählten. Das Kreuz enthüllt das „Geheimnis Gottes" (1Kor 2,1), die verborgene Weisheit des urzeitlichen Heilsratschlusses Gottes (1Kor 2,7). Das Geheimnis Gottes bezieht sich auf sein Erwählungshandeln: „Was der Welt als töricht gilt, das hat Gott erwählt, um die Weisen zuschanden zu machen, und was der Welt als schwach gilt, das hat Gott erwählt. Um das, was stark ist, zuschanden zu machen, und was der Welt als unedel und verächtlich gilt, das hat Gott erwählt, das, was nichts gilt, um das, was etwas gilt, zunichte zu machen, – damit sich kein Fleisch vor Gott rühme" (1Kor 1,27f).

Zusammenfassend lässt sich im Blick auf die dargestellte paulinische Rede vom „neuen Menschen" feststellen: Der Apokalyptiker Paulus beantwortet die anthropologische Frage, was es um den Menschen, sein wahres Wesen und die Offenbarung desselben in der Zukunft sei, mit Verweis auf den Gekreuzigten als den wahren Menschen. Hier enthüllt sich, wer und was der Mensch ist: „Die Antwort auf die Frage des Menschen nach seinem Wesen enthüllt sich im ecce homo, am Kreuz. Hier und nur hier, wird dem Menschen gesagt, was es um ihn ist und was er nach dem Willen Gottes sein soll, wie er durch Gottes Kondeszendenz in Jesus Christus ‚zurechtgebracht' wird."[33] Das Kreuz Christi bedeutet mithin die Apokalypse des „neuen Menschen".[34] Er, Jesus Christus, ist der wahre, der „neue Mensch". Weil Jesus Christus der wahre Mensch ist, scheitern alle anthropologischen Versuche, das Wesen des Menschseins *extra Christum* zu bestimmen: „Das ist das eigentliche Thema der Menschwerdung, daß die Gnade Gottes gleichwertig, ja identisch ist mit dem Menschen Jesus."[35] Das Kreuz ist der Spiegel, in dem Gotteserkenntnis und Menschenerkenntnis zusammenfallen. Die Offen-

---

[32] So M. Konradt, Die korinthische Weisheit und das Wort vom Kreuz. Erwägungen zur korinthischen Problemkonstellation und paulinischen Intention in 1Kor 1–4, ZNW 94 (2003), 181–214, 204. Vgl. äthHen 61,13; 106,19; 4Esr 10,38; 12,36.38; syrBar 48,3.

[33] E. Wolf, Sozialethik. Theologische Grundfragen, hg. v. T. Strohm, Göttingen ³1988, 13.

[34] Vgl. G. Eichholz, Theologie, 58.161.

[35] H.J. Iwand, Christologie, 283.

barung des wahren Menschen am Kreuz ist somit Konstituens „für den sinnvollen Vollzug menschlicher Daseinsanalyse".[36]

4. Der Gegenstand einer apokalyptischen Ethik: Der „neue Mensch" als Subjekt ethischen Handelns

Wenn die mit seiner apokalyptischen Perspektive verbundene Hoffnung auf Jesus Christus Paulus keineswegs „to ethical passivity, but to active participation in God's redemptive will"[37] gereicht, dann stellt sich die Frage, welche Folgen diese Hoffnung etwa im Blick auf die biomedizinethische Debatte der Gegenwart zeitigen kann. Wie können die Konturen einer apokalyptisch orientierten Ethik aussehen?

Nach allem bislang Ausgeführten dürfte klar sein, dass sich die gesuchten Konturen nur im Lichte der apokalyptischen Grundüberzeugung der urchristlichen Gemeinde gewinnen lassen, die „den Tod und die Auferstehung des Christus Jesus verkündigt und geglaubt [hat] als die sub contrario crucis vollzogene Wende von der alten Weltenzeit zur neuen Schöpfung."[38] Eine solche theologische Ethik muss folglich eine Ethik sein, in der der „neue Mensch" die entscheidende Rolle spielt und die sich darin als apokalyptisch konturiert erweist, dass sie gegenüber den grassierenden Vorstellungen vom „neuen Menschen" den gekreuzigten Christus als den wahren Menschen vor Augen stellt. Im Zusammenhang der neuen Existenz des Menschen spielt zumindest bei Paulus die Kreuzestheologie die entscheidende Rolle.[39] Für Paulus gilt: „Der Weg Jesu zum Kreuz begründet die christliche Existenz und ist zugleich das wesentliche Kriterium dieser Existenz. Das ethische *proprium christianum* ist somit Christus selbst, und die Ethik umfasst bei Paulus die Handlungsdimensionen der Christusteilhabe. So ergibt sich: Das

---

[36] E. Wolf, Sozialethik, 16.
[37] J.C. Beker, Gospel, 16.
[38] H.-J. Kraus, Systematische Theologie im Kontext biblischer Geschichte und Eschatologie, Neukirchen-Vluyn 1983, 26.
[39] So J.C. Beker, Sieg, 81–85.

leitende Thema der paulinischen Ethik ist die *Entsprechung* der Existenz zum neuen Sein in Christus."[40]

Die Wirklichkeit der *nova creatura* umschreibt den Gegenstand christlich-theologischer Ethik. Sie thematisiert die Handlungsaspekte des neuen Seins in Christus: „Ist der Ethik [...] die Frage aufgegeben, wer die Menschen sein können, wollen und sollen, dann wird das Thema des neuen Menschen zum Schlüssel, dann wird die Christologie den theologischen Ansatzpunkt bilden und von sich aus erst den Blick auf ein wahres Schöpfungsverständnis freilegen."[41] Insofern die Ethik beim „neuen Menschen", beim „geschöpflichen Wesen des Menschen"[42] ansetzt, setzt sie beim *extra nos* der Begründung und Enthüllung (Apokalypse) der Wirklichkeit im Christusereignis an.

Mit der von Paulus in apokalyptischem Deutungsrahmen interpretierten Realität der *nova creatura* ist also eine bestimmte Ethik verbunden. Insofern dieses paulinische Theologumenon der *nova creatura* als apokalyptisches Theologumenon zu verstehen ist, ist auch die mit diesem Theologumenon verbundene Ethik als eine genuin apokalyptische Ethik zu verstehen. Bei dieser apokalyptischen Ethik handelt es sich mit anderen Worten um eine *Ethik der Geschöpflichkeit*. Diese Bestimmung resultiert aus dem Subjektstatus des „neuen Menschen" als Teil der neuen Schöpfung Gottes. Nur der „neue Mensch", d.h. derjenige, der in Christus Teil der neuen Schöpfung Gottes ist, „erkennt die Schöpfung als Schöpfung".[43] Nur er erkennt sich „durch den Dienst aus Glaubensgehorsam in ihr, als ,Mitarbeiter'".[44] Er allein weiß: „[E]s gibt für das Geschöpf keinen echten Lebensraum außer beim Schöpfer."[45] Der in Christus „neue Mensch" ist als solcher das „Subjekt des ethischen Handelns".[46] Er und nicht etwa der allgemein sittliche Mensch ist das Subjekt der Ethik.

---

[40] U. Schnelle, Die Begründung und die Gestaltung der Ethik bei Paulus, in: R. Gebauer/M. Meiser (Hg.), Die bleibende Gegenwart des Evangeliums. FS O. Merk (MThS 76), Marburg 2003, 109–131, 119f.
[41] C. Frey, Theologische Ethik, Neukirchen-Vluyn 1990, 52. Dort z.T. kursiv.
[42] E. Wolf, Sozialethik, 16.
[43] Ders., Politia Christi, 236.
[44] A.a.O., 237.
[45] E. Käsemann, Der Ruf der Freiheit, Tübingen [5]1972, 240.
[46] E. Wolf, Sozialethik, 16.

Der Einsatz der Ethik beim „neuen Menschen" verdeutlicht, dass der Ansatz der Ethik in der Christologie zu suchen ist.

5. Biomedizinethische Konsequenzen

Eine apokalyptische Ethik der Geschöpflichkeit ist – wie soeben ausgeführt – eine Ethik, deren Gegenstand die Wirklichkeit des „neuen Menschen" als *explicandum* darstellt und die sich darin als apokalyptisch konturiert erweist, dass sie im Kontrast zu den grassierenden Vorstellungen vom „neuen Menschen" den gekreuzigten Christus als den wahren Menschen vor Augen führt.

Der „wahre Mensch", als den etwa die paulinische Theologie in ihrem apokalyptischen Deutungsrahmen niemand anderen als Jesus Christus darstellt, ist die „Krisis des Schönen" (H. Vogel), die Krisis des „neuen Menschen", wie er uns als das Leitbild der Leidensfreiheit und des Nichtbehindert-Seins vor Augen tritt. Es stellt sich die Frage, ob nicht genau dieses Leitbild den Hintergrund vieler biomedizinischer Techniken bildet. Im Gekreuzigten wird demgegenüber ein ganz anderes Leitbild ansichtig: Er ist der „neue Mensch", der in all seiner Anstößigkeit und Abstößigkeit von Gott bereits ins Bild gesetzt wurde. Indem uns die biblische Apokalyptik, wie Paulus es ausdrückt, den Gekreuzigten „vor Augen malt" (Gal 3,1), tritt ein kontrastives Bild in Erscheinung, das sich abhebt von jenem „neuen Menschen" im Zustand vollständigen körperlichen, geistigen und sozialen Wohlbefindens und Freiseins von Krankheit und Gebrechen. Es kritisiert die Utopie des perfekten Körpers und der „alterlosen Gesellschaft", jene Ideologie, die sich gegen jede Infragestellung, auch gegen die ethische, immunisiert und der nach H. Haker die Biomedizin zu erliegen droht: „Der Körper eines schwer behinderten Kindes, der nicht nur den Gesundheitsvorstellungen, sondern ebenso (oder sogar noch mehr?) den *normalen* Schönheitsvorstellungen widerspricht, stellt eine Bedrohung dar, während der genetisch, hormonell oder biochemisch verbesserte ewig junge, dadurch scheinbar *unsterbliche* Körper als Verlockung erscheint. Der kranke oder gealterte Körper widerspricht dem sozialen Fetisch, das heißt dem Jugendideal einer Körperkultur, die den Körper nicht als Erscheinungsform der Individualität und Geschichte eines Menschen wahrnimmt, sondern als Machtinstrument *mit dem* gehandelt wird."[47]

Das Bild des Gekreuzigten visualisiert das kritische Potential einer apokalyptischen Ethik des „neuen Menschen" gegenüber einem sich verselbständigenden biomedizinischen Fortschritt, hinter dem ein utopischer bzw. säkular-apokalyptischer Gesundheitsbegriff steht. Eine Biomedizin, welche diesem säkular-apokalyptischen Gesundheitsbegriff und dem damit transportierten Bild vom neuen, gesunden Menschen verpflichtet ist, avanciert von der Heilkunst zur Heilslehre. Die eschatologische Dimension menschlichen Lebens, dessen Vollendung die endzeitliche Hoffnung des christlichen Glaubens ist, würde damit – wie für kupierte säkulare Apokalyptik typisch – ins Diesseits verlagert. Das Heil erwartete man somit in Form vollkommener Gesundheit im Diesseits als dem „neuen Äon" nicht von Gott, sondern von der Biomedizin als menschlicher Leistung.

Wenn das Kreuz Christi den Willen Gottes offenbart, wenn es sozusagen die Selbstdefinition Gottes ist, die den Weg exklusiver Gotteserkenntnis auf dasselbe festlegt, dann entlastet dies den Menschen auch von dem Versuch, Gott in seiner eigenen gesundheitlichen und körperlichen Vollkommenheit zu suchen bzw. die Gesundheit als „höchstes Gut" zum neuen Gott zu stilisieren. Die Medizin wird so von den an sie gerichteten soteriologischen Erwartungen, von der Zielprojektion der Herstellung eines Zustandes des Glücks und der Vollkommenheit befreit.

Auch wenn die Gestalt des Gekreuzigten in einer Welt, in der Gesundheit das Maß aller Dinge zu sein scheint, „fremd und im besten Fall bemitleidenswert"[48] bleibt, so ist der Gekreuzigte im Geschehen der Auferweckung von den Toten bereits ins Recht gesetzt worden. Die Auferweckung erweist gleichsam *ex post* den göttlichen Erfolg und Triumph am Kreuz, der das weltlich ausgerichtete Erfolgsdenken außer Kraft setzt: „Dem Erfolgreichen gegenüber erweist Gott im Kreuz Christi die Heiligung des Schmerzes, der Niedrigkeit, des Scheiterns, der Armut, der Ein-

---

[47] H. Haker, Der Perfekte Körper: Utopien der Biomedizin, Conc 38 (2002), 115–123, 115f.

[48] D. Bonhoeffer, Ethik, hg. v. E. Bethge, München 1981, 80.

samkeit, der Verzweiflung. Nicht als hätte das alles Wert in sich selbst. Aber es empfängt seine Heiligung durch die Liebe Gottes, die das alles als Gericht auf sich nimmt."[49] Indem Paulus das Kreuzesgeschehen in seiner die menschlichen Wertvorstellungen invertierenden Relevanz zur Geltung bringt, entzieht er jenem biomedizinischen Statusgebaren den Boden, welches den „neuen Menschen" per „Anthropotechnologie" (P. Sloterdijk) ins Dasein rufen möchte. Mit dem am Kreuz orientierten Ethos ist dieses Bestreben nicht vereinbar.

Um hingegen einigen nahe liegenden Missverständnissen inhaltlich vorzubeugen, sei klargestellt: Nicht jedes Leiden firmiert in der projektierten apokalyptischen Ethik des „neuen Menschen" unter dem Kyriosprädikat. Eine „Theologie der Schmerzen" oder eine ihr korrespondierende „Ethik der Schmerzen" wird mit einer apokalyptischen Ethik des „neuen Menschen" nicht intendiert. Es geht vielmehr um eine Theologie, „in der das Leiden neben dem Nichtleiden seinen gleichberechtigten Platz hat, in der also das Leiden kein Sonderthema sein muss, in der allerdings auch Glück, Freude und Stärke vorkommen müssen, ohne sich zu schämen, ohne sich als Ausnahmegrößen empfinden zu müssen."[50] Leiden und Schmerzen sind nämlich keine Werte an sich und auch kein Selbstzweck, so dass daraus eine *ethica crucis* im Sinne einer rein negativen Ethik abgeleitet werden könnte. Sadomasochistische Schmerzverherrlichung ist „die Sache Christi" Paulus zufolge jedenfalls nicht.

Eine apokalyptische Ethik des „neuen Menschen" darf dies nicht verkennen oder verdrängen. Ebenso wenig darf sie umgekehrt die Prinzipialisierung bzw. „Baalisierung Gottes" (U. Bach) verkennen und verdrängen, in der im biotechnischen Zeitalter die weitaus größere Gefahr liegen dürfte. Gemeint ist damit das „Dogma": „Wo Stärke und Sieg ist, da ist Gott, und im Leiden und im Schmerzen ist Gott nicht."[51]

Der versöhnte, „neue Mensch" tritt in Jesus Christus als dem wahren, erhöhten Mensch in Erscheinung; der versöhnende Gott

---

[49] A.a.O., 82.
[50] U. Bach, Getrenntes wird versöhnt. Wider den Sozialrassismus in Theologie und Kirche, Neukirchen-Vluyn 1991, 27.
[51] A.a.O., 185.

kommt in Jesus Christus als der sich selbst erniedrigende Gott. Damit lenkt Gott das Augenmerk seiner Kirche auf die Verachteten dieser Welt. In Knechtsgestalt will Gott als der Versöhner der Welt erkannt werden. Gerade sie ist transparent für das Stellvertretungsgeschehen. Deshalb nimmt Jesus Christus die Knechtsgestalt an und geht den Weg der Erniedrigung bis zum Tode am Kreuz und führt so jedem sichtbar vor Augen, dass sein Versöhnungswerk niemanden, besonders nicht die Verachteten ausschließt, sondern auch ihnen gilt. Sollte der Mensch die Verachteten ausschließen, wo Gott sie doch in einzigartiger Weise in sein Heilswerk einschließt?

An der Enthüllung der fatalen ontischen und noetischen Fixierung Gottes auf das Starke, Gesunde und Leidfreie ist einer apokalyptischen Ethik des „neuen Menschen" gelegen. Sie ist mit anderen Worten ihrem Charakter nach darin genuin apokalyptisch, dass sie dieses falsche Gottesbild, welches mit der Identifikation von Gott und Stärke, Gott und Gesundheit, Gott und Heilung vorliegt, unter Verweis auf das Kreuz Christi als falschen Schein enthüllt. Insofern erweist sie sich als *para*-dox, als kritisch wider den (falschen) Schein gerichtet. Sie folgt damit der biblischen Apokalyptik, die das Bild des gekreuzigten Christus vor Augen stellt und sich damit als „Kontra" gegenüber der Tendenz zu verstehen gibt, alles Sieghafte als göttlich zu begreifen und alles Niedrige als nur-menschlich.[52] Eine der biblischen Apokalyptik folgende Ethik des „neuen Menschen" kommt – wie dargestellt – konzeptionell nicht ohne Versöhnungslehre und Stellvertretungstheologie aus. Wie könnte sie dies, wo sich doch im Versöhnungsgeschehen die Neukonstituierung des ethischen Subjektes und die Apokalypse des „neuen Menschen" ereignet hat?

Kirche hat sich in Folge dessen jedem Trend zur Entsolidarisierung zu widersetzen. Dies gelingt am effektivsten, wenn die Kirche selbst Modelle des gelingenden Miteinanders von Gesunden und Behinderten vorlebt und dabei einladend wirkt: „The Christian's care for the weak embodies no grand humanistic vision, but only the idea that regardless of its accomplishments, no society that fails to care for retarded will be worthy or humane. It

---

[52] Vgl. a.a.O., 184.

is just this kind of vision that exposes the sinful and powerhungry pretensions we hide behind our claims to serve others in the name of humanity."[53]

Die wahre Kirche wird sich durch das in ihr herrschende Klima der Annahme, Solidarität und Nächstenliebe sichtbar und erlebbar von jenem gesellschaftlichen Druck unterscheiden, dem sich etwa Eltern vielfach ausgesetzt sehen, wenn sie trotz des humangenetischen Befundes einer Abweichung im Erbgut ihr behindertes Kind wissentlich austragen. Eine Kirche, die sich ihrer Fremdlingschaft in der Welt nicht schämt,[54] unterminiert jenes sich nur allzu leicht einschleichende kollektive Bewusstsein: Behinderte müssen nicht sein. Behinderte können aussortiert, selektiert werden. Es lohnt sich nicht zu lernen, mit Behinderten zu leben. Wir müssen sie nicht integrieren; wir müssen sie nicht teilhaben lassen; wir müssen sie nicht begleiten, wenn sie leiden.

Eine Kirche, die durch ihren alternativen Lebensstil im Umgang mit Behinderten gesellschaftlich hervorsticht, bildet das beste Präventiv gegenüber jener eugenischen Mentalität, der das Verlangen nach Menschenzüchtung erwächst. Sie verdeutlicht, dass gesellschaftlich nicht eine „Anthropotechnologie", sondern eine Kultur der Solidarität benötigt wird. „Deshalb ist das Ziel einer kirchlichen Ethik, die nicht nur den Staat in rechtlicher Hinsicht als Adressaten vor Augen hat, Alternativen in die Gesellschaft hineinzutragen und auch selber danach zu leben. Es gelingt vielen Christen durchaus, modellhaft beispielsweise mit behinderten Menschen zu leben. Das ist keine sozialromantische Argumentation. Aber es sind gerade gelingende Modelle des Zusammenlebens, des Ernstnehmens aller Menschen, verbunden auch mit der Erwartung und Erfahrung, dass Begegnungen nicht nur belasten, sondern vor allem auch bereichern."[55]

---

[53] S. Hauerwas, Vision and Virtue. Essays in Christian Ethical Reflection, Notre Dame (Indiana) 1974, 193.
[54] Zur Rede von der „Fremdlingschaft der Kirche in der Welt" vgl. E. Busch, Verbindlich von Gott reden. Gemeindevorträge, Neukirchen-Vluyn/Wuppertal 2002, 183–192; W. Kreck, Grundfragen der Ekklesiologie, München 1981, 283–288. Vgl. 1Kor 4,11; 2Kor 5,6–9; Hebr 11,13–16; 13,14; 1Petr 2,11.
[55] G. Plasger, Wer ist der Mensch? Zur Argumentation in der gegenwärtigen evangelisch-theologischen Bioethik, in: M. Freudenberg u.a. (Hg.), Beiträge zur Ethik, Reformierte Akzente 7, Wuppertal 2003, 63–81, 80. Das Programm einer kirchlichen Ethik unter besonderer Berücksichtigung der Behindertenthematik hat

6. Schlussbemerkung

Anhand der umrissenen Konturen einer apokalyptischen Ethik des „neuen Menschen" dürfte deutlich geworden sein, dass die urchristliche Apokalyptik kein erledigtes Weltbild, keine veraltete Weltanschauung ist, sondern die unaufgebbare Kategorialität des Evangeliums vom gekreuzigten und auferweckten Christus selbst bezeichnet. Wie dargestellt, besteht die genuin apokalyptische Bedeutung der urchristlichen Rede vom „neuen Menschen" in der Aussage: „In dieser Christusebenbildlichkeit, die als solche Gottesebenbildlichkeit ist, ist gleichzeitig enthüllt, was die Gottesebenbildlichkeit des Erstgeschaffenen ist."[56]

Dies gilt es allzumal angesichts der Eigenart neuzeitlicher Anthropologie zu akzentuieren, die nach O. Marquard darin besteht, dass der Mensch sich kaum noch unmittelbar theologisch als Ebenbild Gottes verstehen kann.[57] Das Phänomen der Kupiertheit moderner Apokalypsen korrespondiert dieser Vergessenheit. Man wird sogar als Hypothese die Frage aufwerfen können, ob die Vergessenheit in Bezug auf die Gottebenbildlichkeit nicht in einer Beschneidung der Apokalypse resultieren musste. Wurde die säkularisierte Apokalyptik nicht gerade so zu jener recht diffusen Stimmung, die man auf immer neue Phänomene des „Endes" angewandt hat? Als kupierte Apokalyptik tut sie exakt das, was urchristliche Apokalyptik verweigert: Sie weckt entweder mit mehr oder weniger tiefsinnigen Zeitansagen einen allgemeinen Katastrophismus und Alarmismus, der im Erschrecken vor dem Ende eher lähmt und Unentschlossenheit fördert, als dass er motivierend wirkt. Oder sie propagiert den neuen Äon der Welterneuerung und Humanisierung des Menschen in Gestalt jener Forderungen nach Züchtung, die den anvisierten „Menschenpark" (P. Sloterdijk) im Lichte der biblischen Rede vom „neuen Menschen" als inhuman erweist. Ein solcher Äon wäre, biblisch-theologisch geurteilt, kein künftiger Äon des Heils, sondern des Unheils.

---

der amerikanische Ethiker S. Hauerwas (vgl. u.a. Suffering Presence. Theological Reflections on Medicine, the Mentally Handicapped, and the Church, Notre Dame (Indiana) 1986, 159–217) ausgeführt.

[56] P. Brunner, Der Erstgeschaffene, 88.

[57] Vgl. O. Marquard, Art. Anthropologie, in: HWP, Bd. 1 (1971), 362–374.

So machen es die vermeintlichen Apokalyptiker ihren Gegnern letztlich leicht, die „Apokalyptik" unter den Generalverdacht einer subtil perhoreszierenden Argumentationsstrategie zu stellen und als simplifizierende „Schwarzmalerei" oder schlicht als „Allmachtswahn" abzulehnen. Die Schriften biblischer Apokalyptik hingegen sind keine Schauermärchen, sondern zu einem großen Teil Märtyrerzeugnisse. Sie „verbreiten Hoffnung in den Gefahren, weil sie im menschlichen und kosmischen Ende den neuen Anfang Gottes verkünden."[58] Der moralische Appell der säkularen Apokalyptiker hingegen kennt entweder keine Hoffnung auf Erlösung oder stellt einen Zusammenhang zwischen Ende und Heil, zwischen Endlichkeit und Vollendung her, der auf der Apotheose des Menschen basiert. Die Hoffnung des Glaubens aber richtet sich nicht auf einen vergöttlichten Menschen, sondern den Menschen, der in seiner Person „wahrer Gott" und „wahrer Mensch" ist. Und weil sie sich auf ihn richtet und an ihm ausrichtet, ist sie kritisch gegenüber inhumanen Menschenbildern eingestellt.

---

[58] J. Moltmann, Das Kommen Gottes. Christliche Eschatologie, Gütersloh 1995, 228. Vgl. a.a.O., 159.

Heinz-Günther Stobbe

Bibelhermeneutik und politische Geschichte

Eine kurze Auseinandersetzung mit der apokalyptischen Schriftauslegung christlicher Fundamentalisten

1. Christlicher Fundamentalismus und Moderne

Seit geraumer Zeit macht in der Öffentlichkeit die Rede von der „Wiederkehr der Religion" oder auch der „Rückkehr der Götter" die Runde. Als Indizien werden unterschiedliche Phänomene genannt, deren Palette von der grassierenden Papstbegeisterung bis hin zum rapiden Wachstum der Pfingstbewegung reicht, doch am häufigsten das Erstarken fundamentalistischer Richtungen in den Weltreligionen. Vor allem der islamistische Terrorismus sowie der Einfluss der so genannten Christlichen Rechten in den USA haben zumal in Europa beträchtliche Sorgen und Ängste ausgelöst, aber auch ein neues Nachdenken über die gesellschaftliche und politische Rolle der Religion. Dabei sind sich mittlerweile alle ExpertInnen darin einig, dass die verschiedenen Erscheinungsformen der neuen Religiosität als Ausdruck einer tief greifenden Skepsis gegenüber den Folgeproblemen der Moderne verstanden werden müssen, Während freilich die unter dem Sammelbegriff „New Age" zusammen gefassten neureligiösen Strömungen diese Schwierigkeiten überwiegend als Symptome eines geistigen Umbruchs deuten, durch den sich eine Art Quantensprung des Menschheitsbewusstseins vollzieht, sehen die fundamentalistischen Richtungen in ihnen den Beweis für einen religiösen und moralischen Verfall, für den eben das moderne Denken verantwortlich zeichnet.

Im Kontext der christlichen Religion richtet sich die fundamentalistische Kritik zuerst und mit besonderer Heftigkeit gegen die moderne (akademische) Theologie, die als Trojanisches Pferd gebrandmarkt wird, in dem verborgen das moderne Denken in die Stadt Gottes eingeschleust wurde, um die Abwehrkraft des Glaubens von innen her zu schwächen und zu zerstören. Das Motiv, die akademische Theologie als Fünfte Kolonne der Moderne zu bekämpfen, treibt den christlichen Fundamentalismus seit seinen Anfängen im 19. Jahrhundert. Diese Kontinuität manifestierte sich wohl am deutlichsten und nachhaltigsten in der radikalen Ablehnung der Evolutionslehre bzw. des „Darwinismus", die sich in den USA bis heute in der Forderung zuspitzt, sie bzw. ihn aus den schulischen Lehrplänen zu streichen und durch die christliche Schöpfungslehre zu ersetzen. Trotzdem hat sich der Charakter der Auseinandersetzung seither verändert. Dominierte zunächst die Abwehr bestimmter Konsequenzen der biologischen Abstammungslehre, die der Fundamentalismus für unvereinbar mit dem christlichen Glauben hält, so konzentriert er sich inzwischen immer stärker darauf, die Evolutionslehre auf ihrem eigenen Feld zu attackieren, ihre wissenschaftliche Unhaltbarkeit nachzuweisen und ein angeblich besser abgesichertes Alternativkonzept zu präsentieren. Die entscheidende These lautet, kurz gefasst, es ließen sich aus der Evolution klare Beweise für Gottes Schöpfungsplan ableiten und dessen Annahme erlaube deshalb eine weitaus plausiblere Erklärung für das evolutionäre Geschehen als der Darwinismus bzw. Neodarwinismus.

2. Politisierung des christlichen Fundamentalismus

Dieser bemerkenswerte Wandel in der fundamentalistischen Argumentationsstrategie weist noch einen zweiten Aspekt auf, der ebenfalls Beachtung verdient. Er hängt direkt zusammen mit einem veränderten Verhältnis zur Politik. Beschränkte sich der Fundamentalismus in den USA bis zur Mitte des 20. Jahrhunderts in politischer Hinsicht auf das Bemühen, Einfluss auf die Schul- und Rechtspolitik zu nehmen, so drängte er seit der Amtszeit Ronald Reagans mit wachsendem Nachdruck darauf, Schlüsselpositionen der politischen Macht zu besetzen.[1] Mit der Ablö-

---

[1] Zur Entwicklung vgl. B. Victor, Beten im Oval Office. Christlicher Fundamentalismus in den USA und die internationale Politik, München-Zürich 2005; mit vielen Zitaten belegt dies die detaillierte Darstellung bei V. und V. Trimondi, Krieg der

sung Bill Clintons durch George Bush Jr. wurde diese mit großem Geschick und hohem finanziellen Einsatz verfolgte Taktik von Erfolg gekrönt. Der enorme Zuwachs an politischen Einflussmöglichkeiten, dessen sich die Christliche Rechte nach diesem Sieg erfreut, macht sich mittlerweile weit über den Bereich der klassischen innenpolitischer Konfliktfelder hinaus bemerkbar, er reicht bis in die amerikanische Außenpolitik hinein. Das ist alles andere als ein Zufall. Denn lange, bevor sich mit dem Wahlerfolg christlich-konservativer Präsidenten die Chance eröffnete, die eigenen Vorstellungen in größerem Maße als jemals zuvor in die Politik einzubringen, hatte der Fundamentalismus die internationale Politik als ein herausragendes Thema für sich entdeckt. Diese Entdeckung unterscheidet den Fundamentalismus der Christlichen Rechten grundlegend von seinen älteren Vorläufern. Sie wiederum hängt unmittelbar zusammen mit der Bedeutung, die der biblischen Prophetie und Apokalyptik in der fundamentalistischen Schriftauslegung zugeschrieben wird.

3. Apokalyptisches Denken in Judentum und Christentum

Im allgemeinen Sprachgebrauch bezieht sich der Begriff „Apokalypse" heute meist auf den Untergang der Welt, ohne notwendig mit religiösen Vorstellungen verbunden zu sein. Nach der Erfindung der Atombombe stand dabei zunächst die Möglichkeit der Selbstvernichtung der Menschheit durch einen Nuklearkrieg im Vordergrund, später traten ökologische Szenarien hinzu, während neuerdings oft die Gefahr von Meteoriteneinschlägen auf der Erde beschworen wird. Im religiösen Bewusstsein hat die Auseinandersetzung mit dem Weltuntergang im Wesentlichen verschiedene Formen angenommen.[2] Im Rahmen einer zykli-

---

Religionen. Politik, Glaube und Terror im Zeichen der Apokalypse, München 2006, 27–222. Das Buch beabsichtigt, eine den Fundamentalisten christlicher, jüdischer und islamischer Provenienz gemeinsame „apokalyptische Matrix" herauszuarbeiten. Das Ergebnis ist einigermaßen beunruhigend. Die Studie leidet allerdings darunter, dass sie die fundamentalistische Lesart der heiligen Schriften für die einzig mögliche nimmt und damit ernster, als sie es theologisch verdient.

[2] Als kurzen Überblick vgl. D. Galin, Das entfesselte Ungeheuer. Visionen der Naturvölker zum Weltende, München 1998.

schen Kosmologie bildet die Zerstörung der jetzigen Welt die notwendige Voraussetzung der Welterneuerung.[3] Diese Variante findet sich in indianischen Mythen ebenso wie im Hinduismus. Im jüdischen und christlichen Kontext wird das zyklische durch ein finalistisches Denken überlagert, das sich aus dem Schöpfungsglauben ergibt. Von diesem Ansatz her ist es unmöglich, den Weltuntergang als Konsequenz einer zwar kosmischen, aber weltimmanenten Gesetzmäßigkeit oder als rein innergeschichtliche Konsequenz menschlichen Handelns zu begreifen. Folgerichtig bezeichnet der Begriff „Apokalypse" in der Bibel die Enthüllung des nahen, durch Gott herbei geführten Weltendes, das in zeitliche und sachliche Nähe zur Vollendung der Welt rückt. Zu ihr gehört auch das göttliche Weltgericht, durch das Gott gegen den Widerstand widergöttlicher Mächte unwiderruflich Gerechtigkeit schafft. In diesem endzeitlichen Drama, das sich innerhalb der Geschichte und damit im Raum der Politik abspielt, kämpfen irdische und überirdische Mächte miteinander bzw. gegeneinander. Das Eingreifen Gottes hat zum Ziel, die bedrohte Gemeinde zu retten und ihre Feinde zu vernichten. Indem sie Seinen Sieg verkündigt, ermutigt die apokalyptische Literatur zu Glaubenstreue, Geduld und Zuversicht.

Die politische Bedeutung des christlichen Fundamentalismus in den USA und Europa beruht darauf, diese Denkweise immer nachdrücklicher auf die Gegenwart übertragen zu haben.[4]

4. Nah-Ost-Politik und Endzeit

Wer das fundamentalistische Schrifttum in Augenschein nimmt, der stößt schnell auf jenes historische Ereignis, das diese Entwicklung nicht nur angestoßen hat, sondern den Dreh- und Angelpunkt des fundamentalistischen Verständnisses der internati-

---

[3] Zur Thematik im Hinduismus vgl. W. Neumann, Vor der Flut. Die Traditionalisten und das Ende unserer Welt, in: B.M. Linke (Hg.), Untergangsmythologie in den Religionen, Frankfurt a.M. 2003, 149–187.
[4] Die Direktheit, mit der die Texte als Orientierungshilfe für die Gegenwart benutzt werden, veranschaulicht gut: Christen für Mitchristen (Hg.), Vergangenheit – Gegenwart und Zukunft in biblischer Prophetie, Markt Rettenbach ²1995, 19.

onalen Politik bildet, nämlich die Gründung des Staates Israel im Jahr 1948.⁵ Das schwer zu überschätzende Gewicht dieses Vorgangs hat weniger mit seinem historischen Rang zu tun, sie resultiert vielmehr aus einer theologischen Interpretation der politischen Geschichte, die sich einer bestimmten Lesart gewisser biblischer Texte verdankt. Im Lichte dieser Schriftdeutung misst der Fundamentalismus der Entstehung Israels endzeitliche Bedeutung zu, und er verleiht in Folge dessen der Nahostpolitik insgesamt ein ausschlaggebendes Gewicht. Obwohl fundamentalistische Autoren unisono betonen, auch ihnen sei der genaue Zeitpunkt für das Ende der Welt nicht bekannt, lassen sie keinen Zweifel an ihrer Überzeugung, die Gründung Israels stelle die Initialzündung für den Ablauf der Endzeit dar, die sich demnach bereits im Gang befindet und in zwar nicht genau datierbarer, jedenfalls aber absehbarer Frist in einen Krieg von kosmischen Dimensionen mündet. Der Nahostkonflikt bildet gleichsam das Vorspiel und schließlich auch den Auslöser für diesen letzten und furchtbarsten aller Weltkriege, der auf dem Boden Israels, genauer: auf der Jesreelebene bei Megiddo (Armageddon) mit riesigen Armeen und unter Einsatz von Massenvernichtungswaffen, vor allem von Nuklearwaffen, ausgefochten werden wird. Nicht allein irdische Mächte jedoch prallen in diesem Endkampf aufeinander. In Wahrheit handelt es sich um die alles entscheidende Schlacht zwischen den göttlichen und den satanischen Mächten in einem metaphysischen Krieg, der von Anbeginn der Schöpfung tobt. Darum werden es die himmlischen Heerscharen mit Christus an der Spitze sein, die in dieser Schlacht zwischen Gut und Böse die Entscheidung herbei führen – und zwar durch ein erbarmungsloses Abschlachten sämtlicher Feinde, der irdischen wie der überirdischen.

Liberal gesinnte Gemüter könnten geneigt sein, dieses Szenario als eines jener lächerlichen Phantasieprodukte abzutun, die sie schon immer als typisch für die Unsinnigkeit der Religion erachten, wären da nicht die handfesten und recht realen politischen Konsequenzen, die sich aus fundamentalistischer Sicht da-

---

⁵ Dafür als ein Beispiel für viele: D. Prince, Biblische Prophetie und der Nahe Osten. Israel – Gottes Zeiger an der Weltenuhr (IBL), Trostberg ⁵2001.

raus für die amerikanische Außenpolitik ergeben.[6] Die erste und zentrale Forderung besagt, dass das Existenzrecht Israels um jeden Preis garantiert werden muss, weil Israels Existenz nach Gottes Heilsplan als die wichtigste Vorbedingung für den Verlauf der endzeitlichen Ereignisse betrachtet werden muss. Dazu gehört eine massive Aufrüstungspolitik, die Israels militärische Stärke sichert und selbstverständlich die Akzeptanz der israelischen Atombewaffnung einschließt. Dazu gehört umgekehrt zugleich die kompromisslose Ablehnung einer von bestimmten Kräften auf israelischer und palästinensischer Seite geforderten und geförderten Politik, die auf der (Oslo-)Formel „Land gegen Frieden" beruht, weil sie auf einen frevlerischen Ausverkauf des unveräußerlichen, weil von Gott verliehenen Rechts auf das Gelobte Land hinaus läuft. Eine Zwei-Staaten-Lösung zwischen Israel und den Palästinensern und die Räumung besetzter Gebiete durch Israel sind strikt auszuschließen. Schließlich gilt es, die heilige Stadt Jerusalem wieder zu einen, den Tempelberg aus muslimischer Hand zu befreien und den Aufbau des Dritten Tempels ins Werk zu setzen. Keines dieser Ziele darf zum Gegenstand politischer Verhandlungen gemacht oder gar preisgegeben werden. Es liegt auf der Hand, dass eine derartige Position einen politischen Prozess, in dem diplomatische Bemühungen den Ausschlag geben oder doch geben sollten, außerordentlich erschweren, wenn nicht gar unmöglich machen. Insofern stimmt es halbwegs zuversichtlich zu beobachten, dass selbst die Bush-Administration den von der Christlichen Rechten vorgegebenen Leitlinien der Nahostpolitik keineswegs vorbehaltlos und durchgängig folgt, sondern durchaus eigene Akzente setzt. Das ändert allerdings nichts an der politischen Brisanz der apokalyptischen Vorstellungswelt der christlichen Fundamentalisten.[7]

---

[6] Vgl. dazu insgesamt mit ausführlichen Zitaten meinen Beitrag: H.-G. Stobbe, „Neue Weltordnung", Europäische Vereinigung und ökumenische „Toleranzduselei" als „satanische" Strategien. Eine dokumentarische Studie zur evangelikalen Fundamentalkritik an Kirche und Politik, in: UNA SANCTA 59 (2004), 39–57.

[7] Eine ausgezeichnete Analyse zum Gesamtkomplex bietet E. Kamphausen, Die Macht des Bösen in der Endzeit. Apokalyptische Gewaltvorstellungen im fundamentalistischen Protestantismus, in: ders./G. Köberlin (Hg.), Gewalt und Gewaltüberwindung. Stationen eines theologischen Dialogs (Beiheft zur ZfM Nr. 6), Frankfurt a.M. 2006, 10–48.

5. Weltordnungspolitik, Ökumene und Islam

In den Rahmen des skizzierten endzeitlichen Szenarios werden nun von fundamentalistischer Seite zusätzliche weitere Elementen eingetragen, die das Bild einer unaufhaltsam ihrem von Gott vorausbestimmten Untergang entgegentaumelnden Welt ergänzen und vervollständigen. Aus dieser Perspektive bahnt sich seit der Mitte des vergangenen Jahrhunderts eine im wahrsten Sinne unheilige und unheilvolle Allianz zwischen drei epochalen Entwicklungssträngen: Der Entwicklung einer globalen Weltordnungspolitik im Zeichen der Vereinten Nationen, die Entwicklung einer immer weiter ausgreifenden Europäischen Gemeinschaft sowie endlich die Entwicklung einer weltweiten innerchristlichen und interreligiösen Ökumene unter der heimlichen Oberhoheit der römischen Kirche. Die gleichsam strategische Zusammengehörigkeit dieser Komponenten wird nach fundamentalistischer Deutung unter anderem durch die Koinzidenz der Ereignisse deutlich: Die Gründung des Staates Israels auf der einen sowie der UNO und des Ökumenischen Rates der Kirchen auf der anderen Seite, dazu die Tatsache, dass die Bildung der EG ihren Anfang mit den „Römischen (!!) Verträgen" nahm. Zumal die (vorgeblich) israelfeindliche und palästinenserfreundliche Politik der UNO, der EU und des Vatikans belegen klar und eindeutig, in welche Richtung der Gang der Dinge zielt. Es geht darum, durch eine Weltordnungspolitik in Korrespondenz mit einer Welteinheitsreligion eine politisch-religiöse Großmacht zu schaffen, der sich niemand zu widersetzen vermag. Dass beide Tendenzen verknüpft sind mit einer unaufhörlichen Friedenspropaganda zählt für die Fundamentalisten zu den besonders gefährlichen Merkmalen der ihnen zugrunde liegenden satanischen Absicht, eine Koalition widergöttlicher Mächte aufzubauen. Hinzu kommt als wesentliches Charakteristikum der Endzeit das Erstarken des Islam, der aus seinem Streben nach politischer Weltherrschaft und seiner prinzipiellen Feindseligkeit gegenüber Judentum, Christentum und besonders dem Staat Israel nie einen Hehl gemacht habe. Daher erscheint die jüngere Geschichte des Irak wegen seiner Eigenschaften als Ursprungsland des Islam und als Nachfolgestaat des biblischen Babylon als eines der überzeugendsten Zeichen dafür, dass die Zeit reif ist für eine ultimative militärische Konfrontation zwischen den Mächten des Lichts und denen der Finsternis.[8]

6. Fundamentalistische Schriftauslegung als Anfrage

Um es vorweg klar zu sagen: Die folgenden Überlegungen sind nicht von der Hoffnung getragen, mit den christlichen Fundamentalisten ins Gespräch zu kommen. Da sie den ökumenischen Dialog als diabolisches Instrument einer bewussten Gehirnwäsche der Christen denunzieren und die moderne Theologie pauschal als Totengräberin des Glaubens, dürfte das wenig sinnvoll sein. Indes haben ihre scharfen Angriffe Methode, und sie eignen sich deshalb dazu, unsicher gewordene Menschen durch eine scheinbar klare Position zu überzeugen und ihnen eine neue Orientierung zu vermitteln. In einer Gesellschaft, die allenfalls noch durch religiöse Halbbildung glänzt und in der es selbst unter Christen mehr und mehr an religiösem Wissen mangelt, greift keineswegs, wie viele Anzeichen belegen, die Vernunft um sich, sondern findet auch noch der größte religiöse Unsinn Anhänger, sofern er nur selbstbewusst genug vorgetragen wird. Außerdem gebietet es die intellektuelle Redlichkeit, ernste Fragen auch dann ernst zu nehmen, wenn sie in einem dubiosen Kontext formuliert werden. In diesem Sinne wirft der christliche Fundamentalismus tatsächlich einige Probleme auf, die nicht leichtfertig ignoriert werden dürfen. Das verbietet sich nicht in erster Linie mit Rücksicht auf seine zweifelhaften politischen Optionen. Für ChristInnen und TheologInnen gibt den Ausschlag der von ihm vorgetragene Anspruch, seine politische Zeitdiagnose aus der Bibel herlei-

---

[8] Vgl. dazu M. Baar, Das Abendland am Scheideweg. Versuch einer Deutung der endgeschichtlichen Perspektive, Asslar [5]1980. Auf dem Buchdeckel ist der Untertitel ersetzt durch einige griffige Alternativen, die den „Scheideweg" symbolisieren: „Ismael oder Israel; Koran oder Bibel, Mohammed oder Jesus?" Der Islam spielt in den neueren Publikationen genau die Rolle, die früher dem Kommunismus zugeschrieben wurde. Auch da ging es um handfeste Einmischung in die (amerikanische) Politik, wie mit Blick auf Lateinamerika gezeigt wird von M. Scherer-Emunds, Die letzte Schlacht um Gottes Reich. Politische Heilsstrategien amerikanischen Fundamentalisten, Münster 1989.

ten zu können. Mit anderen Worten: In Frage steht der Zusammenhang von Bibelhermeneutik und politischer Geschichte.

7. Verbalinspiration und Schriftauslegung

Nun hat es mit der fundamentalistischen Lektüre der Heiligen Schrift bekanntlich seine eigene Bewandtnis. Sie basiert in all ihren Spielarten auf dem gemeinsamen Grundaxiom der Lehre von der so genannten Verbalinspiration, das heißt auf der Annahme, die biblischen Schriften seien ihren Verfassern wortwörtlich von Gott eingegeben und darum wortwörtlich für wahr zu nehmen. Schon aus diesem Grund gilt die historisch-kritische Exegese als unvereinbar mit dem Glauben und als gottlos, weil sie diese elementare Voraussetzung eines sachgemäßen Schriftverständnisses leugnet, ignoriert oder zumindest methodisch suspendiert. Diese Kritik zu entkräften, würde es erfordern, ein alternatives Inspirationsverständnis zu begründen, dem zu Folge die Heilige Schrift als „Gotteswort in Menschenwort" zu deuten ist – um eine glückliche Formulierung des Vatikanum II aufzugreifen, um von da her die Möglichkeit und Notwendigkeit, Recht und Grenzen der historisch-kritischen Exegese zu erläutern. Doch gesetzt den Fall, die Lehre von der Verbalinspiration träfe zu, welche Art von Bibelauslegung zieht sie dann nach sich? Die christlichen Fundamentalisten behaupten, eben die, die sie ausüben. Doch gerade das lässt sich mit Fug und Recht bezweifeln. Sie bezeichnen sich zwar selbst gerne als „bibeltreu", doch auch wenn sie als durchaus bibelfest zu bezeichnen sind, steht dahin, ob sie aber deswegen wirklich der Bibel treu sind.

Bereits bei einem flüchtigen Blick in ihr Schrifttum sticht ins Auge, wie selektiv Fundamentalisten mit der Bibel verfahren. In ermüdender Monotonie greifen sie auf die immer gleichen Texte zurück, um sie in der immer gleichen Weise auszulegen. Es sind fast ausschließlich Texte prophetischer oder apokalyptischer Herkunft, die herangezogen werden, von der Fülle der biblischen Literatur erfahren die LeserInnen herzlich wenig. Diese bedenklich einseitige Auswahl hat ihren Grund offenkundig nicht in der Heiligen Schrift selbst, sondern in dem Interesse, das die fundamentalistische Schriftlektüre und -auslegung treibt, nämlich die theologische Deutung der gegenwärtigen Weltsituation. Unter dieser Rücksicht bieten sich die ausgewählten Texte ohne Zweifel bevorzugt an. Denn tatsächlich sind es ihre Verfasser, die erstmals in der Geschichte des jüdischen und christlichen Glaubens die politische Weltgeschichte als Thema theologischen Nachdenkens und der Verkündigung des Glaubens entdecken, ja es lassen sich sogar gute Gründe für die Ansicht anführen, sie hätten überhaupt zum ersten Mal in der menschlichen Geistesgeschichte die Idee einer politischen Universalgeschichte (als Abfolge von Universalreichen) entwickelt. Angenommen also, die entsprechenden Texte müssten im Sinne der Lehre von der Verbalinspiration gelesen werden, um sie angemessen zu verstehen, dann stellt sich die einfache Frage: Wen genau wollte Gott mit ihnen ansprechen? Die historisch-kritische Exegese antwortet darauf: es sind bestimmte Zeitgenossen, Gläubige wie die Autoren selbst. Deshalb zielt sie mit ihrer Arbeit darauf ab, den historischen Schriftsinn der Texte zu erfassen, indem sie diese aus ihrem jeweiligen Gegenwartshorizont heraus zu verstehen sucht. Die Fundamentalisten beantworten die Adressatenfragen anders: Sie behaupten, Gottes Wort richte sich an die heute lebenden Gläubigen, um ihnen den endzeitlichen Sinn der Ereignisse auf der gegenwärtigen politischen Weltbühne zu erschließen. Von da her bedarf es keiner historisch-kritischen Exegese, gefordert ist vielmehr eine theologische Schriftauslegung, die das Wort Gottes unmittelbar auf die heutige Situation bezieht. Das macht klar: Die Auseinandersetzung mit dem Fundamentalismus muss theologisch die Bibelhermeneutik in den Vordergrund rücken.

8. Adressaten der Prophetie

Eine kurze Erwägung zur Johannes-Apokalypse, einer beliebten Quelle fundamentalistischer Schriftauslegung, mag das illustrieren und verdeutlichen. Ihr Verfasser beruft sich gleich zu Beginn auf eine *„Offenbarung Jesu Christi"*, die ihm zuteil geworden sei, um zu enthüllen, *„was bald geschehen muss"* (Offb 1,1), und betont noch einmal, *„die Zeit ist nahe"* (1,2). Er lässt auch keinen Zweifel daran, an wen er sich wendet: Er schreibt „*an die sieben Gemeinden in der Provinz Asien*" (1,4), die dann einzeln namentlich genannt werden, ihm offenbar ebenso bekannt sind wie er ihnen. Am Ende des Textes wiederholt er wörtlich die Einleitungsformel zum Zweck seiner Schrift: „*um seinen Knechten zu zeigen, was bald geschehen muß*" (22,6), um danach mit einem bekräftigenden Wort und Gebetsruf zu schließen: „*Er, der dies bezeugt, spricht: Ja, ich komme bald. – Amen. Komm, Herr Jesus!*" (22,20) Obgleich die Johannes-Apokalypse in weiten Teilen nicht leicht verständlich ist, liegen hier zwei Dinge klar auf der Hand: Der Verfasser hat weder den Auftrag noch die Absicht, über eine weit entfernte Zukunft zu schreiben, sondern über ein Geschehen, das die Gemeinden, denen er die Offenbarung mitteilt, direkt betrifft, das sie also selber noch erleben werden. Sollte dieses Geschehen – und dafür spricht einiges – eine politische, vielleicht sogar eine militärische Dimension aufweisen, dann muss sie mit den politischen Mächten zur Zeit und im Umfeld der Gemeinden, sprich: mit ihrer politischen Situation zu tun haben. Es ist, ohne den Text zu vergewaltigen, völlig unmöglich, ihn so zu interpretieren, als schildere er Ereignisse des 21. Jahrhunderts. Es dreht sich, wohlgemerkt, dabei nicht um die Frage, ob es Gott möglich ist, einen damals lebenden Propheten solche Ereignisse voraus sehen zu lassen. Es geht einzig und allein darum, ob der Text eine solche Deutung erlaubt. Und das ist eindeutig nicht der Fall.

9. Verschlüsselung der Botschaft

Man kann sich dem Problem noch von einer anderen Seite her nähern. Angenommen, es sei dennoch Gottes Intention gewesen, dem Seher von Patmos Kenntnis von einem im 21. Jahrhundert bevorstehenden Weltkrieg im Heiligen Land unter Beteiligung heutiger Großmächte und unter Einsatz modernster Waffen zu vermitteln. Angenommen weiterhin, Gott habe ihm diese Zukunft auf eine Weise kundgetan, die der Vorstellungswelt und Fassungskraft des Sehers angepasst war, weil er wohl kaum imstande gewesen wäre zu verstehen, wenn ihm in seinen Visionen die USA, die UNO, die EU oder Panzerarmeen, Raketen und Atombomben gezeigt worden wären. Dann stellen sich mehrere grundsätzliche Fragen: Welchen Sinn hat die Offenbarung von zukünftigen Vorgängen, deren konkrete und präzise Bedeutung, derjenige, dem sie geoffenbart werden, nicht nachzuvollziehen vermag? Welchen Sinn hat die Vermittlung dieser Offenbarung an Gemeinden, die von den Vorgängen gar nicht betroffen sind und ihre Bedeutung gleichfalls nicht erfassen können? Und schließlich: Welchen Sinn hat diese Offenbarung und ihre Vermittlung an die heutigen Gemeinden, die sich wiederum auch ihrem Verständnis entziehen, da sie in einer ihnen fremden und weithin rätselhaften Bild- und Symbolsprache zum Ausdruck gebracht sind, deren Bedeutung nur durch die fundamentalistische Schriftauslegung erschlossen werden kann? Noch einmal anders und allgemeiner gewendet, lässt sich schließlich fragen: Wenn die Texte, in denen das den Propheten Geoffenbarte aufgezeichnet und vermittelt wurde, tatsächlich als wortwörtlich wahr anzunehmen sind, weshalb formulieren sie den Inhalt der Offenbarung nicht in eindeutiger Weise und so unmissverständlich, dass keine Auslegungsprobleme auftreten (können)? Weshalb reden sie von Assyrern, Persern und Ägyptern, wenn in Wahrheit die Russen, Chinesen, Araber und Muslime gemeint sind?[9] Warum von Feuerregen, wenn in Wahrheit radioaktiver Fallout, von einem „Tier", wenn in Wahrheit der Vatikan oder der Islam gemeint ist? Aus welchem Grund erwecken sie bei ihren Lesern den Eindruck, das Ende der Welt stünde unmittelbar bevor und gelegentlich, man könne sein baldiges Eintreffen sogar genau voraus berechnen, wenn in Wahrheit ein Weltende gemeint ist, das noch mehrere tausend Jahre auf sich warten lässt? Es ist lediglich ein Schuss gesunden Menschenverstandes vonnöten, um zu erkennen, dass es auf all diese Fragen keine einleuchtende

---

[9] In H. Lindsay/C.C. Carlson, Alter Planet Erde wohin? Im Vorfeld des Dritten Weltkrieges, Wetzlar [8]1978, wird ausführlich geschildert und in Graphiken veranschaulicht, wie die Endschlacht ablaufen wird (vgl. bes. a.a.O., 184.188), in deren Mittelpunkt russische, chinesische, arabische und europäische (unter Führung des „römischen" Diktators operierende) Truppen stehen. Es ehrt die Autoren, wenigstens kurz auf das Problem einzugehen, ob in einer Epoche von Massenvernichtungswaffen die beteiligten Staaten riesige Reiterarmeen einsetzen werden, wie es die Propheten schildern. Aber natürlich gibt es dafür eine Lösung … (vgl. a.a.O., 195f).

Antwort gibt – und keine, die nicht in letzter Instanz ein recht seltsames Licht auf Gott und die Propheten werfen würde.

Kurzum, die Lehre von der Verbalinspiration hat weder Hand noch Fuß und führt in ihrer Anwendung auf prophetische und apokalyptische Texte zu unhaltbaren Konsequenzen. Entgegen allem Anschein hält sie nicht dazu an, dem Wortlaut der Heiligen Schrift treu zu bleiben, sondern sie zwingt dazu, ihn in textwidriger Weise zu aktualisieren. Vor allem widerspricht die Konzeption fundamentalistischer Schriftauslegung dem Begriff der Offenbarung. Denn Offenbarung soll, dem Wortsinn nach, etwas Verborgenes aufdecken, enthüllen. Folgt man jedoch den Fundamentalisten, dann können diejenigen, die die Sprache der Offenbarung verstehen, mit ihrem Inhalt nichts anfangen, und diejenigen, denen die Botschaft der Offenbarung zugedacht ist, ihre Sprache nicht verstehen. Den zeitgenössischen Lesern des Ezechiel-Buches mag klar gewesen sein, von welchem Fürsten der Name „Gog von Magog" stammt, den der Prophet verwendet, um den wichtigsten endzeitlichen Widersacher Gottes zu bezeichnen, ohne auch nur zu ahnen, welche Person des politischen Lebens im 20. Jahrhundert sich dahinter verbirgt.[10] Auf der anderen Seite dürften in der Gegenwart nur recht wenige Menschen auch nur einschätzen können, ob es sich überhaupt um einen Personennamen handelt. Und ohne fundamentalistischen Spürsinn käme wohl niemand auf den Gedanken, dahinter einen Mann wie etwa Gorbatschow zu vermuten. Auf solche Weise verkommt Bibelauslegung zu einer Art Ratespiel, die des Gotteswortes unwürdig ist. Die Willkürlichkeit derartiger Aktualisierungen wird zudem ständig durch die politische Entwicklung demonstriert. Wer kann, um nur ein Beispiel zu nennen, Saddam Hussein noch immer ernsthaft für einen Nachfolger Nebukadnezars und einen bedeutenden Endzeitfürsten halten, als der er

---

[10] Für H. Lindsay/C.C. Carlson, Alter Planet Erde wohin?, 191, ist evident, dass „Magog", das in der großen Fremdvölkervision bei Ezechiel (vgl. Ez. Kap. 38/39) als Schauplatz einer Vernichtungsorgie Gottes genannt wird, Russland meint. Der historisch-kritischen Exegese ist es bis heute nicht gelungen, die Namen „Gog" und „Magog" historischen Personen und Ländern zuzuordnen (vgl. B. Lang, Ezechiel. Der Prophet und das Buch (=EdF 153), Darmstadt 1981, 111). Entsprechend gibt es in der Rezeptionsgeschichte keine feste Tradition, sondern mannigfache Identifizierungen.

noch vor kurzem durch zahlreiche fundamentalistische Publikationen geisterte?[11] Die unstreitbare Irrtumsanfälligkeit fundamentalistischer Bibelauslegung untergräbt unweigerlich den Offenbarungsanspruch der Heiligen Schrift als Wort Gottes, weil sie bei nachdenklichen Menschen den Eindruck erweckt, ihm sei grundsätzlich nicht zu trauen.

10. Wiedergewinnung der kollektiven Dimension der Verheißung

Trotz aller Kritik an ihr verdient eines ihrer Anliegen Anerkennung und Beachtung. Es lässt sich kaum bestreiten, dass die akademische Theologie das Thema der Eschatologie in den letzten Jahrzehnten stark individualisiert hat.[12] Das ist zumal in Deutschland aus nahe liegenden Gründen nachvollziehbar, trotzdem aber nicht sach- und schriftgemäß. Es unterliegt keinem Zweifel, dass der Glaube Israels und der christliche Glaube den Horizont gläubiger Hoffnung weiter stecken, als es die zeitgenössische Konzentration auf das Heil des einzelnen Menschen tut. Deshalb bleibt es eine Aufgabe der Theologie, Rechenschaft zu geben auch über die Hoffnung, die nach der Heiligen Schrift Israel und der Völkerwelt gilt. Sicherlich verbietet es sich, nach fundamentalistischer Manier die eschatologischen Aussagen biblischer Schriften oder Autoren in innergeschichtliche Zukunftsprognosen umzudeuten, die sich in dieser Hinsicht ebenfalls mehrfach getäuscht haben. Das heißt zunächst, den Offenbarungsanspruch der Schrift strikt auf die Selbstoffenbarung Gottes zu beschränken. Doch es darf nicht dem Fundamentalismus überlassen werden, positiv darzulegen, was diese Selbstoffenbarung für die politische Geschichte als Geschichte der Völker bedeutet. Das betrifft auch das Problem des Jüngsten Gerichts, das nicht nur den individuellen, sondern ebenso den kollektiven Subjekten bevor

---

[11] Wiederum nur ein Beispiel dazu bieten C.H. Dyer/A. Hunt, Der Golfkrieg und das Neue Babylon, Asslar 1991.

[12] Eine bemerkenswerte Ausnahme bildet F.-W. Marquard, Was dürfen wir hoffen, wenn wir hoffen dürften? Eine Eschatologie, Band 3, Gütersloh 1996, 257–297.

steht. Denn Gottes Gerechtigkeit muss auch die politische Welt umgestalten, wenn die Verheißung eines endgültigen Friedensreiches Wirklichkeit werden soll. Der Maßstab allerdings, an dem alle theologischen Antworten auf die Frage, wie Gott diese endgültige Verwandlung der Welt vollenden wird, zu messen sind, kann einzig und allein die Selbstoffenbarung Gottes in Jesus Christus sein. Sie zeigt, wie Gott handelnd in die Geschichte eingreift, und dieses Paradigma schließt eine Sicht der Zukunft der Menschheit aus, in der Gott und seine Getreuen wie Schlächter durch das Blut ganzer Völkerscharen waten, um dem Reich Gottes zum Sieg zu verhelfen. Es ist heute leichter denn je, sich vorzustellen, dass die Menschheit sich selbst ein katastrophales Ende bereitet. Aber das wird dann ihr und nur ihr Werk sein, nicht das Gottes. Alles andere sind menschliche Rachephantasien, verständlich vielleicht und dennoch ein Widerspruch zum christlichen Glauben, selbst wenn sie sich in biblischen Texten finden. Deswegen gilt es, sich der historisch-kritischen Einsicht zu erinnern, dass die prophetischen und apokalyptischen Schriften, wenn sie diese schreckliche Aussicht vor Augen stellen, warnen und drohen wollen, um unmissverständlich deutlich zu machen: Gott als Herr der Geschichte lässt seiner auch durch die politischen Mächte dieser Welt nicht spotten. Darin steckt vor allem eine Botschaft der Hoffnung für alle Personen und Völker, die im Gang der Geschichte unter die Räder der Großmächte geraten sind oder zu geraten drohen. Dafür steht nach wie vor beispielhaft das Volk Israel. Zu Recht mahnen die Fundamentalisten die Theologie, das nicht zu vergessen. Nur sollten sie eigentlich wissen, wie leidenschaftlich die Propheten Israel davor warnen, der Macht ihrer Waffen mehr zu vertrauen als ihrem Gott. Für ein Plädoyer zu Gunsten israelischer Atomwaffen etwa bietet ihre Botschaft sicher keine Grundlage.

Eine letzte Anmerkung: Vom selektiven Umgang der fundamentalistischen Bibelauslegung mit den biblischen Schriften war bereits die Rede. Man kann sogar, ohne zu übertreiben, von einer geradezu monomanischen Fixierung auf jene Texte oder Textpartien sprechen, die das Ende von Welt und Geschichte in düsteren und gewaltträchtigen Bildern und Visionen ankündigen. Aber die Bibel enthält auch endzeitliche Friedensvisionen, denen diese erschreckende Dimension fehlt. Offenkundig liegen die

Dinge so einfach nicht, wie die Fundamentalisten meinen. Gottes Heilsplan und Vorsehung tragen keinen deterministischen Charakter. Das Offenbarungszeugnis der ganzen Bibel zeigt das genaue Gegenteil. Das macht es unmöglich, aus ihm unumstößliche Prognosen für den Verlauf der Geschichte entnehmen zu wollen, weder optimistische noch pessimistische. Die Bibel bezeugt in allen ihren Teilen den festen Glauben daran, dass Gott seine Schöpfung nicht zu Schanden werden lässt, gleichviel, welche Katastrophen sich auf der politischen Bühne ereignen. Mehr als dieses unbedingte Vertrauen sollten auch fundamentalistische Bibelausleger nicht aus ihr heraus lesen wollen. Alles andere dürfen wir dann getrost Gott überlassen.

Walter Sparn

Chiliastische Hoffnungen und apokalyptische Ängste

Das abendländische Erbe im neuen Jahrtausend

1. Die Rede vom „Ende der Geschichte" und die „apokalyptische" Realität

Es ist noch nicht lange her, dass nach einer dramatisch sich steigernden, zunehmend bedrohlichen, aber dann plötzlich und glücklich ausgehenden Veränderung der politischen Situation ein Augenblick des Verstummens eintrat. Uns Deutschen mag dies in der Euphorie nach dem 9. November 1989 nicht immer bemerklich gewesen sein; aber denjenigen, die weiter entfernt von der gefallenen Berliner Mauer lebten, fiel durchaus auf, dass die Zeit gleichsam stillstand oder zu einem Ende gekommen war in jenem großen, starken, lang anhaltenden Augenblick. Ein amerikanischer Politologe übersetzte diesen Eindruck so: Der Zusammenbruch der politisch-ökonomischen Ordnung des kommunistischen Ostens in Europa bedeutete das Ende des letzten welthistorischen Antagonismus; von den beiden mit der militärischen Möglichkeit der gegenseitigen Auslöschung sich gegenüber stehenden Antagonisten blieb nur einer übrig. So endete das globale Drama, bevor es zum *showdown*, zum katastrophalen Endkampf kam. Dies Ende vor dem Endkampf bedeutete das Ende der Geschichte überhaupt, *end of history*.

Diese Formel wurde im Jahr 1989 von Francis Fukuyama, zunächst mit einem Fragezeichen versehen, aber dann affirmativ in Umlauf gebracht.[1] Sie hatte etwas Plausibles an sich. Hatte sich

---

[1] F. Fukuyama, The End of History?, in: The National Interest 1989, 3–18; ders., The End of History and the Last Man, London 1992, dt.: Das Ende der Geschichte. Wo stehen wir? Stuttgart 1992. Vgl. G. Kohler, Fukuyma oder „The End of History". Eine geschichtsphilosophische Perspektive auf die Jahrhundertschwelle, in: H.

nicht das Modell der liberalen, rechtsstaatlichen, marktwirtschaftlichen Demokratie auf der ganzen Linie erfolgreich bewiesen, überdies auf unblutige Weise? Es gab nun kein alternatives Modell mehr zu dem historischen Entwicklungsweg des Fortschritts, den Europa und Nordamerika nun zu Ende gegangen waren; Nachzügler gab es noch, gewiss, die aber mit demokratischen und ökonomischen Reformen bald auch so weit kommen würden wie der Westen oder die, im äußersten Fall, von uns Angekommenen mit paternalistischer Nachhilfe auf den Weg der Freiheit und des Glücks zu bringen sein würden. Aber eigentlich gab es jetzt nur mehr *uns*, den *novus ordo seclorum*, die neue Weltordnung, wie sie auf jeder Dollarnote der USA verheißen und jetzt endlich Realität, nämlich die einzige Realität geworden war. Wenn die liberale Demokratie die endgültige menschliche Regierungsform darstellt, dann gelangt jedenfalls die politische Geschichte in absehbarer Zeit an ihr Ende.

End of history – heute erscheint die Endgültigkeitsgeste dieses geschichtstheoretischen Orientierungsangebotes fast lächerlich. Die geschichtliche Realität dementiert das Ideal, die Annahme des Auslaufens der Geschichte in den Zustand der Vollendung in Frieden und Glück. Die aktuelle Geschichte verläuft dramatisch, antagonistisch und katastrophisch: Es treten grausame Eroberer auf, und es gibt wieder Blutzeugen, Märtyrer; die Reiche des Guten und des Bösen erkennen einander als solche und kämpfen global und irregulär um den Endsieg; der Erdball wird Harmaggedon – kurz: Die längst vergangen geglaubte *Apokalyptik* ist mit allen ihren Schrecken wiedergekehrt, und das mitten in die politische Geschichte.[2]

Hätte man die Vorboten dafür ernster nehmen sollen, dass das ausgehende Millenium für apokalyptische Orientierungsmuster offen war? Entstanden doch seit den siebziger Jahren religiöse Gruppen, die vom bevorstehenden Gericht über die Bösen in der Welt und von deren Untergang in einer globalen Katastrophe, und vor allem von der eigenen Rettung überzeugt waren. Einige

---

Holzhey/ders. (Hg.), In Erwartung eines Endes. Apokalyptik und Geschichte, Zürich 2001, 129–153.
[2] Vgl. M.N. Ebertz/R. Zwick (Hg.), Jüngste Tage. Die Gegenwart der Apokalyptik. Freiburg/Basel/Wien 1999.

schreckten auch nicht vor Mord und Selbstmord zurück, um den Weltuntergang zu beschleunigen oder ihm zuvorzukommen; so seit der Volkstempler-Sekte 1978 bis zu den Ereignissen zum Milleniumswechsel 2000 – und ein Ende ist nicht abzusehen. Dafür sorgt ja schon die massive Präsenz der Apokalyptik, ihres Personals, ihrer Requisiten und ihrer kosmischen Dimensionen in der Literatur, in der Musik und vor allem in den visuellen Medien.[3] Auch die biblischen Apokalypsen haben, jedenfalls im biblizistischen Strang des zeitgenössischen Christentums, viel stärkeren Zulauf als früher, und fundamentalismusnahe Christen in den USA schreiben die Apokalypse des Johannes in die Gegenwart ein – und betreiben damit ultrakonservative, antiliberale Machtpolitik. Die vielmillionenfach verkaufte Romanserie *Left Behind* ist ein Indiz für diese brandgefährliche Neuverknüpfung von Religion und Politik im Zeichen der Apokalyptik.[4] Freilich haben wir all dies lange zu den *bad news* abgelegt und haben ihre religiöse Motivation als exotisch oder irrational, jedenfalls als uns, die wir säkular aufgeklärte und selbstbestimmte Menschen sind, nur äußerlich betreffend abgetan.

Damit hatte es am 11. September 2001 ein Ende. Eine apokalyptisch hocherregte Religiosität, nun eine *islamische*, schoss sich terroristisch auf die Weltbühne, um den Kampf zwischen dem Rechtgläubigen und den ungläubigen Teufeln in die heiße, entscheidende Phase zu treiben. Der Schock des *Nine-eleven* war um so heftiger, als niemand die Zeichen apokalyptischer Zuspitzung hatte lesen wollen, die auch in der islamischen Welt schon eine ganze Weile sichtbar waren. Schon seit 1928 gab es die Muslim-Bruderschaften, die heute den Islamismus nähren, und es gab ihre Märtyrer in arabischen, von verwestlichten Eliten regierten Staaten. Es gab vor allem die schiitische Revolution in Persien 1979, die von der glühenden Hoffnung auf das Erscheinen des entrückten Zwölften Imam und auf das Jüngste Gericht

---

[3] Materialien und Analysen etwa bei H.W. Wurster/R. Loibl, Apokalypse. Zwischen Himmel und Hölle. Passau/Regensburg 2000; M. Delisle, Weltuntergang ohne Ende. Ikonographie und Inszenierung der Katastrophe bei Christa Wolf, Peter Weiß und Hans Magnus Enzensberger, Würzburg 2001.
[4] Vgl. G.W. Shuck, Marks of the Beast. The "Left Behind" Novels and the Struggle for Evangelical Identity, New York/London 2005; ders., Trojanisches Pferd im Kulturkampf, in: Zeitzeichen 6/2005, 26f.

imprägniert war und eine entsprechend fanatische Politik betrieb. Doch auch im sunnitischen Strang des Islam wurde schon 1979 die Große Moschee in Mekka von militanten Muslimen gestürmt, die in Erwartung des baldigen Jüngsten Tages das gottlose saudische Regime zugunsten eines wahrhaft islamischen Staates stürzen wollen; sie meinten sogar den „Mahdi" benennen zu können, der der Welt endgültig die erlösende Gerechtigkeit bringen würde.[5] Die hierauf reagierende, massive Wahhabisierung Saudi-Arabiens wurde dann der Nährboden von al-Qaida, der am 11. September 2001 eine erste blutige Rache am Westen nahm.

Die Wiederkehr apokalyptischer Orientierungsmuster dementiert die These, dass die Weltgeschichte in der westlichen Zivilisation ihr Ende finde, als provinzielles oder arrogantes Wunschdenken. Will man aber die aktuelle Apokalyptik zum eigenen Besten wirklich ernst nehmen, so muss man zweierlei sorgfältig beachten. Das eine ist dies: Die apokalyptische Deutung unserer Weltzeit und so gut wie alle politischen, publizistischen, terroristischen und suizidalen Praktiken, die mit einer solchen Deutung begründet werden, sind Phänomene der *christlichen*, speziell der protestantischen Welt, oder es sind Phänomene der *islamischen* Welt. Beteiligt sind zwei Erlösungsreligionen, die als solche ein ambivalentes, ja prekäres Verhältnis zur Gegenwart, zur bestehenden Welt haben.

Die andere Beobachtung: Jene apokalypsenahen Praktiken finden samt und sonders nicht außerhalb, sondern innerhalb der ökonomisch, technisch und waffentechnisch hoch gerüsteten und global präsenten *Zivilisation* statt und haben nur hier ihre Chance. Diese Zivilisation ist jedoch ganz und gar nicht apokalyptisch grundiert; vielmehr realisiert sie geradezu eine Alternative zur apokalyptischen Dramatik: den modernen *Chiliasmus*. Um den aktuellen apokalyptischen Wahn und seine katastrophische Eskalation zu verstehen, muss man das konstrastierende und korrelierende Phänomen des Chiliasmus, muss man die Bedeutung chiliastischer Hoffnungen in der evolutionären Dynamik der modernen westlichen Kultur verstehen.

---

[5] Das erzählt spannend F. Peil, Es begann in Mekka, in: DIE ZEIT Nr. 7, 9. Februar 2006, 90.

2. Chiliasmus: Neuzeitliche Alternative zur Apokalyptik

Obwohl Apokalyptik und Chiliasmus in der Moderne durchaus gegenläufige Zeitdeutungen und Handlungsmuster darstellen, haben sie doch eine gemeinsame Wurzel. Der Chiliasmus war lange Zeit ein Aspekt eben der Apokalyptik. Diese gemeinsame Wurzel ist, wenn ich so pointiert sagen darf, die Erfindung der *Zukunft*, eine Erfindung, die sich dem frühen Judentum und dem Christentum verdankt und die der Islam von dort übernommen hat. Anderswo wurde die Zukunft als Fortsetzung der Gegenwart in der Folge der Generationen oder im Auf und Ab politischer Formationen betrachtet, und die irdische Zeit wurde als Funktion der gleichmäßig-ewigen Gestirnbewegungen verstanden. Dagegen haben das Judentum aufgrund der prophetischen Verheißungen und das Christentum, diese noch steigernd, aus der verheißenen Wiederkunft Christi die Vorstellung einer Zukunft entwickelt, die diese Zukunft qualitativ von der Gegenwart und der Vergangenheit unterscheidet; eine Zukunft, deren Eintreten bei der Ankunft des Messias bzw. der Wiederkunft Christi die bisherige Geschichte – und erst jetzt kann man die Menschheitsgeschichte als Ganzes, nämlich als *Heilsgeschichte* erfassen – an ihr Ende bringen wird. Erst jetzt, wo der Lauf der ganzen Menschheit als zielstrebig geglaubt wird, gibt es einen distinkten Begriff der Zukunft und eine lineare Zeitauffassung, die die Vorstellungen neuer und neuester „letzter Dinge" hervorbringt. Von diesem eschatologischen Welt- und Zeitbild war die christliche Kultur bis zur Aufklärung im 18. Jahrhundert in allen wichtigen Lebensvollzügen und deren religiöser, künstlerischer oder intellektueller Reflexion geprägt.[6]

Im Rahmen dieses apokalyptischen Welt- und Zeitbildes war die Gegenwart nach Christus bereits die *Endzeit*, geprägt durch die Hoffung auf endgültige Erlösung einerseits, durch Leiden und Martyrium, d.h. staatliche Verfolgung, andererseits. Aber

---

[6] Vgl. W. Sparn, Weltgeschichte und Heilsgeschehen, in: ders. (Hg.), Apokalyptik versus Chiliasmus? Die kulturwissenschaftliche Herausforderung des neuen Milleniums. Erlangen 2002, 199–224; ders., Art. Apokalyptik, in: Enzyklopädie der Neuzeit, Bd. 1, Stuttgart 2005, 491–497; G. Uerz, ÜberMorgen. Zukunftsvorstellungen als Elemente der gesellschaftlichen Konstruktion der Wirklichkeit, München 2006.

eben die tödliche Bedrohung war das Anzeichen für den beginnenden und bald kosmisch sich ausweitenden Endkampf zwischen Gut und Böse, für die tröstliche Nähe des rettenden Jüngsten Tages also. Zu der visionären Prognose dieser Zukunft gehörte im Christentum gelegentlich auch die Vorstellung, dass die Frommen unter der Herrschaft Christi vor dem Jüngsten Gericht noch ein *tausendjähriges Friedensreich* auf Erden etablieren würden (Offb 20). Diese spezielle Hoffnung, die wegen der „tausend" Jahre im griechischen Sprachbereich „Chiliasmus", im lateinischen „Millenarismus" genannt wurde, blieb allerdings randständig. Richtiger gesagt: Sie wurde von der Kirche als häretisch abgelehnt, als sich die Wiederkunft Christi weiter verzögerte und als die christliche Kirche nach der konstantinischen Wende nicht mehr das Opfer staatlicher Macht, sondern selbst Teilhaberin dieser Macht wurde und Garantin auch der Stabilität der irdischen Verhältnisse und sich daher selber als *civitas Dei*, als jenes Reich der Frommen stilisierte.[7]

In diesem abendländischen Geschichtsmodell war die Zeit zwischen der ersten und der zweiten Ankunft Jesu Christi nach wie vor Endzeit, der nur chronologisch gedehnte Kairos des Heils; ein gleichförmiger Zeitverlauf also, dessen Ereignisse innerhalb der letzten der vier Weltmonarchien lagen und qualitativ nichts Neues bringen konnten. Diese stabile Situation änderte sich, als, im religiös und sozial gärenden Mittelalter, genau das Gegenteil behauptet wurde: Es werde wirklich Neues noch in der irdischen Geschichte geben. Das von dem Abt Joachim von Fiore um 1200 entworfene Geschichtsbild ist eine der beiden Wurzeln des *neuzeitlichen Chiliasmus*. Jener Abt teilte die Geschichte in drei Perioden: Einer ersten Weltzeit Gottvaters, in der das alttestamentliche Gesetz herrschte, folgte eine zweite Weltzeit, die des göttlichen Sohnes, in der das Evangelium herrscht, in der aber noch institutionelle Formen der Heilsvermittlung nötig sind, sprich: die sozialdisziplinierende Kirche. Bald aber, so Joachim, wird das Reich des Heiligen Geistes anbrechen, in dem nur geistliche Einsicht und freiwillige Liebe walten wird: Kommen wird

---

[7] Urheber der so folgenreichen Analogie zwischen der Kirche und dem „himmlischen Jerusalem" ist A. Augustinus, De civitate Dei XX, 7–9.

also das *Dritte Reich*.[8] Der fatale Gebrauch dieser Titels im 20. Jahrhundert zeigt das enorme und enorm ambivalente Potential an, das der überlieferten chiliastischen Dynamisierung der Geschichte noch in der säkularen Modifikation des 20. Jahrhunderts innewohnt.

Gerade *in* säkularer Modifikation, sollte ich sagen. Denn der neuzeitliche Chiliasmus ist darin *säkular*, als er aus dem apokalyptischen Erwartungshorizont und seinen katastrophischen Szenarien ganz herausgelöst ist. Diese Herauslösung setzte ein, als jener Erwartungshorizont im 17. Jahrhundert gesamtkulturell seinerseits zu verblassen begann, und dies wiederum war verbunden mit der wissenschaftlichen Entzauberung des mythischen Weltbildes und seiner Dämonen- und Höllenangst. Dieser Vorgang ist die zweite Wurzel des modernen Chiliasmus, der mithin fast identisch ist mit dem Selbstbewusstsein der Neuzeit als einer *neuen* Zeit; seit etwa 1700 wurde sie im pietistischen Halle daher „Neuzeit" genannt.[9] Wichtig ist zu sehen, dass der moderne Chiliasmus nur insofern wirklich säkular genannt werden kann, als er nicht mehr im apokalyptischen Szenario steht; im übrigen enthält er vielfältige *religiöse* Momente. Es war zum Beispiel ein ganz frommer Chiliasmus, den zuerst der Pietismus in die Kirche eintrug, als er, gegen die bisherige Erwartung, nicht bloß die Erhaltung der Kirche in den endzeitlichen Trübsalen, sondern „bessere Zeiten" erhoffte. Fromm verstand sich auch die chiliastische Deutung der Geschichte als einer Theodizee, welche die wirklich werdende Welt als beste aller möglichen Welten erklärte; nicht zuletzt deshalb, weil das Glück in ihr nicht wie bisher der Besitz eines höchsten Gutes, ein Endzustand war, sondern, wie Gottfried Wilhelm Leibniz definierte, „das unablässige Fortschreiten (progrès perpetuel) zu immer neuen Vollkommenheiten".[10] Einigermaßen fromm war auch das Programm des humanen Fort-

---

[8] Vgl. H.-P. Großhans, Art. Chiliasmus, in: Enzyklopädie der Neuzeit, Bd. 2, Stuttgart 2005, 681–687; B. Brentjes, Der Mythos vom Dritten Reich. Drei Jahrtausende Traum von der Erlösung, Hannover 1997; M. Delgado/K. Koch/E. Marsch (Hg.), Europa, Tausendjähriges Reich und Neue Welt. Zwei Jahrtausende Geschichte und Utopie in der Rezeption des Danielbuches, Fribourg/Stuttgart 2003.

[9] Vgl. H. Günther, Art. Neuzeit, Mittelalter, Altertum, in: HWP, Bd. 6, 782–798; W. Sparn, Weltgeschichte und Heilsgeschehen, 204ff.

[10] G.W. Leibniz, Principes de la Nature et la Grace fondés en Raison [1718], franz./dt., Hamburg 1956, § 18.

schritts, das Gotthold Ephraim Lessings *Erziehung des Menschengeschlechts* 1777 in ausdrücklichen Rückbezug auf J. von Fiore entwarf; er verband das „ewige Evangelium" der Humanität sogar mit der bislang für unchristlich geltenden Annahme der Seelenwanderung, um das kurzlebige Individuum am unendlichen Fortschritt der Gattung teilhaben zu lassen.[11]

Auf seine Weise fromm, nämlich *zivilreligiös* darf man den wohl erfolgreichsten Chiliasmus der Neuzeit nennen: den amerikanischen Traum. Diese Vision baut im Gefolge der Pilgerväter und der Großen Erweckung des 18. Jahrhunderts darauf, dass die Existenz der USA (1772) sich göttlicher Providenz verdankt, dazu bestimmt, dem *pursuit of happiness* weltweit Geltung zu verschaffen und das „Reich Gottes" als *novus ordo seclorum*, die bis heute von amerikanischen Präsidenten beschworene „neue Weltordnung", als Endzustand der Geschichte herbeizuführen. Den andern hochwirksamen Chiliasmus der Neuzeit, die von der Französischen Revolution 1789 ausgehenden Emanzipationsbewegungen, kann man allerdings nicht fromm nennen, da er teils offen *atheistisch* war. Nichtsdestoweniger erhob auch er, von der Französischen Revolution oder dem Positivismus angefangen bis hin zum Marxismus-Leninismus bzw. zum faschistischen Dritten Reich *religionsäquivalente* Ansprüche. Nicht selten wurden solche Ansprüche mit mehr oder weniger religiösen Ritualen bekräftigt; es wurde eine neue, mit dem revolutionären Jahr Eins beginnende Zeitrechnung eingeführt, man versprach hoch und heilig immerwährenden Fortschritt oder man erhob den Anspruch, bald den „neuen Menschen" hervorzubringen.[12]

Die modernen Chiliasmen haben formal gemeinsam, dass die bislang geschlossene Welt, deren Durchmesser mit ein paar tausend Meilen angenommen und deren Zeit auf 6000 Jahre beschränkt galt, sich räumlich zum unendlichen Universum und zeitlich sich nach vorn in eine *indefinite Zukunft* öffnete. Die Möglichkeit eines hereinbrechenden Endes rückte, wenn es über-

---

[11] Vgl. G.E. Lessing, Die Erziehung des Menschengeschlechts [1777], in: Werke Bd. VIII, München 1979, §§ 82–100.

[12] Vgl. G. Küenzlen, Der Neue Mensch. Zur säkularen Religionsgeschichte der Moderne, München 1994. Im Kontext der inzwischen eingetretenen gentechnischen Möglichkeiten vgl. R. Zons, Die Machbarkeit des Menschen, in: M. Dabag/K. Platt (Hg.), Die Machbarkeit der Welt, München 2006.

haupt noch geglaubt wurde, in eine verhaltensirrelevant weit entfernte Zukunft. Die materiale Gemeinsamkeit der säkularen Chiliasmen ist der Glaube an einen nicht wirklich hemmbaren, unablässigen *Fortschritt* des Menschengeschlechts in seinen materiellen Lebensbedingungen und in seinen geistigen Leistungen, hin zu einem Goldenen Zeitalter, das nun nicht mehr in der Vergangenheit, sondern in der werdenden Zukunft liegt. Die Gegenwart erhält dadurch ein Gefälle nach vorn; die Zeit beschleunigt sich. Der Fortschritt braucht zudem eine Avantgarde der Frommen bzw. der Aufgeklärten bzw. der Parteigenossen usw.; und deren Wissen um die Gesetze des Fortschritts impliziert den Glauben an die Allmacht der Wissenschaft, den Motor aller Innovationen, und an die Allmacht der Politik, die laut Napoléon an die Stelle des Schicksals getreten ist. In diesen Aspekten imprägniert der moderne Chiliasmus unsere gesamte westliche Kultur, wenn auch nicht in allen Sektoren gleichermaßen, so doch allemal im technologischen Sektor. Wir alle setzen auf die Perfektibilität der Verhältnisse, auf ihre Dynamisierung und also auf Bewegung und Beschleunigung als Wert an sich; ja, wir müssen auf die Machbarkeit der Zukunft setzen, darauf, dass die Zukunft, unserer Prognose gemäß, unser Projekt ist und daher unser Produkt sein wird.[13]

Wie konsistent dieser Chiliasmus strukturiert ist, zeigt der Wiedererkennungswert der Lektüre seiner Programme aus der Anfangszeit. Zwei Texte, sogar aus demselben Jahr 1794, lohnen besonders, weil sie zugleich die Variationsbreite des modernen Chiliasmus belegen. Den einen Text hat Immanuel Kant als Aufsatz unter dem Titel *Das Ende aller Dinge* publiziert; der andere ist die *Esquisse d'un tableau historique des progrès de l'esprit humain* des Marquis de Condorcet. Kant verabschiedet das apokalyptische Bild vom schrecklichen Ende der Zeit zugunsten eines moderaten „philosophischen Chiliasm", der das „Reich Gottes auf Erden" moralisch-praktisch fördert – das ist die sonst angelsächsische Idee evolutionären und pragmatischen politischen

---

[13] Die historische Analyse dieses Syndroms hat angestoßen R. Kosselleck, Vergangene Zukunft. Zur Semantik geschichtlicher Zeiten, Frankfurt a.M. 1979; zum praktischen Aspekt des säkularen Chiliasmus vgl. L. Hölscher, Vorstellungen der Gestaltbarkeit von Zukunft seit der frühen Neuzeit, in: M. Dabag/K. Platt, Die Machbarkeit der Welt, München 2006.

Fortschritts.[14] Der Marquis zeichnet, obwohl auf dem Weg zur Guillotine, ein enthusiastisches Bild einer Zukunft, in dem alle moralischen und physischen Utopien durch revolutionäre und technische Innovation zur Realität werden.[15] Sein Arsenal der Glücksversprechen umfasst schon die Revolution des Verkehrswesens oder ein Lebensalter von gesunden 120 Jahren und mehr. Jules Vernes fügte dem die Reise zum Mond hinzu; die Futurologien des 20. Jahrhunderts erfanden Denkspulen und Zeitmaschinen und noch vieles andere Aufregende – und waren wir nicht wirklich auf dem Mond?!

3. Der Versuch, den Chiliasmus zu pazifizieren

Wieder zur ernsteren Seite des Themas: Der moderne Chiliasmus ist eine der Apokalyptik konkurrierende *Definition des Endes*, des Endgültigen; er hat, so schien es eine Zeitlang, den Kampf um die Definitionshoheit in Sachen „Endzeit" theoretisch und vor allem praktisch gewonnen. Sogar in der modernen Theologie wurde, wie der Kulturprotestant Ernst Troeltsch zu Beginn des 19. Jahrhunderts formulierte, das „eschatologische Bureau geschlossen".[16] Aber der Schein trog: Der modern-säkulare Chiliasmus hat seine apokalyptische Herkunft nicht einfach hinter sich gelassen. Wie die Apokalyptik ist er alternativlos universal, sprich: *totalitär* und daher, vor dem Endsieg jedenfalls, *kämpferisch* – während der Apokalyptiker in Angst und Freude respektive Rachlust auf die Katastrophe wartete, erzeugt der moderne Chiliast die Katastrophen gleichsam kollateral.

---

[14] Vgl. I. Kant, Das Ende aller Dinge [1794], in: Akademie-Ausgabe, Bd. VIII, 107–124. Zur Interpretation dieser Schrift im obigen Zusammenhang vgl. J. Kulenkampff, „Das Ende aller Dinge". Kants Verteidigung Gottes gegen den Wortlaut der Bibel, in: W. Sparn, Weltgeschichte und Heilsgeschehen, 9–35; H. Holzhey, Immanuel Kant über apokalyptische Diskurse, in: ders./G. Kohler, In Erwartung eines Endes, 21–34.

[15] Vgl. M.J.A.N. Caritat, Marquis de Condorcet, Esquisse d'un tableau historique des progrès de l'esprit humain, Paris 1795, dt. Tübingen 1796. Vgl. K. Löwith, Weltgeschichte und Heilsgeschehen [1941], Stuttgart 1953, 87ff.

[16] E. Troeltsch hat dies im Kontext seiner Diagnose der „Krisis des Historismus" bemerkt; vgl. F.W. Graf, Art. Troeltsch, in: RGG[4], Bd. 8, 628–632.

Die militante Neigung, die auch dem Chiliasmus innewohnt, resultiert aus seiner Genese als Kritik des status quo in der Kirche und in der Gesellschaft, aus dem unerträglich werdenden Leiden daran, dass die christliche Welt noch nicht das Reich Gottes war und auch nicht zu werden versprach, ja gerade die Kirche den allgemeinen Verfall repräsentierte. Daher hat schon J. von Fiore, der das Ende der Welt nahe sah, das Dritte Reich als kurz und in schreckliche Kämpfe verwickelt beschrieben; die radikalen Franziskaner des 13., die Taboriten im 15. Jahrhundert und die sozialrevolutionären Bauern der Reformationszeit griffen dann zur bewaffneten Grausamkeit gegen die politischen Mächte und den römischen „Antichrist"; diese machten nicht minder grausam den egalitären Forderungen der Bauern 1525 oder dem Täuferreich in Münster 1535 ein blutiges Ende.[17] Der puritanische Versuch Oliver Cromwells, das Reich Gottes in England politisch-revolutionär zu etablieren, scheiterte bekanntlich ebenfalls. Aber hier, im England des 17. Jahrhunderts, gewann bald die evolutionäre und, weil mit längeren Zeiträumen rechnend, optimistischere Variante des Chiliasmus die Oberhand. Die, wie man sagte, *postmillenaristische* Variante, die das Friedensreich der Frommen zwar als Herrschaft Christi, aber vor seiner sichtbaren Wiederkunft verstanden, setzte sich durch gegenüber der prämillenaristischen Variante, die die Wiederkunft Christi und das dann sichtbar anbrechende Reich der Frommen unter Vernichtung der Feinde revolutionär beschleunigen wollte. Der Sieg des Postmillenarismus bedeutete zweifellos eine gewisse Pazifizierung der mit ihm bisher verbundenen apokalyptischen Energien.

Aber diese Pazifizierung wurde nie vollständig; und die aus dem apokalyptischen Ursprung erhaltene Aggressivität blieb virulent, je mehr der moderne Chiliasmus selber eine politische Realität wurde und sich gegen andere geschichtsbestimmende Mächte zu behaupten hatte. Das war der Fall bei den totalitären Weltanschauungen des 19. und 20. Jahrhunderts; es war aber auch ein Aspekt der kolonialen Expansion, die vorgab, die „Wil-

---

[17] Wo die Reformation institutionelle Macht, v.a. den Staat, als göttliche Ordnung zur Erhaltung von Frieden und Gerechtigkeit bejahte, hat sie den „schwärmerischen", spiritualistischen Chiliasmus verurteilt, auch offiziell z.B. in der Confessio Augustana (Augsburger Bekenntnis) von 1530, Art. 17.

den" zu zivilisieren, es war sogar ein Aspekt der sog. „Weltmission", die den europäischen und nordamerikanischen Kirchen bis ins 20. Jahrhundert so wichtig war. Der innerlich totalitäre, *apokalypsenahe* Charakter auch des modernen Chiliasmus prägte nicht zuletzt die geschichtsphilosophische Überzeugung Georg Friedrich Wilhelm Hegels, dass die Weltgeschichte, dieses die Vernunft Gottes in der Zeit verwirklichende Große Ganze, das Opfer individuellen Glücks verlangen dürfe; das Diktum, das er Friedrich Schiller entlehnte, dass die „Weltgeschichte (als solche) das Weltgericht (ist)", bringt in aller Härte auf den Begriff, dass der apokalyptische Charakter des modernen Chiliasmus allenfalls dissimuliert werden kann.[18]

Die politischen und moralischen Katastrophen des 20. Jahrhunderts haben immerhin zu neuerlichen Versuchen geführt, den Chiliasmus zu pazifizieren. I. Kants Version, die einen völkerbundlichen „ewigen Frieden" als praktisch wirksames Ideal sah, erhielt nach dem Zweiten Weltkrieg ein Stück weit recht: in der Gründung der UNO und in den seitherigen Initiativen zur Vermeidung apokalyptischer Szenarien in der Politik und der Ökologie. Aber sowohl nach außen, im Kalten Krieg oder den Stellvertreterkriegen zwischen Ost und West, als auch nach innen spielte das apokalyptisch-aggressive Moment in den beiden chiliastischen Weltanschauungen eine zentrale Rolle als Legitimationsinstanz des Kampfs gegen die „Achse des Bösen", wie seit Ronald Reagan emphatisch gesagt werden darf. Nach dem vermeinten „Ende der Geschichte" sind nunmehr die *USA* die wichtigste Bühne eines apokalyptisch anfälligen Chiliasmus. Hier geht das Reich der Frommen gleitend in das Reich der Guten und der Tüchtigen über und umgekehrt; das Selbstwertgefühl der „Erlöser-Nation", der Glaube an den providentiellen Fortschritt und die Erfahrung technokratisch-militärischer Überlegenheit stehen auf vielfältige Weise in Wechselwirkung. Hier kann es langfristig strukturbedingt dazu kommen, was wir gerade besorgt erleben: zu jener brandgefährlichen Überlagerung und sogar ge-

---

[18] G.W.F. Hegel, Vorlesungen über die Philosophie der Geschichte, in: Werke in 20 Bänden, Bd. 12, Frankfurt a.M. 1970, 559. Vgl. W. Sparn, Leiden. Erfahrung und Denken, München 1980, 63ff; K. Platt, Weltgeschichte als Kriegsgeschichte, in: M. Dabag/dies., Die Machbarkeit der Welt, München 2006.

genseitigen Steigerung eines militärisch aufgerüsteten Chiliasmus und einer biblizistischen Apokalyptik; eine an sich rationale Politik zielt dann auf das Gericht an den „Bösen" und deren Vernichtung im Endkampf, bereitet also auf Harmageddon vor.

Angesichts eines solchen Befundes wird die These vom „Ende der Geschichte" nicht nur von der Realität apokalyptischer Orientierungen und Praktiken dementiert, sondern erweist sich als ein über sich selbst *unaufgeklärter Chiliasmus*. Seine theoretische Kritik und praktische Entschärfung gehört zu den wichtigsten Aufgaben, die uns die klassische Moderne vererbt hat. Deshalb befinden wir uns, unabhängig von modischen Aspekten der Zeitdiagnose, in der Situation einer „postmodernen" Moderne – was gerade nicht heißt, dass wir die Moderne ‚vergessen' könnten, sondern die Arbeit an dem chiliastischen Erbe aufnehmen, das uns, ob wir wollen oder nicht, zutiefst prägt.

Die seit den siebziger Jahren gehende Rede oder Behauptung der *Postmoderne*[19] hat ihren seriösen Sinn darin, dass sie gefährliche Elemente des modernen Chiliasmus in Frage stellt. Das sind insbesondere die Annahme von so etwas wie einer sinnvollen „Weltgeschichte" oder Unterstellung eines Subjektes, das, seiner selbst gewiss, den Sinn dieses Ganzen erkennt und miterzeugt. Der Ausdruck „Postmoderne" wurde übrigens schon 1917(!) in einem Buch über „Die Krisis der europäischen Kultur"[20] gebraucht, um der dringend nötigen, selbstkritischen Neuorientierung der Moderne einen klaren Namen zu geben. Ähnliche Diagnosen lauteten *Der Untergang des Abendlandes* (Oswald Spengler, 1918/1921) und, nach dem Zweiten Weltkrieg, *Abschied von der bisherigen Geschichte* (Alfred Weber, 1946) oder *Das Ende der Neuzeit* (Romano Guardini, 1950).[21] Lässt

---

[19] Vgl. P. Koslowski u.a. (Hg.), Moderne oder Postmoderne? Zur Signatur des gegenwärtigen Zeitalters, Weinheim 1986; B. Schmidt, Postmoderne – Strategien des Vergessens, Darmstadt/Neuwied ²1986; W. Welsch, Unsere postmoderne Moderne, Berlin ⁶2002; F.W. Graf u.a., Art. Postmoderne, in: RGG⁴, Bd. 6, 1514–1518.
[20] R. Pannwitz, Die Krisis der europäischen Kultur [1917], Nürnberg ²1947; vgl. F.W. Graf, Art. Postmoderne I. Soziologisch und sozialgeschichtlich, in: RGG⁴, Bd. 6, 1514f.
[21] Vgl. W. Schmidt-Biggemann, Säkularisierung und Theodizee. Anmerkungen zu geschichtstheologischen Interpretationen der Neuzeit in den fünfziger und sechziger Jahren, in: studia philosophica 45 (1985), 51–67.

man das Pathos dieser Formeln auf sich beruhen und begnügt sich mit der nüchternen Wahrnehmung der *condition postmoderne*, wie Jean-Francois Lyotard 1979 sie genannt hat,[22] so halte ich es in der Tat für ausgemacht, dass wir im ausgehenden 20. Jahrhundert in eine Situation der ‚ent-täuschten' Moderne eingetreten sind; in eine Situation, in der viele der unaufgeklärt chiliastischen und daher gefährlichen Hoffnungen der klassischen Moderne enttäuscht und dadurch offenkundig geworden sind; eine Situation, in der wir unsere Erwartungen an unsere Zukunft und an uns selbst als deren Produzenten berichtigen und ermäßigen können und müssen; eine Situation, in der auch die Kulturwissenschaften von dem in ihr „neuerdings erhobenen apokalyptischen Ton" möglichst schnell wieder Abschied nehmen sollte.[23]

Postmoderne, das ist die Aufklärung der Moderne über ihre Selbsttäuschungen, eine im guten Sinn ent-täuschte Moderne.[24] Diese ‚*Ent-Täuschung*' ist der Weg, das „unvollendete Projekt der Moderne" – wie J. Habermas unsere Situation charakterisiert hat –, beileibe nicht etwa zu vollenden, sondern selbstkritisch justierend auf Dauer zu stellen.[25]

4. Chiliasmus und Apokalyptik: Wie mit dem abendländischen Erbe umgehen?

Die schon länger anhaltende *innere* Krise der westlichen Moderne sei, so könnte man nun entlastend meinen, angesichts ihrer *äußeren* Bedrohung im neuen Jahrtausend nicht gar so schlimm. Zweifellos ist es von brisanter Dringlichkeit, wie sie herausge-

---

[22] J.-F. Lyotard, La condition postmoderne. Rapport sur le savoir, Paris 1979; dt.: Das postmoderne Wissen. Ein Bericht. Graz/Wien 1986.
[23] J. Derrida, Über einen neuerdings erhobenen apokalyptischen Ton in der Philosophie, in: ders., Apokalypse, Graz/Wien 1985, 9–90. Vgl. S. Gürtler, „Gewarnt wird vor den Ankommern". Zum geschichtsphilosophischen Wiederholungszwang. Erläuterungen zu einem Aufsatz von Jacques Derrida, in: Parabel, Bd. 5, Münster 1986, 28–35.
[24] Vgl. W. Sparn, Erschöpfte Moderne? Eine aufklärerische Enttäuschung, in: F. Hermanni u.a. (Hg.), Philosophische Orientierung, München 1995, 41–61.
[25] Vgl. H. Meier, Die Moderne begreifen – die Moderne vollenden?, in: ders. (Hg.), Zur Diagnose der Moderne, München 1990, 7–20.

fordert wird durch die verbalen Reaktionen und Attacken einer anderen Kultur; einer Kultur, die ihren zerrissenen Zustand nicht bloß als ökonomische Abhängigkeit oder militärische Okkupation, sondern, viel schlimmer, als kulturelle Demütigung durch die westliche Moderne wahrnimmt. Die Situation wird immer offensichtlicher, und selbst die Reaktion der islamischen Welt auf die Karikaturen Muhammads führt uns täglich vor Augen, welch enormes Aggressionspotential, obgleich es auch viele innere Ursachen hat, nach außen wachgerufen werden kann, wenn es als gegen den Westen gerichtet etikettiert wird.

Auch für diese neue Situation gibt es Orientierungsangebote. Spektakulär auf die These F. Fukuyamas folgte, nicht zufällig an O. Spengler anknüpfend, die These Samuel Huntingtons vom *clash of civilizations*, vom Zusammenprall der Kulturen als *dem* Thema der Weltpolitik des 21. Jahrhunderts.[26] Die deutsche Übersetzung hatte zugespitzt vom *Kampf der Kulturen* gesprochen, und auch Huntington selbst hat nach dem 11. September 2001 gemeint, dass „im 21. Jahrhundert die Ära der muslimischen Kriege begonnen (habe)".[27] Und die neueste Publikation, die in einer konfusen Lage Klarheit schaffen und Handlungsfähigkeit aufbauen will, das Buch von Victor und Victoria Trimondi, spricht ohne Umschweife vom *Krieg der Religionen. Politik, Glaube und Terror im Zeichen der Apokalypse*.[28] Die semantische Verschärfung hin zum Tabuwort „Krieg" ist freilich selbst bedenklich, und noch bedenklicher ist es, wenn nur die fundamentalistisch-militanten Messianismen der drei monotheistischen Religionen in den Blick genommen werden. Gewiss weisen diese Messianismen deutliche Strukturparallelen auf, insbesondere hinsichtlich der auf den Endkampf zwischen Guten und Bösen fixierten apokalyptischen Szenarien. Es ist ja nicht zu übersehen, dass neuerdings der amerikanische, evangelikale Fernsehprediger Pat Robertson und der iranische, islamische Präsident Mahmud Ahmadinedschad, obwohl einander militant fremd, sich gleichwohl einig sind in der Verurteilung Ariel Scha-

---

[26] S. Huntington, The Clash of Civilizations, New York 1996; dt.: Der Kampf der Kulturen, München/Wien 1996.
[27] DIE ZEIT Nr. 37, 5. September 2002, 15.
[28] V. Trimondi/V. Trimondi, Krieg der Religionen. Politik, Glaube und Terror im Zeichen der Apokalypse, München 2006.

rons, der nämlich für beide die endzeitlichen Pläne Gottes stört: für den einen dadurch, dass der israelische Politiker die Rückkehr des Imam-Mahdi verzögert, für den anderen dadurch, dass er Groß-Israel verhindert und so die Wiederkunft Christi verzögert. Beide streiten sich um dieselbe, um die mit dem apokalyptischen Emblem „Jerusalem" benannte Zukunft.[29]

Es wäre allerdings verhängnisvoll, wenn wir unsere Aufmerksamkeit ausschließlich auf die Fundamentalismen der drei Religionen beschränkten. Nicht erst diesen, sondern dem Judentum, dem Christentum und dem Islam ist, anders als allen anderen Religionen, als solchen ein *eschatologisches* Motiv eingestiftet, ein qualifiziertes Zeitbewusstsein und eine Veränderungserwartung, die ihr Verhältnis zur Gegenwart und deren Zuständen in jedem Fall dynamisch macht. Das ist so, auch wenn ihre eschatologischen Dynamiken je andere, auch innerhalb einer Religion unterschiedliche historisch-kulturellen Formen und Folgen gezeigt haben. Ihre fundamentalistischen Varianten sind gewiss spezifische Reaktionen auf gleichsam nicht erwartete historische Prozesse in der Moderne; aber auch liberale Juden, moderne Christen und europäisierte Moslems müssen einen qualifizierten Begriff der *Zukunft* artikulieren, wenn sie ihrer Religion nicht überhaupt den Rücken kehren wollen – und dem weltanschaulichen Chiliasmus anheim fallen wollen, der in der wissenschaftlich-technischen Zivilisation die globale materielle Realität geworden ist.

Die Deutungen der Situation zu Beginn des neuen Jahrtausends à la Huntington oder Trimondi sollten wir nicht in ihrem angsterzeugenden oder aggressionsfördernden Pathos, sondern allenfalls als diskutable Deskription rezipieren.[30] Lassen wir uns doch nicht in apokalyptische Szenarien hineinziehen, die, weil wir darin ja als Gegner des Fundamentalismus eindeutig auf der Seite des Guten stünden, eine *self-fulfilling prophecy* aufbauen! Wir sollten uns nicht von der nötigen Selbstaufklärung im Blick

---

[29] Dies hat richtig beobachtet T. Assheuer, Freiheit und Hass. Die Fremdheit zwischen Islam und Westen trügt. Sie verstehen sich nur allzu gut. Deshalb streiten sie um die Zukunft, in: DIE ZEIT Nr. 8, 16. Februar 2006, 47.

[30] Zur Kritik an S. Huntington vgl. T. Meyer, Identitäts-Wahn. Die Politisierung des kulturellen Unterschieds, Berlin 1997; D. Becker (Hg.), Globaler Kampf der Kulturen? Analysen und Orientierungen, Stuttgart 1999.

auf unsere abendländische Mitgift ablenken lassen: „Der Westen muß normativ anspruchsvoll bleiben, materiell bescheidener werden und seine Präpotenz (abbauen) [...] Der Westen ist nicht mehr Endpunkt der Geschichte, er ist mittendrin. Sonst könnte auch er Geschichte werden", so haben neulich Jan Ross und Bernd Ulrich diese Notwendigkeit formuliert.[31]

Die kritische Selbstanalyse würde, um es nochmals zu sagen, viel zu spät ansetzen, wenn sie beim Phänomen des Fundamentalismus ansetzte. Sie würde das Problem andererseits auch nicht genau genug erfassen, wenn sie nur die Gegenläufigkeit der Ausbreitung „naturalistischer Weltbilder" und den wachsenden politischen Einfluss „religiöser Orthodoxien" beobachten würde, wie das Jürgen Habermas durchaus plausibel getan hat.[32] Unser Problem ist nämlich die unklare, sowohl gegenläufige als auch sich überlagernde Koexistenz der chiliastischen Hoffnungen, die sich mit unserem technokratischen Naturalismus (noch) verbinden, und der apokylptischen Ängste, die aus unserem abendländischen Erbe auch in Zeiten eines säkularen Chiliasmus bestehen oder wachgerufen werden können (wofür es auch allgemeine kulturelle Dispositionen geben mag). Das eschatologische Problem, das wir mit dem Judentum und dem Islam teilen, das aber aus erklärlichen religionskulturellen Gründen im christlichen Abendland und hier im protestantisch nachchristlichen Westen besonders brisant geworden ist, besteht mithin in der *prekären Beziehung einer negativ modifizierten Apokalyptik und eines religiös anonym gewordenen Chiliasmus.* In gewisser Weise hat sogar erst der Westen, als global expandierende Zivilisation, dieses eschatologische Problem allgemein gemacht. Im Judentum spielte es vor der Entstehung des Staates Israels kaum und auch im Islam eine viel geringere Rolle; und es erhielt hier erst in jenem Gegensatz zwischen Sunniten und Schiiten, der durch die Reaktion auf die westliche Moderne induziert wurde, seine militante Schärfe. Auch die christliche Welt hat die Brisanz des Problems erst wirklich erkannt, als sie sich in ihrem kulturellen

---

[31] DIE ZEIT Nr. 7, 9. Februar 2006, 3. Kontraproduktiv ist allerdings die Wendung nach innen, die S. Huntington inzwischen vollzogen hat, die zur neuerlichen Retro-Fiktion einer „anglo-protestantischen Kultur" als Garant der amerikanischen Identität: Who Are We? Die Krise der amerikanischen Identität, Hamburg 2004.

[32] J. Habermas, Zwischen Naturalismus und Religion, Frankfurt a.M. 2005, 7ff.

und religiösen Absolutheitsanspruch in Frage gestellt sah durch andere Kulturen und Religionen, weil sie diese nicht auf Dauer zu kolonisieren oder zu assimilieren vermochte – und auch sie hat teilweise mit Fundamentalismus reagiert.

Eine solche Reaktion müsste freilich nicht sein. Denn wenn die christliche und nachchristlich-säkulare Welt in der aktuellen Situation einen Vorzug hat, dann ist es der, dass sie prinzipiell sich darauf verpflichtet hat, politische Macht und religiöse Autorität zu entkoppeln. Diese Verpflichtung ist das gute Ergebnis einiger Jahrhunderte böser Konfessionskriege und ihrer säkularen Überwindung. Sie besagt mehr als die formale Trennung von Staat und Kirche, sie besagt auch die Selbstsäkularisierung des Staates zu einem ‚bloß' irdischen Unternehmen, das negative und positive Freiheit zu religiöser Praxis und zu weltanschaulicher Überzeugung gewährt, das selber aber keine Götter installiert. Mit unserem abendländischen Erbe friedensstiftend umzugehen, heißt daher *erstens*, um die klare *Entkoppelung von religiöser Autorität und politischer Macht* besorgt zu sein – eine nie ganz erledigte Aufgabe. Für den Islam erscheint sie fast unlösbar; auch für die religiöse Rechte in den USA und anderswo ist sie schwierig, obwohl über die theologisch plausible Begründung dieser Aufgabe gerade im Protestantismus gar kein Zweifel bestehen kann.

Die *zweite* Aufgabe in unserem Umgang mit dem abendländischen Erbe habe ich mit dem Stichwort der Postmoderne angesprochen. Sie besagt die *Selbstaufklärung der Moderne* hinsichtlich der in ihr konstitutiv wirksamen Dialektik zwischen chiliastischen Hoffnungen auf die zweckrationale Machbarkeit der Zukunft einerseits und den apokalyptischen Ängsten davor, dass die Bösen in der Welt die globale Katastrophe verursachen könnten, andererseits.[33] Es kommt darauf an, das dramatische und militante Sich-gegenseitig-Aufschaukeln eines *technokratischen Chiliasmus* und einer *abergläubischen Apokalyptik* zu vermeiden. Das ist dann möglich, wenn wir beide Momente dieser Dialektik entzaubern. Das besagt einerseits, den religiös bloß ano-

---

[33] Eine vorzügliche Lösung des historischen Aspekts dieser Aufgabe ist W. Schulze, Ende der Moderne? Zur Korrektur unseres Begriffs der Moderne aus historischer Sicht, in: H. Meier, Die Moderne begreifen, 69–97, gelungen.

nymen und insofern häretischen modernen Chiliasmus wirklich zu *säkularisieren* und die zu seinem Fortschrittsglauben gehörige imperial-technokratische Praxis moralisch und pragmatisch zu mäßigen. Anderseits besagt es, die nicht weniger häretische, die Bibel unchristlich lesende Apokalyptik zu *entmythologisieren*. „Häretisch" sage ich, weil es dem christlichen Glauben widerspricht, sein Hoffnungsgut, die endgültige Erlösung von allem Bösen (einschließlich des eigenen Bösen) am „lieben Jüngsten Tag" (so Martin Luther) mit menschlich-allzumenschlichen Vergeltungs- und Rachephantasien zu vermischen. Verfolgte und geplagte Menschen haben solche Phantasien, auch Christen; sie sollten dafür um Vergebung bitten. In der Position der Macht dagegen sich zu den Guten und Geretteten eines apokalyptischen Szenarios zu zählen, ist dagegen schlicht obszön und hat mit Christentum nichts mehr zu tun.

5. Noch einmal: Ende der Geschichte?

Unsere Situation im Widerstreit chiliastischer Hoffnungen und apokalyptischer Ängste stellt, so meine ich, aber noch eine weitere Aufgabe; auf sie möchte ich abschließend eingehen, indem ich noch einmal die These F. Fukuyamas vom Ende der Geschichte aufgreife.

Wenn ich diese These als einen über sich selbst unaufgeklärten Chiliasmus bezeichnet habe, so wollte ich damit nicht sagen, dass diese These naiv sei. Sie bietet zwei Argumente auf, die ich für realistisch halte. Das eine Argument ist, dass nur liberale, d.h. rechtstaatliche und bildungsfreundliche Demokratien die naturwissenschaftlich-technisch induzierten Prozesse der Moderne und ihre sozial differenzierenden Folgen verträglich regulieren können. Für realistisch halte ich auch das zweite Argument, dass der historische Prozess nicht nur durch materielle Faktoren, sondern auch durch kulturelle Motive vorangetrieben wird, vor allem durch den *Kampf ums Anerkanntsein*, jenen Wettbewerb um die soziale Anerkennung, ohne die weder Individuen noch Gesellschaften sich selbst anerkennen und gut leben können. Mit diesem Argument nimmt Fukuyama Partei für G.W.F. Hegel und gegen Karl Marx (und, wie beide wussten, zugleich für ein biblisches Argument). Seine Behauptung ist, dass die moderne liberale Demokratie die autoritären Herr-Knecht-Verhältnisse auflöse und auf diese Weise die wetteifernden Forderungen nach Anerkennung versöhne, nämlich auf der allen gemeinsamen Basis des Menschseins; so würden auch die Herr-Knecht-Beziehungen zwischen den Nationen aufgelöst – das Ende der politischen Geschichte. Der englische Titel Fukuyamas lautete: *The End of History and the Last Man*: Das Stichwort „letzter Mensch" weist auf eine Nebenfolge des von ihm so bewunderten chiliastischen Prozesses: Das Ende im allgemein siegreichen Liberalismus bedeutet die Gefahr, dass die Individuen, allseits anerkannt und allseits abgesichert, sich zurückziehen auf rein passive Bequemlichkeit und egozentrische Isolierung.[34] Mit „Brot und Spielen" zufrieden zu werden, das wäre aber das Ende unserer Geschichte von *innen* her.

Genau dies war die Überzeugung derer, die schon seit den siebziger Jahren, also lange vor Fukuyama, von der *Posthistoire* sprachen und damit sagen wollten, dass wir nicht nur in einer postindustriellen oder postrevolutionären, sondern in einer solchen Gesellschaft leben, in der „Geschichte" im erheblichen Sinn des Wortes, im Sinn der Möglichkeit von Veränderung und von Neuem, nicht mehr bekannt ist. Der Ausdruck „Posthistoire" begegnet interessanterweise bei deutschen Linken wie Peter Brückner und Propheten der ökologischen Katastrophe, wie etwa bei Hoimar von Ditfurth,[35] aber auch schon in den fünfziger Jahren, bei Rechten, die in den Umkreis der konservativen Revolution gehörten und vielleicht deshalb den unaufgeklärt chiliastischen Charakter der technokratischen Moderne sensibler wahrnahmen[36] als die damalige linke Kapitalismuskritik, die ja den

---

[34] Angesichts der Verschärfung dieser Sorge durch die Möglichkeit genetischer Manipulation des Menschen hat F. Fukuyama seine These deutlich relativiert: Der programmiert Unmensch, in: Die Gegenwart der Zukunft. Die Serie der Süddeutschen Zeitung über unsere Welt im neuen Jahrhundert, Berlin 2000, 46–54.

[35] H. v. Ditfurth, So laßt uns denn ein Apfelbäumchen pflanzen. Es ist so weit. Hamburg 1985, 361ff. Zu P. Brückner vgl. L. Niethammer, Posthistoire. Ist die Geschichte zu Ende? Reinbek bei Hamburg 1989, 13ff.

[36] Diese wiederum griffen auf die nationalökonomische Schule Antoine A. Cournots zurück, der, ähnlich wie das schon G.W.F. Hegel vermutet hatte, für die modernen Gesellschaft einen finalen Zustand der Erstarrung im Sinne einer völlig

Protest gegen die Reduktion des Individuums auf den „eindimensionalen" Menschen nicht selten mit einem unaufgeklärten Chiliasmus marxistischen Typs verband.[37] Tiefer griff in diesem Punkt die Analyse etwa von Arnold Gehlen, der die Gegenwart als eine Zeit nach dem Ende der sinnorientierten Kulturen und im Zustand der globalen technokratischen Zivilisation beschrieb, einer Zivilisation, die quasi naturhaft geworden und durch „Beweglichkeit auf stationärer Basis" gekennzeichnet sei.[38] Paul Virilio hat das wenig später *Rasender Stillstand* genannt.[39]

Sieht man ab von dem problematischen Gegensatz, den A. Gehlen zwischen „Kultur" und „Zivilisation" aufmacht und dem auch Martin Heidegger in seiner im übrigen gleichlautenden Analyse zum Opfer fällt, so bestätigen diese Beobachtungen, was Friedrich Nietzsche, der als erster Philosoph vom „letzten Menschen" sprach, so formuliert: „Was ist Liebe? Was ist Schöpfung? Was ist Sehnsucht? Was ist Stern? – so fragt der letzte Mensch und blinzelt. Die Erde ist dann klein geworden, und auf ihr hüpft der letzte Mensch, der alles klein macht. Sein Geschlecht ist unaustilgbar wie der Erdfloh; der letzt Mensch lebt am längsten [...] Man hat sein Lüstchen für den Tag und sein Lüstchen für die Nacht, und man ehrt die Gesundheit. ‚Wir haben das Glück erfunden', sagen die letzten Menschen und blinzeln."[40]

Das Schlimmste, was uns angesichts eines selbstläufig-säkularen Chiliasmus und einer rachsüchtig-abergläubischen Apokalyptik passieren kann, wäre die von allem Erkenntnis- und Veränderungswillen entlastete, politischer Vernunft und Leidenschaft unbedürftig gewordene Beruhigung bei „Brot und Spie-

---

routinisierten, stabilen, gleichsam kristallinen Rationalität prognostizierte; vgl. N. Bolz, Der ewige Friede als Farce. Zum Horizont der „Posthistoire", in: Parabel, Bd. 5, Münster 1986, 22–27; W. Schmidt-Biggemann, Säkularisierung und Theodizee, 56ff, zu Ernst Voegelin und Hans Blumenberg vgl. a.a.O., 61ff.

[37] Vgl. H. Marcuse, One-dimensional Man, Boston (Mass) 1964; dt.: Der eindimensionale Mensch. Studien zur Ideologie der fortgeschrittenen Industriegesellschaft, Neuwied/Berlin 1967.

[38] Vgl. A. Gehlen, Ende der Geschichte? [1972], in: ders., Einblicke. Frankfurt a.M. 1975, 115–133. Vgl. L. Niethammer, Posthistorie, 17ff.

[39] Vgl. P. Virilio, Rasender Stillstand, München 1992.

[40] F. Nietzsche, Also sprach Zarathrustra [1883], Zarathustras Vorrede, in: Werke in drei Bänden, Bd. 2, München 1966, Bd. 2, 284.

len" – das Ende der Geschichte in fettleibiger Gleichgültigkeit. Was wir mindestens so sehr zu fürchten haben wie das äußere, von der Mesalliance von Chiliasmus und Apokalyptik verursachte Ende der Geschichte ist ihr inneres Ende, das Eintreten einer „Geschichte als ob", wie Jacques Derrida es nannte. Doch haben die systeminternen Krisen des Westens wenigstens das Gute, dass sie uns vor einer solchen, ganz illusionären Postmoderne[41] vielleicht bewahren.

---

[41] T. Eagleton, The Illusion of Postmodernism. London 1996; dt.: Illusionen der Postmoderne, Stuttgart 1997; vgl. auch T. Assheuer, Der Schnee von gestern. Was bleibt von der Postmoderne? Die alte Realität kehrt ins neue Denken zurück, in: DIE ZEIT Nr. 34, 13. August 1998.

Heinz-Peter Preußer

Endzeitszenarien in der Literatur

Apokalyptik als Zivilisationskritik

1. Offenbarung ohne Heil

Die Apokalyptik lebt, auch wenn der Anfang im Ende nicht mehr gesehen wird.[1] Das Heilsversprechen scheint obsolet geworden, die Enthüllung des Johannes um ihren Erlösungscharakter depotenziert. Dennoch greifen die Moderne wie die Postmoderne immer wieder auf das Formeninventar der Apokalypse zurück. Sie zeigen den Untergang, auch wenn es zu ihm keine Alternative mehr gibt. Womit, so meine Frage, lässt sich diese eigenwillige Beharrlichkeit erklären?

Wenn die Offenbarung um ihren heilsgeschichtlichen Kern beschnitten, anders gesagt: „kupiert"[2] wurde, so bleibt doch ein Versprechen *ex negativo* in ihr angelegt. Wenn etwas zu Ende geht, und sei es die Welt als Ganze, so die nur noch vage Hoffnung, muss etwas Neues ihr folgen, das schlechthin Andere möglicherweise. Im 20. Jahrhundert wartet man nicht mehr auf die Ankunft des Gottes, seine Epiphanie, auf die Entbergung des verborgenen Gottes und auf das Jüngste Gericht, man vertraut nicht mehr auf die finale Gerechtigkeit, die dem Untergang mit allen seinen Gräueln einen letzten Sinn verleiht. Das Denkmodell allerdings, über Jahrhunderte kultiviert, hängt den Versatzstücken der Endzeitszenarien, die unsere Gegenwart ausmachen, noch wie ein ferner Schatten nach. „Wo aber Gefahr ist, wächst / das Rettende auch", formulierte Hölderlin, gern zitiert, in seinem

---

[1] Vgl. M. Moog-Grünewald/V. Olejniczak (Hg.), Apokalypse. Der Anfang im Ende (Neues Forum für Allgemeine und Vergleichende Literaturwissenschaft, Bd. 16), Heidelberg 2003.
[2] K. Vondung, Die Apokalypse in Deutschland, München 1988, 12 u.ö.

Gedicht *Patmos*.[3] Die „Katastrophe" meint nicht umsonst in ihrer primären Wortbedeutung „Wendung", „Umkehr". Die Gegenwartsliteratur hat diese Denkfigur vollends gewendet ins Ästhetische – als Struktur der Dichtung und mit dem Vorbehalt des *als ob*.[4] Zwei Empfindungen sind, so meine ich, dafür primär verantwortlich: Angst und Schrecken einerseits und das Gefühl des Erhabenen andererseits.

Zunächst einmal sind Endzeiten faszinierend, ganz gleich, wie banal und stereotyp sie auftreten. Und die *Letzten Welten*, in denen sie angesiedelt sind, haben immer, und eigentlich überall, Konjunktur.[5] Zuweilen mag es scheinen, als hätten die Deutschen, gleichsam legitimiert durch das tatsächliche Grauen, mit dem sie die Menschheit im zwanzigsten Jahrhundert heimsuchten, eine besondere Vorliebe für die Apokalypse;[6] aber dieser Anschein trifft nur eine Teilwahrheit. Die literarischen Klassiker der Endzeitvisionen sind international und undeutsch obendrein.

Wenn man von der Literatur auf den Film wechselt, zeigt sich zunächst ein anderes Bild, das Siegfried Kracauer dazu verleitete, einen direkten Weg *Von Caligari zu Hitler* auszumachen. Wieder sollte von der Schuld der Deutschen auf deren Nähe zu Untergangsvisionen geschlossen werden;[7] besser gesagt: Im romantischen Herbeisehnen des Endes werde bereits ein fataler Hang zum Letzten ausgedrückt, der dann politisch okkupiert werden könne. Dies und nichts anderes hätten die Nationalsozialisten getan.[8]

---

[3] F. Hölderlin, Patmos, in: ders., Sämtliche Werke, Briefe und Dokumente in zeitlicher Folge, hg. v. D.E. Sattler, Bremer Ausgabe, Bd. X., München 2004; der Text der zit. Zeilen findet sich unverändert in mehreren Fassungen, z. B. 12, 15, 24. Vgl. R. André: „Und weit, wohin ich nimmer / Zu kommen gedacht!" Hölderlin liest Johannes in Patmos, in: M. Moog-Grünewald/V. Olejniczak, Apokalypse, 129–156.

[4] Vgl. M. Moog-Grünewald/V. Olejniczak, Apokalypse, passim.

[5] Dazu und zum Folgenden durchgängig ausführlicher mein Buch: Letzte Welten. Deutschsprachige Gegenwartsliteratur diesseits und jenseits der Apokalypse, Heidelberg 2003; Sekundärliteratur zu den behandelten Autoren aus Raummangel nur ebd.

[6] Siehe K. Vondung, Die Apokalypse in Deutschland, 9–15, bes. 339, u.ö.

[7] Vgl. S. Kracauer, Von Caligari zu Hitler. Eine psychologische Geschichte des deutschen Films [1947], übers. v. R. Baumgarten u. K. Witte, Frankfurt a.M. 1984, bes. 65–86.

[8] „,Das Letzte' wurde zum Schlagwort der nationalsozialistischen Rhetorik."; K. Vondung, Die Apokalypse in Deutschland, 486.

Bis zum Ende des Zweiten Weltkrieges mag einiges an dieser, wiewohl überzeichneten, These stimmen. Aber seit gut fünfzig Jahren kommen die filmischen Apokalypsen aus Übersee, vorwiegend aus den USA oder aus Japan, auch aus Australien: aus pragmatischen, offenen, liberalen Gesellschaften, die am Weltmarkt partizipieren und verdienen und die dennoch ein Faible haben für die Katastrophe. Und es sind diese Bilder, welche die kollektiven Ängste und die an ihnen reifenden Hoffnungen für ein weltweites Publikum ausbilden, nicht die Untergänge deutscher Literatur oder Kulturphilosophie. *Alien* und *Godzilla*, *Terminator* und *Mad Max*, *Apokalypse Now* oder *Armageddon* heißen die ästhetisch ungleichen Filme, die doch alle zugleich eines ausdrücken: die Furcht ihres Publikums vor tatsächlicher oder scheinbar empfundener Bedrohung und die Freude am Schauer, der ohne Gefahr erlebt werden durfte. Gerade im Zustand allgemeiner Sekurität wird die Fantasie angstbereiter; sie kompensiert, was sonst nicht mehr erfahren werden könnte.[9]

2. Der Schrecken und das Erhabene

Es ist diese Prägung, die am 11. September 2001 bei manchen ungläubigen Fernsehzuschauern zuerst Assoziationen an Hollywood aufkommen ließen mit dem befremdlichen Beigeschmack, das Reale bereits dutzende Male erlebt zu haben, wenn auch nur in der Fiktion von Spielfilmen. „Wir haben von jeder nur möglichen Katastrophe ein Bild, lange bevor sie eintritt. [...] kein Raum für das Unbekannte. Hier ist alles vorausgesehen", schrieb Botho Strauß, Jahre zuvor.[10] Der Schock lag darin, die permanente Simulation von Zerstörung und Gewalt, die Bilder vom Untergang als Hereinbruch des Wirklichen begreifen zu müssen. Schrecken ist in den aufgeklärten Gesellschaften der Moderne

---

[9] Dazu ausführlich H.R. Brittnacher, Ästhetik des Horrors. Gespenster, Vampire, Monster, Teufel und künstliche Menschen in der phantastischen Literatur, Frankfurt a.M. 1994, passim.
[10] B. Strauß, Anschwellender Bocksgesang [1993], in: H. Schwilk/U. Schacht (Hg.), Die selbstbewußte Nation. *Anschwellender Bocksgesang* und weitere Beiträge zu einer deutschen Debatte, Frankfurt a.M., Berlin, ³1996, 19–40, 38.

vor allem dazu da, erfahren zu werden: und zwar von Zuschauern. Er soll nicht primär Reaktionen bewirken wie Flucht, Angriff oder Verteidigung oder diese schulen, sondern die Sinne stimulieren: eine selbstbezügliche Erregung. Anthropologisch gesehen, verschiebt sich die Schreckerwartung von der Reizantwort und Handlungsorientierung ins Ästhetische und ins Reich der Vorstellungen.

Mit der Vorstellung selbst aber geschieht etwas Eigenartiges. Kant hat das wohl als erster beschrieben. Denken lässt sich die Auslöschung des Menschengeschlechts wie des gesamten Planeten, aber dieser Gedanke umfasst ein Vieles, das in keiner Vorstellung synthetisiert werden könnte. Wir meistern in der Vernunft, was die Sinnlichkeit nicht mehr in Gänze zur Darstellung bringen kann. In unserer Kleinheit als je einzelne Subjekte erleben wir diesen stillen Triumph, dass es etwas in uns gibt, das selbst den vollkommenen Untergang transzendiert. Es ist, scheinbar paradox, die narzisstische Grandiosität der Subjektbehauptung,[11] die noch in den Schreckbildern der Apokalypse nachwirkt. Schiller hat diese Figur des *Mathematisch* Erhabenen zugespitzt auf die Formel: „[A]n das absolut Große in uns selbst kann die Natur in ihrer ganzen Grenzenlosigkeit nicht reichen".[12] Im Moment seines Verschwindens vom Planeten klingt noch nach, was den Menschen zur Hybris der Aufklärung brachte. Dazu brauchte er das zunächst Zweckwidrige, weil die Auffassungsgabe Überschreitende, um sich selbst, seine Freiheit und seine Moralität als Ziele und Endzweck der Schöpfung zu setzen. Dagegen ist für Kant das *Dynamisch*-Erhabene, das man als Urgewalt der Natur erfahren kann, nur noch eine „Macht, die über uns keine Gewalt hat". Für das Vernunftgefühl der inneren Größe benötigt der Mensch nicht einmal mehr die Natur. Also arbeitet er gedanklich schon einmal an ihrer Abschaffung.[13]

---

[11] Vgl. H. Böhme/G. Böhme, Das Andere der Vernunft. Zur Entwicklung von Rationalitätsstrukturen am Beispiel Kants. Mit zahlreichen Abbildungen, Frankfurt a.M. 1985, 217.

[12] F. Schiller, Über das Erhabene [1801], in: ders., Sämtliche Werke. Aufgrund der Originaldrucke hg. v. G. Fricke/H.G. Göpfert, Bd. 5, München ³1993, 792–808, 797.

[13] I. Kant, Kritik der Urteilskraft [1790], hg. v. K. Vorländer, Hamburg 1974, 87–127, bes. 106.125, zit.106. Vgl. J.-F. Lyotard, Die Analytik des Erhabenen. Kant-Lektionen [1991], übers. v. C. Pries, München 1994, 115–139.179–212.

3. *Anderswelt* – Die Endzeit nach der Endzeit

Mit der Gegenwart anspruchsvoller Ausgestaltungen letzter Welten in deutschsprachiger Literatur wollen wir uns im Folgenden beschäftigen. Dabei gilt immer die Prämisse Klaus Vondungs, die „apokalyptische Erfahrungsauslegung" nachzuvollziehen, „ohne der Apokalypse anheimzufallen".[14] Alban Nikolai Herbst bringt in seinem Roman *Thetis. Anderswelt*[15] von 1998 konkrete Bedrohungen, etwa das Sterben der Wälder, zusammen mit einer Kritik menschlicher Prothesen und Synthetisierungen (TA 663) sowie universaler Simulation, (TA 47, 697, 777) die er bei Virilio und Baudrillard,[16] aber auch den avancierten Filmen des Genres selbst entnommen haben könnte:

Für wenige Jahre starben die Wälder ihren noch farbigen, bis ganz zuletzt leuchtenden Herbst. Noch duftete es in ihnen wie Laub nach Pilzen nach Frucht. Aber niemand mehr roch es. Keiner mehr hörte. Man erging sich in Kinematografie wie einst in den Gärten, ein sitzendes, festgesessenes Flanieren, das die Körper kybernetisch stillte, sie sanft in den Sessel preßte und alle Bewegungen und Beweglichkeit aus ihnen absog, hinab und hinein in den Screen, hinauf und nach vorn auf die Lichtspielwand, die davon unmerklich erbebte [...].

Schon floß die Nordsee in Holland ein ins Emsland Ostfriesland. Hamburg versenkt, ganz Norwegen schiffbar, Schottland ein Archipel, eine Völkerwanderung von Norden nach Süden hub an und von Süden nach Norden, Westen nach Osten, Osten nach Westen, und die große Mauer wurde gebaut, tausenddreihundert Meter hoch, hundertdreiundfünfzig Meter breit. Massiv Beton, außen, einhundert Meter zum Thetismeer, moränenverkleidet und stachelbewehrt, mit kilometerlangen Molen, zwischen denen die Brecher sich brachen, schimmernd schillernd farbig; verschmierte erstickte Haie zerschmetterten sie in der Dünung, zentimeterdicke Lachen Öls auf den Kais. Tranig waren die Regenfälle. Auf Pfützen fettige, teils schaumige Häute. (TA 38)

---

[14] K. Vondung, Die Apokalypse in Deutschland, 510.
[15] A.N. Herbst, Thetis. Anderswelt. Fantastischer Roman, Reinbeck 1998; im Folgenden als Sigle TA.
[16] Vgl. P. Virilio, Die Eroberung des Körpers. Vom Übermenschen zum überreizten Menschen [1993], übers. v. B. Wilczek, München/Wien 1994, bes. 108–144. Vgl. J. Baudrillard, Der symbolische Tausch und der Tod [1976], übers. v. G. Bergfleth, G. Ricke u. R. Voullié, München 1991, bes. 112–119.

Alles drängt sich in die Gleichzeitigkeit: Wahrnehmungsebene und Reflexion, Schreckbild der Zukunft und Gegenwartsbefund. (TA 266) Das Heutige spielt im Morgen, und das projizierte Neue ist nur eine Ausgeburt der jetzigen Fantasien und Ängste. (TA 506f, vgl. 176) Mit dem mythischen Namen Thetis benennt der Roman das Meer, gegen das jener Schutzwall von riesigen Ausmaßen um das verbliebene Resteuropa errichtet wurde. Schon dadurch wendet er sich auch der Vorgeschichte zu; so wie er Homers Helden Achill (TA 64) und Odysseus, die Myrmidonen und die Amazonenheere, selbst Poseidon wiedererstehen lässt teils als Achäer, teils als Figuren der Jetztzeit oder eines Futurs, das alle Zeiten mischt: Hochtechnologie und Archaismus, Datenströme und Menschenopfer, (TA 701) Anthropophagie, (TA 653. 693) Laserzaun und Selbstprojektoren, versachlichte Staatsmacht und personale Präsenz. Einerseits ist die Katastrophe bereits Vergangenheit, wenn die Städte Paris (TA 574) und Wien längst überflutet sind. (TA 486) Andererseits steht der Untergang noch bevor. Den ganzen Roman prägen Erwartungsängste: vor dem Bruch der Mauer und der Vollendung der Sintflut: (TA 42.487–491.588.604) vor der Zerstörung des Zentrums und des Westens durch marodierende Horden und Terroristenkommandos aus dem Osten, die nur ein zehn Meter hoher Laserstrahlzaun abhält, selbst Schutz zu suchen unter dem künstlichen Feldstärkenschild, der über das Zentrum gespannt wurde. (TA 43)

So gibt es in der *Anderswelt* ein Diesseits und ein Jenseits des Abgrunds. Fatal ist allein, den Ausgangspunkt als Normalität und einen Teil davon als Utopie zu setzen: die Idee, an „einem zivilisierten, mauergeschützten Europa" (TA 357) partizipieren zu können und nicht etwa eine Zeit vor der „Großen geologischen Revision" (TA 346) herbeizusehnen. In diesem Punkt schreibt auch Herbst moralisierende Warnliteratur. Doch letztlich geht es dem Autor nicht, wie einer programmatischen Literatur der Ökologie,[17] um die Zukunftstauglichkeit seiner Entwürfe. Herbst zielt mit seinem Roman nicht auf ein elementares Entsetzen seiner Leser, auf die Erfahrung des *Tremendum*, die zur Umkehr führen würde. Er umgeht den „operettenhafte[n] Apoka-

---

[17] Vgl. dazu einschlägig: A. Goodbody (Hg.), Literatur und Ökologie, Amsterdam/Atlanta 1998, hier bes. die Einleitung des Hg., a.a.O., 11–40, bes. 11–32.

lypsekitsch", auf den sich der Plot des Romans reduzieren ließe,[18] vor allem durch Ironie und den Gestus des lustvollen Verschwendens. (TA 699–705.870)

4. *Der Untergang der Titanic* – und der Geschichtsphilosophie

Seit sich die Apokalypse nicht mehr heilsgeschichtlich ausdeuten lässt, unterliegt sie dem Zwang beständiger Wiederholungen. In den Wandteppichen von Angers wurde das Programm der *Offenbarung* noch paradigmatisch illustriert. Der schreckliche Reiter Tod, dem die Hölle nachfolgt, die Löwenscharen, die Feuer, Rauch und Schwefel speien, der vielköpfige Drache im Kampf mit den Gottesdienern, das Meeresungeheuer oder die Dämonen, welche die Stadt Babylon heimsuchen:[19] Sie alle sind Teil des Gottesplanes, der die Gläubigen, selbst wenn sie belagert sind von den Mächten des Bösen, letztlich belohnt. Konnten solche mittelalterlichen Schreckbilder ausgehalten werden, weil ihnen die Gewissheit, zumindest die versprochene Aussicht auf Erlösung und das ewige Paradies korrespondierten, so geht die Profanierung der Moderne, ihre säkulare Transformation zur Geschichtsphilosophie, aus vom Himmelreich auf Erden. Gewalt, selbst Grausamkeit erhalten nun allein Sinn, wenn man sie auf die menschliche Historie projiziert. Der Chiliasmus konnte noch hoffen auf den großen Sprung ins Andere, Bessere. Die Moderne seit Lessing arbeitet unermüdlich und beharrlich an dessen technischer Umsetzung.[20]

---

[18] So G. Graf, *Anderswelt*. Alban Nikolai Herbsts „fantastischer Roman", in: DIE ZEIT vom 16.12.1998.
[19] Vgl. R. Planchenault, Die Wandteppiche von Angers [1967], übers. v. H.J. Dannert, Paris 1982. Siehe auch W. Hansmann, Die Apokalypse von Angers, Köln 1981.
[20] Lessing, als Aufklärer, stellt sich ganz bewusst in die theologische Tradition der Chiliasten: G.E. Lessing, Die Erziehung des Menschengeschlechts [1780], in: ders., Werke, hg. v. H.G. Göpfert, Bd. 8: Theologiekritische Schriften 3, Philosophische Schriften, bearbeitet v. H. Göbel, Darmstadt 1996, 489–510, bes. 508f.

Hier wie dort gibt es die Trias von Paradies, Vertreibung und Wiedergewinnung des Gottesreiches, wird Geschichte zu einem teleologischen Verlauf, der Anfang und Ende kennt und in der Durststrecke zwischen beiden stattfindet. In der Antike, im Denkmodell der Stoa, war die letzte Welt nur Transitorium vor der Ekpyrosis, der kreisförmig eine neue Welt folgen konnte. Christoph Ransmayr hat das in seinem lebensphilosophisch inspirierten Ovid-Roman illustriert.[21] Ob *Telos* oder *Kyklos*: Die Postmoderne, so scheint es, dementiert beide Modelle und richtet sich in der Vielzahl der Untergänge ein. Eher nebenbei kokettiert sie mit dem utopischen Gedanken. Oder sie bestreitet ihn, wie Derrida, mit aller Vehemenz: „[E]s gibt keine Apokalypse, es hat nie eine Apokalypse gegeben und wird keine geben [...] Es gibt nur die Apokalypse ohne die Apokalypse."[22]

Einen frühen Vorläufer hat diese Position in Hans Magnus Enzensberger, vor allem in seinem Text von 1978.[23] Hier notiert ein lyrisches Ich:

> Also sitze ich hier, in Decken gehüllt,
> während es draußen schneit und schneit,
> und amüsiere mich mit dem Untergang,
> mit dem Untergang der *Titanic*.
> Ich habe nichts Besseres zu tun.
> Ich habe Zeit wie ein Gott. (UT 22f)

In ihrem Sarkasmus wirkt diese beschauliche Ruhe wieder bedrohlich, sie erscheint verordnet, die Gelassenheit aufgesetzt: „unbeweglich verharren in Erwartung des Weltunterganges" gilt als das Privileg der Propheten. Die große Gemeinschaft der „wir anderen" ist unterdessen beschäftigt mit „wichtigen Kinkerlitzchen" und vermutet die Sintflut „im fernsten Perfekt". (UT 69) Beides, Ignoranz wie chiliastische Erwartungshaltung, wird dem

---

[21] C. Ransmayr, Die letzte Welt. Roman, mit einem Ovidischen Repertoire. Zifferzeichnungen von A. Albus, Nördlingen 1988. Siehe auch H.-P. Preußer, Letzte Welten, 90–125, bes. 92–99.

[22] J. Derrida, Apokalypse. Von einem neuerdings erhobenen apokalyptischen Ton in der Philosophie [1983], übers. v. M. Wetzel, Graz/Wien 1985, 88f. Vgl. a.a.O., 103, sowie K. Vondung, Die Apokalypse in Deutschland, 499–507, bes. 503f.

[23] H.M. Enzensberger, Der Untergang der Titanic. Eine Komödie. Frankfurt a.M. 1978; im Folgenden als Sigle UT.

erwarteten Untergang nicht gerecht und bietet doch die scheinbar dichotomisch vorgegebene Reaktionsweise auf die antizipierte Katastrophe. Was tun in dieser verfahrenen Situation; wie umgehen mit der Ausweglosigkeit?

> Was fangen wir nun, da wir sie haben,
> mit unserer Ruhe an?
> Ist es nicht schön und angenehm,
> hier zu sitzen am seichten Wasser?
> Nein. Sollen wir fortgehen?
> Nein. Weitermachen?
> Nur das nicht. (UT 112f)

Enzensbergers *Untergang der Titanic* leistet mehr, als nur die Aporie als Aporie vorzuführen. Der Text liefert eine Poetologie, die ihre eigene Entstehung reflektiert und zugleich mit der gescheiterten Geschichtsteleologie verbindet. Das reflektierende Ich räumt wenig später ein, Bilder von früher zu restaurieren, „einen Text wiederherzustellen, den es vielleicht nie gegeben hat [...], ich fälsche mein eigenes Werk". (UT 26) „Seinerzeit glaubte ich jedes Wort, / das ich schrieb". (UT 20) Die dreiunddreißig Gesänge,[24] die vorgeben, zur Gattung der Komödie zu gehören, verstehen sich als Bewältigung und Verarbeitung einer Illusion. „Damals in Habana", (UT 18; vgl. 14) als längst alles vorbei war, „eine Sache [...] für die Abteilungsleiter der Weltbank", und die Stimmung dennoch euphorisch: (UT 15)

> [...] Damals dachten wir alle:
> Morgen wird es besser sein, und wenn nicht
> morgen, dann übermorgen. Naja –
> vielleicht nicht unbedingt besser,
> aber doch anders, vollkommen anders,
> auf jeden Fall. Alles wird anders sein.
> Ein wunderbares Gefühl. Ich erinnere mich. (UT 14)

Sollte der abendländische Untergang scheitern, bedeutet das nur einen Aufschub, einstweilen (UT 44): „vorläufig ist das Ende [...] / noch nicht endgültig – das ist angenehm!" (UT 88) Aber es könnte etwas geben, das viel schlimmer wäre als dieser Unter-

---

[24] Neben den eingeschobenen Zwischenbetrachtungen, UT 12f.18f.27–29.31–33,39–41.44.57–59.61.63f.69f.73f.78.81–84.87f.93f.100f.

gang in Fortsetzungen, nach dessen großen Etappen das Rechtbehalten eine sinnvolle Figur abgäbe: dass die Idee des Untergangs selbst, die Vorstellung der finalen Katastrophe, nur das letzte Bild einer Utopie wäre, die verschwinden wird wie der Eisberg in den Wassern der Karibik (vgl. UT 97.107).

5. *Die Rättin* – Apokalypse als vollendete Vergangenheit

Günter Grass' Roman *Die Rättin* erschien im März 1986,[25] fast zehn Jahre nach dem *Butt*, einen Monat vor dem Größten anzunehmenden Unfall von Tschernobyl, und bietet, was die apokalyptischen Visionen anbelangt, das düsterste Bild im grassschen Oeuvre. Ähnlich wie bei Enzensberger wird dieser Kulminationspunkt unterschiedlicher Entwicklungslinien, in den zahlreiche Selbstzitate handlungskonstitutiv eingewoben sind, in einem gattungstypologisch heterogenen Werk erreicht, das nur vordergründig ein Roman und selbst Erzählung nur bedingt genannt werden kann. Der Text verzichtet auf eine einordnende Bezeichnung und ist durchsetzt mit Gedichten. Er fabuliert in der Grass typischen Weise und bringt andererseits moralisierende Sentenzen hervor, die an billiger Polemik und kulturkritischem Ressentiment kaum zu überbieten sein dürften.[26] Schließlich ist der Roman ein Traumtext, der in redundanten Schleifen immer wieder auf dieselben Erzählmotive rekurriert, ohne sie doch sonderlich zu entfalten, also im eigentlichen Sinne zu erzählen. Wie im *Butt* ist sein bewegendes Moment das Märchen, hier diejenigen aus der Sammlung der *Hausmärchen* der Brüder Grimm. Hörfunk, Fernsehen, Film und Video bilden eigene Handlungsebenen aus. Und alles das wird gerahmt vom Zwiegespräch des Erzählers mit jener Ratte, genauer der Rättin, die der sich zu Weihnachten hat schenken lassen.

---

[25] G. Grass, Die Rättin [1968], Göttingen 1997; im Folgenden als Sigle R.
[26] Aussagen wie „[d]ie Wahrheit heißt Donald Duck, und Mickey Mouse ist ihr Prophet" legt der Text dem wiedererstandenen Oskar, „unserem Herrn Matzerath", in den Mund; R 84.

Das Unheilstier (R 186), das den Menschen Ekel erregt (R 279), wird die Gattung Homo sapiens überleben nach dem großen Atomblitz, der atomaren Verseuchung, wie es einst schon die Saurier beerbt hat: „Wir haben Platz geschaffen für neues, nicht mehr monströses Leben." (R 27) Die Nagerin bedient sich der christlichen Apokalypsen, der kanonischen wie der apokryphen, und verkündet den Untergang als vollendete Vergangenheit: „Wahrlich, ihr seid nicht mehr!", so redet sie zum „gewesene[n] Menschengeschlecht"; „langlebiger als der Mensch ist sein Abfall. Einzig Müll hat ihn überdauert!", der ideale Nährgrund für das Überleben der Nager in verseuchter Landschaft. (R 14.13; vgl. 83.225)

Der Erzähler glaubt nicht recht, was die Rättin ihm einreden will. Er bezweifelt mehr die Finalität als den Befund. Und im Erzählen nur wird der Untergang aufgeschoben, der sich bereits vollzogen haben soll. (R 16) Ahnung und Vorzeichen der bösen Zeit (R 291) greifen kreisförmig hinein in deren ultimative Verwirklichung. (R 297.317.320.352) Mit diesem konstitutiven Paradox spielt der Text; und er hält dieses Spiel durch bis zum Ende. Auf der einen Seite hat ihr Leben im Erdreich die Ratten vor der allgegenwärtigen Auslöschung bewahrt (R 26), auf der anderen Seite deuten die Ratten sich selbst als Endzweck der Evolutionsgeschichte.

Alles addiert sich auf in diesem Szenario: Naturzerstörung, Waldsterben, das Umkippen der Meere (R 280), Müllberge, stinkende Flüsse, verseuchtes Grundwasser, Wüstenwuchs und Schwund der Moore (R 177), Computer- (R 429) und Gentechnologie, Männerherrschaft und die Suggestionskraft der Videotechnik sind allesamt Folgen einer fehlgeleiteten Vernunft, die nicht zu sich selbst kommen kann als einer aufgeklärten. Dementiert scheint damit das ‚unvollendete Projekt der Moderne'.[27] Was erwartet wird, bringt das Ende in Fortsetzungen. (R 197) Letzte Konsequenz dieses Rationalisierungszwanges, der überall nur auf Verwertung schielt, ist die Neutronenbombe, die der Text auch gern „Schonbombe" nennt (R 164.203.236). Trotz aller Selbstreflexivität wirkt bei Grass diese Wendung erden-

---

[27] Vgl. J. Habermas, Der philosophische Diskurs der Moderne. Zwölf Vorlesungen, Frankfurt a.M. 1985, passim.

schwer, verglichen mit dem leichtfüßigen Eskapismus, den Enzensberger pflegt, um die Geschichtsteleologie aus der Geschichte zu entfernen. Und seine Zirkularität spielt durchaus nicht mit der Vervielfältigung der Untergänge, wie dann später Herbst. Grass warnt – und restituiert das Projekt Aufklärung, das er doch selbst als gescheitertes vorgeführt hat.

6. Zivilisationskritik als Legitimationsdiskurs des Sozialismus

Tritt man aus der vorigen Betrachtung unterschiedlicher literarischer Möglichkeiten der apokalyptischen Rede heraus, historisiert man, anders gesagt, die diesen Modi zugrundeliegende Haltung, so zeigt sich nicht allein eine Pluralität oder Omnipräsenz des Themas. Endzeitszenarien wurden epocheprägend und -bestimmend für Jahrzehnte; nach ihnen orientierte sich die Literaturgeschichte. Vor allem das Doppeljahrzehnt vor dem Untergang des Staates DDR, die siebziger und achtziger Jahre des zwanzigsten Jahrhunderts, sind in allen Teilen der deutschsprachigen Literatur beherrscht von einer wiederkehrenden Motivik und Topologie, wenngleich mit unterschiedlichen Funktionen. Diese historische Perspektive beschränkt sich auf den kleinen Fokus: eine Ebene des Wandels mit rascher Paradigmenfolge, die selten mehr als zehn, zwanzig Jahre andauert und zudem gekennzeichnet ist von gleichzeitig widerstrebenden Richtungen. Greift man indessen geschichtlich weiter zurück, so zeigt sich eine erstaunliche Resistenz der verwendeten Bilder, die einen Zeitraum von mehr als zweihundert Jahren umfasst und Kulminationspunkte in der politischen Romantik, der Konservativen Revolution und eben dem zivilisationskritischen Doppeljahrzehnt aufweist.[28]

---

[28] Vgl. dazu und zum Folgenden ausführlicher R. Herzinger/H.-P. Preußer, Die Resistenz der Bilder. Literatur als kulturphilosophische Kritik der Modernisierung. Aspekte einer Neubewertung der DDR-Literaturgeschichte, in: Wirkendes Wort. Deutsche Sprache und Literatur in Forschung und Lehre 43 (1993), 121–144.

Die Zivilisationskritik späterer DDR-Literatur, die als Legitimationsdiskurs fungiert, knüpft direkt an traditionelle deutsche Denkfiguren an: etwa an das Dekadenzverdikt gegen die westliche Gesellschaft, an die Dichotomie Kultur versus Zivilisation und an das Ressentiment gegen Liberalismus und Kommerzialisierung,[29] das späterhin auch Strauß wieder bedient. Über einige Vermittlungsschritte lässt sich zeigen, wie dieser Rekurs prominenter DDR-Schriftsteller der siebziger und achtziger Jahre auf kulturkonservative Figuren der Legitimierung des Sozialismus dient. Er bietet ein Gegenmodell zur offiziellen Staatsideologie, die längst nicht mehr greift. Der utopische Kern der sozialistischen Idee bleibt so unversehrt.[30] Das wird entscheidend in einer Zeit, in der die Hoffnung auf ein historisches revolutionäres Subjekt schwindet.

Eigenständige Kraft gewinnt der real existierende Staatssozialismus nur noch als Widerstandsbastion gegen eine Verwestlichung, die als bedrohlich empfunden wird, und in der Abwehr jener trügerisch glitzernden, doch todgeweihten Zivilisation. Das organologische Grundmodell operiert mit der Wechselwirkung von Expansion und Aufzehrung der Substanz. Der Westen verbraucht sich, erschöpft sich in seiner Vorwärtsbewegung und gibt für dieses immer nur transitorische Ziel das Eigene auf, das doch bewahrt werden sollte. Zwangsläufig treibt er der Katastrophe zu, die sich bereits deutlich abzeichnet. Den Mangel sozialistischer Staaten kann man so umwerten zur Chance, den Rückstand zum Zeitgewinn. Aus der Figur ergibt sich zudem eine implizite Allianz und Solidarität mit den Völkern der Dritten Welt. Die Bremse, die Interruption, die Verzögerung erscheinen nun

---

[29] Paradigmatische Texte hierzu sind Th. Mann, Betrachtungen eines Unpolitischen [1918]. Mit einem Vorwort von Hanno Helbling, Frankfurt a.M. 1988, bes. 1–60; N. Elias: Über den Prozeß der Zivilisation. Soziogenetische und psychogenetische Untersuchungen [1936], Bd. 1: Wandlungen des Verhaltens in den weltlichen Oberschichten des Abendlandes, bes. 1–42; Bd. 2: Wandlungen der Gesellschaft. Theorie der Zivilisation, Frankfurt a.M. [14]1989. Vgl. Europäische Schlüsselwörter, Bd. 3: Kultur und Zivilisation, hg. v. Sprachwissenschaftlichen Colloquium in Bonn. München 1967.

[30] Dazu und zum Folgenden ausführlicher R. Herzinger/H.-P. Preußer, Vom Äußersten zum Ersten. DDR-Literatur in der Tradition deutscher Zivilisationskritik, in: H.L. Arnold/F. Meyer-Gosau (Hg.), Literatur in der DDR. Rückblicke. Sonderband der Zeitschrift Text + Kritik, München 1991, 195–209.

als das allein sinnvolle revolutionäre Handwerkszeug – ganz im Sinne der Geschichtsphilosophie Walter Benjamins.[31] Dieses Innehalten, die Verweigerung vor dem einst favorisierten Fortschrittsideal, bebildert die Literatur auffällig. Und sie theoretisiert in essayistischen Exkursen den Gewinn, der aus einem Verzicht auf Modernisierung resultiert: Leben. Die Wahrheiten werden einfach. Der Staat, ohnedies romantisch verachtet als seelenloses Mahlwerk, gibt nur noch den Rahmen ab für eine Kulturgemeinschaft, die sich in die Verlangsamung zurückzieht, gern, wie bei Christa Wolf, auf dem Land. Verweigerung der Funktionalisierung, Flucht vor Verwertungsansprüchen, Auswege aus den Schädigungen, welche die Moderne in den Subjekten hinterlässt – all dies sind Motive, dem Altvertrauten und Kritisierten doch verbunden zu bleiben: einem Sozialismus, der nur nie zu sich selbst kommen konnte. Doch seine deformierte Existenz trage noch den wahren Kern und den Keim seiner Realisation in sich. Er stecke, mit dem gern verwendeten Bild Volker Brauns, im Larvenstadium: unansehnlich, scheintot gar, doch mit der eingebauten Sprengkraft ausgestattet, sich zum Schmetterling zu entfalten.[32]

In der Widerlegung einer dreitausendjährigen Fehlentwicklung bebildern kritisch-loyale DDR-Autoren das Verführungspotenzial von Mythos und Schicksal – und unterliegen ihm selbst.[33] Ihr Geschichtsbild ist holistisch, wie Popper sagen würde.[34] Sie verabschieden sich mit ihrem panoramatischen Blick zugleich aus den Niederungen der ungeliebten Realität und retten den Sozialismus als ein *Prinzip Hoffnung*, das dem allgemeinen Niedergang in der Logik der kapitalistischen Verwertungsverhältnisse widerstreitet.[35] In diesem Sinne also wäre die spätere DDR-Literatur in ihren wichtigsten Repräsentanten nicht Gegendis-

---

[31] W. Benjamin, Über den Begriff der Geschichte [1940], in: ders., Illuminationen. Ausgewählte Schriften, Frankfurt a.M. 1977, 251–261, bes. 259 (These XV).
[32] Zu V. Braun vgl. H.-P. Preußer (hier zusammen mit V. Kirchner), Letzte Welten, 138–164, bes. 152–156: „Von der Larve zum Leben".
[33] Vgl. mein Buch: Mythos als Sinnkonstruktion. Die Antikenprojekte von Christa Wolf, Heiner Müller, Stefan Schütz und Volker Braun, Köln/Weimar/Wien 2000.
[34] K.R. Popper, Das Elend des Historizismus [1957], übers. v. L. Walentik, Tübingen [4]1974.
[35] Vgl. dazu V. Kirchner, Im Bann der Utopie. Ernst Blochs Hoffnungsphilosophie in der DDR-Literatur, Heidelberg 2002.

kurs, sondern Legitimationsdiskurs der herrschenden Verhältnisse. Das gilt für Heiner Müller und Christa Wolf, für Volker Braun und für Christoph Hein gleichermaßen.

7. *Verkommenes Ufer Medeamaterial Landschaft mit Argonauten* – oder: Die Rache der Erinys

An Bearbeitungen Heiner Müllers zu Sophokles' *Philoktetes*, zu Euripides' und Senecas *Medea* sowie anhand einiger mythischer Gestalten, die wie Herakles bei dem erstgenannten Autoren mehrfach auftreten, lässt sich zudem eine historische Verschiebung im Bild der Natur erkennen, von den sechziger Jahren bis in die jüngste Vergangenheit. Im zivilisationskritischen Redegestus der achtziger Jahre sieht Müller seine vorige Produktion selbst mit den Augen des konservativen Kulturphilosophen an. Philoktet, ausgestoßen von den Griechen auf der Überfahrt nach Troia wegen seines eitrigen, stinkenden Fußes, ausgesetzt auf Lemnos und sich selbst überlassen, wird in der späteren Interpretation zur Allegorie der Natur umgewertet, die Körperwunde verklärt zum Einspruch gegen das System der Zweckrationalität, das die Griechen und insbesondere Odysseus vertreten; der ist ein Pragmatiker, ein Macher und Europäer im Verständnis Heiner Müllers.[36]

Herakles zwei oder die Hydra zeigt den Bezwinger zahlreicher chthonischer Gottheiten im Kampf mit seinem eigenen Lebensraum, der den Helden selbst vernichten wird. Die Hydra ist die gequälte, ausgebeutete und zu Tode geschundene *Magna Mater*. Die Schläge, die Herakles ihr zufügt, treffen deshalb die „Eigensubstanz".[37] Der Tatmensch und Halbgott Herakles bildet das Klischee des ersten Rationalisten aus. Mythologisch gespro-

---

[36] H. Müller, Brief an den Regisseur der bulgarischen Erstaufführung von *Philoktet* am Dramatischen Theater Sofia [1983], in: Heiner Müller Material, hg. v. F. Hörnigk. Leipzig ²1990, 62–70, bes. 64f.
[37] H. Müller, Herakles zwei oder die Hydra [1972], in: Heiner Müller Material, 74–77, 76.

chen, sind Jason, Odysseus und Orest seine Nachfolger und ihm strukturell verwandt. Odysseus, so meint Heiner Müller, ist „eine Figur der Grenzüberschreitung" – wie Jason, „der erste Kolonisator" –: ein „Pragmatiker", ein „Macher", ein „Europäer", der die Völker seinem Denken unterwirft wie die Naturlandschaft, die er betritt. „Aus den Wüsten, die sein Schritt pflanzt, wächst der Sandsturm ihm entgegen".[38] Medea hingegen will Landschaft sein, „Wüste". Die Frauenfiguren, in der Rolle des Opfers, sind Substitute der vorzeitlichen Erdgöttinnen: problematische Figurationen eines elementaren und ontologisch verstandenen Weiblichen. Medea beschreibt sich selbst als leere Mitte.[39] Wie die mythischen Erinyen verweigert Medea die Reproduktion der Gattung und trifft sie damit in ihrem Kern: ein letztes Mittel gegen Jason, der die gemeinsamen Kinder so wie deren Mutter, die Vertraute der Hekate,[40] seinem Machtkalkül unterworfen hat.[41]

Jason, der Anführer der Argonauten, der Bezwinger der Meere, der Räuber des goldenen Vlieses und der Geliebte und Verräter der Zauberin Medea ist der Zivilisationspionier,[42] so jedenfalls beschreibt ihn der Müller der achtziger Jahre in seinem Stück *Verkommenes Ufer Medeamaterial Landschaft mit Argonauten*. Und er wird erschlagen vom eigenen Schiff, mit dem er seine Taten ausführte. Die Bezwingung richtet sich gegen den Bezwinger. Im gleichen Muster ist die Rache der Natur gedacht: Sie schlägt zurück. Mythologisch gesprochen rächen die Erinyen die Unterwerfung des Weiblichen, das mit dem Naturprozess identifiziert wird. Die Argonauten erscheinen flachstirnig, ihre Spur wird markiert vom titelgebenden „Verkommene[n] Ufer", in

---

[38] H. Müller, Brief an den Regisseur von *Philoktet*, 64f.

[39] H. Müller, Verkommenes Ufer Medeamaterial Landschaft mit Argonauten [1983], in: ders., Herzstück, Berlin 1983, 91–101, bes. 97.

[40] Vgl. H. Müller, Verkommenes Ufer 92.97–99. Vgl. Seneca, Medea, V. 567f, 831, 910; 665, 365f, sowie Ovid, Metamorphosen, VII, V. 192–206.

[41] Vgl. meinen Aufsatz: Medea, die Barbarin. Über den elementaren Schrecken, seine Rechtfertigung und den vergeblichen Versuch einer Pädagogisierung der Antike oder: Heiner Müller contra Christa Wolf, in: Text + Kritik. Zeitschrift für Literatur, Nr. 73: Heiner Müller, hg. v. H.L. Arnold, München ²1997 (Neufassung), 119–130.

[42] So W. Emmerich, ‚Der vernünftige, der schreckliche Mythos'. Heiner Müllers Umgang mit der griechischen Mythologie, in: Heiner Müller Material, 138–156, bes. 150.

dem „Schilfborsten Totes Geäst" neben „Fischleichen" treiben. Der Naturkreislauf ist zerbrochen: „DIESER BAUM WIRD MICH NICHT ÜBERWACHSEN".[43] Mit der Personalisierung der Naturlandschaften, die als letzte Hoffnung gegen einen grotesk überzeichneten Rationalismus eingesetzt werden, remythisiert Müller selbst, was er in moralischer Absicht découvrieren wollte.

8. *Totenfloß* – das schwärzeste Stück der Postapokalypse

Mit Heiner Müller teilt Harald Mueller nur die Obsession für Untergänge; funktional trennen sie Welten. Das Stück des Westdeutschen spielt in ferner Zukunft, genauer im Jahr 2050.[44] Die Szenerie wird bestimmt durch radioaktive und chemische Verseuchung; nur wenige Inseln innerhalb der zerstörten Landschaft konnten sich hermetisch gegen die andrängenden Gifte abkapseln. Itai, eine geklonte Retortenproduktion, überschreitet die Normwerte, die für gesunde Körper festgelegt sind, und wird daraufhin aus einer dieser geschützten Zonen ausgestoßen ins Unbewohnbare. Checker, ein Einarmiger, der seinen Leib mit einer Gummihaut zu schützen glaubt, findet ihn und instrumentalisiert Itai als „Reittier", das ihn nach Xanten bringen soll (T 4) – ein mythisch deutscher Ort, wie Mueller selbst betont: eine der frühesten Römersiedlungen in Germanien und die Heimatstadt Siegfrieds nach dem *Nibelungenlied*.

Doch Xanten ist nicht das verheißene Paradies, „[t]oxiclean und bodyleer", (T 4) wie Checker meint, sondern eine umkämpfte Festung wie andere gering verseuchte Areale auch. In dieser „[h]ypermalade[n] Horrorschau" (T 10) gilt durch Entwertung aller Verhältnisse nur noch die totale Verwertung jedes einzelnen. „Checker checkt jeden. Kaputte Gene, alle Toxine, Viren, Radioactivity", (T 2) weil er beständigen Ersatz und immer neue Prothesen sucht gegen die eigene Zersetzung. Itai – das japanische Adjektiv bedeutet schmerzhaft, krank – gehört zur Katego-

---

[43] H. Müller, Verkommenes Ufer, 91. Vgl. Euripides, Medea, V. 1387.
[44] H. Mueller, Totenfloß, in: Spectaculum 43, Frankfurt a.M. 1986, 77–125; dieser Text zitiert nach dem Bühnenmanuskript, im Folgenden als Sigle T.

rie „[n]ot eatable", (T 3) was auch seine letzte Verwertung ausschließt. Bjuti, die halbe Schönheit mit der weggeätzten Gesichtshälfte, (T 8) wird von Checker vergewaltigt (T 9) und dennoch (oder gerade deshalb) gehen die beiden aufeinander zu, probieren aus, was einmal Liebe gewesen ist. Bjuti und Checker zeugen ein Kind; aber statt zum Symbol ihrer Zukunft zu werden, fehlt dem Neugeborenen ein Arm, ihm fehlen Augen und Mund, Nase und Ohren. (T 17) Die Missgeburt verschließt sich, verweigert sich, lebensunfähig vor einem Leben, das nicht mehr lebenswert ist. Während das Paar Checker/Itai die Herr-Knecht-Dialektik durchspielt, Checker und Bjuti durch die Hoffnung auf das gemeinsame Kind aneinander gebunden sind, führt das Stück mit Kuckuck einen Außenseiter unter Außenseitern vor, einen „Neunzehnhunderter", (T 5) der die Vergangenheit der Zukunft noch erlebt hat, der das Bild einer intakten Natur beschwört und obsessiv versucht, die Vogelstimmen – das bringt ihm den Namen ein – durch Imitation zu retten. (T 6f)

Schon hier zeigt sich das Grundproblem, das Mueller hat, wenn er einen Gegendiskurs zur vorherrschenden Zerstörung ausgestellt: Die Romantizismen, deren er sich bedient, haben keine eigene Kraft und verkommen deshalb zum Kitsch. Der Versuch, hier durch ironische Brechung zu mildern, gelingt nicht. „Nasse Eyeballs" bekomme er, sagt Checker, wenn er die sentimentalen Reden von Kuckuck hört, und lacht. (T 7) Letztlich machen die drei anderen Kuckuck verantwortlich für die Zerstörung ihrer, der nächsten Generation und ihrer Umwelt. Sie moralisieren wie ihr Autor, der Neunzehnhunderter habe nichts getan gegen das, was alle kommen sahen. Dann stranguliert Checker Kuckuck, bis der stirbt. „Wir wollten die Erde lieben", ruft ihm Bjuti nach. „Warum zwangt ihr uns, sie zu hassen?" Itai will getötet werden: „Gibs mir mitm Neif", sagt er, und Checker erledigt auch das. (T 17) Am Schluss treibt eine pervertierte heilige Familie aufs offene Meer hinaus, Vater, Mutter und Kind. Die letzten Sätze gehören Bjuti. Sie imaginiert die Auflösung der Vereinzelten, der Verkrüppelten in die Wogen der See, die alles eins werden lassen; ein Hierogamos der Verzweiflung: „Wir treiben, mein Kind, wir versinken. Jetzt treiben wir auf dem Grunde des Meeres dahin: leicht, federleicht, ganz schwerelos. Unter uns Muscheln, Steine und Sand [...] Das Wasser liebt uns. [...] Meer, das früher war als mein Lied". (T 17f) Mueller redet hier, wie Foucault, vom Verschwinden des Menschen[45] und meint dies, anders als der Franzose, ganz wörtlich, in einem erdgeschichtlichen Horizont.[46]

9. Melancholische Endzeiten und der Alltag der Kriege

Die Apokalypsen der neunziger Jahre haben ihre chiliastische Spitze, ihren utopischen Fluchtpunkt verloren, sie sind, mit anderen Worten, resignativer, melancholischer geworden; ausgestorben hingegen sind sie nicht. Ihnen fehlt die Überbietung und die Hoffnung auf das ganz Andere: nach der Zerstörung. Zu behaupten, die Literatur der 90er Jahre sei „gesellschaftsfern", „politische oder soziale Themen" fehlten, führt aber in die Irre.[47] Man sieht das an Heiner Müller, Christa Wolf und Volker Braun besonders deutlich. Selbst die Rede von einem grundlegenden „Mentalitätswandel in der deutschen Literatur zur Einheit"[48] scheint überzogen. Botho Strauß hat sich erst in den neunziger Jahren zum Propheten nahenden Unheils entwickelt, Günter Kunert radikalisierte seine ohnedies schwarze Sicht, Harald Mueller blieb sich über Jahrzehnte treu. Neue, andere Sänger des Untergangs wie Alban Nikolai Herbst oder Juli Zeh sind hinzugekommen.

Ortheil und Schlink, Beyer und Gstrein leisten eminent politische Beiträge in ihren neuen, dezidiert konstruierten Entwürfen von NS-Zeit, Holocaust und Nachkrieg. Aus dem Blickfeld der

---

[45] Vgl. M. Foucault, Die Ordnung der Dinge [1966], übers. v. U. Köppen, Frankfurt a.M. 1974, 462.

[46] Vgl. H. Mueller, „In unseren Augen spiegelt sich der Abgrund". Wie man Fachmann in Apokalypse wird. Über ein Jahr Leben auf dem *Totenfloß*, in: Theater heute, Jahrbuch 1987, 72–74, bes. 72.

[47] H. Koopmann, Tendenzen der deutschen Gegenwartsliteratur (1970–1995), in: H.-J. Knobloch/H. Koopmann (Hg.), Deutschsprachige Gegenwartsliteratur, Tübingen 1997, 11–30, 29.

[48] Vgl. die Einleitung von V. Wehdeking, Wende und Einheit im Gedicht (1990–2000) sowie seinen Beitrag: Mentalitätswandel im deutschen Roman zur Einheit (1990–2000) in: ders. (Hg.), Mentalitätswandel in der deutschen Literatur zur Einheit (1990–2000), Berlin 2000, 13–28.29–41, bes. 14f.41.

Letztgenannten liegen die Untergänge bereits hinter uns. Wenn die Töchter und Söhne oder die Enkel die tatsächliche Apokalypse der Vergangenheit entwerfen, sie in ein Jenseits verlegen, statt sie angstbesetzt im Diesseitigen auszumachen, kommt die Nachkriegszeit wirklich an ein Ende.

Die Frage unterschiedlicher Funktionalisierungen von Apokalypsen allerdings hat sich aufgelöst. Zivilisationskritik kann kein anderes Gesellschaftsmodell mehr legitimieren. Dafür ist der Bankrott der Alternative, dessen, was mit einigem Hohn gegen die tatsächlichen Opfer so gern als ‚sozialistisches Experiment' der als ‚Scheitern einer Illusion' klassifiziert wird, zu deutlich gewesen. Allenfalls spüren unverhohlener Trotz und Trauer dem „Wirklichgewollten"[49] nach – und mit dieser Haltung schreibt sich die lebensphilosophische Grundhaltung früherer Jahrzehnte wie die Bindung an den vergangenen sozialistischen Staat auf deutschem Boden fort. Für das Gros der neueren Literatur aus dem Osten gilt das nicht mehr. Ingo Schulze, Thomas Brussig oder Jens Sparschuh stellte sich die Dichotomie von Zwang und Freiwilligkeit im Umgang mit der Macht erst gar nicht als Wahlmöglichkeit dar.[50] Sie sind, durch den Wegfall der institutionellen Sonderrolle einer Literatur in der DDR, ohne Systemwechsel bereits in der gesamtdeutschen Literatur gestartet. Das Thema der Untergänge aber wirkt weiter. Es lässt die Ebene des Wandels, die Funktionsveränderungen, die es im Zeitalter der antagonistischen Systemkonkurrenz erfahren hatte, hinter sich und kehrt zurück zur Topologie, zur Ebene der Konstanz.

Konnte Handke in der *Wiederholung* noch vom großen Atomblitz als einer Projektion in die Zukunft reden, so spielt die *Niemandsbucht*, das *Märchen aus den neuen Zeiten*, bereits nach den Verwüstungen eines Bürgerkrieges.[51] Berichtete Enzensberger, flankiert durch die Metaphernwirkung des modernen My-

---

[49] Dies der Titel bei V. Braun, Das Wirklichgewollte, Frankfurt/M. 2000. Der schmale Band mit drei Prosastücken antwortet unter anderem der Erzählung Brauns: Das Nichtgelebte, Leipzig 1995.
[50] Vgl. A. Schichtel, Zwischen Zwang und Freiwilligkeit. Das Phänomen Anpassung in der Prosaliteratur der DDR, Opladen 1998.
[51] Vgl. P. Handke, Die Wiederholung [1986], Frankfurt a.M. 1989, bes. 289; ders., Mein Jahr in der Niemandsbucht. Ein Märchen aus den neuen Zeiten, Frankfurt a.M. 1994.

thos der *Titanic*, noch vom Scheitern der Fortschrittsideologie, vom Niedergang der Geschichtsphilosophie schlechthin, so riskiert er später lediglich *Aussichten auf den Bürgerkrieg* oder beschreibt die *Große Wanderung*.[52] Wie die Bedrohungen kleiner geworden sind in ihrem Ausmaß, regionalisiert in einer globalisierten Welt, so sind es bei beiden auch die Utopien. Es geht um ein Sich-Einrichten in der Niemandsbucht, ein Aneignen dessen, was man vorschnell als heillos zu verwerfen geneigt sein könnte: „das Unsere, das Angerichtete", wie Strauß abfällig dazu sagt.[53] Es geht, mit dem Wort Enzensbergers, um die „Bewohnbarkeit der Republik".[54] Die Beschränkung auf das Kleinteilige, auf die verfügbaren Kräfte und die lösbaren Fälle, die Orientierung an Alltag und ziviler Gesellschaft lassen das Übergroße wie die Erfahrungen des Erhabenen kaum noch zu.

10. *Adler und Engel* – Mikrokosmos und Makrokosmos der Zerstörung

Juli Zeh schreibt gegen diese Fatalität des Denkens an. So kann authentisch scheinen, was immer unter dem Medienvorbehalt und unter Fälschungsverdacht steht: der Krieg auf dem Balkan, sein Schrecken und seine Darstellung.[55] Ihr, der 1974 geborenen, gelingt durch radikale, forcierte, überdrehte Identifikation ein apokalyptisches Bild der Zerstörungen. Die spätere Zurückhaltung der Handke und Enzensberger gegenüber den Untergängen

---

[52] H.M. Enzensberger, Die Große Wanderung. Dreiunddreißig Markierungen. Mit einer Fußnote: Über einige Besonderheiten bei der Menschenjagd, Frankfurt a.M. 1992; ders., Aussichten auf den Bürgerkrieg, Frankfurt a.M. 1993.

[53] Vgl. B. Strauß, Anschwellender Bocksgesang, 20f.

[54] Vgl. dazu G. Mattenklott, Enzensbergers Iterologie im Jahrhundert der Wanderungen [1996], in: R. Wieland (Hg.), Der Zorn altert, die Ironie ist unsterblich. Über Hans Magnus Enzensberger, Frankfurt a.M. 1999, 57–67, bes. 59f. Siehe auch H. Domdey, Can the Republic Be Lived In? Enzensberger's *Great Migration* and *Civil War* Viewed Against the Backround of His Literary Development Since 1960, in: G. Fischer (Hg.), Debating Enzensberger. *Great Migration* and *Civil War*, Tübingen 1996, 39–48.

[55] Juli Zeh, Adler und Engel. Roman, Frankfurt a.M. 2001; im Folgenden als Sigle AE.

wird aufgenommen und zugleich konterkariert. Nicht der Zweifel resultiert aus der Personalisierung des Konflikts, wie in Nicolas Borns Roman *Die Fälschung*,[56] sondern die neuerliche Repräsentation des Grauens – durch die am Kriegsschauplatz fremde, im ‚Unseren' lebende Figur.

„Siehst Du den Großteil Europas verwüstet", fragt Max, der Ich-Erzähler aus *Adler und Engel*, „die Überlebenden betrogen, geschändet und gedächtnislos?" Nein, sagt die junge Hörfunkmoderatorin; ich aber, antwortet Max. (AE 14) Und er erzählt die Geschichte vom Selbstmord Jessies, die sich eine Kugel durch den Kopf jagt, während er mit ihr telefonierte. Es war die Angst vor den Tigern, die Jessie, die Freundin, in diese Verzweiflungstat getrieben hat. (AE 22) Tiger sind serbische Paramilitärs, deren Anführer Raznatovic auch Arkan, der Säuberer, genannt wird. (AE 59f) Und Max, der Karrierejurist, der aus seinem Leben eine vorzeigbare Erfolgsstory gemacht zu haben glaubte, stürzt jäh in eine existenzielle Krise: „Vielleicht bin ich am Ende, jetzt wirklich am Ende." (AE 48) Was fehlt an der eigenen Auslöschung, muss der Konsum von Kokain richten; „es soll friedlich zu Ende gehen". (AE 56) Derweil betet Max „für einen Giftgasangriff, der da draußen alles stilllegt, die aufdringliche Geschäftigkeit anhält, Ruhe einkehren lässt". (AE 35) Wenn er Clara, der Radiomoderatorin, durch die Haare streicht, sieht er darin nur noch den „abstoßendste[n] Teil des menschlichen Körpers, ein vorzeitiges, andauerndes Krepieren und Ausfallen, ein Massengrab". (AE 131) Und er wird an ihr ‚arbeiten', bis auch der ganze Körper dem Bild entspricht, das er, von den Balkankriegen abgezogen, von sich selbst hat: „nur noch ein Phantomschmerz" der eigenen Existenz. (AE 422) Clara, die in ihrer Zeit steht und nicht, wie Max, außerhalb, jenseits aller Grenzen, soll büßen wie Max und ihr eigenes ‚Massengrab' werden.

Mikrokosmos und Makrokosmos reflektieren einander; die große Welt der internationalen Politik wie der organisierten Kriminalität findet ihre adäquate Ausprägung im seelischen und körperlichen Verfall von Privatpersonen, den Protagonisten des Romans. Juli Zeh arbeitet mit dem probaten Mittel der universalen Ähnlichkeit. In Max und Clara, Jessie und Shershah regiert

---

[56] Nicolas Born, Die Fälschung. Roman, Reinbek 1979.

das rhetorische Gesetz der Synekdoche, das klassische *pars pro toto*. Und wo nicht die Qualitäten der *aemulatio* walten, herrscht das einfachere, universale Gesetz der Analogie.[57]

Max ist, oder war, Spezialist für Völkerrecht und Balkanexperte. In der Schule lernte Max Jessie bereits kennen, die, selbst abhängig, mit ihrem damaligen Freund Shershah für eine Bande von Drogenhändlern arbeitete. (AE 202) Eine Szene spielt dann im Frühjahr 1995, ein halbes Jahr vor Abschluss des Dayton-Vertrags. (AE 302) Durchgängig verfolgt der Roman die These, Kriegsflüchtlinge würden für den Drogenhandel missbraucht. (AE 370, vgl. 180) Nun expliziert die Narration, schildert konkret, was darunter vorzustellen ist: Jessie bringt Folteropfern bei, wie man Weintrauben unzerkaut verschlucken kann. „Als Training natürlich [...], damit sie danach die Plastikbeutelchen schlucken konnten." (AE 307) Und mit dem Erlös aus diesem „Guns-for-Drugs-Handel[..]" wurden „große Teile des Balkankrieges auf serbischer Seite finanziert". (AE 308)

Einer dieser Frauen, Martha, erzählt Jessie, sie führen mit dem Boot nach Italien; und naiv wie sie ist, verspricht sie der, sie dorthin mitzunehmen, was, naturgemäß, abgewiesen wird. Doch bevor Jessie reagieren kann, kommt einer der Männer auf sie zu und lässt sich Martha aus der Gruppe der Frauen zeigen: „Er hat sie am Ohr gepackt, sein Messer gezogen und das Ohr abgeschnitten, es ging ganz leicht, das andere auch. Martha hat nicht mal geschrien, sie versuchte nur, die Hände an den Kopf zu pressen." Der Mann hat Jessie dann „die Ohren zugeworfen und gesagt, da hinein" könne sie ab jetzt ihre Lügen erzählen. „Dann schoss er Martha mitten ins Gesicht und sie brach zusammen." „Was ein Horrorfilm", kommentiert Max, „was ein verdammter Horrorfilm". (AE 309f) Wie kann man, fragt er sich, „einen Menschen wie Jessie in eine Hölle wie diese [...] bringen". (AE 311)

Max, der Clara diese Geschichte erzählt, weil „die Pathologie des organisierten Verbrechens" deren „derzeitiges Forschungsgebiet" darstellt und „das Interesse der Öffentlichkeit an Studien zu diesem Thema enorm angewachsen" ist, (AE 270) hat sich und die Radiomoderatorin an einen vergessenen, gottverlassen

---

[57] Vgl. M. Foucault, Ordnung der Dinge, 46–61.

Ort verbracht, an „das Ende der Welt". (AE 346) Clara rekapituliert jetzt die Leiden Jessies und der bosnischen Frauen gleichermaßen. Max schert ihr den Kopf so, wie das Jessie mit den Flüchtlingen getan hatte, schneidet sie dabei in die Kopfhaut. Diese Zeichnung markiert ihren Opferstatus, (AE 393f) macht Clara kenntlich. Dann penetriert er sie, ohne dass Clara, in ihrem Kokain-Delirium, etwas zu bemerken scheint: „ein Impotenter, der versucht, eine Scheintote zu vergewaltigen". (AE 411) Schließlich ist es ruhig; es regnet, hört nicht auf zu regnen. Wieder steigt das Wasser, wie in unzähligen Narrationen zuvor, wenngleich hier, in Juli Zehs Roman, nur über die Schwellen; es „füllt den Raum zwischen Zementboden und Holzdielen schon zur Hälfte". Die Metapher deutet die Subjektauflösung an, die noch kommen wird. Max lässt es geschehen, dass er ertrinkt. (AE 445) Zuvor aber hat er die Zeichen schon erkannt und richtig gedeutet: „Der Schuppen sieht irgendwie tot aus, wie ein Arrangement, ein Ausstellungsstück als Beispiel für den Zustand einer ganzen Stadt nach der Katastrophe, der Ort, an dem der letzte Mensch gestorben ist." (AE 441)

Alexander-Kenneth Nagel

„Siehe, ich mache alles neu?"

Apokalyptik und sozialer Wandel

Apokalyptik und kein Ende? – Diese Frage erscheint auf den ersten Blick widersinnig. Ist die Apokalypse nicht das Ende schlechthin, die völlige Vernichtung und Ablösung der alten Welt durch eine neue? Eine Apokalypse ohne Ende wäre gleichsam wie eine Schöpfung ohne Anfang: ein begriffgewordener Anachronismus. Entsprechend ist die o.g. Frage auch nicht auf spezifische apokalyptische Erzählungen gerichtet, sondern auf Apokalyptik als Geisteshaltung und Symbolik der Erfahrungsauslegung. Eben diese prinzipielle Endlosigkeit soll in diesem Aufsatz unter einer soziologischen Perspektive verhandelt werden. „Die Menschen machen ihre eigene Geschichte, aber sie machen sie nicht aus freien Stücken, nicht unter selbstgewählten, sondern unter unmittelbar vorgefundenen, gegebenen und überlieferten Umständen."[1] diese Feststellung von Karl Marx verweist auf die Doppelnatur von Geschichte und Geschichtsdeutung als Triebkraft *und* Ergebnis sozialer Wirklichkeit. Entsprechend werden apokalyptische Erzählungen in und von Gesellschaften hervorgebracht und wirken als Deutungs- und Steuerungsmacht auf diese Gesellschaften zurück.

Im Folgenden soll die Frage nach der Gestalt moderner Apokalypsen aus einer sozialwissenschaftlichen Perspektive aufgenommen und über das hinlänglich debattierte Problem einer Säkularisierung von Apokalyptik hinausgeführt werden.[2] Wie lässt sich die skizzierte Wechselwirkung von apokalyptischen Erzählungen und sozialen Tatsachen verstehen? Eine *systematisch-*

---

[1] K. Marx, Der achtzehnte Brumaire des Louis Bonaparte, in: Marx-Engels-Werke, Bd. 8, Berlin 1960, 111–207, 115.
[2] Diese Frage ist Gegenstand der sog. Löwith-Blumenberg-Debatte. Für einen Überblick siehe R. Wallace, Progress, Secularization, and Modernity: The Löwith-Blumenberg Debate, in: New German Critique 22 (1981), 63–79.

soziologische Betrachtung fragt nach den Funktionen apokalyptischer Rede für die Gesellschaft oder für einzelne Gruppen. Sie stellt ferner die Mechanismen heraus, die Apokalyptik und sozialen Wandel verbinden. Eine *historisch-soziologische* Untersuchung betrachtet die Veränderung von Apokalypsen unter den Bedingungen gesellschaftlicher Modernisierung. Dabei ist die Annahme leitend, dass apokalyptische bzw. eschatologische Denkformen zunächst notwendige Bedingungen für den Modernisierungsprozess in Europa waren, dann aber im Zuge dieser Entwicklung ihrerseits ein anderes Gepräge bekommen haben.

Eine umfassende Abgrenzung der Textgattungen Apokalypse, Eschatologie, Millenarismus und Utopie kann in diesem Beitrag nicht geleistet werden. Sie ist Gegenstand entsprechender theologischer[3] und literaturwissenschaftlicher[4] Debatten.

Im Lexikon zur Soziologie wird Apokalyptik bestimmt als „[s]treng dualistisches Deutungsmuster, das die Gegenwart als krisenhaft und dem Untergang geweiht interpretiert und eine radikal andere, transzendente Ordnung antizipiert".[5] Das Spezifikum von Apokalypsen gegenüber anderen Endzeiterzählungen mit Offenbarungscharakter besteht also in der Rhetorik der Krise, die als göttlicher Richtschluss [griech. krisis = Urteil] schließlich eine läuternde Reinigung bewirkt, ähnlich der Katharsis in der antiken Tragödie.[6] Die Spannung zwischen der dekadenten, überkommenen Gegenwart und der als ideal gedachten Zukunft sucht Klaus Vondung mit dem Begriffspaar „Defizienz und Fülle" zu fassen. Dabei bezeichnet Defizienz „Erfahrungen des Nichtgelingens [...] der körperlichen, intellektuellen, auch moralischen Unzulänglichkeit bis hin zu den alles durchdringenden Erfahrungen der Vergänglichkeit, des Verlusts, des Alterns, der Krankheit [und] des Todes".[7] Demgegenüber sind Erfahrungen der Fülle durch körperliches und psychisches Wohlbefinden geprägt. Sie können dem Erlebnis des eigenen Einklangs mit der Natur oder anderen Menschen entspringen oder als transzendente

---

[3] Vgl. den Beitrag von G. Plasger in diesem Band.
[4] Vgl. K. Vondung, Die Apokalypse in Deutschland, München 1988, 28ff.
[5] V. Krech, Art. Apokalyptik, in: W. Fuchs-Heinritz u.a. (Hg.), Lexikon zur Soziologie, Opladen ³1995, 48.
[6] Vgl. K. Vondung, Die Apokalypse in Deutschland, 291ff.
[7] A.a.O., 65f.

Hoffnung aufscheinen. Defizienz und Fülle werden nie einzeln, sondern stets in ihrer Spannung zueinander erfahren. Vondung sieht diese „Existenzspannung" als einen Grundzug der *conditio humana* an[8] und betrachtet die Apokalypse als Symbolik einer spezifischen Art der Auslegung solcher „Spannungserfahrungen" und damit als Antwort auf ein menschliches Grundbedürfnis.[9]

Wenn wir die Apokalyptik gleichsam als anthropologische Konstante behandeln, so müssten alle sozialen Situationen und Formen, vergangene, gegenwärtige und zukünftige, grundsätzlich auch apokalyptisch interpretiert werden können. Die Frage nach der Säkularisierung apokalyptischer Deutungsmuster verfehlt in diesem Falle „des Pudels Kern". Für eine soziologische Analyse steht weniger die religiöse oder säkulare Provenienz dieser Deutungen im Vordergrund als vielmehr ihre soziale Relevanz: Wie können Krisenerzählungen sozialen Wandel antreiben oder hemmen? Welche gesellschaftlichen Gruppen prägen und tradieren Apokalypsen und warum? Und schließlich: Wie lässt sich der Bogen zwischen Apokalypsen als Symboliken individueller Erfahrungsauslegung und Apokalyptik als sozialem Phänomen und gesellschaftlicher Triebkraft schlagen?

1. Dritter Weltkrieg und Heilsreich Europa – Neoapokalyptische Befunde

Der Ort moderner Apokalypsen ist das Internet. Der digitale Äther wird von so mancher Offenbarung durchrauscht, die sich dem Kundigen so ganz und gar unversiegelt erschließt, sofern er nur sie zu suchen sich herbeilässt. Mehr als 900.000 Treffer meldet die Suchmaschine Google auf die Frage nach „Apokalypse". Im Folgenden sollen anhand ausgewählter Beispiele die Spezifika moderner Apokalypsen aufgezeigt werden. Die Gemeinsamkeit dieser Beispiele ist der o.a. krisenhafte Übergang von einem gegenwärtigen Zustand der Defizienz zu einem zukünftigen Zustand der Fülle.

---

[8] Vgl. a.a.O., 75.
[9] Vgl. a.a.O., 69.

Beispiel I – Der Dritte Weltkrieg als Kampf der Kulturen

Defizienz: Unter der sachlichen, ja akademischen Überschrift „Soziale Kennzeichen und Ursachen für Endzeitgerichte" stellen die Exegeten des »neuen Evangelisten« Johannes Lorber (1800–1864)[10] folgende Liste zusammen:

Tanz, Kleidermode, Ehelosigkeit, Industrie, Städteausweitung ohne Sozialbauten, Brotverteuerung und Besteuerung, Wucherbegünstigung, überzogener Eigentumsschutz, Unzucht, Gefühllosigkeit der Jugend, Kirchenstreit {jl.him2.020,01–12}.[11]

Hier findet sich eine weitreichende Darstellung moralischer und struktureller sowie politischer, wirtschaftlicher und kultureller Anzeichen des Mangels. Allgemeine Sittenlosigkeit (Tanz, Mode, Jugend) wird ebenso angeprangert wie soziale Ungerechtigkeit (Preisdiktat, Besteuerung und Privateigentum). Daneben stehen die Auflösung traditioneller Wertmuster (Kirchenstreit) sowie Folgen der Modernisierung im Allgemeinen (Industrie, Urbanisierung).

Krise: Die Vernichtung der solchermaßen als umfassend defizient gekennzeichneten Welt wird als globaler Konflikt, als Dritter Weltkrieg zwischen ethnisch-religiös bestimmten Kontrahenten konzipiert:

Sobald man die teils sehr klaren Warnungen, Zeichen, Vorstufen u. Zeitumstände vor dem 3. Weltkrieg bzw. die vielen Vorhersagen über einen 3. Weltkrieg durch verschiedene SeherInnen hinzuzieht, bekommt man jedoch ein relativ deutliches Bild von den den [sic] Beteiligten, den Schwerpunkten und dem übernatürlichen Ende dieses Krieges durch eine aus dem Kosmos hereinbrechende Weltkatastrophe […].

Es ist in der Bibel vorhergesagt, daß das vom wahren Glauben abgefallene und *moralisch entartete Judentum und Christentum durch ein 200-Millionen-Riesenheer aus vielen heidnischen Völkern schwerstens heim-*

---

[10] Jakob Lorber lebte von 1800 bis 1864 in Österreich. Ab 1840 begann er, die Offenbarungen seiner inneren Stimme niederzuschreiben. Seine 25 Bücher und zahlreichen kleineren Schriften wurden von vielen als Neuoffenbarungen von biblischem Range aufgenommen. Vgl. überblicksartig: Lorber-Bewegung – Lorber-Gesellschaft – Lorberianer, in: H. Reller (Hg.), Handbuch Religiöse Gemeinschaften und Weltanschauungen, Gütersloh ^{5}2000, 214–226.

[11] http://www.j-lorber.de/jl/0/endzeit/0-endz.htm.

gesucht werden wird. Ein *großes russisches Heer sowie nahöstliche und fernöstliche Staaten einerseits* und die *westlich orientierten bzw. 'christlichen' Staaten andererseits* werden den Vorhersagen gemäß gegeneinander kämpfen. Zunächst werden die *islamisch-heidnisch-atheistischen* Heere große Siege erringen und die Länder rund ums Mittelmeer, den Balkan und viele Staaten Europas besetzen. Durch diese Kämpfe soll ein Drittel der Menschheit umkommen![12]

Der erste Absatz verbürgt die Evidenz des geschilderten Szenarios als Visionsbericht, indem die für alle sichtbaren Zeichen und Umstände von den Vorhersagen einzelner Seher unterschieden werden. Seine literarische Form steht damit in direkter Kontinuität zu den klassischen Apokalypsen. Mit der Bibel als Referenz wird der 3. Weltkrieg als Zusammenstoß zweier Achsen anhand von drei Gegensatzpaaren beschrieben: Ost-West, Christentum-Heidentum, Christentum-Islam. Die westliche Welt wird als von allen Seiten bedrängt dargestellt (Russland, Naher und Ferner Osten). Die judäochristliche Tradition wird durch Paganismus und Atheismus, insbesondere aber durch den Islam gefährdet. Als Grund wird ihr moralischer Verfall angeführt.

Fülle: Lorbers Darstellung des künftigen Heils begegnet uns in Gestalt eines ausführlichen Kommentars zur Johannis-Offenbarung. Darin werden die „Zustände im Friedensreich" wie folgt bestimmt:

Da wird das Neue Jerusalem als symbolischer Tempel des Friedens die Verbindung zwischen Mir [Jesus Christus, AKN], der Menschheit und der Geisterwelt wiederherstellen [...]. Ein ganzes Menschengeschlecht, durch Bande der Liebe gehalten, wird einander hilfreich unter die Arme greifen, wo nicht der Herr, nicht Knecht, sondern das Band der Bruder- und Schwesterliebe ganze Völker zusammengekettet hat, wo territoriale Grenzen verschwunden sind und Machthaber und Päpste nicht mehr darauf hinwirken, die einen die physischen, die andern die geistigen Kräfte sich zollbar zu machen.[13]

Hier wird der Topos des Neuen Jerusalems aufgegriffen und konsequent sozialistisch zugespitzt. Ethnische und nationale Grenzen verschwinden, illegitime Herrschaft und Ausbeutung

---

[12] http://www.j-lorber.de/jl/0/endzeit/wkrieg-c.htm (Hervorhebungen von AKN).
[13] http://www.j-lorber.de/jl/0/new-age/0-newage.htm.

weichen einer Ethik der Brüderlichkeit. Besonders bemerkenswert ist die spiritualistische Umdeutung des Heilsreiches:

{GM.widk.117,53} Auch in ihrem Inneren durch eine rationelle Religion geführt, werden sie die Einflüsterungen anderer Geister und selbst Meine Stimme eher belauschen und ihr Glauben schenken. So ist dann selbst der Verkehr mit der Geisterwelt ein Bindemittel geworden, das den Tod mit seinen Schrecken auf dieser Welt verbannt und die andere Welt euch so entgegenstellt, wie sie wirklich ist.[14]

So ist ein Hauptkennzeichen der neuen Zeit die Verbindung von Menschen- und Geisterwelt. Diese Gemeinschaft von Gott, Geistern und Menschen eröffnet ein Zeitalter der Prophetie und Empathie, da die Furcht vor dem Tod der Vergangenheit angehört.

In der Apokalyptik Lorbers wird deutlich, wie biblische Symbole im Lichte einer als bedrängend empfundenen Gegenwart aktualisiert werden. Hatte der Prophet selbst noch in guter antimodernistischer Tradition Industrialisierung und Urbanisierung, Ausbeutung und moralische Verrohung als Kennzeichen der Endzeit angeführt, verarbeiten seine Exegeten heute ihre Furcht vor einem „Clash of Civilizations", religiösen Attentaten und dem Irak-Krieg mit Lorbers Apokalyptik.[15]

Beispiel II – Europa zwischen Katechon und Neuem Jerusalem

Hatte die Apokalypse im vorigen Beispiel die Funktion von Krisenbewältigung und Selbstvergewisserung in einer durch soziale, wirtschaftliche, politische und kulturelle Umbrüche gekennzeichneten Welt, so kann sie ebenso zum Vehikel konkreter politischer Visionen werden.[16] Während die Offenbarung Lorbers noch einen Kontinent im Westen (jenseits von Eurasien) als Ort künftigen Heils ausweist, wenden sich andere zeitgenössische Apokalyptiker der Europäischen Gemeinschaft als politischer Communio Sanctorum zu.

[14] Ebd.
[15] Vgl. S.P. Huntington, Kampf der Kulturen, München / Wien 1996.
[16] Vgl. dazu die Beiträge von Hans-G. Kippenberg und H.-G. Stobbe in diesem Band.

So finden wir auf einer Website mit dem programmatischen Titel „Endzeit?" unter der Überschrift „Europa" eine umfassende Exegese des Daniel-Buches. Darin wird die symbolische Kontinuität zwischen Europa und dem Römischen Reich betont und die europäische Integration en passant als Wiedererstehen des Römischen Reiches interpretiert.[17] Der Weltmachtanspruch der USA wird demgegenüber mit deutlichen Worten angezweifelt:

Wenn diese Auslegung stimmt, dann ist der Prozess der *Einigung Europas sicherlich nicht mehr umzukehren*. Es mag vielleicht Verzögerungen oder gar Rückschritte geben, aber die Einigung wird weitergehen.

Eine weitere Folge wäre, dass eine Zeit kommt, in der *Europa wieder die führende Macht der Welt* ist. Das mag heute völlig unwahrscheinlich erscheinen: Amerika ist die einzig verbliebene Supermacht. In Anbetracht der Stärke Amerikas auf wirtschaftlichem, militärischem und wissenschaftlichem Gebiet ist es menschlich undenkbar, dass Amerika diese Rolle verlieren könnte. Aber dies galt für alle vergangenen Weltreiche.

Auch wenn Amerika sicherlich starke europäische Wurzeln hat, so glaube ich persönlich nicht mehr, dass Amerika in diesen Prozess der Vereinigung Europas eingebunden werden kann. Vielmehr glaube ich an *wachsende Gegensätze*, wie sie z.B. in Anbetracht des neuerlichen *Irak-Krieges* ab 2003 deutlich wie noch nie zu Tage traten. Interessanterweise waren es gerade diese wachsenden Gegensätze zu Amerika, die Impulse zu *neuer Einigkeit*, z.B. auf dem Gebiet der Sicherheitspolitik, gaben.[18]

Während der erste Absatz die europäische Einigung als weltgeschichtlichen Zielpunkt ausweist, werden im Folgenden die hegemonialen Ansprüche Europas gegenüber den USA erörtert. Die gegenwärtige Stärke der USA wird durch eine historisch-zyklische Argumentation nivelliert: Weltreiche kommen und gehen. Schließlich werden anhand des Irak-Krieges substantielle Gegensätze zwischen Europa und den USA herausgestellt, welche die gemeinsamen Wurzeln verdecken. Europa, so der trotzige Tenor, schöpft durch die Zumutungen der amerikanischen Außenpolitik Einigkeit und Kraft.

---

[17] Vgl. dazu den instruktiven Überblick von K. Koch, Europa, Rom und der Kaiser vor dem Hintergrund von zwei Jahrtausenden Rezeption des Buches Daniel, Göttingen 1997.
[18] http://www.marcus1973.privat.t-online.de/endzeit.html.

Indes ist die EU nicht nur Gegenstand apokalyptischer Deutungen, sondern sie bedient sich auch selbst einer entsprechenden Krisenrhetorik zur Durchsetzung ihrer politischen Ziele. Kernstück der sog. Lissabon-Strategie ist es, Europa bis zum Jahr 2010 zum wettbewerbsfähigsten und dynamischsten wissensbasierten Wirtschaftsraum der Welt zu machen. Dahinter steckt die Befürchtung, im globalen Wettbewerb v.a. gegenüber den USA, China und Indien ins Hintertreffen zu geraten. Im Jahr 2004 zog die Europäische Kommission folgende Halbzeitbilanz zu den Fortschritten der Mitgliedsländer bei der Lissabon-Strategie:

Die Tatsache, dass in diesen Bereichen keine Besserung eintritt, ist umso beunruhigender, als Investitionen und Reformen erst mittel- oder sogar langfristig in den Systemen Wirkung zeigen und das Jahr 2010 schnell näher rückt. Somit ist auf allen Ebenen ein neuer Schub erforderlich, um die Lissabon-Ziele noch zu erreichen. Hierzu müssen nach Auffassung der Kommission sofort und parallel Maßnahmen eingeleitet werden.[19]

Zunächst wird festgestellt, dass die Realisierung der politischen Ziele in einigen Bereichen stagniert und Reformen nur langfristig wirken. Nach dieser „Tatsache" folgt die Bewertung und politische Forderung: Die Nationalstaaten müssen rasch und umfassend auf die Verwirklichung der Lissabon-Strategie hinarbeiten. Das apokalyptische Element ist die Verbindung eines Krisenszenarios (Niederlage im globalen Wettbewerb) mit einem streng teleologischen Entwicklungskonzept (Erreichen der Lissabon-Ziele). Hinzu tritt eine Rhetorik der Eile: Das Jahr 2010 rückt näher, oder wie es zu Beginn der Johannis-Apokalypse heißt: Die Zeit ist nahe (Offb 1,3).

In diesem kursorischen Überblick wird zweierlei deutlich: (i) Die religiöse Symbolik der klassischen Apokalypsen ist durchaus nicht verraucht, sondern stellt probate Deutungsrahmen für gegenwärtige, als krisenhaft empfundene Prozesse gesellschaftlichen Wandels dar. (ii) Die gewählten Beispiele deuten auf zwei Grundformen moderner Apokalypsen hin, die sich nach ihren Konzepten der Krise und des Wandels sowie ihrem pragmatisch-ethischen Gehalt unterscheiden. In Lorbers Prophezeiung eines

---

[19] http://europa.eu.int/scadplus/leg/de/cha/c11071.htm.

Dritten Weltkriegs ist die Krise zum Zeitpunkt der Erzählung bereits so weit vorangeschritten, dass an eine Bewahrung der alten Welt nicht mehr zu denken ist. Der Wandel erfolgt revolutionär durch äußere (kosmische) Anstöße und führt durch eine Katharsis zum Neuen Jerusalem. Die Pragmatik besteht in einem gegenwärtigen Anreiz zu ethischem Handeln, um künftig zu den Erwählten zu gehören (resultative Apokalypse). In den apokalyptischen Stilisierungen Europas als Heilsreich sind zum Zeitpunkt der Erzählung zwar Anzeichen einer Krise erkennbar, die freilich noch abgewendet werden kann (und soll). Wandel erfolgt hier evolutionär durch innere Reformen und ist auf eine moderate Metamorphose gerichtet. Die Pragmatik besteht in einem Aufruf, die künftige apokalyptische Krise durch gegenwärtiges Tun abzuwenden (konsultative Apokalypse). Dabei verbindet sich eine Vorstellung von Europa als *Katechon* (=Aufhalter der Apokalypse) mit postmillenaristischem Optimismus.[20]

2. Eine kleine Soziologie der Apokalyptik

Die obigen Beispiele machen deutlich, dass Apokalypsen auch und gerade unter den Bedingungen der Moderne zur Auslegung von Spannungs- und Krisenerfahrungen dienen. Diese Kontinuität apokalyptischer Formen als Antwort auf eine anthropologisch verankerte Existenzspannung rechtfertigt die Frage nach der sozialen und damit soziologischen Relevanz der Apokalyptik. Dabei ordnet eine systematisch-soziologische Betrachtung Apokalyptik im Spannungsfeld zwischen individueller Handlungsmotivation, Gruppeninteressen und gesamtgesellschaftlichem Wandel ein. Die Historische Soziologie fragt nach dem Wechselverhältnis zwischen Apokalyptik und Modernisierung.

---

[20] Dieser Gedanke des Staates als Katechon hat eine lange Ideengeschichte, die eng mit der Person Carl Schmitt verknüpft ist. Vgl. grundlegend: C. Schmitt: Der Nomos der Erde im Völkerrecht des Jus Publicum Europaeum [1974], Berlin ⁴1997.

3. Apokalyptik zwischen Individuum und Gesellschaft

„Es gibt keine Gesellschaft, nur Individuen". Dieser Margaret Thatcher zugeschriebene Satz bringt die zentrale Herausforderung der Soziologie auf den Punkt: Wie lässt sich die Beziehung zwischen den Einzelnen und der Gesellschaft erfassen?

Neben deterministischen Versuchen, das Individuum vollständig in der Gesellschaft aufzulösen bzw. jene im Sinne Thatchers als bloße Summe ihrer Teile anzusehen, ist eine Unterscheidung sozialer Ebenen gebräuchlich. Entsprechend untersucht eine Soziologie der Apokalyptik ihren Gegenstand auf einer Mikro-, Meso- und Makroebene:

Apokalyptik und Individuum – Die Mikroebene
Als *Offenbarung* (griech. apokalypsis) wurzeln Apokalypsen in einer zutiefst individuellen Erfahrung: der herausgehobenen Schau von Zusammenhängen, welche der allgemeinen Wahrnehmung entzogen sind. Ob die singuläre Position des Apokalyptikers das Ergebnis eines göttlichen Ratschlusses, eine Emergenz des Weltgeistes oder der Ausdruck eines zutiefst originellen, individuellen Genius ist, ist dabei für eine soziologische Betrachtung zunächst sekundär. In der Vision kulminiert ein Weltwissen in individueller Erfahrung, um durch Verkündigung wieder zu Weltwissen zu werden. Freilich ist die Mikroebene der Gesellschaft nicht nur Ausgangspunkt, sondern auch Gegenstand apokalyptischer Rede. So sind Vereinzelung, moralischer Verfall und Anomie typische *Krisensymptome*, das Heilsreich ist hingegen durch Gemeinschaft, Tugend und Ordnung gekennzeichnet. Ob als Vision oder als Krisensymptom, in beiden Fällen wird der Einzelne innerhalb der apokalyptischen Erzählung dargestellt. Aber kann man demgegenüber auch von einer Individualisierung der Apokalyptik sprechen? Der bereits zitierte Informationsdienst ETIKA verweist auf eine *Individuelle Apokalypse*:

Der Mensch, der sich Gott, seinen Geboten und seiner Ordnung nicht unterwerfen will, lebt, als ob er tot wäre, oder verzweifelt an der Sinnlosigkeit einer solchen Lebensweise.[21]

---

[21] http://www.etika.com/d90a30et/90a53.htm.

Hier wird eine persönliche Krise als Apokalypse beschrieben, insoweit sie aus einer Zurückweisung der göttlichen Ordnung resultiert. Damit wird en passant jede Lebens- und Sinnkrise apokalyptisch, eine begriffliche Entgrenzung, die angesichts ohnehin vorhandener Abgrenzungsprobleme (s.o.) sicher nicht hilfreich ist. In der Tat ist mit Vondung Apokalyptik prinzipiell auf den Einzelnen gerichtet, indem sie eine Symbolik der Auslegung persönlicher Krisenerfahrungen bereitstellt. Der symbolische Referenzpunkt ist dabei jedoch ausdrücklich die (soziale und natürliche) Umwelt des Individuums. Die individuelle Existenzspannung wird vor dem Hintergrund einer globalen Krise ausgedeutet.

Trägerschichten der Apokalyptik – Die Mesoebene
Apokalypsen werden erzählt. Aber wer ist der Erzähler und wer der Zuhörer? Was bezweckt jener, und wie versteht es dieser? Zwar haben apokalyptische Visionsberichte einen Gestus der persönlichen Inspiration (s.o.), dennoch sind sie an bestimmte Gruppen, ihre Sprache und Lebensweise, gebunden. Es war Max Weber, der mit seinem Konzept der religiösen Trägerschichten besonders prominent auf das Verhältnis von Religion und Gesellschaft hingewiesen hat:

Aber es lassen sich für die einzelnen gegebenen Religionen doch meist Schichten angeben, deren Lebensführung wenigstens vornehmlich bestimmend geworden ist.[22]

Dabei geht es Weber nicht um eine einseitige Prägung von Religion durch die Gesellschaft oder umgekehrt, sondern um „Wahlverwandtschaften"[23] zwischen bestimmten Glaubenslehren einerseits und bestimmten ethischen Grundsätzen andererseits.
Welches könnten nun Trägerschichten apokalyptischer Erzählungen sein? Welche „praktischen Antriebe zum Handeln" (Weber) sind Apokalypsen zueigen und mit welchen Gruppeninteres-

---

[22] M. Weber, Die Wirtschaftsethik der Weltreligionen. Vergleichende religionswissenschaftliche Versuche. Einleitung [1920], in: D. Kaesler (Hg.), Max Weber. Schriften 1894-1922, Stuttgart 2002, 573-608, 575.
[23] M. Weber, Die protestantische Ethik und der »Geist« des Kapitalismus [1904/05], in: D. Kaesler (Hg.), Max Weber. Schriften 1894–1922, Stuttgart 2002, 150–226, 197.

sen korrespondieren sie? – Die Antwort auf diese Fragen ist selbstverständlich abhängig von den spezifischen Bedingungen der jeweiligen Erzählsituation. Ganz allgemein lassen sich aber zwei Grundformen apokalyptischer Pragmatik unterscheiden: Aktivismus und Quietismus.

Aktivismus meint tätige oder gar kämpferische Eingriffe in die soziale Ordnung. Je nach der rhetorischen Konzeption der Krise kann diese Tätigkeit entweder auf eine Abwendung des apokalyptischen Szenarios (konsultativer Aktivismus) oder seine rasche Verwirklichung gerichtet sein (resultativer Aktivismus). Ein Beleg für die erste Variante ist das o.a. Beispiel der Lissabon-Strategie. Hier wird aus der Krisenerzählung politischer Druck generiert. Ein modernes Beispiel für die zweite Variante ist der historische Materialismus von Karl Marx, der eine revolutionäre Erneuerung der Gesellschaft herbeiführen will.

Quietismus meint hier ruhiges Erdulden und Durchdauern von Krisenzeiten und als ungerecht empfundener Herrschaft mit Blick auf eine künftige Heilszeit. Dieser Handlungsmodus ist grundsätzlich an resultative Apokalypsen gebunden (s.o.). Im Bewusstsein der unausweichlichen Krise einerseits und der Zugehörigkeit zum Kreis der Erwählten andererseits ist es nicht der Mühe wert, ja gar schädlich, die Symptome des Unterganges abwenden zu wollen. Diese Haltung ist typischerweise verbunden mit sozialer Abschließung, schwacher Außen- und starker Binnenmoral. Quietismus wird zu Fatalismus, wenn die Erlösungshoffnung und das Erwählungsbewusstsein fehlen, wie es bei modernen Krisenerzählungen häufig der Fall ist.[24]

Wie verbinden sich nun diese Handlungsformen mit bestimmten Gruppeninteressen? Je mehr sich eine Gruppe im politischen, wirtschaftlichen und kulturellen Zentrum der Gesellschaft befindet, desto weniger wird sie einem fundamentalen Umsturz dieser Bedingungen zustimmen können. Apokalyptischer Aktivismus ist also eine Funktion des prospektiven Machtgewinns, seine Trägerschichten entsprechend randständig mit geringer Teilhabe an den Entscheidungs-, Verteilungs- und Sinngebungsprozessen der Gesellschaft. Dasselbe gilt für quietistische Deutungen, mit denen marginalisierte Gruppen ihre deprivilegierte Position be-

---

[24] Vgl. K. Vondung, Die Apokalypse in Deutschland, 12f.

wältigen. Spätestens an dieser Stelle wird deutlich, dass apokalyptische Erzählungen nicht nur zur Bewältigung, sondern auch zur Sicherung von Herrschaft dienen können, indem sie soziales Protestpotential quietistisch einhegen und absorbieren. Diese kompensatorische Funktion der Apokalyptik geht indes über das Marxsche Diktum von der Religion als Opium des Volkes hinaus. Die Analyse der sozialen Pragmatik apokalyptischer Rhetorik darf sich nicht auf deren hegemoniale Instrumentalisierung beschränken und das „Volk" derart in seiner Wahrnehmung und Kreativität nicht unterschätzen. Vielmehr ist es die Verknüpfung der kompensatorischen und der psychohygienischen Funktion von Apokalypsen, die eine moderne Religionspragmatik als Lehre von der Wechselwirkung von Religion und sozialem Handeln ausmacht.[25]

Apokalyptik und sozialer Wandel – Die Makroebene
Apokalypsen lassen sich indes nicht nur in ihrem Verhältnis zum Leben des Einzelnen oder sozialen Gruppen untersuchen, sondern auch als Triebkraft bzw. Hemmnis für den Wandel ganzer Gesellschaften. So betont Ansgar Weymann die soziale Relevanz und unbedingte Aktualität von Utopie und Apokalyptik:

Utopische Vorstellungen haben nicht nur in der Geschichte, sondern bis in die Gegenwart hinein einen massiven Einfluss auf sozialen Wandel ausgeübt. Ihr kongeniales Gegenstück sind apokalyptische Ängste vor und Drohungen mit dem nahenden Untergang der Menschheit und sogar der Erde.[26]

Die politische Potenz apokalyptischer Rede wurzelt in ihrer Synthese von Betrachtung und Affekt. Indem sie die Klaviatur der menschlichen Gefühlswelt von der Angst zur Hoffnung, von der Trauer zur Freude, bespielen, werden Utopien und Apokalypsen „... kognitive und affektive Stimulanzien zur Veränderung. Sie schließen in vielen Fällen Theorien ein, die für sich beanspruchen, sozialen Wandel zu erklären und zu verstehen".[27] Durch

---
[25] Vgl. H.G. Kippenberg, Die vorderasiatischen Erlösungsreligionen in ihrem Zusammenhang mit der antiken Stadtherrschaft, Frankfurt a.M. 1988, 21–60.
[26] A. Weymann, Sozialer Wandel. Theorien zur Dynamik der modernen Gesellschaft, Weinheim/München 1998, 21.
[27] Ebd.

diese Identität von Theorie und Ideologie fallen in der Apokalyptik religiöse und wissenschaftliche Deutungs- und Steuerungsansprüche zusammen. Mit den Worten „historia vitae magistra" hebt Walter Sparn die Nähe zwischen Geschichtsdeutung und sozialem Handeln hervor.[28] Apokalyptische Geschichtsdeutung gerinnt zu sozialer Wirklichkeit, indem sie einen Referenzrahmen zur sinnhaften Orientierung individuellen Handelns bereitstellt. Demgegenüber hebt Weymann die Steuerungswirkung apokalyptischer Diskurse hervor, insoweit sie in sozialen Bewegungen politisch Gestalt annehmen. Dazu betrachtet er Faschismus und Kommunismus als moderne apokalyptische Bewegungen, welche aus der Krisenrhetorik (des Volkes ohne Raum bzw. des Proletariats) ihr revolutionäres Potential schöpfen.[29] Vondung schließlich zeichnet anhand der wuchtigen Lyrik Karl Streckers die apokalyptische Selbstdeutung einer ganzen Nation nach:

Es ist entschieden, ja! und nun ist´s gut, / nun sind die Masken alle rings gefallen, / nun ist entlarvt die falsche Heuchlerbrut, / nun gilt´s, umstelltes Deutschland, Kampf mit allen. / Ein tiefer Atemzug – dann hoch das Schwert! / Zum Todeskampf die Stirne froh erhoben, / glaub´s: nur ein Volk, das Gott vor allen wert, / stellt er auf diese schwerste aller Proben. / Wir wollen sie bestehn! Trotz Not und Tod! / Wir zagen nicht, bricht auch die Welt zusammen, / ein Phönix steigt, so schön wie Morgenrot, / der *deutsche* Geist aus dieses Weltbrands Flammen.[30]

In der nationalistischen Gestalt der Apokalypse verbinden sich ihre Deutungs- und ihre Steuerungsfunktion zu einer besonders wirkmächtigen Einheit: Die Selbstvergewisserung als von Gott erwähltes Volk beinhaltet sowohl die Verpflichtung („wir zagen nicht") als auch die berechtigte Hoffnung („schön wie Morgenrot"), die Probe der gegenwärtigen Krisen zu bestehen. Der Geist

---

[28] Vgl. W. Sparn, Weltgeschichte und Heilsgeschehen. Über die geschichtstheologische Herausforderung eines Milleniums, in: ders. (Hg.), Apokalyptik versus Chiliasmus? Die kulturwissenschaftliche Herausforderung des neuen Milleniums. Erlangen, 2002, 199–224, 203.

[29] Vgl. A. Weymann Sozialer Wandel, 24ff (Kommunismus) sowie 30ff (Faschismus).

[30] Karl Strecker 1915, zit. n. K. Vondung, Die Apokalypse in Deutschland, 329 (Hervorhebung im Original).

der Apokalyptik inkarniert gleichsam in der Nation und wird so zur Triebkraft sozialen Wandels.

In diesem Abschnitt sollten sozialwissenschaftliche Fragestellungen und Herausforderungen der Apokalyptik umrissen werden. Stand zu Beginn dieses Beitrages noch die allgemeine Annahme einer Wechselwirkung zwischen *der* Apokalyptik und *der* Gesellschaft, so eröffnet eine Betrachtung auf verschiedenen Ebenen sozialen Handelns neue Sichtweisen. Auf der *Mikroebene* konnten Erwählungsindividualität und Vereinzelung unterschieden und der vage Begriff der individuellen Apokalypse präzisiert werden. Auf der *Mesoebene* wurden Aktivismus und Quietismus als Handlungsoptionen in apokalyptischen Szenarien ausgemacht und auf ihre Nähe zu bestimmten Gruppeninteressen hin bestimmt. Auf der *Makroebene* konnte die doppelte Synthese der Apokalyptik (Betrachtung und Affekt; Deutung und Steuerung) als Mechanismus sozialen Wandels herausgestellt werden.

4. Apokalyptik zwischen Tradition und Moderne

Wurde im Vorigen mit Hilfe der systematischen Soziologie der Zusammenhang von Apokalyptik und sozialen Formen erörtert, so soll nun abschließend ein historisch-soziologischer Blick auf den *Wandel* eben dieses Zusammenhangs gerichtet werden. Die Leitfrage lautet dabei: Was macht die *moderne* Apokalyptik aus? Diese Frage suggeriert eine Art Wirkung der Moderne auf apokalyptische Denkformen, freilich muss auch der umgekehrte Fall bedacht werden: Apokalyptik als Bedingung (der Möglichkeit) der Moderne.

Es ist also zu klären, wie sich apokalyptische Gedanken in den Prozess der Modernisierung gleichsam „eingespeist" haben (i), welches die Kennzeichen dieses Prozesses sind (ii) und inwieweit sie moderne Apokalypsen prägen (iii).

Die Geburt der Moderne aus dem Geiste der Apokalyptik?
Die Frage nach dem Zusammenhang zwischen moderner Geschichtsphilosophie und christlicher Eschatologie ist im Rahmen der sog. Löwith-Blumenberg-Debatte v.a. als Säkularisierung der

Apokalyptik diskutiert worden.[31] Aus Sicht der historischen Soziologie ist indes weniger eine etwaige religiöse Entleerung moderner Apokalypsen von Interesse als die Beobachtung, dass es eine wie auch immer geartete Kontinuität zwischen religiösen Endzeitvorstellungen und wissenschaftlicher Welt- und Zeitdeutung gibt. Unser Augenmerk sollte daher nicht den Unterschieden, sondern den Gemeinsamkeiten religiöser und wissenschaftlicher Geschichtsdeutung gelten. Hier ist v.a. die Ablösung zyklischer durch lineare Geschichtsbilder zu nennen. Sie ist die Grundvoraussetzung für eine Teleologie der Geschichte, wie sie im Konzept des *Fortschritts* par excellence Gestalt annimmt.[32] Damit verlagert sich das Zeitbewusstsein von der Vergangenheit in die Zukunft, es kommt zu einem „Gefälle nach vorn", einer Beschleunigung der Zeit[33] und einem Zwang zur Langsicht.[34] Die allgemeine eschatologische Grundierung der Moderne besteht also darin, der Geschichte einen Anfang und ein Ende zu geben und sie so zu einer Entität eigener Art werden zu lassen.[35] Das spezifisch *Apokalyptische* der Moderne besteht hingegen darin, dass sie ihre eigene Krise und Kritik bereits inkorporiert. Keine Modernisierungstheorie ohne Krisensymptomatik: Ob sinkende Profitrate (Marx),[36] soziale Anomie (Durkheim),[37] stahlhartes Gehäuse der Hörigkeit (Weber)[38] oder später die Kolonialisierung der Lebenswelt (Habermas),[39] der Kampf der Kulturen

---

[31] Vgl. M. Bull, On Making Ends Meet, in: ders., Apokalypse Theory and the Ends of the World, Oxford/Cambridge 1995, 1–20, 8; K. Vondung, Die Apokalypse in Deutschland, 53ff.

[32] Vgl. die instruktive Einführung von J. Alexander und P. Sztompka und ihre Rede vom „progressivism": dies., Introduction, in: dies., (Hg.), Rethinking progress: movements, forces and ideas at the end of the 20th century, Boston 1990, 1–12, bes. 2.

[33] Vgl. W. Sparn, Weltgeschichte und Heilsgeschichte, 260f.

[34] Vgl. N. Elias, Wandlungen des Verhaltens in den weltlichen Oberschichten des Abendlandes [1939], Baden-Baden 1976, 336ff.

[35] Vgl. W. Sparn, Weltgeschichte und Heilsgeschichte, 205.

[36] Vgl. K. Marx, Das Kapital, Bd. 3, in: Marx-Engels-Werke, Bd. 25, Berlin 1964.

[37] Vgl. E. Durkheim, Der Selbstmord [1897], Neuwied 1973.

[38] Vgl. M. Weber, Wirtschaft und Gesellschaft: Grundriss der verstehenden Soziologie [1921], Tübingen 1990.

[39] Vgl. J. Habermas, Theorie des kommunikativen Handelns, Bd. 2: Zur Kritik der funktionalistischen Vernunft, Frankfurt a.M. 1981.

(Huntington) und die Implosion des Wohlfahrtsstaates (Miegel),[40] die Moderne ist stets prekär und trägt den Keim ihrer eigenen Auflösung in sich: „Modern ist dann etwas Heutiges, das morgen wieder anders sein wird, nämlich noch moderner".[41] Modernisierung hat also ein apokalyptisches Gepräge, insoweit sie (Welt-)Geschichte linear, teleologisch, krisenhaft und mit prekären Übergängen darstellt.

Kennzeichen der Moderne
Hans van der Loo und Willem van Reijen bestimmen Modernisierung sozialgeschichtlich als „... einen Komplex miteinander zusammenhängender struktureller, kultureller, psychischer und physischer Veränderungen, der sich in den vergangenen Jahrhunderten herauskristallisiert ... hat".[42] Dieser Komplex lässt sich nun analytisch in vier Teilprozesse zerlegen: *Strukturelle Differenzierung* meint die Herausbildung neuer Institutionen und Organisationen als Folge zunehmender Spezialisierung. *Kulturelle Rationalisierung* bezeichnet den Wandel von mythischer zu wissenschaftlicher Weltdeutung, das „Ordnen und Systematisieren der Wirklichkeit, um sie vorhersehbar und beherrschbar zu machen".[43] *Psychologische Individualisierung* beschreibt die zunehmende Selbstständigkeit und Handlungsfreiheit des Einzelnen jenseits von Kollektivzwängen. *Physische Domestizierung* schließlich umfasst die zunehmende Beherrschung der äußeren und inneren Natur des Menschen und mithin seine Fähigkeit, sich biologischen Begrenzungen zu entziehen.

Die Moderne der Apokalyptik
Der geschilderten „Verendzeitlichung" der Moderne steht die Modernisierung der Entzeitvorstellungen gegenüber. Claudia Gerhards bedient sich in ihrer Dissertation *Apokalypse und Moderne* der soziologischen Systemtheorie, um Merkmale moderner Apokalypsen zu ermitteln. Sie unterscheidet – dem Ansatz

---

[40] Vgl. M. Miegel, Die deformierte Gesellschaft: wie die Deutschen ihre Wirklichkeit verdrängen, München 2002.
[41] H. van der Loo/W. van Reijen, Modernisierung. Projekt und Paradox, München 1992, 11.
[42] Ebd.
[43] A.a.O., 31.

von Loo und Reijen nicht unähnlich – Systemdifferenzierung, Rationalisierung und Technisierung. Die *Ausdifferenzierung* eigenständiger sozialer Systeme führt dazu, dass die Gesellschaft nicht mehr in ihrer Ganzheit wahrgenommen werden kann. Moderne Apokalypsen antworten auf diese Erfahrung der Fragmentarität durch ihren räumlich und zeitlich ganzheitlichen Weltentwurf. Die *Rationalisierung* als „Zustand des Letztsinn- und Höchstwertverlusts provoziert zu Sinngebungsversuchen". Moderne Apokalypsen können laut Gerhards sowohl als antirationalistische Gegenprogramme auftreten oder selbst einen (pseudo-) rationalistischen Gestus aufweisen. Schließlich spricht die Autorin von „einer Technisierung und Mediatisierung des apokalyptischen Diskurses". Die Chancen und Risiken moderner Technologien (bspw. Kernenergie, Gentechnik) und Medien (Internet) prägen die Apokalyptik der Moderne maßgeblich: Nicht der krisenhafte Übergang von der Defizienz zur Fülle steht im Vordergrund, sondern die Krise selbst wird zum Ende der Geschichte. Klaus Vondung hatte diese Beschneidung um das Heilsreich als „kupierte Apokalypse" bezeichnet.[44] Gerhards spricht dagegen von „inversen Apokalypsen".[45]

Die Beispiele im ersten Teil dieses Beitrages bestätigen Gerhards Überlegungen zur modernen Apokalyptik: Die mannigfaltigen Kontingenzen der Modernisierung, etwa die Auflösung traditioneller Gemeinschaften, Industrialisierung, Urbanisierung sowie eine Globalisierung kriegerischer Auseinandersetzungen, werden durch die klare Teleologie apokalyptischer Erzählungen in ein neues ganzheitliches Sinnkorsett gezwängt. Die Krise ist nicht mehr nur das Nadelöhr für die Gerechten, sondern auch ein Fokus von Weltdeutung, um die Fragmentarität der Moderne zu bewältigen. Rationalisierung begegnet uns v.a. als rhetorischer Gestus, um der Offenbarung eine quasiakademische Evidenz zu verschaffen. Die Lorber-Exegese umgibt sich mit einem scholastischen Nimbus formaler Logik; der religiöse Informationsdienst ETIKA präsentiert Apokalypsen wie Pressemeldungen. Dies leitet über zu Medialisierung und Technisierung moderner Apoka-

---

[44] Vgl. K. Vondung, Die Apokalypse in Deutschland, 12.
[45] C. Gerhards, Apokalypse und Moderne: Alfred Kubins „Die andere Seite" und Ernst Jüngers Frühwerk, Würzburg 1999, 38.

lyptik. Das Bild ist ambivalent: Einerseits ist das Internet wie selbstverständlich Ort moderner Offenbarungen, andererseits werden die Gefahren moderner Technologien (Kernschmelze, Ölpest, Gentechnik) als Krisensymptome ausgedeutet.

Heil oder Krise? – Die These der kupierten bzw. inversen Apokalypse lässt sich anhand der zitierten Beispiele nur teilweise nachvollziehen. Inhaltlich wird sowohl die frühmoderne Apokalyptik Lorbers als auch die spätmoderne politische Apokalyptik von Defizienz und Krise bestimmt. Im ersten Fall sind die Vorhöfe des Dritten Weltkrieges als ultimativem Krisenereignis bereits beschritten, im zweiten Fall bleibt die Krise (Untergang im globalen Wettbewerb) zunächst ein Szenario.

Entsprechend richten sich die Hoffnungen von Lorbers Jüngern durchaus auf ein künftiges Heilsreich (*resultative* Apokalypse), während die *konsultative* Apokalyptik der Lissabon-Strategie die Krise beschwört, um sie abzuwenden. Hier verbinden sich millenaristische Vorstellungen mit einer Idee von Europa als *Katechon* (Aufhalter) der globalen Krise.

5. Fazit – Die Endlosigkeit der Endzeit

Die Offenbarung des Johannes endet mit den Worten: „Wenn jemand etwas hinzufügt, so wird Gott ihm die Plagen zufügen, die in diesem Buch geschrieben stehen." (Offb 22,18).

Die Modernisierung *hat* die Apokalyptik verändert – und ist in der Tat von Plagen nicht verschont geblieben. Dabei sind die Kontinuität und die Eigenartigkeit moderner Apokalypsen gleichermaßen zu beachten. Gewiss hat sich die Moderne apokalyptischen Denk- und Deutungsformen aufgeprägt: Differenzierung, Rationalisierung, Individualisierung und Technisierung bilden die neuen und eigenartigen Bezugspunkte der modernen Apokalyptik, die sie in sich ein- oder an denen sie sich abarbeitet. Doch zugleich zeigt sich in der Modernisierung selbst eine frappante Kontinuität apokalyptischer Geschichtsphilosophie: Tradition und Defizienz, Übergang und Krise, Moderne und Fülle, dies ist der Dreischritt der klassischen Modernisierungstheorie. Modernisierung ist zur Eschatologie der Neuzeit geworden.

Auf die Eingangsfrage kann daher geantwortet werden: Apokalyptik und kein Ende. Indem der soziologische Blick diese prinzipielle Endlosigkeit der Endzeit herausstellt, tritt die Frage nach der Säkularisierung apokalyptischer Weltdeutung in den Hintergrund. Moderne Apokalypsen atmen ihre religiöse Abkunft in Form und Inhalt, Dramaturgie, Stil und Metaphorik. Sie bleiben damit eine sozial relevante Symbolik zur Auslegung der menschlichen Existenzspannung zwischen Defizienz und Fülle, eine zutiefst menschliche Hermeneutik der Krise. Apokalyptische Weltdeutungen sind Teil der sozialen Wirklichkeit. Eine zeitgemäße Soziologie muss diesen und andere religiöse Deutungsrahmen berücksichtigen, statt sich in der borniertenFiktion der modernen Gesellschaft als religionsfreier Zone zu ergehen. Eine Soziologie der Apokalyptik ist daher ein lohnendes Unterfangen.

Hans G. Kippenberg

Außenpolitik auf heilsgeschichtlichem Schauplatz: Die USA im Nahostkonflikt

1. Einführung

In seinem Drama *Die Weber* bringt Gerhard Hauptmann einen Aufstand der schlesischen Leinenweber 1844 gegen ihre Arbeitgeber zur Darstellung. Man darf, so sagt einer der Weber, nie an der Hoffnung zweifeln, die als einziges geblieben ist. Für was hätte ich denn sonst hier gesessen und zugesehen, wie der dort drüben – und er weist auf das Haus des Industriellen – in Schwelgerei lebt und aus meinem Hunger und Kummer Gold macht? Für was anderes, als dass ich eine Hoffnung habe? Er hat hier seinen Teil, ich in der jenseitigen Welt. Denn Gericht wird gehalten werden: aber nicht wir sind die Richter, sondern mein ist die Rache spricht der Herr.[1]

Es gibt ein viel zitiertes Wort von dem Schweizer katholischen Theologen Hans Urs von Balthasar zum Aufleben apokalyptischer Auffassungen im 20. Jahrhundert:

Wenn für den Liberalismus des 19. Jahrhunderts das Wort von Troeltsch gelten konnte: „Das eschatologische Bureau ist meist geschlossen", so macht dieses im Gegenteil seit der Jahrhundertwende Überstunden.[2]

---

[1] „Ich sag dirsch, Gottlieb! zweifle nicht an dem eenzigsten, was mir armen Menschen haben. Fer was hätt' ich denn hier gesessen [...] und hätte ruhig zugesehen, wie der dort drieben in Hoffart und Schwelgerei lebt und Gold macht aus mein'n Hunger und Kummer. Fer was denn? Weil ich 'ne Hoffnung hab. Ich hab was in aller der Not. (Durchs Fenster weisend). Du hast hier deine Parte, ich drieben in jener Welt: das hab ich gedacht. Und ich laß' mich vierteeln – ich hab' 'ne Gewißheet. Es ist uns verheißen. Gericht wird gehalten; aber nich mir sein Richter, sondern: mein ist die Rache, spricht der Herr, unser Gott". G. Hauptmann, Die Weber, hg. v. H. Schwab-Felisch, Berlin ⁹2005, 64.
[2] Zitiert von L. Hölscher, Weltgericht oder Revolution. Protestantische und sozialistische Zukunftsvorstellungen im deutschen Kaiserreich, Stuttgart 1989, 71.

Demnach wären *Die Weber* der seltene Fall einer Arbeit dieses Büros bereits im 19. Jahrhundert. Neuere Studien zur Geschichte der Apokalyptik haben jedoch der Auffassung widersprochen, dass dieses Büro in der Moderne überhaupt länger geschlossen war, und sicher nicht im 19. Jahrhundert.[3] Die, die das meinten, mussten miterleben, dass Totgesagte länger leben. Ähnliches hatte man mit der Erscheinung des „Krieges" erlebt, von der die meisten Menschen der Wende vom 19. zum 20. Jahrhunderte ebenfalls meinten, er gehöre ein für allemal der Vergangenheit an. Als der französische Philosoph Henri Bergson am 4. August 1914 die Tageszeitung *Matin* aufschlug und darin die Überschrift „Deutschland erklärt Frankreich den Krieg" las, hatte er „das plötzliche Gefühl einer unsichtbaren *Anwesenheit*". „Es war, als wenn eine Legendenfigur aus dem Buche, das ihre Geschichte erzählt, herausträte und sich gemächlich im Zimmer placierte [...] Sie hatte ihre Stunde abgewartet, und gemütlich ohne Umstände setzte sie sich an ihren Platz".[4] Eine ähnliche Ahnung brachte Georg Heym bereits 1911 in dem Gedicht *Der Krieg* zum Ausdruck:

Aufgestanden ist er, welcher lange schlief,
aufgestanden unten aus Gewölben tief.

In diesem existenziellen Sinne sind in unseren Tagen Figuren der Apokalyptik aufgestanden und haben sich über die Medien in unseren Wohnzimmern niedergelassen.

Von einem Verschwinden des Prophetieglaubens in der Moderne, wie sie oft behauptet wurde, kann daher keine Rede sein. Zwar waren akute Erwartungen des Gottesreiches nach den europäischen Glaubenskriegen des 16. und 17. Jahrhunderts wegen der von ihnen ausgehenden Gewalttaten in Misskredit geraten,[5] doch rief der Vernunftglaube der Gegenseite selber eine Neubelebung dieser Erwartungen hervor. Das blutige Ende der Fran-

---

[3] Vgl. D.S. Katz/R. Pokin, Messianic Revolution. Radical Religious Politics to the End of the Second Millennium, New York 1998.
[4] H. Bergson, Die beiden Quellen der Moral und der Religion [1932], Frankfurt a.M. 1992, 124.
[5] Doch nicht einmal die Aufklärung konnte von der Apokalyptik lassen, wie der von J. Brokoff u. B.U. Schipper herausgegebene Band: Apokalyptik in Antike und Aufklärung, Paderborn 2004, zeigt.

zösischen Revolution schien vielen ein schlagender Beweis dafür zu sein, dass es Menschen nicht gelingen könne, aus eigenen Kräften einen Fortschritt zum Besseren zu Stande zu bringen. Dass im Verlauf der Revolution der Kalender geändert und das Christentum durch einen „heidnischen" Kultus der Vernunft ersetzt worden war, hielten Christen für eine Hybris, für die es eine heilsgeschichtliche Deutung gab. Trafen nicht die Worte von Dan. 7,25 darauf zu: „Er (der letzte König) wird Reden wider den Höchsten führen [...] und Zeiten und Gesetz ändern"?[6]

Die Wurzeln der Vitalität heilsgeschichtlicher Erwartungen lagen in der Moderne selber. Zur Zeit der ersten Industrialisierungswelle Englands (1790–1850) wurde die anglikanische Staatskirche zahlenmäßig von protestantischen Sekten mit glühenden Endzeithoffnungen eingeholt.[7] Der besonders erfolgreiche Methodismus verbreitete sich unter Arbeitern als ein „Chiliasmus der Verzweiflung".[8] Und auch in Deutschland nahmen im 19. Jahrhundert religiöse Endzeiterwartungen an Zahl der Anhänger zu, auch hier besonders in den Industrierevieren.[9] Hier rivalisierten Sekten und die Arbeiterbewegung um die richtigen Worte für die Krise, in die die Industrialisierung die Menschen stürzte: deutete sie auf das nahende „Weltgericht" oder die bevorstehende „Weltrevolution"? Der Bochumer Historiker Lucian Hölscher hat dieser Rivalität zweier Geschichtskonstruktionen eine systematische Fassung gegeben.[10] Mit dem Aufkommen der Wissenschaft und damit der Fähigkeit, Naturprozesse zu erklären und zu kontrollieren, rückte seit dem 18. Jahrhundert die bis dahin unberechenbare Zukunft zum Teil in den Bereich des Machbaren. Eine „Verdoppelung des Zukunftsbegriffes" war die Folge. Die Zukunft im wissenschaftlichen Sinn wurde von der Gegenwart aus entworfen, Zukunft im Sinne der Heilsgeschichte vom Ende her: vom Tag des Gerichts. So blieb neben einer wis-

---

[6] E.R. Sandeen, The Roots of Fundamentalism. British and American Millenarism 1800–1930, Chicago 1970, 6.
[7] Eine frühe Erkenntnis dieser Tatsache findet sich bei E.J. Hobsbawm, Die Arbeitersekten [1962], in: Sozialrebellen, Neuwied/Berlin 1971, 161–190, 165.
[8] Vgl. E.P. Thompson, Die Entstehung der englischen Arbeiterklasse [1963], Bd. 1, Frankfurt a.M. 1987, 404–431.
[9] L. Hölscher, Weltgericht oder Revolution, 129.
[10] A.a.O., 61. Weiter ausgearbeitet von L. Hölscher in seinem Buch: Die Entdeckung der Zukunft, Frankfurt a.M. 1999.

senschaftlichen Voraussicht einer besseren Zukunft die Erwartung einer Ankunft des Herrn – *adventus* – bestehen. Auch wenn zuweilen eines der Deutungsmuster sich mit dem anderen verband: im Prinzip besaßen beide selbständige Berechtigung; beide konnten zur Rahmung geschichtlicher Wandlungsprozesse und zur Legitimation der angemessenen praktischen Reaktionen darauf herangezogen werden.[11]

2. Ent-säkularisierung der US-Außenpolitik

Die Außenpolitik eines Staates kann auch von seiner Religionsgeschichte mitbestimmt werden. Die Kehrtwendung der Politik der USA gegenüber der Siedlungspolitik Israel in den Besetzten Gebieten ist dafür ein solcher Fall. Bis Ende der siebziger Jahre hielten die USA die Besetzung dieser Gebiete durch Israel für einen Fall, auf den die Genfer Konvention zutrifft. In einem juristischen Gutachten des Außenministeriums für den Kongress 1978 hieß es, Israel habe Gaza, West Banks, Golanhöhen und Sinai besetzt; ein solches Territorium habe nach Internationalem Recht einen Sonderstatus; die Militärverwaltung habe genau definierte Rechte, eine Ansiedlung von Zivilisten in den besetzten Gebieten sei unvereinbar mit dieser beschränkten Befugtheit.[12] Die Entscheidung der 1977 ins Amt gewählten Likud-Regierung des Staates Israel, die Besiedlung der Besetzten Gebiete nicht mehr nur den Aktionen von religiösen Siedlern zu überlassen, sondern sie selber voranzutreiben, verstieß demnach gegen das Völkerrecht. Mit der Präsidentschaft von Ronald Reagan änderte sich diese Beurteilung. Zwei Wochen nach seinem Amtsantritt erklärte er 1981: „Ich war nicht damit einverstanden, dass die vorangegangene Regierung die Siedlungen als illegal bezeich-

---

[11] Vgl. H. Esser, Die Definition der Situation, in: Kölner Zeitschrift für Soziologie und Sozialpsychologie 48 (1996), 1–34; ders., Soziologie: Spezielle Grundlagen, Bd. 1: Situationslogik und Handeln. Frankfurt a.M./New York 1999, 59–73.
[12] Zu finden auf der Website der Foundation for Middle East Peace unter Documents, „Opinion of the Legal Advisor", Department of State, 4–21–78 (http://www.fmep.org/documents/opinion_OLA_DOS4-21-78.html).

nete – sie sind nicht illegal".[13] Zwar seien die Siedlungen ein Hindernis für eine Friedenslösung, aber rechtswidrig seien sie nicht. Außenminister James Baker beschrieb später den Wandel der Rechtsauffassung über die Siedlungen mit den Worten: „Wir pflegten sie als illegal zu bezeichnen, heute charakterisieren wir sie abgeschwächt als ein Hindernis für den Frieden" (Washington Post, 18. September 1991). Es seien „umstrittene Gebiete", nicht „besetzte Gebiete". Nicht nur Palästinenser, auch Israel habe berechtigte Ansprüche auf sie. Die USA anerkannten demnach religiös begründete Ansprüche Israels auf die Besetzten Gebiete als Heiliges Land und wiesen umgekehrt die Ansprüche der Palästinenser auf Einhaltung der Genfer Konvention zurück. Einen weiteren Schritt tat dann George W. Bush, als er 2004 Annexionen von Teilen der Besetzten Gebiete durch Israel unumkehrbar nannte und eine Rückkehr von palästinensischen Flüchtlingen nach Israel ausschloss.[14]

Man kann diesen Wandel der Außenpolitik nicht ohne Berücksichtigung der Religionsgeschichte der USA erklären. Fundamentalistische Gruppen hatten sich seit den zwanziger Jahren aus der politischen Öffentlichkeit zurückgezogen und das politische Geschäft anderen überlassen. Als jedoch seit den sechziger Jahren ein Reformliberalismus an die Macht kam und eine Neutralität des Staates in moralischen Fragen durchzusetzen begann, fühlten sie sich zum Widerstand herausgefordert. Besonders das höchstrichterliche Verbot des Gebets an öffentlichen Schulen (1962) und die Freigabe der Abtreibung (1973) empörte Funda-

---

[13] „I disagreed when the previous administration referred to them [settlements] as illegal – they're not illegal"; New York Times vom 3. Februar 1981.
[14] „Statement by the President", 14. April 2004 (http://www.whitehouse.gov/news/releases/2004/04/20040414-2.html): „The goal of two independent states [...] remains a key to resolving this conflict [...] It seems clear that an agreed, just, fair and realistic framework for a solution to the Palestinian refugee issue as part of any final status agreement will need to be found through the establishment of a Palestinian state, and the settling of Palestinian refugees there, rather than in Israel". „As part of a final peace settlement, Israel must have secure and recognized borders, which should emerge from negotiations between the parties in accordance with UNSC Resolutions 242 and 338. In light of new realities on the ground, including already existing major Israeli populations centers, it is unrealistic to expect that the outcome of final status negotiations will be a full and complete return to the armistice lines of 1949. It is realistic to expect that any final status agreement will only be achieved on the basis of mutually agreed changes that reflect these realities".

mentalisten, Pfingstbewegung, Charismatiker und Neo-Evangelikale gleichermaßen. Diese sog. *Evangelikalen* begehrten gegen die Gesetzgebung und Rechtsprechung auf und kämpften für die USA als eine christliche Republik, gegründet auf den Normen von Familie und Patriotismus. Mit eigenen Rundfunk- und Fernsehstationen sowie Privatschulen verschafften sie sich öffentlich Gehör. Ihr Netzwerk bestehend aus Gemeinden, Schulen, Universitäten, juristischen Organisationen und Medienorganen erreichte im Laufe der Jahre ein Viertel aller amerikanischen Wähler.[15]

Ende der siebziger Jahre entdeckten Anführer der politischen Rechten die Evangelikalen als Wählerpotenzial und riefen gemeinsam mit dem Prediger Jerry Falwell und anderen Geistlichen die *Moral Majority* ins Leben. Diese Organisation verfügte über Finanzmittel, Institutionen, Medien, Beziehungen und weitreichende Netzwerke und vermochte Bürger gegen Abtreibung und für den Schutz der Familie, gegen eine Liberalisierung der Sexualmoral und für die Beibehaltung der Verbote unmoralischen Verhaltens, gegen die Forderung nach Abrüstung und für eine militärische Aufrüstung der USA zu mobilisieren.[16] Die Organisation trug 1980 zur Wahl von Ronald Reagan bei. Zwar zerfiel 1986/87 die *Moral Majority* als Organisation wieder, aber andere Nachfolger traten an ihre Stelle wie z.B. die *Christian Coalition*. In den neunziger Jahren konnte sich die *Neue Christliche Rechte* mit einer Vielzahl von Organisationen und Initiativgruppen als politisches Schwergewicht etablieren und in den Jahren 2000 und 2004 einen bestimmenden Einfluss erst auf Kandidatur, dann Wahl und schließlich Wiederwahl von George W. Bush ausüben.[17] Dieser Kandidat war von der Partei der Republikaner nicht zuletzt wegen seiner Verankerung im evangelikalen

---

[15] Ich folge M. Brocker, Protest – Anpassung – Etablierung. Die Christliche Rechte im politischen System der USA, Frankfurt 2004, 35–74 („Genesis: Die Entstehung der Neuen Christlichen Rechten"). Quantifizierungen a.a.O., 73f, sowie A. Lieven, America Right or Wrong. An Anatomy of American Nationalism, Oxford 2004, 139f.
[16] Vgl. M. Brocker, Protest – Anpassung – Etablierung, 75–120 („Exodus: Die Neue Christliche Rechte in den achtziger Jahren [1978–1988]").
[17] Vgl. a.a.O., 121–179 („Numeri: Die Christliche Rechte in den neunziger Jahren"). Eine Übersicht über die Organisationen der Christlichen Rechten a.a.O., 122f. Vgl. auch R. Prätorius, 'In God We Trust'. Religion und Politik in den USA. München 2003, 112–119.

Lager aufgestellt worden. Mit der Präsidentschaft von George W. Bush bestimmte die Geschichtstheologie der Evangelikalen mehr noch als unter Ronald Reagan die Richtung der Nahostpolitik. Die Regierung nahm mit ihrer Außenpolitik Rücksicht auf die evangelikale Deutung der Nahostpolitik. An die Stelle einer Gleichbehandlung israelischer und palästinensischer Ansprüche trat eine Präferenz für Israel. Hier wird ein Vorgang erkennbar, den man mit Ernst-Wolfgang Böckenförde Ent-säkularisierung nennen kann, wenn man seine These zur Entstehung des Staates in für Westeuropa heranzieht:

> Spricht man von Säkularisation im Zusammenhang der Entstehung des Staates, so denkt man meist an die so genannte Neutralitätserklärung gegenüber der Frage der religiösen Wahrheit.[18]

3. Konstruktionen von moderner Heils- und Unheilsgeschichte

Die Triebkraft, die Religion auch außenpolitisch wirksam werden ließ, war das Geschichtsbild, das zuerst von fundamentalistischen Gemeinden propagiert worden war. Man darf sich allerdings nicht von dem Wort *Fundamentalisten* in die Irre führen lassen. Zwar war es *Fundamentalisten* wichtig, den wahren Glauben durch die Dogmatisierung „fundamentaler" christlicher Lehren festzulegen und zu verteidigen. So erklärte beispielsweise 1910 die Generalversammlung der Presbyterianer folgende fünf Lehrsätze für wörtlich unumstößlich: Die Irrtumslosigkeit der Schrift; die Geburt Jesu Christi von einer Jungfrau; sein Sühnopfer; seine leibliche Auferstehung und seine Wunder wirkende Macht.[19] Die Formulierung des richtigen Glaubens in Form von fundamentalen Lehrsätzen stützte sich auf die Lehre von der wortwörtlichen Inspiration der Bibel, die vom Princeton

---

[18] Nicht die Zeit der Religionskriege sei der Beginn der Trennung von Religion und Politik gewesen, sondern der Investiturstreit, führt er im Anschluss an das Zitat aus; E.-W. Böckenförde, Die Entstehung des Staates als Vorgang der Säkularisation, in: ders., Staat, Gesellschaft, Freiheit, Frankfurt a.M. 1976, 42–64, 43.
[19] Vgl. E.R. Sandeen, Roots of Fundamentalism, XIVf.188–207.

Theological Seminary besonders polemisch und zugespitzt gegen die aufkommende liberale Theologie vertreten wurde.[20] Mit der Kontroverse, die mit dieser Festschreibung von Lehrsätzen ausgelöst wurde und die zur Spaltung in den protestantischen Gemeinden führte, verband sich eine ältere religiöse Bewegung, die von einer heilsgeschichtlichen Erwartung des baldigen Anbruches des tausendjährigen Gottesreiches beseelt wurde.[21] Dieser Millenarismus ging auf den Briten John Nelson Darby (1800–1882) zurück, dessen Theologie in den USA seit dem letzten Viertel des 19. Jahrhunderts zu einer bis heute anschwellenden mächtigen religiösen Strömung wurde.[22]

J.N. Darby lehrte, dass nach Israels Zurückweisung des Messias Jesus Christus die weitere Erfüllung der biblischen Prophezeiungen angehalten worden sei; Israels Heilsgeschichte sei befristet suspendiert worden; in dieser Zeit sei die Kirche Träger der Heilsgeschichte. Diese Periode (*dispensation*) gehe aber jetzt zu Ende; die endzeitliche Uhr werde demnächst wieder anfangen zu schlagen und die noch ausstehenden Prophezeiungen an Israel würden in einer letzten Phase der Geschichte in Erfüllung gehen, darunter die Wiederherstellung des Volkes Israels in Palästina.[23] Eine Voraussage, wann genau dieses alles stattfindet, machte er nicht; es könne jederzeit geschehen („any-moment coming").

Die Spannung, die sich aus dem Verzicht auf eine zeitliche Vorhersage ergab, wurde durch ein markantes Detail weiter erhöht, das J. N. Darby dem apokalyptischen Szenario hinzufügte: der Entrückung („rapture") der Gerechten bzw. der Kirche vor der Zeit der Drangsal.[24] Bevor die Zeit der Leiden beginnt, wer-

---

[20] Vgl. a.a.O., 103–131.
[21] Vgl. a.a.O., XV.
[22] Die gründlichsten Studien zum protestantischen Prämillenarismus stammen von T.P. Weber, Living in the Shadow of the Second Coming. American Premillennialism 1875–1925, Oxford 1979; ders., On the Road to Armageddon. How Evangelicals Became Israel's Best Friend, Grand Rapids (MI) 2004.
[23] Die Wiederherstellung Israels am Ende der jetzigen Periode war – zusammen mit einer endzeitlichen Chronologie und der Wiederkunft Jesu – bereits auf englischen Prophetiekonferenzen 1826–1829 gelehrt worden; vgl. E.R. Sandeen, Roots of Fundamentalism, 18–22.
[24] Was über Herkunft dieses Konzeptes bekannt ist, findet sich bei E.R. Sandeen, Roots of Fundamentalism, 62–70, und bei T.P. Weber, Road to Armageddon, 23–26. Wegen der enormen Popularität dieses Konzeptes ist gegenwärtig eine theologische Diskussion darüber entbrannt. B.R. Rossing prangert in ihrem Buch: The Rapture

den die Auserwählten zum Herrn, wenn er am Himmel erscheint, entrückt (1Thess 4,17) und entgehen so dem bevorstehenden Schrecken. Nach der Entrückung (*rapture*) der Gerechten bzw. der unsichtbaren Kirche beginnt für die Zurückgebliebenen eine sieben Jahre dauernde Epoche fürchterlichster Drangsal (vgl. Mt 24,21). In dieser Zeit übt der Antichrist seine weltweite Schreckensherrschaft aus. In Absprache mit ihm erbauen die Juden in Palästina den Tempel neu. Am Ende wird der Antichrist zusammen mit den Heiden und den Juden, soweit sie sich nicht zu Jesus bekehrt haben, in der Schlacht von Armageddon in Palästina vernichtet. Danach beginnt das tausendjährige Gottesreich.

Wegen des Erscheinens von Jesus Christus *vor* der Zeit der Schrecken wurde diese Lehre *Prä*millenarismus genannt und vom *Post*millenarismus unterschieden, der mit dem Erscheinen des Herrn erst am Ende der 1000 Jahre rechnet. Beide heilsgeschichtliche Konzeptionen deuteten die Zeichen und die Erfordernisse der Gegenwart grundsätzlich verschieden. Während für die postmillenarischen liberalen Protestanten die Geschichte einen allmählichen Fortschritt zum Gottesreich erkennen lässt und eine Beteiligung an der Sozialreform die Forderung des Tages ist, erscheint den Anhängern des Prämillenarismus eine Verbesserung der bestehenden Welt ganz ausgeschlossen. Die Geschichte kulminiert zwangsläufig in der Herrschaft des Bösen, die nur mit Gewalt ein Ende finden kann. Eine Verschärfung der Spannung mit der Moral der modernen Gesellschaft ist das Gebot der Stunde. Die Möglichkeit einer plötzlichen und unvorhersehbaren Entrückung verlangt von den Gläubigen eine dauernde Heiligung ihres Lebens und eine permanente Wachsamkeit, was die Zeichen der Zeit angeht. Im Zentrum dieser Geschichtskonstruktion steht daher weniger eine Prognose, wann der Herr kommt, als eine Diagnose, was heute und hier die Symptome des nahenden Endes sind. Die darin angelegten Potenziale zeithisto-

---

Exposed. The Message of Hope in the Book of Revelation, New York 2004, eine Umorientierung biblischer Apokalyptik von Hoffnung auf Furcht, von Friede auf Gewalt an. „Such blessing of violence is the very reason why we cannot afford to give in to the dispensationalist version of the biblical storyline – because real people's life is at stake"; a.a.O., 46. Ihre Botschaft ist deutlich: Theologen sind für ihre Lehren nicht nur dogmatisch, sondern auch ethisch verantwortlich.

rischer Sensibilität leiten zum politischen Handeln an.[25] So nur lässt sich begreifen, wieso diese pessimistische Geschichtssicht politischen Aktivismus begründen kann, wie das bei der Neuen Christlichen Rechten der USA der Fall ist.[26]

4. Das Wunder der Wiederherstellung Israels

Zum Credo des amerikanischen Fundamentalismus gehört, was der Apostel Paulus einst der Gemeinde in Rom in einem Brief als ein großes Geheimnis anvertraut hat: Über Israel werde teilweise eine Verstockung kommen, bis die Vollzahl der Heiden erreicht sei; alsdann werde auch Israel gerettet werden (Röm 11,25–27). Die Heilszusagen an Israel gelten nicht der Kirche, sondern dem heutigen Volk der Juden; Israel ist ein herausragender Akteur im letzten Akt der menschlichen Geschichte.[27]

Als in der zweiten Hälfte des 19. Jahrhunderts zahllose Juden aus Russland fliehen mussten, ohne zu wissen wohin, waren es amerikanische Protestanten, die 1891 in einer Bittschrift an den Präsidenten der USA Benjamin Harrison und den Außenminister James Blaine auf das Problem hinwiesen – sechs Jahre vor dem 1. Zionistenkongress in Basel (1897).[28] Die Lage der zwei Millionen verarmten Juden, die in Europa keine Bleibe finden könnten, sei unhaltbar. Warum ihnen nicht, statt sie nach Amerika zu holen, Palästina zurückgeben? Gott habe es ihnen doch einst als unveräußerliches Land gegeben. Schon hätten sich dort Juden wieder niedergelassen.

Gehört Palästina nicht rechtmäßig den Juden? Es wird erzählt, dass Regenfälle zunehmen und es viele Indizien dafür gibt, dass das Land seine alte Fruchtbarkeit wiedergewinnt. Wenn sie in ihrer Regierung autonom wären, würden die Juden der ganzen Welt sich zusammentun und ihre leidenden Brüder in ihre altehrwürdige Wohnstätte bringen und dort an-

---

[25] S.D. O'Leary, Arguing the Apocalypse. A Theory of Millennial Rhetoric, Oxford 1994, 42.
[26] Vgl. a.a.O., 173.
[27] Zur Vorgeschichte siehe Y. Ariel, On Behalf of Israel. American Fundamentalist Attitudes towards Jews, Judaism, and Zionism, 1865–1945, New York 1991, 1–10.
[28] Wiedergabe des Textes bei Y. Ariel, On Behalf of Israel, 70–72.

siedeln. Über 1.700 Jahre haben sie geduldig auf diese Gelegenheit gewartet. Sie sind anderswo keine Bauern geworden, da sie glaubten, sie seien nur Fremde unter den Völkern, bis sie nach Palästina zurückkehrten und ihr Land erneut bestellten [...] Wir glauben, es ist die richtige Zeit für alle Nationen und besonders die christlichen in Europa, Israel gegenüber Freundlichkeit zu zeigen. Eine Million Vertriebener appellieren mit ihrem schrecklichen Leiden an unsere Sympathie, Gerechtigkeit und Menschlichkeit. Lasst uns ihnen jetzt das Land wiedergeben, aus dem sie so grausam von unseren römischen Vorfahren vertrieben worden waren.[29]

Diese protestantische Petition ist doppelt erstaunlich. In einer Zeit, in der der aufkommende Zionismus das nationale Recht auch der Juden auf einen eigenen Staat propagierte, unterstützten die Bittsteller diese Forderung nicht nur politisch, sondern deuteten darüber hinaus die jüdische Besiedlung Palästinas als Auftakt der Heilszeit. Das Rätsel löst sich, wenn man den theologischen Hintergrund des Inaugurators der Petition, William E. Blackstone, betrachtet.[30] In der Tradition von Darby stehend erklärte er 1878 in seinem Buch *Jesus Is Coming*, dass die die fünfte Epoche der Weltgeschichte mit der Kreuzigung Jesu zu Ende gegangen sei und dass die die sechste und letzte demnächst mit dem Kommen Jesu Christi beginnen werde.[31] Die Prophezeiungen, die noch nicht erfüllt seien, würden demnächst in Erfüllung gehen; dazu gehöre auch die Wiederherstellung Israels.

Mit seinen Aussagen zu Israel stand W. Blackstone ultraorthodoxen Juden nahe, die in der Wiederherstellung Israels einen messianischen Akt sahen – mit dem Unterschied allerdings, dass sie die Besiedlung des Landes, bevor der Messias gekommen war, für einen Abfall vom Glauben hielten. Auch W. Blackstone hielt eine säkulare Begründung des Zionismus für ganz und gar verfehlt.[32] Säkulare Zionisten und assimilierte Juden müssten auf die fürchterlichsten Schrecken der Endzeit gefasst sein, wagte er 1918 auf einem jüdischen Zionisten-Treffen in Los Angeles zu

---

[29] A.a.O., 71 (meine Übersetzung).
[30] Zu Blackstone siehe a.a.O., 55–96 („The Zionist and Missionary Activity of William E. Blackstone"), sowie T.P. Weber, Living in the Shadow, 137–139, und ders., Road to Armageddon, 102–106.
[31] In dt. Übersetzung: W.E. Blackstone, Der Herr kommt, Mühlheim 1909.
[32] Vgl. Y. Ariel, On Behalf of Israel, 60–65.

erklären.³³ Erst die Anhänger des heutigen religiösen Zionismus wären nach Blackstones Geschmack gewesen – mit wiederum dem Unterschied allerdings, dass Blackstone von ihnen eine Bekehrung zu Jesus Christus verlangt hätte. Übrigens sprachen sich damals die meisten amerikanischen Reformjuden gegen einen jüdischen Staat aus und hielten eher die USA für ihr „Zion" als Palästina. Entsprechend klein war die Zahl der überzeugten jüdischen Zionisten in den USA; vor dem 1. Weltkrieg waren es nur 20.000 von den 1.5 Millionen Juden. Damals scheinen tatsächlich mehr amerikanische Protestanten Interesse an einem jüdischen Staat in Palästina gehabt zu haben als amerikanische Juden (T. Weber).³⁴

Die religiöse Deutung der jüdischen Besiedlung Palästinas wirkte auf das Verständnis zurück, das die Verfasser der Petition von ihrer Regierung hatten. Für sie waren die Amerikaner die Nachfahren der Römer, die für die Zerstörung des jüdischen Staates in der Antike mit verantwortlich waren.³⁵ Gott habe den USA eine Rolle zugedacht ähnlich der des persischen Königs Kyros, der den Juden bei ihrer Rückkehr aus dem babylonischen Exil nach Palästina beigestanden habe und deshalb von Jesaja 45,1 „Gesalbter [*maschiach*] des Herrn" genannt wurde. Blackstone fand auch eine biblische Prophezeiung, die die besondere Rolle der USA angekündigt habe. Als der Prophet Jesaja von dem „Land des Flügelgeschwirrs" sprach, das Gaben zu Zion bringen werde (Jes 18,1.7), habe er – eingedenk des Seeadlers auf dem US-Wappen – nur die USA meinen können.³⁶

Der Prophetieglaube ist zentraler für die amerikanische Sicht auf die Politik gewesen, als Historiker lange eingeräumt haben. Paul S. Boyer hat dies anschaulich gezeigt.³⁷ Alle politischen Ereignisse rund um die Gründung des Staates Israel haben bei amerikanischen Protestanten apokalyptisches Fieber hervorgerufen:

---

[33] T.P. Weber, Road to Armageddon, 112f.
[34] Vgl. zu den Zahlen T.P. Weber, Living in the Shadow 135f; vgl. zu Dispensationalismus und Zionismus in den USA ders., Road to Armageddon, 101–106, indirektes Zitat, a.a.O., 101.
[35] Bezeichnungen „Senat" und „Capitol" für die politischen Institutionen der USA machen diese Auffassung zusätzlich plausibel.
[36] Y. Ariel, On Behalf of Israel, a.a.O., 92f.
[37] P.S. Boyer, When Time shall be no more: Prophecy Belief in Modern American Culture, Cambridge (MA) 1992.

die Balfour-Erklärung von 1917, die den Juden Palästina als Heimat in Aussicht stellte; die Proklamation des Staates Israel am 14. Mai 1948; die Einnahme der Altstadt Jerusalems durch die israelische Armee am 8. Juni 1967 sowie die Besetzung von Gaza und Westbank oder die Besiedlung der Besetzten Gebiete. Angesichts dieser Vorgänge verließen, wie Timothy Weber drastisch sagt, die Zuschauer ihre Sitze und gingen auf das Spielfeld, „um sicherzustellen, dass das Spiel auch entsprechend dem göttlichen Drehbuch verläuft".[38]

Ähnliche Beobachtungen hat man zu der Figur des Antichrists gemacht. „Der Antichrist unsere Zeitgenosse": so verarbeitet Bernard McGinn in seiner historischen Studie zum Antichrist zeitgenössische Neubesetzungen dieser Rolle. Dem Antichrist einen Namen zu geben, ist eine amerikanische Obsession, wenn man Robert C. Fuller Glauben darf.[39] Tatsächlich kam wiederholt in den USA noch im 20. Jahrhundert die Überzeugung auf, besonders grausame Machthaber seien der Antichrist: Benito Mussolini, Adolf Hitler, Saddam Husain und neuerdings Osama bin Laden.[40] Nach dem Zweiten Weltkrieg hat der Prämillenarismus die öffentliche Einstellung zu einer großen Zahl von Themen geprägt. In den Tagen des heraufziehenden Irak-Krieges lasen viele Amerikaner die Zeitungen oder schauten die Fernsehnachrichten durch den Filter des Prophetieglaubens.[41]

Einzelheiten wandeln sich; zugrunde liegende thematische Strukturen bleiben dieselben.[42]

Mit diesem Satz trifft Paul Boyer ins Schwarze der amerikanischen Apokalyptik.

---

[38] T.P. Weber, Road to Armageddon, 15.
[39] Vgl. B. McGinn, Antichrist: Two Thousand Years of the Human Fascination with Evil, New York 1996; R.C. Fuller, Naming the Antichrist. The History of an American Obsession, Oxford 1995.
[40] Manchmal war die Angst besonders unangebracht, wie der Fall Michael Gorbatschow zeigt. Als nach seiner Wahl zum Generalsekretär der KPdSU erste Fotos von ihm zirkulierten, meinten Fundamentalisten in dem roten Muttermal auf seiner Stirn das Zeichen des Antichristen zu entdecken.
[41] Paul S. Boyer, When U.S. Foreign Policy Meets Biblical Prophecy, in: Alternet am 20.2.2003 (www.alternet.org/story/15221).
[42] P.S. Boyer, When Time shall be no more, 78: „Specifics change; underlying thematic structures remain".

5. Popularisierung des Prämillenarismus

Die prämillenarische Geschichtskonzeption hat weit über die amerikanischen Religionsgemeinschaften hinaus Wirkung gehabt. Schöpfer des populären Endzeitszenarios war Hal Lindsey mit seiner Schrift *The Late Great Planet Earth* aus dem Jahre 1970 gewesen.[43] Hal Lindsey, geboren 1929, Absolvent des Dallas Theological Seminary, einer Hochburg des dispensationalistischen Prämillenarismus,[44] bereiste im Frühjahr 1968 in seiner Funktion als Leiter der Organisation *Campus Crusade for Christ* kalifornische Universitäten und hielt an fünf Abenden hintereinander Vorlesungen über das bevorstehende Ende der Zeiten. Sie wurden zum Kern seines Buches über den „verstorbenen" großen Planeten Erde. Die letzte Epoche der Erfüllung der biblischen Endzeitprophezeiungen stehe unmittelbar bevor; untrügliches Indiz dafür sei die Wiederherstellung Israels im Heiligen Land im Jahre 1948. Der Zeitpunkt sei gekommen, von dem Jesus sagte:

Vom Feigenbaum lernet das Gleichnis: Wenn sein Zweig saftig wird und die Blätter hervor wachsen, merkt man, dass der Sommer nahe ist. So sollt auch ihr, wenn ihr dies alles seht, merken, dass *Er* nahe vor der Tür steht. Wahrlich ich sage euch: Dieses Geschlecht wird nicht vergehen, bis dies alles geschehen sei wird (Mt 24,32–34).

Jetzt, wo Israel wiederhergestellt sei, dauere es nur noch eine Generation bis zum Beginn der siebenjährigen Epoche der Drangsal, also bis spätestens 1988.[45] Mit dem Krieg von 1967 und der Eingliederung der Altstadt von Jerusalem in den Staat Israel ist die Voraussetzung gegeben, dass der Tempel neu errichtet werden kann.[46] Die geopolitischen Allianzen, die in der Schlacht von Armageddon aufeinander treffen, sind bereits heute erkennbar. Die Bedrohung Israels durch die Sowjetunion im

---

[43] H. Lindsey/C.C. Carlson, The Late Great Plant Earth, Grand Rapids (MI) 1970; dt. Übersetzung: Alter Planet Erde wohin? Im Vorfeld des Dritten Weltkriegs, Asslar 1980.
[44] Zu Hal Lindsey siehe T.P. Weber, Road to Armageddon, 188–192, und S.D. O'Leary, Arguing the Apocalypse, 134–171.
[45] H. Lindsey, Alter Planet Erde wohin?, 59f (Auslegung des Feigenbaumgleichnisses).
[46] Vgl. a.a.O., 60–63.

Norden und Ägypten im Süden sowie die Wiederkehr des Römischen Reiches in Gestalt der Europäischen Gemeinschaft gehören schon zum Kriegschauplatz der letzten Tage. Als Nächstes folgt die Entrückung der Gemeinde Christi von der Erde. Erzählungen veranschaulichen, wie man sich diesen Vorgang vorzustellen hat. So erzählt ein Zurückgebliebener: Als ich auf der Autobahn fuhr, geriet ich plötzlich in einen Hexenkessel; viele Autos fuhren Zickzack, da ihr Fahrer entrückt worden war. Weitere knappe Geschichten illustrieren, wie Menschen urplötzlich aus ihren Beschäftigungen entrückt werden und die Welt ins Chaos stürzt.[47] Der Entrückung folgt die Zeit der großen Drangsal. Im dritten Weltkrieg wird Israel von allen Seiten angegriffen. Der Antichrist verspricht, dieser Welt Frieden zu geben; Israel schließt mit ihm daraufhin einen Pakt.

Durch eine kluge Lösung des Nahostproblems wird der Antichrist sein Versprechen wahr machen. Er wird der kriegsmüden Welt den Frieden geben.[48]

Danach geschieht dann das Kommen des Herrn. Ein nukleares Armageddon vernichtet schließlich diese Welt; Jesus Christus errichtet das Gottesreich.

Als die fundamentalistische Bewegung Ende der siebziger Jahre sich politisch organisierte und um den Republikaner Ronald Reagan sammelte, meldete sich Hal Lindsey mit einem weiteren Buch zu Wort: *The 1980's: Countdown to Armageddon*.[49] In ihm beschreibt er in düsteren Farben die drei möglichen Schicksale der USA: von den Kommunisten übernommen – durch einen nuklearen Überraschungsangriff der Sowjetunion zerstört – oder von den zehn Staaten der Europäischen Union abhängig zu werden. Doch sieht er noch einen kleinen Hoffnungsschimmer: noch kann ein politisches Programm die USA retten, das den Wohlfahrtstaat und die Bürokratie zurückdrängt, die SALT Verträge verwirft und Amerika zu einer militärischen Supermacht aufrüstet. Was in Wirklichkeit Reagans Wahlprogramm war, wird als Mittel der Bewährung des Glaubens im Kampf gegen die Mächte des Antichrist präsentiert.

---

[47] A.a.O., 160f.
[48] A.a.O., 180.
[49] H. Lindsey, The 1980's: Countdown to Armageddon, New York 1981.

Als dann die Sowjetunion verschwunden war, besetzte Lindsey in einer weiteren Schrift *The Magog Factor* die Rolle des Bösen im apokalyptischen Drama noch einmal neu. Jetzt waren es islamische Fundamentalisten, die die Rolle des Antichristen und seiner Anhänger übernahmen. [50]

6. „Entrückung" als Roman-Plot

Mit *The Late Great Planet Earth* hatte Hal Lindsey sensationelle Umsätze erzielt. Bis 1990 wurden 35 Millionen Exemplare seines Buches verkauft.[51] Wie kein anderes hat dieses Buch zur Popularisierung des prämillenarischen Geschichtsdenkens beigetragen. Und doch konnte selbst dieser unvorstellbare Erfolg noch übertroffen werden. Dieses Kunststück gelang einer Serie von Romanen mit dem Namen *Left Behind*, die von Tim LaHaye und Jerry Jenkins verfasst wurden. Tim LaHaye, geboren 1926, Absolvent der Bob Jones Universität und eines der Gründungsmitglieder der *Moral Majority,* verfocht die Lehre von der Entrückung vor dem Beginn der Zeit der Drangsal. Für sein Vorhaben, diese Lehre mittels Romanen populär zu machen, fand er in dem begabten Autor Jerry Jenkins den geeigneten Partner. Der erste Roman *Left Behind: A Novel of the Earth's Last Days* erschien 1995; der bislang letzte *The Regime: Evil Advances* im November 2005. Die Bände der Reihe werden nicht nur in religiösen Buchhandlungen verkauft, sondern finden auch bei Barnes and Noble, Borders und Wal-Mart reißenden Absatz. Der Band *The Remnant* sprang im Jahre 2002 unmittelbar nach seiner Veröffentlichung an die Spitze der Bestseller Liste der *New York Times* – bei einer Erstauflage von angeblich 2.75 Millionen Exemplaren. Mit geschätzten sechzig Millionen verkaufter Exemplare haben Bände dieser Reihe Hal Lindsays Buch noch weit übertroffen. Der Verlag Tyndale House steigerte die Verbreitung

---

[50] S.D. O'Leary, Arguing the Apocalypse, 172–193 („Apocalyptic Politics in the New Christian Right").
[51] T.P. Weber, Road to Armageddon, 191.

noch durch andere Produktlinien, wie Comics, Hörkassetten, Websites, Videos und Spielfilmen auf DVDs.[52]

Die Handlung der Serie beruht auf einer kleinen theologischen Revision der Entrückungskonzeption mit erheblichen dramatischen Potenzialen. Während bei J.N. Darby die Zurückgelassenen keine Möglichkeit mehr haben, ihrem Geschick zu entgehen, eröffnet diese Serie den Zurückgelassenen (den ‚left behind') die Chance, durch eine Bekehrung doch noch der Verdammnis zu entgehen. Durch diese Modifikation entsteht der grundlegende Plot der Serie, der in allen Einzelszenen die Handlung trägt. Die Zurückgebliebenen können sich noch im Glauben bewähren, die Männer natürlich vor allem durch heldenhaften und mutigen Kampf gegen den Antichristen und seine Helfershelfer.[53] Im Mittelpunkt der Handlung steht Flugkapitän Rayford Steele, der sich mit seiner Boeing 747 auf dem Flug von O'Hare Chicago nach London Heathrow befindet, als plötzlich Passagiere und Kabinenpersonal die Entdeckung machen, dass Dutzende von Passagieren verschwunden sind. Auf ihren leeren Sitzen befinden sich nur noch ihre Kleidungs- und Schmuckstücke. Steele wird nach O'Hare zurück beordert, wo er eine Welt im Chaos vorfindet. Maschinen ohne Piloten sind weltweit abgestürzt. Daheim angekommen findet er Haus und Ehebett leer; seine Frau, eine wiedergeborene Christin, ist entrückt. Rayford Steele tut sich mit anderen zur „Tribulation Force" zusammen und nimmt den Kampf gegen Nicolae Carpathia auf, den Führer der UNO, der in Wirklichkeit der Antichrist ist und nur deshalb mit Israel Friedensverträge schließt, um seine Herrschaft zu sichern. Um der Wahrheit willen aber darf es während der sieben Jahre seiner Herrschaft keinen Frieden, sondern nur Krieg gegen das Böse geben. Dieser Plot vermittelt dem vorausgesetzten impliziten Leser bzw. der impliziten Leserin die religiöse richtigen Hand-

---

[52] Informationen zur Serie siehe T.P. Weber, Road to Armageddon, 192–196; B.D. Forbes/J.H. Kilde (Hg.), Rapture, Revelation, and the End Times. Exploring the Left Behind Series, New York 2004; dort bes. B.D. Forbes, "How Popular Are the Left Behind Books ... and Why"?, a.a.O., 5–32; die Verkaufszahl von sechzig Millionen a.a.O., 7f.
[53] J.H. Kilde, How Did Left Behind's Particular Vision of the End Times Develop? A Historical Look at Millenarian Thought, in: B.D. Forbes/J.H. Kilde, Rapture, Revelation, and the End Times, 33–70, 60.

lungsmuster. Die Gläubigen, und nicht irgendwelche politischen Institutionen repräsentieren das wahre Amerika; die Vereinten Nationen sind ein Instrument des Antichrists. Je mehr die Zeit voranschreitet, umso schneller schreitet der weitere moralische, religiöse und ökonomische Niedergang voran. Versprechungen von Frieden, Abrüstung, Umweltschutz und internationalen Verträgen sind Werke des Antichrists.[54]

Gershom Gorenberg, israelischer Verfasser einer Studie über den Kampf um den Tempelberg und die Rolle amerikanischer Protestanten dabei, hat in einer Besprechung des Bandes *The Remnant* auf den Antijudaismus der Serie verwiesen.[55] Die prämillenarische Theologie aktiviert ein älteres judenfeindliches Muster. Zwar steht Israel im Zentrum der Handlung, jedoch bleibt den Juden am Ende keine andere Wahl, als sich entweder zu Jesus Christus zu bekehren oder vernichtet zu werden. Es ging und geht dem Prämillenarismus immer nur um das Heil von Christen, nicht der Juden.[56] Für ihr Heil ist die Wiederherstellung Israels in Palästina nötig, auch wenn Israel anschließend zu bestehen aufhört.[57] Allerdings geht es den amerikanischen Protestanten auch nicht um das Heil aller Christen; die 145.000 arabischen Christen Palästinas werden ignoriert. Das ist auch in Wirklichkeit nicht anders. Während amerikanischen Fundamentalisten mit den religiösen Zionisten engste Verbindungen pflegen, müssen die arabischen Christen mit ihren berechtigten Ansprüchen auf Rückgabe von Land oder Häusern zurückstehen.[58]

Der Erfolg dieser Serie bringt etwas ans Tageslicht, was sich sonst eher dem Blick entzieht. Hier lernt man die Matrix einer amerikanischen populären Kultur kennen, die Ansichten von Ge-

---

[54] Vgl. A. Johnson Frykholm, Rapture Culture. Left Behind in Evangelical America, Oxford 2004; dies., What Social and Political Messages Appear in the Left Behind Books? A Literary Discussion of Millenarian Fiction, in B.D. Forbes/J.H. Kilde, Rapture, Revelation, and the End Times, 167–195.

[55] „Intolerance: The Bestseller", in: The American Prospect 13, Heft 17 (23.9.2002); Internetausgabe: http://www.prospect.org.

[56] Vgl. G. Gorenberg, The End of Days. Fundamentalism and the Struggle for the Temple Mount, Oxford 2000, 50.85.

[57] „Die Juden in der Serie sind ein irrendes, aber kein bösartiges Volk"; so Y. Ariel, How are the Jews and Israel Portrayed in the Left Behind Series?, in: B.D. Forbes/J.H. Kilde, Rapture, Revelation, and the End Times, 131–166, 132.

[58] Vgl. T.P. Weber, Road to Armageddon, 244–248.

schichte und Politik erzeugt. Ihre Grundstruktur ist manichäisch. Das Böse ist nicht etwas, das aus der eigenen Welt kommt: es kommt von Außen. Die Menschen sind nicht zugleich gut *und* böse; sie sind *entweder* gut *oder* böse. Die Lösung für die Existenz des Bösen ist gewalttätig und besteht darin, die Übeltäter zu eliminieren; am Ende gewinnen die Guten.[59] Diese Grundstruktur ist auch aus Hollywood-Filmen, Comics und Science-Fiction bekannt und hat eine Vorgeschichte, die sich über einen langen Zeitraum in den USA herausgebildet hat.[60] Eine populäre Faszination mit einem bestimmten Typus männlicher Gewalt wird von „Left Behind" aufgegriffen und ins Religiöse gewendet.

7. Terroristen als das grundlos Böse

Der Romanplot förderte nicht allein eine Loyalität der Christen Amerikas gegenüber Israel und seiner Wiederherstellung im Heiligen Land, sondern ebenso klar eine Distanzierung von den Palästinensern und ihrem Widerstand gegen Landenteignungen und Entrechtung. Wer Israel verflucht, ist selber verflucht. Die Popularisierung dieses Deutungsmusters hat die Rezeption eines neuen Konzeptes von Terrorismus in den USA erleichtert. Benjamin Netanyahu, der spätere Ministerpräsident Israels, organisierte Ende 1979 und 1983 zwei Konferenzen zum Thema Terrorismus, die die Auffassung, wonach des einen Terrorist des anderen Freiheitskämpfer ist,[61] strikt ablehnten. An der zweiten Konferenz 1983 in Washington hat auch der damalige amerikanischer Außenminister George P. Shultz teilgenommen. Er begrüßte in seinem Beitrag *The Challenge to the Democracies* ausdrücklich, dass die Freie Welt endlich das Problem des Terrorismus anpacke. Terrorismus sei eine Form von Gewalt, die sich gegen „uns", gegen die Demokratien, gegen „unsere" grundlegenden Werte und gegen „unsere" fundamentalen strategischen Interes-

---

[59] Vgl. B.D. Forbes, How Popular Are the Left Behind Books, in: ders./J.H. Kilde, Rapture, Revelation, and the End Times, 22–29.
[60] Vgl. R. Jewett/J.S. Lawrence, Captain America and the Crusade against Evil. The Dilemma of Zealous Nationalism, Grand Rapids (MI) 2003.
[61] B. Netanyahu (Hg.), Terrorism. How the West Can Win, New York 1986, 3.

sen richten. Dabei berief er sich auf Worte des amerikanischen Senators Henry Jackson bei der ersten Konferenz 1979 in Jerusalem.

Dem Gedanken „Was dem einen ein Terrorist, ist dem anderen ein Freiheitskämpfer" kann nicht zugestimmt werden. Freiheitskämpfer oder Revolutionäre sprengen keine Busse mit Zivilisten in die Luft; terroristische Mörder tun dies. Freiheitskämpfer ziehen nicht los, um Schulkinder gefangen zu nehmen und abzuschlachten; terroristische Mörder tun dies. Freiheitskämpfer ermorden nicht unschuldige Geschäftsleute oder entführen und nehmen nicht unschuldige Männer, Frauen und Kinder als Geiseln; terroristische Mörder tun dies. Es ist eine Schande, wenn Demokratien es zulassen, dass das wertvolle Wort „Freiheit" mit Akten von Terroristen assoziiert werden.[62]

Der Terrorist kämpft nicht, um andere von seiner Sache und seinem Recht zu überzeugen, fand auch George P. Shultz. Er will gar keine Anhänger für seine Sache gewinnen; seine Taten stehen im Dienst des Hasses. Wenn man dies verstanden habe, sei es nicht schwer, zwischen Terroristen und Freiheitskämpfern zu unterscheiden. Die Kämpfer in Afghanistan oder die Contras in Nicaragua seien Freiheitskämpfer und keine Terroristen.[63]

In derselben Zeit, als die Konferenzen des Jonathan-Instituts stattfanden, legte auch das U.S. State Department seine Definition von Terrorismus fest.

Der Begriff „Terrorismus" bezeichnet vorsätzliche, politisch motivierte Gewalt, die von subnationalen Gruppen oder heimlichen Tätern gegen nicht-kämpfende* (noncombatant) Ziele ausgeübt wird, gewöhnlich in der Absicht, eine Öffentlichkeit (audience) zu beeinflussen.[64]

Diese Definition spaltet das ambivalente Konzept eines Freiheitskämpfers, der auch Terrorist ist, auf: in einerseits einen berechtigten Widerstand, der nicht terroristisch ist; und andererseits einen Terror gegen Unschuldige, der den Namen Widerstand nicht verdient.

---

[62] G.P. Shultz, The Challenge to Democracies, in: B. Netanyahu, Terrorism, 16–24, 18f (meine Übersetzung).
[63] A.a.O., 19.
[64] US Department of State, Counterterrorism Office, Releases, Patterns of Global Terrorism 2000, Introduction; http://www.state.gov/s/ct/rls/pgtrpt/2000/2419.htm (meine Übersetzung).

An der Definition von Terrorismus lässt sich beispielhaft ablesen, wie im Akt des Gebrauches eines Wortes eine Semantik entsteht, die ihrerseits rechtswidrige Gewalt rechtfertigt. Wer von Terroristen spricht, bringt bei den Zuhörern den Wunsch zum Verschwinden, etwas über die Gründe ihres Handelns zu erfahren; er lenkt die Aufmerksamkeit davon ab, ob eigene Politik eventuell etwas zum Entstehen der Erscheinung mit beigetragen haben könnte; er suggeriert, es sei widersinnig, mit solchen Menschen zu verhandeln, Gewalt sei das einzig angemessene Gegenmittel; er vermeidet es zudem, zwischen ihnen und der Gemeinschaft, für die sie kämpfen, zu unterscheiden.[65] Mit der Semantik der Bezeichnung „Terroristen" haben wir einen metaphysischen Begriff vor uns, der eine Gewalthandlung von ihrer Begründung abtrennt und als einzige Lösung nur die Eliminierung der Täter zulässt. Terroristen sind moralische Nihilisten und stehen außerhalb der Rechtsordnung. Sie müssen vernichtet werden.

Wechselt man von der Semantik zur Pragmatik, den Anwendungen des Konzeptes, zeigen sich allerdings Widersprüche und Ungereimtheiten. Noch einmal zurück zu der Behauptung von George P. Shultz, es sei jedem klar, wer Widerstandskämpfer und wer Terrorist ist und seinen beiden Beispielen: den Contras in Nicaragua und den antisowjetischen Mujahedin in Afghanistan. Obwohl beide bewaffneten Bewegungen Gräueltaten an Zivilisten begangen haben, spricht die US-Regierung sie vom Terrorismus frei. Offenbar wird die Bezeichnung im Moment ihrer Verwendung wie von selbst deckungsgleich mit den jeweiligen politischen Gegnern. Was eine Terrororganisation ist und was nicht, wird in Washington *ex cathedra* entschieden. Ein schlagendes Beispiel dafür ist ein Fall, bei dem eine Terrororganisation im Handumdrehen wieder zu einer Befreiungsorganisation wurde. Nach ihrem Einmarsch in den Irak 2003 haben die USA mit einer iranischen Oppositionsgruppe, die seit Jahren auf den gewaltsamen Sturz des Regimes im Iran hinarbeitet – den *Mujahedin-e Khalk* – einen Waffenstillstand geschlossen;[66] sie durften

---

[65] T. Kapitan, The Terrorism of 'Terrorism', in: J.T. Sterba (Hg.), Terrorism and International Justice, New York/Oxford 2003, 47–66.
[66] Die Liste der im Mai 2003 vom US-Außenministerium geführten Terrororganisationen findet sich im Anhang des Buches von D. Frum/R. Perle, An End to Evil. How to Win the War on Terror, New York 2003, 281f.

ihre Waffen behalten und gegen eventuelle Eindringlinge aus dem Iran auch benutzen. Dazu musste die Gruppe allerdings erst von der Liste der ausländischen Terrororganisationen, die das Außenministerium alljährlich erstellt, gestrichen werden.[67]

Als Präsident Bush den Krieg gegen den Terror führte, unterzeichnete er im Februar 2002 ein internes Memorandum, das aus dem amerikanischen Konzept des Terroristen völkerrechtliche Konsequenzen zog.

Betrifft: Humane Behandlung von al Qaeda und Taliban Gefangenen.

Der Oberkommandierende und Chief Executive der Vereinigten Staaten ordnet an: „Keine der Regeln der Genfer Konvention trifft auf unseren Konflikt mit al Qa'eda in Afghanistan oder anderswo in der Welt zu, da – neben anderen Gründen – al Qa'eda keine Vertragpartei von Genf war". Es heißt weiter, natürlich verlangen unsere Werte von uns, auch solche Gefangene human zu behandeln, die darauf keinen rechtlichen Anspruch haben. Danach aber bekräftigte der Oberkommandierende eine Anordnung seines Verteidigungsministers, „wonach die Gefangenen human und in einer Weise, die mit den Prinzipien von Genf übereinstimmt, behandelt werden sollen, *soweit dies die militärischen Notwendigkeiten* [Hervorhebung HGK] *zulassen*".[68]

Ohne die von mir hervorgehobene Einschränkung wären die Praktiken im irakischen Gefängnis von Abu Ghraib sowie Guantanamo nicht möglich gewesen. Seymour M. Hersh hat Debatten in der US-Regierung über Folterungen in Guantannamo recherchiert. Nicht alle Misshandlungen durch amerikanische Verhörteams würden so viel Schmerzen und Leiden hervorrufen, dass sie unter das Folterungsverbot fielen, war die einhellige Meinung.[69] Die Aufarbeitung des 11. September wäre anders verlaufen, wenn die Terrorakte als Verbrechen international verfolgt worden wären. Und diese Alternative bestand.[70] Nur war in der prämillenarischen Rahmung des Angriffes vom 11. Sep-

---

[67] D. Pipes/P. Clawson, „Ein terroristischer Verbündeter?", in: New York Post vom 20. Mai 2003, übers. v. H. Eiteneiner, Internetpublikation: http://de.danielpipes.org/article/1157.
[68] M. Danner, Torture and Truth. America, Abu Ghraib, and the War on Terror, New York 2004, 105f (meine Übersetzung).
[69] Vgl. S.M. Hersh, Chain of Command. The Road from 9/11 to Abu Ghraib, New York 2004, 1–20.
[70] Vgl. J.T. Sterba, Terrorism and International Justice.

tember für ein solches internationales Vorgehen kein Platz, obwohl alle dafür nötigen Institutionen vorhanden waren.[71] Die Höherbewertung religiöser Weltbilder als die Geltung internationalen Rechts zeigt die bedrohliche Seite einer Anbindung der Außenpolitik der USA an den protestantischen Prämillenarismus.

Die Annahme, dass es in der Moderne keinen Glauben an eine Heilsgeschichte mehr geben können, ist falsch – auch historisch. Neben dem Glauben an einen Fortschritt, den Menschen durch Naturbeherrschung und Gesellschaftsreform selber bewerkstelligen können, blieb die Erwartung einer Zeit des Heils am Ende aller Geschichte bestehen. Die Zukunft kann von der Gegenwart her entworfen werden und ist dann ein offener Raum, den der Mensch planen und gestalten kann. Vom Ende her entworfen kann die Zukunft jedoch auch als eine Zeit des Heils verstanden werden, in der die Menschheit von ihrem Leiden und aller Sinnwidrigkeit erlöst wird – Zukunft wird als Erfüllung des Heilsversprechens an Abraham und seinen Nachkommen begriffen. In der Begriffen dieser Vortragsreihe gesprochen: die beiden Erwartungen, Geschichte sei ein säkularer Ort geplanten Fortschritts, und sie sei der Schauplatz einer apokalyptischen Manifestation Heils, sind gleichermaßen gültig geblieben. „Geistige Mächte können herrschen, auch wenn man sie bestreitet" (Ernst Troeltsch).[72]

---

[71] D. Archibugi/I.M. Young, Envisioning a Global Rule of Law, in: J.T. Sterba, Terrorism and International Justice, 158–170 (UNO; Kooperation polizeilicher und geheimdienstlicher Organisationen; Kontrolle der Finanzströme; internationaler Gerichtshof für Menschenrechte).
[72] E. Troeltsch, Die Bedeutung des Protestantismus für die Entstehung der modernen Welt, München 1911, 22.

Literatur

Das Literaturverzeichnis bietet keine vollständige Auflistung der im Sammelband zitierten Literatur, sondern soll – nach wenigen Rubriken systematisiert – einen Einstieg in das jeweilige Themenfeld erleichtern.
Weiterführende Literatur findet sich jeweils in den Anmerkungen der einzelnen Artikel.

a) Theologische Literatur

1. Einführungen

Ch. Frey/M. Wolter, „Apokalyptik", in: Glaube und Lernen 14 (1999), 11–22.
G. Sauter, Einführung in die Eschatologie, Darmstadt 1995.
H. Schwarz, Die christliche Hoffnung. Grundkurs Eschatologie, Göttingen 2002.

2. Exegetische Literatur

J.C. Beker, Der Sieg Gottes. Eine Untersuchung zur Struktur des paulinischen Denkens (SBS 132), Stuttgart 1988.
J.J. Collins, From Prophecy to Apocalypticism: The Expectation of the End, in: Ders. (Hg.), The Encyclopedia of Apocalypticism, Vol. I.; The Origins of Apocalypticism in Judaism and Christianity, New York/London 2000, 129–161.
Ders.,/P.W. Flint (Hg.), The Book of Daniel: Composition and Reception, Vol. 1 (The Formation and Interpretation of Old Testament Literature = VT.S 83/1), Leiden u.a. 2001.
M. Hengel, Paulus und die frühchristliche Apokalyptik, in: ders., Paulus und Jakobus. Kleine Schriften III (WUNT 141), Tübingen 2002, 302–417.
D. Hellholm (Hg.), Apocalypticism in the Mediterranean World and the Near East, Tübingen ²1989.
K. Koch, Die Reiche der Welt und der kommende Menschensohn. Studien zum Danielbuch, Gesammelte Aufsätze 2, Neukirchen-Vluyn 1995.
Ders., Vor der Wende der Zeiten. Beiträge zur apokalyptischen Literatur, Gesammelte Aufsätze 3, Neukirchen-Vluyn 1996.
H.-H. Schade, Apokalyptische Christologie bei Paulus (GTA 18), Göttingen ²1984.
E. Käsemann, Zum Thema der urchristlichen Apokalyptik, in: ders., Exegetische Versuche und Besinnungen II, Göttingen 1964, 105–131.

3. Systematisch-theologische (einschließlich theologie- und kirchengeschichtlicher) Literatur

R.B. Barnes, Prophecy and Gnosis. Apocalypticism in the Wake of the Lutheran Reformation, Stanford 1988.

F. Beißer, Hoffnung und Vollendung (HST 15), Gütersloh 1993.

H.-J. Goertz, Thomas Müntzers Weg in die Apokalyptik, in: Luther 60 (1989) 53–65.

E. Kamphausen, Die Macht des Bösen in der Endzeit. Apokalyptische Gewaltvorstellungen im fundamentalistischen Protestantismus, in: ders./G. Köberlin (Hg.), Gewalt und Gewaltüberwindung. Stationen eines theologischen Dialogs (Beiheft zur ZfM Nr. 6), Frankfurt a.M. 2006, 10–48.

W. Kreck, Die Zukunft des Gekommenen, München 1961.

U.H.J. Körtner, Weltende. Zur theologischen Herausforderung apokalyptischen Denkens im Zeichen globaler Bedrohung, in: EvErz 45 (1993), 286–300.

Ders., Weltangst und Weltende. Eine theologische Interpretation der Apokalyptik, Göttingen 1988.

H. Lehmann, Endzeiterwartungen im Luthertum im späten 16. und im frühen 17. Jahrhundert, in: H.C. Rublack (Hg.), Die lutherische Konfessionalisierung in Deutschland (SVRG 197), Gütersloh 1992.

V. Leppin, Antichrist und Jüngster Tag. Das Profil apokalyptischer Flugschriftenpublizistik im deutschen Luthertum 1548–1618 (QFRG 69), Gütersloh 1999.

F.-W. Marquardt, Eia, wärn wir da – eine theologische Utopie, Gütersloh 1997.

J. Moltmann, Das Kommen Gottes. Christliche Eschatologie, Gütersloh 1995.

G. Seebaß, Die Bedeutung der Apokalyptik für die Geschichte des Protestantismus, in: UNA SANCTA 43 (1988), 101–111.

H.-G. Stobbe, „Neue Weltordnung", Europäische Vereinigung und ökumenische „Toleranzduselei" als „satanische" Strategien. Eine dokumentarische Studie zur evangelikalen Fundamentalkritik an Kirche und Politik, in: UNA SANCTA 59 (2004), 39–57.

b) Geschichtswissenschaftliche und philosophische Literatur

C. Auffarth, Irdische Wege und himmlischer Lohn. Kreuzzug, Jerusalem und Fegefeuer in religionswissenschaftlicher Perspektive (Veröffentlichungen des Max-Planck-Instituts für Geschichte 144), Göttingen 2002.

W. Benjamin, Über den Begriff der Geschichte [1940], in: ders., Illuminationen. Ausgewählte Schriften, Frankfurt a.M. 1977, 251–261.

O. Briese, Einstimmung auf den Untergang. Zum Stellenwert „kupierter" Apokalypsen im gegenwärtigen geschichtsphilosophischen Diskurs, AZP 20 (1995), 145–156.

M. Bull, On Making Ends Meet, in: ders., Apokalypse Theory and the Ends of the World, Oxford/Cambridge 1995, 1–20.

N. Cohn, Das Ringen um das Tausendjährige Reich. Revolutionärer Messianismus im Mittelalter und sein Fortleben in den modernen totalitären Bewegungen, Bern 1961.

Ders., Das neue irdische Paradies. Revolutionärer Millenarismus und mystischer Anarchismus im mittelalterlichen Europa, Reinbek 1988.
J. Derrida, Apokalypse. Von einem neuerdings erhobenen apokalyptischen Ton in der Philosophie [1983], übers. v. M. Wetzel, Graz/Wien 1985.
J. Habermas, Der philosophische Diskurs der Moderne. Zwölf Vorlesungen, Frankfurt a.m. 1985.
L. Hölscher, Die Entdeckung der Zukunft, Frankfurt a.m. 1999.
M. Jakubowski-Tiessen, Eine alte Welt und ein neuer Himmel. Zeitgenössische Reflexionen zur Jahrhundertwende 1700, in: ders. u.a., Jahrhundertwenden. Endzeit- und Zukunftsvorstellungen vom 15. bis zum 20. Jahrhundert (Veröffentlichungen des Max-Planck-Instituts für Geschichte 155), Göttingen 1999, 165–186.
W. Sparn, Weltgeschichte und Heilsgeschehen. Über die geschichtstheologische Herausforderung eines Milleniums, in: ders. (Hg.), Apokalyptik versus Chiliasmus? Die kulturwissenschaftliche Herausforderung des neuen Milleniums. Erlangen, 2002, 199–224.

c) Literaturwissenschaftliche Literatur

J. Brokoff, Die Apokalypse in der Weimarer Republik, München 2001.
G.E. Grimm/W. Faulstich/P. Kuon (Hg.), Apokalypse. Weltuntergangsvisionen in der Literatur des 20. Jahrhunderts, Frankfurt a.M. 1986.
M. Moog-Grünewald/V. Olejniczak (Hg.), Apokalypse. Der Anfang im Ende (Neues Forum für Allgemeine und Vergleichende Literaturwissenschaft, Bd. 16), Heidelberg 2003.
R. Herzinger/H.-P. Preußer, Die Resistenz der Bilder. Literatur als kulturphilosophische Kritik der Modernisierung. Aspekte einer Neubewertung der DDR-Literaturgeschichte, in: Wirkendes Wort. Deutsche Sprache und Literatur in Forschung und Lehre 43 (1993), 121–144.
K.-J. Kuschel: „Vor uns die Sintflut? Spuren der Apokalypse in der Gegenwartsliteratur", in: Hans-Josef Klauck (Hg.), Weltgericht und Weltvollendung. Zukunftsbilder im Neuen Testament, Freiburg 1994, 232–260.
H.-P. Preußer, Letzte Welten. Deutschsprachige Gegenwartsliteratur diesseits und jenseits der Apokalypse, Heidelberg 2003.
K. Vondung, Die Apokalypse in Deutschland, München 1988.

d) Kulturwissenschaftlich-politische und sozialwissenschaftliche Literatur

B. Brentjes, Der Mythos vom Dritten Reich. Drei Jahrtausende Traum von der Erlösung, Hannover 1997.

J. Brokoff/B.U. Schipper (Hg.), Apokalyptik in Antike und Aufklärung (Studien zu Judentum und Christentum), Paderborn u.a. 2004.

M.N. Ebertz/R. Zwick (Hg.), Jüngste Tage. Die Gegenwart der Apokalyptik. Freiburg/Basel/Wien 1999.

M. Delgado/K. Koch/E. Mrasch (Hg.), Europa, Tausendjähriges Reich und Neue Welt. Zwei Jahrtausende Geschichte und Utopie in der Rezeption des Danielbuches, Freiburg (Schweiz)/Stuttgart 2003.

H.M. Enzensberger, Zwei Randbemerkungen zum Weltuntergang, in: ders., Politische Brosamen, Frankfurt a.M. 1985, 225–236.

F. Fukuyama, The End of History?, in: The National Interest 1989, 3–18.

Ders., The End of History and the Last Man, London 1992, dt.: Das Ende der Geschichte. Wo stehen wir? Stuttgart 1992.

S. Huntington, The Clash of Civilizations, New York 1996; dt.: Der Kampf der Kulturen, München/Wien 1996.

D.S. Katz/R. Pokin, Messianic Revolution. Radical Religious Politics to the End of the Second Millennium, New York 1998.

K. Koch, Europa, Rom und der Kaiser vor dem Hintergrund von zwei Jahrtausenden Rezeption des Buches Daniel (Berichte aus den Sitzungen der Joachim Jungius-Gesellschaft der Wissenschaften e.V., 15,1), Göttingen 1997.

C. Schmitt: Der Nomos der Erde im Völkerrecht des Jus Publicum Europaeum [1974], Berlin ^{4}1997.

B. Victor, Beten im Oval Office. Christlicher Fundamentalismus in den USA und die internationale Politik, München/Zürich 2005.

T.P. Weber, On the Road to Armageddon. How Evangelicals Became Israel's Best Friend, Grand Rapids 2004.

A. Weymann, Sozialer Wandel. Theorien zur Dynamik der modernen Gesellschaft, Weinheim/München 1998.

Autorenverzeichnis

Christoph Auffarth, Dr. theol., Dr. phil., ist Professor für Religionswissenschaft mit dem Schwerpunkt Geschichte und Theologien des Christentums an der Universität Bremen.

Marco Hofheinz, ist wiss. Assistent am Lehrstuhl für Systematische Theologie/Ethik der Universität Bern.

Hans G. Kippenberg, Dr. theol., ist Professor für Religionswissenschaft an der Universität Bremen und Fellow am Max-Weber-Kolleg, Erfurt.

Manfred Jakubowski-Tiessen, Dr. phil., ist Professor am Max-Planck-Institut für Geschichte, Göttingen.

Klaus Koch, Dr. theol., Dr. h.c. war Professor für Altes Testament an der Universität Hamburg.

Bernd Kollmann, Dr. theol., ist Professor für Evangelische Theologie (Neues Testament) an der Universität Siegen.

Volker Leppin, Dr. theol., ist Professor für Kirchengeschichte an der Friedrich-Schiller-Universität Jena.

Ernstpeter Maurer, Dr. theol., ist Professor für Evangelische Theologie (Systematische Theologie) an der Universität Dortmund.

Alexander-Kenneth Nagel, Diplom-Religionswissenschaftler und Diplom-Soziologe, ist wiss. Mitarbeiter am Institut für Empirische und Angewandte Soziologie sowie im Sonderforschungsbereich 597 „Staatlichkeit im Wandel" der Universität Bremen.

Georg Plasger, Dr. theol., ist Professor für Evangelische Theologie (Systematische und ökumenische Theologie) an der Universität Siegen.

Heinz-Peter Preußer, Dr. phil., ist Professor für Neuere und neueste Literaturgeschichte und Literaturtheorie an der Universität Bremen.

Bernd U. Schipper, Dr. theol., Dr. phil., ist Professor für Religionswissenschaft mit dem Schwerpunkt „Literaturen der Religionen, Bibelwissenschaft" am Institut für Religionswissenschaft und Religionspädagogik der Universität Bremen.

Walter Sparn, Dr. theol., ist Professor für Systematische Theologie an der Universität Erlangen.

Heinz-Günther Stobbe, Dr. theol., ist Professor für Katholische Theologie (Systematische Theologie und Theologische Friedensforschung) an der Universität Siegen.

Biblisch-theologische Schwerpunkte
Bei Subskription der Reihe etwa 10% Ermäßigung

Band 30: Alexander Deeg / Stefan Heuser / Arne Manzeschke (Hg.)
Identität
Biblische und theologische Erkundungen
2007. 328 Seiten mit 1 Abbildung und 1 Grafik, kart.
ISBN 978-3-525-61599-7

Band 28: Wolfgang Reinbold
Der Prozess Jesu
2006. 203 Seiten, kart.
ISBN 978-3-525-61591-1

Band 27: Walter Klaiber
Schöpfung
Urgeschichte und Gegenwart
2005. 230 Seiten mit 3 Abbildungen und 4 Tabellen, kart.
ISBN 978-3-525-61589-8

Band 26: Werner H. Ritter / Bernhard Wolf (Hg.)
Heilung – Energie – Geist
Heilung zwischen Wissenschaft, Religion und Geschäft
2005. 284 Seiten, 3 Abbildungen, kart.
ISBN 978-3-525-61585-0

Band 25: Reinhard Feldmeier (Hg.)
Wiedergeburt
2004. 248 Seiten, 1 Abbildung, kart.
ISBN 978-3-525-61584-3

Band 24: Holger Finze-Michaelsen
Vater unser – Unser Vater
Entdeckungen im Gebet Jesu
2004. 155 Seiten, kart.
ISBN 978-3-525-61581-2

Band 23: Erik Aurelius
»Du bist der Mann«
Zum Charakter biblischer Texte
2004. 142 Seiten, kart.
ISBN 978-3-525-61582-9

Band 22: Werner H. Ritter (Hg.)
Erlösung ohne Opfer?
2003. 248 Seiten mit 2 Abbildungen, kart.
ISBN 978-3-525-61481-5

Band 21: Hans Schwarz
Die christliche Hoffnung
Grundkurs Eschatologie
2002. 243 Seiten mit zahlreichen Schaubildern, kart.
ISBN 978-3-525-61403-7

Band 20: Walter Klaiber
Gerecht vor Gott
Rechtfertigung in der Bibel und heute
2000. 256 Seiten, kart.
ISBN 978-3-525-61386-3

Ältere Bände auf Anfrage

Vandenhoeck & Ruprecht

Wird Religion zum Instrument der Politik?

V&R

2006. 189 Seiten mit
2 Graphiken und 4 Tabellen,
kartoniert
ISBN 978-3-525-56962-7

Tobias Mörschel (Hg.)
Macht Glaube Politik?
Religion und Politik in Europa und Amerika

Die lange privatisierte Religion hat in den letzten Jahrzehnten den politischen Raum zurückerobert. Ist der Bedarf nach Sinn, nach Deutung, nach Religion angesichts der pluralisierten, immer komplexer werdenden Welt gestiegen? War die Säkularisierungsthese nur Bestandteil des westlichen Modernisierungsmythos? Was sind die Ursachen und Konsequenzen dieser religiösen Renaissance? Macht Glaube Politik?

Besondere Beachtung schenkt der vorliegende Band auch den Entwicklungen in Deutschland und den USA und der grundsätzlichen Bedeutung von Religion für die politische Kultur der Gegenwart.

Mit Beiträgen von
J. Braml (Berlin), K. Gabriel (Münster), F.W. Graf (München), O. Kallscheuer (Berlin), H. Lehmann (Göttingen), T. Meyer (Bonn), D. Pollack (Frankfurt), R. Prätorius (Hamburg), R. Schieder (Berlin).

Vandenhoeck & Ruprecht